Verwaltungsressourcen und Verwaltungsstrukturen

herausgegeben von:

Prof. Dr. Hermann Hill, DHV Speyer und
Prof. Dr. Dieter Engels,
Präsident des Bundesrechnungshofs Bonn

Band 19

Prof. Dr. Hermann Hill/Prof. Dr. Utz Schliesky (Hrsg.)

Die Vermessung des virtuellen Raums

E-Volution des Rechts- und Verwaltungssystems III

Nomos

Die Deutsche Bibliothek verzeichnet diese Publikation in der Deutschen Nationalbibliografie; detaillierte bibliografische Daten sind im Internet über http://dnb.ddb.de abrufbar.

ISBN 978-3-8329-7421-3

1. Auflage 2012

Vorwort

Am 8./9. September 2011 fand in Speyer die dritte Veranstaltung des wissenschaftlichen Gesprächskreises „E-Volution des Rechts- und Verwaltungssystems" statt, der von den Herausgebern als Kooperation der Deutschen Hochschule für Verwaltungswissenschaften Speyer und dem Lorenz-von-Stein-Institut für Verwaltungswissenschaften an der Christian-Albrechts-Universität zu Kiel begründet worden ist.

Der vorliegende Band enthält die (überarbeiteten) Vorträge bei dieser Veranstaltung sowie zwei weitere Beiträge, die insgesamt die wissenschaftliche und rechtspolitische Diskussion zum Umgang mit der „Netzgesellschaft" befördern sollen.

Die Herausgeber danken insbesondere Herrn Timm Janda für die Mitwirkung bei der Organisation der Veranstaltung sowie Herrn Damian Hötger für die redaktionelle Betreuung der Manuskripte.

Wir beabsichtigen die Fortsetzung des Gesprächskreises und freuen uns daher auf Kommentare zu diesem Band sowie Anregungen zu weiteren Themen unter hill@dhv-speyer.de; utz.schliesky@landtag.ltsh.de.

Speyer und Kiel im Januar 2012

Hermann Hill Utz Schliesky

Inhaltsverzeichnis

Einführung: Die Vermessung des virtuellen Raumes

Utz Schliesky

I. Der virtuelle Raum

Menschen sind raumorientiert – die lokale Heimat ist der unverzichtbare Anker des Einzelnen. Der Mensch hat einen Ort im Raum, an dem er wohnt, arbeitet und lebt. Und selbst nach dem Tod ist es ein bestimmter Platz im Raum, der – jedenfalls nach der Vorstellung vieler Religionen – den Menschen zu seinen Wurzeln zurückkehren lässt und den Angehörigen einen Erinnerungsort bietet. Und auch Staat und Verwaltung sind seit Jahrhunderten strikt raumorientiert[1]. Längst ist aber ein neuer Raum hinzugetreten, der virtuelle Raum, auch Cyberspace genannt, der mit dem am Erdboden orientierten Raumverständnis wenig gemein hat und einer anderen Funktionslogik folgt.

Anschaulich hat diesen virtuellen Raum der Historiker *Carl Schlögel* beschrieben[2]: „'Cyberia' ist der neue Raum, der sich über die uns vertrauten historischen Räume zu legen begonnen hat. Neue Geopolitik ist nur möglich – oder wird auch herausgefordert –, indem sie sich diesem neuen Raum stellt. (...) Cyberia, diese neue Landschaft der Information, Medien, Netze, kennt neue Typen von Akteuren: *digerati* – die Literati des neuen Zeitalters, jene die sich darin zu bewegen wissen; *digital nations*, die sich über das Netz konstituieren und nicht über die Staatszugehörigkeit; *info-insurrectionists*, also die Info-Rebellen, die die neuen Medien als ihren Kampfplatz betrachten und nutzen; eine Landschaft mit Infobahnen und telematischen Highways. Neue Disproportionen und Ungleichheiten, neue Spaltungen und Antagonismen treten in Erscheinung: Nicht ein Eiserner Vorhang, sondern ein *digital divide*; nicht eine Teilung der Welt in Erste, Zweite und Dritte Welt, sondern eine Teilung in hochgradig vernetzte Weltregionen einerseits und aus dem Netz herausgefallene Regionen andererseits. Digitalisierung produziert eine neue Räumlichkeit. Der Übergang von *geo-graphie* zu *info-graphie* scheint vollzogen.“

1 Dazu sogleich unten II.

2 *Schlögel,* Im Raume lesen wir die Zeit – Über Zivilisationsgeschichte und Geopolitik, 2. Aufl. 2007, S. 74 f.

Dieser neue Raum bedarf der Vermessung. Allerdings trügt die Vorstellung einer „terra incognita“, wie sie in der Neuzeit zu entdecken und zu vermessen war. In diesem Raum sind längst dominierende Akteure vorhanden, die den Raum für sich vermessen haben, Macht ausüben und durchaus auch Freiheit bedrohen. Zunehmend setzt sich der vom amerikanischen Internet-Theoretiker *Jaron Lanier* formulierte Eindruck durch, dass große Konzerne die Macht im Internet an sich gerissen hätten und der Einzelne im Internet in eine vermarktbare Einheit verwandelt worden sei[3]. Es fehlt somit an der klassischen Ordnungsgewalt: Die Nationalstaaten kommen den stetig neuen Herausforderungen kaum noch nach. Das Territorialprinzip ist zwar rechtlich noch maßgebend, wird aber zunehmend von personenverbandsähnlichen Macht- und Zweckbündnissen überlagert, gar verdrängt. Es ist also höchste Zeit, den virtuellen Raum zu erschließen, zu vermessen, der aus dem Internet in Gestalt eines elektronischen Netzwerkes besteht. Dieser Raum ist eben längst nicht mehr leer oder ohne Macht-, Einfluss- und Wirtschaftsstrukturen. Fast marktbeherrschende Anbieter wie Google, Facebook, Apple etc. haben sich einen großen Teil der Ressourcen in Gestalt der Informationen gesichert. Das in unserem Rechtsverständnis mit unveräußerlicher Menschenwürde und Grundrechten ausgestattete Individuum verwandelt sich in einen Profil-Datensatz, der zur handelbaren Ware und damit zum Spielball des Marktgeschehens wird. Bei der Vermessung des virtuellen Raumes ist also sicherzustellen, dass die „Ureinwohner“ des virtuellen Raumes nicht ähnlich den Ureinwohnern der in der Neuzeit vermessenen Räume enteignet und rechtlos gestellt, gar versklavt werden.

II. Die Bedeutung des Raumes für Staat und Verwaltung

Bevor man sich auf den Weg zur Vermessung des virtuellen Raumes macht, ist zunächst einmal eine Vergewisserung über die Bedeutung des Raumes für Staat und Verwaltung angezeigt.

Verwaltung und Verwaltungsrecht haben neben einer zeitlichen[4] vor allem auch eine räumliche Dimension. Raum ist dabei nicht nur tradioneller Ordnungsgegenstand des Rechts, sondern vor allem auch maßgebliche Bezugsgröße des Verwaltungsrechts. Staatstheoretisch und auch verfas-

3 Zitiert nach *Kreye*, Im Netz der Ideologen, Süddeutsche Zeitung Nr. 203 vom 3./4. September 2011, S. 4.

4 Instruktiv zu Zeit und Recht *Luhmann*, Das Recht der Gesellschaft, 1993, S. 125 ff.; *Boehme-Neßler*, Unscharfes Recht, 2008, S. 453 ff., insbesondere auch zu den Auswirkungen der Digitalisierung auf das Verhältnis von Zeit und Recht.

sungsrechtlich ist der Raum bzw. das Gebiet der Bezugsgegenstand der Staatsgewalt. Nach dem klassischen Begriffsverständnis von *Jellinek* ist das Staatsgebiet ein zwingendes Kriterium bzw. eine zwingende Voraussetzung für einen Staat, da es „seiner rechtlichen Seite nach den Raum, auf den die Staatsgewalt ihre spezifische Tätigkeit, die des Herrschens, entfalten kann“, bezeichnet[5]. Dementsprechend orientiert sich die Verwaltung bei ihrer Ausübung von Staatsgewalt an diesem Staatsgebiet, und die Gliederung der Verwaltung muss sich schon souveränitätstheoretisch – verlangt ist die Einzigkeit der Ausübung von Staatsgewalt für einen bestimmten Raum – an einer strikten räumlichen Abgrenzung orientieren. Dementsprechend ist die rechtliche Grundlage für die räumliche Gliederung der Verwaltung das sog. Territorialprinzip[6]. Es besagt, dass der Wirkungskreis eines Organs nach örtlichen Grenzen abgesteckt wird; für das Handeln der Behörde bzw. des Organs wird mithin auf ein bestimmtes Territorium, insbesondere auf einen bestimmten Teil des Staatsgebietes abgestellt[7]. Das Territorialprinzip bildet zugleich die Grundlage jeglicher Dezentralisation in der Verwaltung, solange der Raumbezug das entscheidende Kriterium für die Verwaltungsorganisation ist[8]. Der schon als zeitlos anzusehende Grund der territorialen Dezentralisation liegt darin, sowohl den Staatsbürger für die Behörde als auch die Behörde für den Staatsbürger möglichst bequem erreichbar zu machen. Hinzu kommt, dass ein kleiner Bezirk am besten Gelegenheit bietet, die Besonderheiten des Verwaltungsbezirks und die Bedürfnisse der Bevölkerung in diesem Bezirk aus eigener Wahrnehmung kennenlernen und berücksichtigen zu können; je weniger es bei der Verwaltungstätigkeit auf den unmittelbaren Kontakt zwischen Organ und Bevölkerung ankommt, desto größer kann der Verwaltungsbezirk gezogen werden[9].

5 *Jellinek*, Allgemeine Staatslehre, 3. Aufl. 1914, S. 394; dazu – und auch zu Auflösungserscheinungen – *Schliesky*, Souveränität und Legitimität von Herrschaftsgewalt, 2004, S. 26 ff., 311 ff.

6 BVerfGE 84, 90 (123 ff.); *Stober/Kluth*, Verwaltungsrecht I, 12. Aufl. 2007, § 38 Rn. 1.

7 Grundlegend bereits *Merkl*, Allgemeines Verwaltungsrecht, 1927, S. 321.

8 Dazu ebenfalls *Merkl* (Fn. 7), S. 322.

9 Zu alledem *Merkl* (Fn. 7), S. 322; diesen Aspekt hob jüngst auch das Landesverfassungsgericht Mecklenburg-Vorpommern im Zusammenhang mit Verwaltungsstrukturreformen hervor. Der bürgerschaftlich-demokratische Aspekt der kommunalen Selbstverwaltung könne nur dann verwirklicht werden, wenn den Bürgern die ehrenamtliche Einbindung in die Kommunalverwaltung in zumutbarer und sinnvoller Weise möglich ist. So muss es jedem Bürger möglich sein, ein kommunales Ehrenamt in der Gemeinde zu übernehmen. Es darf nicht dazu kommen, dass der steigende Aufgabenbestand von Großgemeinden, die an die Stelle eines Amtes treten, bewirkt, dass freiberuflich und selbstständig gewerblich tätige Personen durch den mit der Vergrößerung einhergehenden steigenden Zeitaufwand von einem ehrenamtlichen Engagement abgehalten werden; vgl. LVerfG MV,

Auch bei einer funktionsorientierten Betrachtung spielt der Raum eine zentrale Rolle für die Verwaltung, da die Verwaltung zu einem großen Teil nach wie vor für die Lösung raumbezogener Probleme konzipiert ist. Hier erweist der Raum sich eben – wie eingangs angedeutet – als Gegenstand der von der Staatsgewalt zu leistenden Ordnungsaufgabe. Bau-, Straßen- und Umweltverwaltung oder auch zahlreiche Aufgaben der sog. Daseinsvorsorge sind strikt raumgebunden. Schon *Lorenz von Stein* hat darauf hingewiesen und dies als „Elementar-Verwaltung" gekennzeichnet[10].

An dieser Raumbindung der Verwaltung haben auch neuzeitliche Formen der Arbeitsteilung nichts geändert. Stärker hervorgetreten ist allerdings der Sachbezug, an dem sich die Zuweisung spezifischen Wissens und erforderlicher Verwaltungsmittel orientiert. Die arbeitsteilige Aufgabenwahrnehmung durch die Verwaltung wird nach geltendem Recht in der Regel durch eine Kombination von Real- und Territorialprinzip und damit durch die Konzeptionen sachlicher und örtlicher Zuständigkeit sichergestellt[11]. Diese sachliche und örtliche Zuständigkeit ist wiederum eine bedeutsame Ausprägung bedeutsamer verfassungsrechtlicher Vorgaben, auf die hingewiesen werden muss.

Zunächst einmal dient die Zuständigkeitsordnung der Verantwortungszurechnung, der Herstellung von Verantwortungsklarheit[12], und nimmt damit eine zentrale rechtsstaatliche Funktion wahr. Gerade auch in örtlicher Hinsicht hat die Zuständigkeitsordnung eine rationale Organisation

LKV 2007, 457 (464); Zustimmung bei *Meyer*, NVwZ 2007, 1024 (1024 f.); *März*, NJ 2007, 433 ff. Ablehnung bei *Bull*, DVBl 2008, 1 ff.; *Meyer*, NVwZ 2008, 24 ff.; *Mehde*, NordÖR 2007, 331 ff.; s. auch *Henneke*, Der Landkreis 2007, 438 ff.; *Meyer*, NdsVBl 2007, 265 ff.; *Schönfelder/Schönfelder*, SächsVBl 2007, 249 ff.; *Stüer*, DVBl 2007, 1267 ff.; aus rechtshistorischer Perspektive *Henneke/Ritgen*, DVBl 2007, 1253 ff.

10 *Lorenz von Stein*, Handbuch der Verwaltungslehre und des Verwaltungsrechts, 1870, S. 150 f.: »Das ganze physische und wirtschaftliche Leben des Menschen ist ein ständiger Kampf mit den elementaren Kräften. (…) Es liegt nun in der Natur der Sache, dass der Organismus dieser Verwaltung stets zuerst ein rein örtlicher ist (…).«

11 *Jestaedt*, in: Hoffmann-Riem/Schmidt-Aßmann/Voßkuhle (Hrsg.), Grundlagen des Verwaltungsrechts, Bd. I, 2006, § 14 Rn. 46.

12 *Lerche*, in: Maunz/Dürig (Hrsg.), Grundgesetz – Kommentar, Loseblatt, 1958 ff., Art. 83 Rn. 110; *Trute*, in: v. Mangoldt/Klein/Starck (Hrsg.), Kommentar zum Grundgesetz, Bd. 3, 5. Aufl. 2005, Art. 83 Rn. 32. Seinen Ursprung findet der der Kontrollierbarkeit staatlichen Handelns immanente Grundsatz der Verantwortungszurechenbarkeit zwar im Gewaltenteilungsgrundsatz des Art. 20 Abs. 2 Satz 2 GG, dieser prägt jedoch nicht nur die Funktionentrennung zwischen den drei Gewalten, sondern auch die Verfahrensgestaltung innerhalb der einzelnen Gewalten; s. *Sommermann*, in: v. Mangoldt/Klein/Starck (Hrsg.), Kommentar zum Grundgesetz, Bd. 2, 5. Aufl. 2005, Art. 20 Rn. 207. Siehe zu diesem Aspekt auch *Bull*, in: Geis (Hrsg.), Staat – Kirche – Verwaltung, Festschrift für Hartmut Maurer zum 70. Geburtstag, 2001, S. 545 ff.

zu realisieren, durch die auch dem Bürger gegenüber die Zuordnung von Aufgaben und Zuständigkeiten in der Verwaltungsorganisation transparent wird. Vor allem aber erfüllt die Zuständigkeitsordnung auch eine wesentliche demokratische Funktion im Lichte des grundgesetzlichen Demokratieprinzips[13]. Maßgeblicher Ausgangspunkt ist insoweit das verfassungsrechtliche Gebot demokratischer Legitimation aller Ausübung von Staatsgewalt[14]. Ausübung von Staatsgewalt ist jedenfalls alles amtliche Handeln mit Entscheidungscharakter[15], und die herrschende Meinung verlangt hierfür einen Zurechnungs- und Verantwortungszusammenhang im Sinne einer ununterbrochenen Legitimationskette zwischen dem jeweils maßgeblichen Staatsvolk und dem handelnden Staatsorgan[16]. Dieser Legitimationszusammenhang ist nicht darstellbar ohne die sachliche und örtliche Zuständigkeit eines Verwaltungsträgers, einer Behörde oder eines Organs, da die Zuständigkeit den tatsächlichen Gegenstandsbereich bezeichnet, der dem Kompetenzinhaber zur Wahrnehmung zugewiesen ist und sowohl die Ermächtigung zur als auch die Grenze der inhaltlichen Entscheidung darstellt. Mit anderen Worten: Nur für den mit der Zuständigkeit gekennzeichneten Gegenstandsbereich und örtlichen Bezirk besitzt der jeweilige Funktionswalter die erforderliche demokratische Legitimation, um Staatsgewalt auszuüben[17]. Das Demokratieprinzip wird dabei vom Bundesverfassungsgericht strikt raumbezogen interpretiert, indem es ein Konzept ortsbezogener Teilvölker für entsprechend örtlich radizierte Teile des Staatsgebiets entwickelt hat[18]. Ist ein demokratisches Teilvolk (Landes-, Kreis- oder Gemeindevolk) nur auf einen abgegrenzten Teil des Staatsgebiets bezogen, so kann dieses Teilvolk als Legitimationssubjekt auch nur für die in diesem Teil des Staatsgebiets ausgeübte

13 Zum Zusammenhang zwischen Kompetenz, Legalität und Legitimität *Stettner*, Grundfragen einer Kompetenzlehre, 1983, S. 188 ff.

14 Ausführlich hierzu *Böckenförde*, in: Isensee/Kirchhof (Hrsg.), Handbuch des Staatsrechts der Bundesrepublik Deutschland, Bd. II, 3. Aufl. 2004, § 24 Rn. 11 ff.; *Mehde*, Neues Steuerungsmodell und Demokratieprinzip, 2000, S. 163 ff.; *Schliesky* (Fn. 5), S. 230 ff.

15 BVerfG in std. Rspr., insbes. BVerfGE 83, 60 (73); 93, 37 (68).

16 Aus verfassungsrechtlicher Sicht ist für die Ausübung von Staatsgewalt nicht die Form der demokratischen Legitimation, sondern deren Effektivität maßgebend, sodass nach überwiegender Auffassung ein bestimmtes Legitimationsniveau zu wahren ist; BVerfGE 77, 1 (40); 83, 60 (72); 93, 37 (66 f.); jüngst BVerfG, NVwZ 2008, 183 (186 f.); BVerwGE 106, 64 (74); BVerwG, NVwZ 1999, 870 (873); kritisch hierzu *Lepsius*, Steuerungsdiskussion, Systemtheorie und Parlamentarismuskritik, 1999, S. 23 ff. m. w. N.; vgl. auch *Hain*, Die Grundsätze des Grundgesetzes, 1999, S. 333 ff.; *Kirchhof*, in: Isensee/Kirchhof (Fn. 14), § 21 Rn. 89; *Sommermann* (Fn. 12), Art. 20 Rn. 82; *Schliesky* (Fn. 5), S. 302 ff.

17 BVerfGE 93, 37 (68).

18 BVerfGE 83, 37 (55); 83, 60 (71); zur Teilvolk-Konstruktion des Bundesverfassungsgerichts *Böckenförde* (Fn. 14), § 24 Rn. 31.

Staatsgewalt legitimierend tätig sein. Die Raumbindung der Verwaltung hat insoweit also eine besonders starke Wurzel im Demokratieprinzip.

Diesem Vorstellungsbild kann die E-Government-Struktur kaum gerecht werden: Die „vernetzte Gesamtzuständigkeit" erlaubt keinen klaren Verantwortungs- und Zurechnungszusammenhang zu einem handelnden Amtswalter oder zu einem örtlich begrenzten Teilvolk. Vielmehr ist gerade eine auf Problem- und Lebenslagen bezogene Verwaltungstätigkeit, ggf. in Kooperation verschiedener Verwaltungen, gewollt[19], aus der Einzelbeiträge nur schwer zu isolieren sind[20]. Damit ist keine klare Legitimationskette zu dem jeweils legitimierenden Bundes-, Landes-, Kreis- oder Gemeindevolk feststellbar. Die von den Volksvertretungen sichergestellte parlamentarische Kontrolle, die im Übrigen gerade auch durch klare Zuständigkeiten gesichert werden soll[21], wird zudem erheblich erschwert[22].

III. Enträumlichung und Entgrenzung

Schon im geltenden Recht ist die Raumbindung der Verwaltung nicht mehr in absoluter Exklusivität ausgestaltet, d. h. dies bedeutet, dass ein bestimmter Raum auf der Erdoberfläche nicht ausschließlich einer Behörde zugeordnet ist. Auf der anderen Seite ist Verwaltung trotz allem nach wie vor strikt raumgebunden, indem die Zuweisung von Herrschaftsgewalt nur für einen bestimmten Verwaltungsbezirk, der maximal den Raum des Staatsgebietes der Bundesrepublik Deutschland umfasst, zugewiesen ist. Diese Raumbindung ist nun nicht mehr selbstverständlich. Zu beobachten sind Tendenzen zur Enträumlichung und Entgrenzung. Unter Enträumlichung kann man den Bedeutungsverlust der räumlichen Nähe zu den Verwaltungsadressaten verstehen. Die Raumbindung der Verwaltung wird im Sinne einer Enträumlichung aufgrund der gewandelten technischen Möglichkeiten, aber auch mit Blick auf die An-

19 Insbesondere im Kontext sog. One-Stop-Government-Konzepte (dazu aus rechtswissenschaftlicher Perspektive *Schulz*, One-Stop-Government, 2006), bspw. bei der Einrichtung sog. Einheitlicher Ansprechpartner nach der EU-Dienstleistungsrichtlinie (s. dazu die Nachweise in Fn. 32, 34 f.), kommunaler Bürgerbüros oder des »Bürgertelefons 115« (dazu bspw. *Luch/Schulz*, in: Lemke/Westerfeld [Hrsg.], Strategie 115, 2008, S. 92 ff.).

20 S. auch *Schliesky*, in: Leible (Hrsg.), Die Umsetzung der EU-Dienstleistungsrichtlinie, 2008, S. 43 ff.

21 *Hermes*, in: Dreier (Hrsg.), Grundgesetz, Bd. II, 2. Aufl. 2006, Art. 65 Rn. 38 ff.

22 Überdies erfolgt auch gegen das legitimationssichernde Hierarchieprinzip ein Frontalangriff, da das E-Government technisch und strukturell bedingt in hierarchiefeindlichen kooperativen Netzwerkstrukturen ablaufen soll, s. *Schliesky*, NVwZ 2003, 1322 (1327 f.).

forderungen an die Wirtschaftlichkeit der Verwaltung gelockert. Möglichkeit und Grad der Enträumlichung variieren allerdings in Abhängigkeit vom konkreten Verwaltungsgegenstand und von der konkreten Beziehung zwischen Bürger und Verwaltung. Mit Recht ist darauf hingewiesen worden, dass beispielsweise Kommunikation an sich keine raumgebundene Operation zwischen Bürger und Verwaltung darstellt[23]. Die Raumabhängigkeit gewinnt u. U. mit zunehmender Interaktionsabhängigkeit an Bedeutung[24], wobei schon Brief und Fax, erst recht aber die schon heute existenten Möglickeiten elektronischer Verfahrensabwicklung (E-Government)[25] die Bedeutung des Raumes für Interaktionen zunehmend schmälern. Hinzu kommen schließlich neue Formen der Arbeitsteilung[26], die ebenfalls häufig durch moderne IuK-Technologien unterstützt werden, und die aufgrund der Möglichkeiten zu einer Modularisierung der Erledigung von Verwaltungsaufgaben zugleich zu einer Enträumlichung zumindest bestimmter, oftmals sogar zentraler Teile wie z. B. der Entscheidung führt.

Eine andere Facette der Lockerung der Raumbindung der Verwaltung ist die Entgrenzung, die sich als Aufweichung des räumlichen Exklusionsverständnisses der örtlichen Zuständigkeit definieren lässt. Dieser Aspekt geriet zunächst in den Blick, da die weltweite Vernetzung durch das Internet tagtäglich vor Augen führt, dass die bislang als maßgeblich wahrgenommenen Grenzen für derartige Kommunikations- und Interaktionsbeziehungen keine Rolle spielen. Konnte man zunächst im Bereich der globalisierten Wirtschaft und vor allem im Bereich des E-Commerce beobachten, dass geographische Grenzen in einer digitalisierten Welt eine

23 *Luhmann*, Die Politik der Gesellschaft, 2002, S. 263.

24 *Luhmann* (Fn. 23), S. 263.

25 Die rechtliche Gleichstellung zwischen Schriftform und elektronischer Form erfolgt durch § 3a VwVfG, §§ 126 f. BGB; grundlegend zum E-Government *Eifert*. Electronic Government, 2006; s. auch Kröger/Hoffmann (Hrsg.), Rechts-Handbuch zum E-Government, 2005; Bieler/Schwarting (Hrsg.), eGovernment – Perspektiven – Probleme – Lösungsansätze, 2007; Überblick über die Aktivitäten der Bundesländer bei Schliesky (Hrsg.), eGovernment in Deutschland, 2006; zu aktuellen Entwicklungen – insbesondere der zunehmenden Orientierung am europäischen E-Government-Verständnis in Abkehr von der Speyerer Definition – *Schulz*, DVBl 2009, 12 ff.; *ders.*, VM 2009, 3 ff.; *Luch/Schulz*, in: Schliesky (Hrsg.), Die Umsetzung der EU-Dienstleistungsrichtlinie in der deutschen Verwaltung – Teil II: Verfahren, Prozesse, IT-Umsetzung, 2009, S. 219 ff.

26 Exemplarisch sei hier auf die Shared Services Center hingewiesen; dazu *Schütz*, in: Hill (Hrsg.), Die Zukunft des öffentlichen Sektors, 2005, S. 23 ff.; *Maier/Gebele*, DVP 2007, 270 ff.; vgl. auch *Schulz* (Fn. 19), S. 15 ff., 49 ff.; *Lietz*, in: Zechner (Hrsg.), E-Government – Strategien, Lösungen und Wirtschaftlichkeit, 2007, S. 269 ff.; zum Aspekt der Arbeitsteiligkeit *Schliesky*, ZSE 6 (2008), 304 (318 ff.).

zunehmend geringere Rolle spielen[27], so gilt dies auch für zunehmend mehr Verwaltungsbereiche. Vor allem in Konzepten, aber auch realisierten Anwendungen des E-Governments zeigt sich deutlich, dass die Besonderheit der vernetzten Verwaltung[28] und das Potential zur Modernisierung der Verwaltung darin liegen, die überkommene Zuständigkeitsordnung zu überwinden[29]. Darüber hinaus wirken nun zunehmend andere, sogar rechtliche Faktoren der Entgrenzung auf die überkommene örtliche Zuständigkeitsgliederung ein. Erinnert sei an Art. 10 Abs. 3 EU-DLR, der eine doppelte Anwendung von gleichwertigen oder aufgrund ihrer Zielsetzung im Wesentlichen vergleichbaren Anforderungen und Kontrollen verbietet. Diese Vorschrift tangiert die nationale Zuständigkeitsordnung im Sinne einer Relativierung und Entgrenzung. Gleiches gilt für Art. 10 Abs. 4 EU-DLR, der eine grundsätzlich bundesweite Geltung von Genehmigungen in den von der Dienstleistungsrichtlinie erfassten Bereichen des Wirtschaftsverwaltungsrechts verlangt[30]. Art. 10 Abs. 7 EU-DLR stellt zwar ausdrücklich klar, dass die Verteilung der lokalen oder regionalen Zuständigkeiten von der Richtlinie nicht in Frage gestellt wird, doch bedeutet die „grundsätzlich gesamtstaats-territoriale Feststellungs-

27 Dazu *Boehme-Neßler* (Fn. 4), S. 112 ff., auch mit prägnanten Bemerkungen zu weiteren Dimensionen einer durch die IT ausgelösten Entgrenzung. – Dieses Phänomen ist letztlich auch allgemeiner Befund zur „Globalisierung“ (dazu statt vieler *Ruffert*, Die Globalisierung als Herausforderung an das Öffentliche Recht, 2004, S. 11 ff., 19) und in vielen Rechtsgebieten auch am Beispiel der Entwicklung des Europäischen Gemeinschaftsrechts zu beobachten, s. jüngst am Beispiel der bislang territorial gebundenen Vergabe von Sportrechtslizenzen EuGH, U. v. 4.10.2011, Rs. C-403/08, C-429/08, JZ 2011, 1160 ff.; dazu *Leistner*, JZ 2011, 1140 ff.

28 Zur Verrechtlichung des Netzwerkgedankens *Schliesky*, in: ders. (Hrsg.), Die Umsetzung der EU-Dienstleistungsrichtlinie in der deutschen Verwaltung – Teil I: Grundlagen, S. 203 (228 ff.); *ders.*; in: Leible (Fn. 20), S. 43 (71 f.); vgl. auch *Peters*, Elemente einer Theorie der Verfassung Europas, 2001, S. 215 ff.; *Schuppert*, in: Hoffmann-Riem/Schmidt-Aßmann/Voßkuhle (Fn. 11), § 16 Rn. 134 ff.; *Ruffert*, Die Verwaltung 36 (2003), 293 (312); *Sydow*, Verwaltungskooperation in der Europäischen Union, 2004, S. 78 ff.; *Wettner*, Die Amtshilfe im Europäischen Verwaltungsrecht, 2005, S. 289 ff.; *Möllers*, in: Oebbecke (Hrsg.), Nicht-normative Steuerung in dezentralen Systemen, 2005, S. 285 (296); *Boehme-Neßler*, NVwZ 2007, 650 ff. Allgemein zum Netzwerkgedanken *Jansen*, Einführung in die Netzwerkanalyse, 3. Aufl. 2006; unter verschiedenen juristischen Perspektiven die Beiträge in: Boysen u. a. (Hrsg.), Netzwerke, 2008; eine rechts- und verwaltungswissenschaftliche Weiterentwicklung des Netzwerkgedankens am Beispiel der Dienstleistungsrichtlinie findet sich bei *Schliesky*, in: ders. (Fn. 25), S. 91 ff.; aus historischer und grundlegender Perspektive *ders.*, Von der organischen Verwaltung Lorenz von Steins zur Netzwerkverwaltung im Europäischen Verwaltungsbund, 2009; *ders.*, DÖV 2009, 641 ff.

29 Zu diesem Problemkreis bereits *Schliesky*, in: Meyer/Wallerath (Hrsg.), Gemeinden und Kreise in der Region, 2004, S. 80 (100 ff.).

30 Dazu *Schulz*, in: Schliesky (Fn. 28), Teil I, S. 175 ff.

und Gestattungswirkung von Genehmigungen"[31] eben eine Relativierung der Raumbindung der Verwaltung und damit eine Entgrenzung bestehender exklusiver sachlicher und vor allem örtlicher Zuständigkeiten.

Durch die beschriebenen Entwicklungen droht die Gefahr einer Auflösung der Zuständigkeitsordnung in „vernetzter Beliebigkeit". Daraus resultiert eine nicht zu unterschätzende Gefahr für die demokratische und rechtsstaatliche Verantwortungszurechnung[32], die oben skizziert wurde.

E-Government relativiert die Raumbindung der Verwaltung auch noch unter einem anderen Blickwinkel, indem es zunehmend Bedeutung als eine Alternative zu kommunalen Gebietsreformen erhält[33]. E-Government kann und muss nicht zentralistisch gedacht werden[34], sondern bietet aufgrund der elektronischen Netzwerkstruktur beste Voraussetzungen, gerade dezentrale und auch kleinere Verwaltungsstrukturen miteinander zu vernetzen[35]. Effizienz, Effektivität und Bürgernähe können auf diese Weise gerade mit kleinen, dafür aber interoperabel vernetzten Verwaltungen vor Ort gleichermaßen realisiert werden. Die kommunale Gebietsstruktur und die Raumgröße haben dann bei IT-gestützter Aufgabenerledigung kaum noch Bedeutung. Insoweit findet eine stärkere Funktionsorientierung statt, ohne das überkommene Konzept kommunaler Selbstverwaltung aufzugeben. Dies gibt zugleich wieder die Möglichkeit einer stärkeren Betonung der jeweils verfassungsrechtlich und einfachgesetzlich zugedachten Rolle der Kreise, Städte und Gemeinden bei gleichzeitig geringerer Bedeutung der Gebietsgröße. So soll beispielsweise der räumliche Zuschnitt einer Gemeinde regelmäßig so bemessen sein,

31 *Cornils*, in: Schlachter/Ohler (Hrsg.), Europäische Dienstleistungsrichtlinie, Handkommentar, 2008, Art. 10 Rn. 30.

32 Ausführliche Analyse und Lösungsansätze bei *Schliesky*, in: Hill/Schliesky (Hrsg.), Herausforderung e-Government, 2009, S. 11 ff.; vgl. auch *Schliesky/Schulz/Tallich*, in: Schliesky (Hrsg.), Staatliches Innovationsmanagement, 2010, S. 19 (29 ff.).

33 Dazu bereits *Schliesky*, in: Henneke (Hrsg.), Staats- und Verwaltungsmodernisierung in Mecklenburg-Vorpommern, 2004, S. 57 ff.; jüngst *Schuppan*, VM 2008, 66 ff.; ferner *Finanzministerium des Landes Schleswig-Holstein*, in: Landesregierung Schleswig-Holstein (Hrsg.), Gutachten zur Verwaltungsstruktur- und Funktionalreform in Schleswig-Holstein, 2008, S. 765 ff.; richtungweisend auch die Verknüpfung von E-Government und Aufgabenkritik sowie Funktionalreform vom LVerfG MV (LKV 2007, 457 ff.); vgl. zu diesem auch für andere Bundesländer wegweisenden Urteil bereits Fn. 9.

34 Zu den organisationsrechtlichen Auswirkungen des E-Government *Eifert* (Fn. 25), S. 166 ff.; *Schliesky*, in: Meyer/Wallerath (Fn. 29), 80 (99 ff.).

35 So bereits *Schliesky*, in: Henneke (Fn. 33), S. 57 (71 f., 75); ebenso *Eifert* (Fn. 25), S. 173, im Kontext mit Bürgerämtern: »Konzentration bei Dezentralisation«; *Ruge*, NdsVBl 2008, 89 (92); *Schuppan*, VM 2008, 66 (75-77); zur aktuellen Debatte in Schleswig-Holstein *Schliesky*, in: ders./Schulz (Hrsg.), Die Erneuerung des arbeitenden Staates, 2012, i. E.; *Schulz*, NordÖR 2011, 311 ff.

dass neben der örtlichen Verbundenheit der Einwohner vor allem auch die *Leistungsfähigkeit* der Gemeinde bzw. des Kreises gesichert ist[36]. Im Laufe der vergangenen Jahrzehnte hat man regelmäßig versucht, den durch gewachsene Aufgaben, gestiegene Kosten und zugleich verbesserte technische Möglichkeiten geänderten Rahmenbedingungen dadurch zu begegnen, dass man den Gebietszuschnitt der kommunalen Gebietskörperschaften vergrößert hat, um dadurch Skaleneffekte zu erzielen. Bei einer vernetzten, modularisierten Aufgabenerledigung besteht dieser Zusammenhang aber nicht mehr, da die Ressourcenauslastung von Produktionskapazitäten und die Wirtschaftlichkeit der Leistungserbringung nicht mehr durch die Einwohnerzahl im zugewiesenen Verwaltungsbezirk, sondern durch die effektive Nutzung konzentriert erbrachter Module erreicht wird[37]. Damit erhält auch die Ergänzungs-, Ausgleichs- und Förderfunktion der Kreise für den kreisangehörigen Bereich[38] eine neue Bedeutung: Die Kreise können aufgrund ihrer Größe sowie ihrer personellen und sächlichen Ausstattung die Funktion übernehmen, E-Government Anwendungen für den kreisangehörigen Raum – ggf. auch im Zusammenwirken mit dem jeweiligen Bundesland – als „Kompetenzzentrum“ vorzuhalten und auf diese Weise das jeweilige „Frontoffice“ in den kreisangehörigen Gemeinden und Städten zu unterstützen[39]. Auf diese Weise sind funktionalreformerische Aufgabenübertragungen ohne Gebietsänderungen möglich, sofern die einheitliche elektronische Verfahrensabwicklung gewährleistet wird. Hierfür bedarf es dann allerdings regelmäßig rechtlich verbindlicher Vorgaben in Gestalt von Standardisierungen der elektronischen Verfahrensabwicklung, die regelmäßig das Land zu treffen haben wird[40]. Für die eigentliche Leistungserbringung im „Backoffice“ verliert die Raumbindung so weitestgehend an Bedeutung; wegen der Anforderungen demokratischer Legitimation und einer effektiven Verantwortungszurechnung ist die Raumbindung dennoch nicht aufgebbar, sollte aber zeitgemäß im Sinne einer Steuerungs- und Gewährleistungsverantwortung weitergedacht werden.

36 So z. B. § 5 GO SH; dazu *Schliesky*, in: Bülow/Erps/Schliesky/von Allwörden (Hrsg.), Kommunalverfassungsrecht Schleswig-Holstein, § 5 GO Rn. 74 ff.

37 Zutreffend *Schuppan*, VM 2008, 66 (77); zur Modularisierung von Verwaltungsverfahren *Schliesky*, in: Leible (Fn. 20), S. 43 (68); *ders.* (Fn. 25), S. 91 (113 ff.).

38 S. dazu z. B. §§ 20, 21 KrO SH; dazu *Schliesky/Ernst*, in: Bülow/Erps/Schliesky/von Allwörden (Fn. 36), § 20 KrO Rn. 3.

39 *Schliesky*, in: Henneke (Fn. 33), S. 57 (72); *Schuppan,* VM 2008, 66 (75); s. auch *Ruge*, NdsVBl 2008, 89 (91 f.).

40 Bspw. in Form von E-Government-Gesetzen; vgl. dazu *Mehde*, Notwendigkeit und Zulässigkeit eines E-Government Gesetzes in Nordrhein-Westfalen, 2008; *Schulz*, Die Gemeinde SH 2008, 272 ff.

IV. Exkurs: Vom Personenverbands- zum Territorialstaat

Das elektronische Netzwerk, das den virtuellen Raum errichtet und bildet, ähnelt stärker dem personenverbandsstaatlichen Modell als dem Territorialstaat, der das Modell für unser heutiges Gemeinwesen abgibt. Gerade die zunehmende Rolle sozialer Netzwerke verstärkt diese Parallelität. Seit Spätantike und frühem Mittelalter erscheint der Staat zunächst nicht als eine von dem einzelnen Herrscher unabhängige Rechtspersönlichkeit, sondern als Personenverband, der wesentlich von den gegenseitigen persönlichen Treueverpflichtungen geprägt ist[41]. Die Macht des Herrschers steht und fällt aufgrund des personalen Charakters mit dem Charisma des jeweiligen Herrschers und seiner Machtbasis innerhalb des Personenverbandes. Grundlage der Herrschaft und ihrer Ausübung ist der Personenverband, hervorgegangen aus dem alten stammesrechtlichen Beziehungsgefüge. Das persönliche Gefolgschaftsverhältnis und die germanische Zweckschenkung gelten als Grundlage des Lehenswesens[42], dessen Entwicklung zudem durch militärische Bedürfnisse begünstigt gewesen sein dürfte[43]. Das auf einem persönlichen (Vasallität) und einem dinglichen (Beneficium) Strang beruhende Lehensverhältnis hält die Herrschaft im Mittelalter netzwerkartig zusammen und nimmt so eine wichtige Funktion im Prozess der mittelalterlichen Staatsbildung ein[44]. Die transpersonale Staatsidee, d. h. die Trennung des konkreten Herrschers von einer abstrakten juristischen Person „Staat", ist dem frühen Mittelalter noch fremd. Die Entwicklung von Denken in personenverbandsrechtlichen Strukturen

41 *Kimminich*, Deutsche Verfassungsgeschichte, 2. Aufl. 1987, S. 58, 76; *Wesel*, Geschichte des Rechts, 1997, Rn. 187. Zur Reichsstruktur und den Verfassungsinstitutionen im Frankenreich *Willoweit*, in: Jeserich/Pohl/v. Unruh (Hrsg.), Deutsche Verfassungsgeschichte, Bd. 1, 1983, S. 31 ff.

42 Hierzu *Conrad*, Deutsche Rechtsgeschichte, Bd. I, 2. Aufl. 1962, S. 106 ff.; *Kimminich* (Fn. 41), S. 76 ff.; *Schulze*, Grundstrukturen der Verfassung im Mittelalter, Bd. I, 3. Aufl. 1995, S. 73 ff.; *Zippelius*, Kleine deutsche Verfassungsgeschichte, 3. Aufl. 1996, S. 26 f., 61 ff. – Insoweit ist der Grundbesitz die Grundlage politischer Macht, s. *Schulze*, Staat und Nation in der europäischen Geschichte, 1994, S. 23.

43 Letzteres ist umstritten: *Wesel* (Fn. 41), Rn. 190, nimmt militärische Notwendigkeiten an; dagegen *Conrad* (Fn. 42), S. 108 f. – Die Lehnsordnung spiegelt sich in der Heerschildordnung wider, die etwa der Sachsenspiegel aufführt, Landrecht, 1. Buch, III. 2. (abgedruckt bei Ebel [Hrsg.], Sachsenspiegel, 1993, S. 31). »Heerschild« bedeutet dann lehnsrechtlich – losgelöst von seiner ursprünglichen militärischen Bedeutung – die Fähigkeit zum Erwerb eines echten Lehens, *Schulze* (Fn. 42), S. 87 f.

44 Deutlich zu den beiden Elementen des Lehnsrechts *Eike von Repgow*, Sachsenspiegel, Lehnrecht, III. (abgedruckt bei Ebel [Fn. 43], S. 174 f.); *Krieger*, König, Reich und Reichsreform im Spätmittelalter, S. 74 f.; *Mitteis*, Lehnrecht und Staatsgewalt, 1974, S. 16 ff. und S. 107 ff.; *Wesel* (Fn. 41), Rn. 190; *Willoweit* (Fn. 41), S. 43.

hin zu transpersonalen Staatsvorstellungen vollzieht sich nur langsam und über einen langen Zeitraum, noch dazu in Wellenbewegungen, weil die Auffassung von der Herrschaft erheblich durch legitimatorische Vorstellungen bestimmt ist, woraus sich nämlich die Herrschaft ableiten soll. Das personenverbandsrechtliche Denken entspricht eher einer historischen Orientierung an germanischen Vorbildern, während eine transpersonale Staatsvorstellung ihr Vorbild im spätrömischen Dominat findet[45]. Bereits im frühen Mittelalter entwickelt sich das Gebiet (terra) zu einer, später stärker betonten, Komponente der Herrschaft. So bezeichnet etwa das von *Friedrich II.* stammende „statutum in favorem principum" die Fürsten als Landesherren[46] und stellt bei der Herrschaftsbeschreibung damit einen deutlichen Territorialbezug auf. Mit der nun geläufigen Vorstellung des „dominium terrae" hält auch ein neues Herrschaftsdenken Einzug[47]. In der Goldenen Bulle 1356 findet sich dann bereits die Zusicherung, dass die Territorien der Landesherren ungeteilt bleiben sollen; vor allem werden Rechte, (Königswahl-)Stimme, Amt und Würde als untrennbar mit dem Fürstentum verbunden angesehen[48]. Und auch das Lehenswesen entwickelt sich weiter und spielt eine wichtige Rolle für Entstehung, Aufbau und Festigung der Landesherrschaft und damit für die Herausbildung der Territorialbezogenheit von Herrschaft, indem neben das Reichslehenswesen seit dem hohen Mittelalter ein territoriales Lehenswesen tritt, das noch dazu in manchen Fällen schon die Verpflichtung des Vasallen zu Treue und zum Beistand auf das Herrschaftsgebiet und nicht mehr allein auf den Lehensherrn bezieht[49]. Gleichzeitig leisten die fortbestehenden, wenn auch ein wenig zurücktretenden persönlichen (Rechts-)Beziehungen einen wesentlichen Beitrag zur inneren Festigung

45 *Beumann*, in: Institut für geschichtliche Landesforschung des Bodenseegebietes in Konstant (Hrsg.), Vorträge und Forschungen, Bd. III: Das Königtum, 1956, S. 185 (212).

46 Statutum in favorem principum, (7.) (»a domino terre«; »per dominum terre«), (8.) (»domini terre«), abgedruckt bei *Weinrich*, in: Rudolf/Buchner (Hrsg.), Ausgewählte Quellen zur deutschen Geschichte des Mittelalters, Bd. XXXII, 1977, S. 434 ff.

47 *Beumann* (Fn. 45), S. 185 (207; 213 f.); *Buschmann*, Kaiser und Reich, 1984, S. 15 f.; *Kimminich* (Fn. 41), S. 114; *Mitteis*, Der Staat des hohen Mittelalters, 11. Aufl. 1986, S. 3 f., 345 ff., *Schlesinger*, HZ 176 (1953), 225 (264 ff.), der auf räumliche Elemente der Herrschaft schon bei den Franken hinweist; *Willoweit* (Fn. 41), S. 65 f.; s. auch *Schulze* (Fn. 42), S. 154 f.

48 Goldene Bulle, Kap. 20: »..., qui principatum ipsum cum terra, vasallagiis, feudis et dominio ac eius pertinentiis universis dinoscitur possidere, ...«; abgedruckt bei *Weinrich*, in: Buchner/Schmede (Hrsg.), Ausgewählte Quellen zur deutschen Geschichte des Mittelalters, Bd. XXXIII, 1983, S. 372; s. auch *Wolf*, in: Coing (Hrsg.), Ius Commune II, 1969, S. 1 (14).

49 *Krieger*, in: Gall (Hrsg.), Enzyklopädie deutscher Geschichte, Bd. 14, 1992, S. 74 f.; *Mitteis* (Fn. 44), S. 450, 454; *Schulze* (Fn. 42), S. 23 ff.; *Schulze* (Fn. 42), S. 68; s. auch *Kimminich* (Fn. 41), S. 113 f.; *Stolleis*, Der Staat, Beiheft 11 (1996), 63 (68).

des Territorialstaates; über die Verpflichtung der Vasallen, auf einem Lehenstag zu erscheinen, können sich später landständische Organisationsformen herausbilden[50]. Damit vollzieht sich eine langsame Wandlung des auf personal vermittelter Herrschaft basierenden Herrschaftsverbandes zu territorial definierten Herrschaftseinheiten, die sich auch an der Entwicklung räumlich ausgerichteter Verwaltungsstrukturen zeigt[51]. Von nun an ent-wickelt sich Schritt für Schritt der räumlich bezogene Nationalstaat und die ebenfalls räumlich orientierte Staatsverwaltung.

V. Abstrakter Lösungsansatz

Es würde zweifelsohne eine historische Verkürzung bedeuten sowie den heutigen Gegebenheiten und aktuellen Problemlagen nicht gerecht werden, wollte man nun einer unreflektierten Rückkehr zum Personenverbandsstaat das Wort reden. Dennoch geben die Ordnungsmodelle für Herrschaft und Gemeinwesen vor der Zeit des Nationalstaates wichtige Hinweise, wie die heutigen Schwierigkeiten gelöst werden können. Denn unbestritten kann der Raum seiner zentralen Funktion im Ordnungs-, Herrschafts- und Zuständigkeitsmodell unseres Staates nicht mehr gerecht werden. Da territorialer und virtueller Raum andererseits auch nicht beziehungslos nebeneinander stehen, sondern sich wechselseitig überlappen und vielfältig miteinander verzahnt sind, wird man zahlreiche Ordnungsmuster durchaus im virtuellen Raum anwenden können. Allerdings ist herauszuarbeiten, in welchen Fällen die Raumorientierung für normative Ordnungsmechanismen nicht mehr adäquat ist. Die Funktion der strikten Raumbindung ist dann gegebenenfalls zu ersetzen. Dies gilt insbesondere für die Kategorie der „Verantwortung", die – wie eingangs gezeigt – bislang vor allem in räumlichen Verantwortungsbereichen gedacht wird. Gerade diese Raumbindung ist im elektronischen Netzwerk unterschiedlichster Verantwortungsbeiträge nicht mehr relevant, weil nicht mehr herstellbar. Wie kann nun eine Lösung dieser Verantwortungsproblematik aussehen? Eine einfache Lösung im Sinne einer Zuweisung der vollständigen Handlungs- und Ergebnisverantwortung an eine einzige, räumlich begrenzte Stelle wie bei dem monistischen Staats-, Verwaltungs- und Legitimationsbild, das Teile der deutschen Staatsrechtslehre

50 *Schulze* (Fn. 42), S. 24; *Schulze* (Fn. 42), S. 72; *Willoweit* (Fn. 41), S. 83 ff.

51 Ein Beispiel bildet die Reichskreiseinteilung, vgl. *Hobe*, Der offene Verfassungsstaat zwischen Souveränität und Interdependenz, 1998, S. 41 m. w. N.; *Stern*, Staatsrecht V, 2000, S. 31 f.; *Willoweit* (Fn. 41), S. 66 ff.

und die politische Praxis bis heute vertreten, wird allerdings nicht mehr möglich sein. Vielmehr sind die Verantwortungsfragen zu thematisieren und im Einzelfall zu lösen; dass dies gelingen kann, zeigen etwa bestehende und geplante E-Government-Gesetze. E-Government basiert nun einmal auf dem Netzwerkgedanken, in dem verschiedene Verantwortungsbeiträge zusammenkommen. Ein Netzwerk lässt sich begreifen als Verbindung öffentlicher und gegebenenfalls auch privater Stellen unterschiedlicher territorialer Ebenen mit verschiedenen Funktionen, Zuständigkeiten und Verantwortlichkeiten mit dem Ziel der Realisierung gemeinsamer Aufgaben. Hier hilft in der Tat das personenverbandsrechtliche Denken, das die vielfältig verzahnten Wechselbeziehungen einzelner Akteure mit in den Blick nimmt. Es entsteht dadurch ein neues Organisationsbild, das durch Zuständigkeitsabgrenzungen, Zuständigkeitsverzahnungen sowie neue Aufsichts-, Verantwortungs- und Haftungsregelungen gekennzeichnet ist. Dabei handelt es sich allerdings nicht nur um eine bloß kumulative Ansammlung schon früher existenter Organisationseinheiten, sondern es entstehen neue Organisationsformen und neue Identifikationen, die alte Verantwortlichkeiten ändern, lockern oder gegebenenfalls sogar auflösen. Das Arbeiten im elektronischen Netzwerk des virtuellen Raumes bedeutet und verlangt Verantwortungsteilung: Geteilt und im Netzwerk entsprechend verteilt sind die Ableitungs- und Legitimationsstränge, also die Verantwortlichkeitsbeziehungen. Mit dem Begriff der Verantwortungsteilung wird dem Funktionswandel des Staates sowie den Veränderungen bei dessen Aufgabenerfüllung Rechnung getragen, für die das elektronische Netzwerk geradezu prototypisch ist. Um die verfassungsrechtlichen Anforderungen von Rechtsstaat, Demokratie und Republik zur Geltung zu bringen, muss die Verantwortung auch von einem solchen Netzwerk klar und zurechenbar geteilt sein, um dem Ergebnis einer gemeinsamen Letztverantwortlichkeit gerecht zu werden, aber auch einzeln nachprüfbare Verantwortungsbeiträge sicherzustellen. Hier sind verschiedene Modelle und Stufungen der Verantwortungsintensität denkbar und möglich; die einzelnen Verantwortungsbeiträge müssen allerdings sauber herausgearbeitet werden. Es handelt sich um eine sehr grundlegende normative Aufgabe, die auf den verschiedenen Ebenen gesetzgeberischer Ausgestaltung bedarf. Vorarbeiten sind letztlich mit dem vom Europarecht angestoßenen Denken in Mehrebenensystemen gemacht worden, wenn auch das multipolare Netzwerk diese verfassungsrechtlichen Fragestellungen nochmals verschärft. Ein konkreter verwaltungsrechtlicher Lösungsansatz könnte insoweit in der Figur der „Zuständigkeitsverzahnung“ liegen, die ich bereits an anderer Stelle vorgeschlagen habe[52].

Neben personenverbandsrechtlichen Denkansätzen sollte der Blick zugleich auf wissenschaftliche Erklärungsmodelle gerichtet werden, die noch parallel zur Ausbildung des modernen National- und Verwaltungsstaates entfaltet wurden: Zu denken ist hier an die Organismustheorie, die eine lange Tradition vom hohen Mittelalter bis zu *Lorenz von Stein* aufweist.

Mindestens seit *Johannes von Salisbury* (ca. 1115-1180), also seit dem Hohen Mittelalter, ist die Vorstellung vom Staat als Gesamtorganismus verbreitet, der erst durch differenzierte, miteinander in Beziehung stehende Organe leben und handeln kann[53]. *Stein* sucht seinen Ausgangspunkt hingegen in der Persönlichkeit des Einzelnen: „Der Staat nun ist die persönliche Einheit aller einzelnen Persönlichkeiten.“[54] Die Gemeinschaft der Einzelnen wird also selbst zur Persönlichkeit, und zwar „durch den Begriff der Einzelnen selbst gesetztes Leben“, nicht durch einen ominösen Willen oder Willkür[55]. Daraus folgert *Stein* den organischen Staatsbegriff: Der Staat *ist* ein tatsächliches Dasein, er besteht aus Körper und Seele[56]; die Prägung durch *Hegel* ist hier unverkennbar. Drei Elemente – das Ich, der bewusste Wille und die Tat kennzeichnen ihn; in ihm werden diese drei Elemente zu selbstständigen, voneinander zu unterscheidenden und selbstständige Funktionen ausübenden Organismen bzw. Organen. Wiederum drei Organe kennzeichnen das persönliche Leben des Staates: das Staatsoberhaupt, der Staatswille[57] und die Tat des Staates[58]. Die Verwaltung ordnet *Stein* der Letzteren zu: Die Verwaltung ist „der thätige Staat“[59]. In der Verwaltung wird der Wille des persönlichen Staates durch

52 *Schliesky*, DÖV 2009, 641 (647).

53 *Johannes von Salisbury*, Policraticus, liber 5 cap. I: »Est autem res publica (…) corpus quoddam quod (…).« – zitiert nach *Seit*, Johannes von Salisbury, Policraticus, Eine Textauswahl, 2008, S. 164. – *Johannes von Salisbury* bezieht sich selbst ausdrücklich auf Plutarch in einer (nicht existenten) »Institutio Traiani«, also sogar auf antike Quellen. Ob diese Inbezugnahme zutreffend oder erfunden ist, ist Gegenstand intensiver Diskussionen in der historischen Forschung, s. nur *Seit*, aaO, S. 408 ff.

54 *Von Stein* (Fn. 10), S. 10. Dazu auch *Sommermann*, DÖV 2007, 859 (861).

55 *Von Stein* (Fn. 10), S. 4.

56 *Von Stein* (Fn. 10), S. 5, auch zum Folgenden; s. auch bereits *Georg Wilhelm Friedrich Hegel*, Grundlinien der Philosophie des Rechts, hrsg. von Lakebrink, 1970/2002, § 269, Zusatz: »Der Staat ist Organismus, das heißt Entwickelung der Idee zu ihren Unterschieden.«

57 Der Organismus, der in einem Prozeß (!) den freien Staatswillen bildet, heißt bei *von Stein* (Fn. 10), S. 6, Verfassung.

58 Hierzu und zum Folgenden *von Stein* (Fn. 10), S. 5 ff.

59 *Von Stein* (Fn. 10), S. 7.

die Tat der dazu bestimmten Organe in den natürlichen und persönlichen Lebenselementen des Staates verwirklicht[60] – das Eigenleben der Verwaltung in ihrer pluralen Vielfalt wird so zu einem mehrfach variierten Thema des *Stein'schen Verwaltungsbegriffs*.

Bei allen Grenzen der Analogie für derartige vorkonstitutionelle Überlegungen wird der Blick wieder geöffnet für die Diskussionslage vor der positivistischen Verengung. Der organische Verwaltungsbegriff kann mit seiner bildhaften Orientierung am Organismus helfen, das komplexe Netzwerkmodell zu verstehen, zu erklären und normativ zu ordnen. Das Bild des Gesamtorganismus, dessen Einzelorgane arbeitsteilig für ein höheres Ganzes zusammenwirken, kann auch für das eher technisch inspirierte Bild des Netzwerks fruchtbar gemacht werden. Zugleich bietet die Organismusvorstellung ein Vorbild für die auch heute dringend erforderliche Diversifizierung der Willensbildung im tatsächlichen Verwaltungsnetzwerk hin zu einer als Ausübung von Herrschaftsgewalt maßgeblichen Entscheidung. Dabei ermöglicht er die Einbeziehung der Individualität und Persönlichkeit der Akteure, ohne diese in eine letztlich einer überkommenen Souveränitätsvorstellung geschuldete Einheitlichkeit zu pressen. Insoweit öffnet das *Stein'sche* Organismusdenken den Blick auf die heutigen Staaten und sonstigen Herrschaftsgewalten als Organismus mit neuen Kraftzentren, die es in Einklang zu bringen gilt.

VI. Konkrete offene Problemfelder

Auf dem Weg zu dieser grundlegenden normativen Bewältigung der den virtuellen Raum bildenden Netzwerkstrukturen bleiben allerdings viele konkrete und aktuelle Problemfelder, die einer schnellen Lösung harren. Es gehört nicht viel prophetische Gabe dazu, der Lösung dieser Probleme Auswirkungen auf überkommene Denkstrukturen, verfassungs- und verwaltungsrechtliche Kategorien vorherzusagen. Genau dies kennzeichnet aber die Rechtsordnung eines offenen Verfassungsstaates und sichert dem Primat des Rechts, dass neue politische, technische und gesellschaftliche Gegebenheiten in die bestehenden rechtlichen Strukturen eingepasst werden – es ist dies allerdings auch die Voraussetzung für das Fortbestehen einer derartigen Ordnung.

Eine erste konkrete Bewährungsprobe bildet der Traum von „mehr Demokratie" in der virtuellen Welt. Die Euphorie mancher Netzaktivisten hinsichtlich „echter" Basisdemokratie ist ungebrochen, doch bei näherem

60 *Von Stein* (Fn. 10), S. 7.

Hinsehen zeigen sich längst demokratieschädliche Machtballungen, Manipulation ermöglichende Informationsvorsprünge und das demokratische Lebenselixier, nämlich die Persönlichkeit des Einzelnen, negierende Tendenzen. Demokratie lebt von Voraussetzungen, die sie zum Teil nicht schaffen kann und zum anderen Teil gerade erst schaffen muss[61]. Im Hinblick auf eine Demokratisierung des virtuellen Raumes stellen sich jedenfalls mehrere grundlegende Probleme: Zum einen sind wir es gewohnt, ein „Volk" als Bezugsgröße für Demokratie und demokratische Legitimation zu besitzen oder zumindest zu konstruieren. Trotz mancher Überlegungen zur globalen Realisierung von Demokratie[62] kommen wir bislang ohne „Bürger" nicht aus, die eine Zugehörigkeit zu einer räumlich begrenzten und körperschaftlich verfassten Gesamtheit aufweisen. Des Weiteren lebt Demokratie von dem sachlichen Diskurs zwischen Menschen, die mit „offenem Visier" miteinander um das bessere Argument ringen können. Voraussetzung ist insoweit jedenfalls die persönliche Identifizierungsmöglichkeit. Im Netz hingegen herrscht Anonymität vor, und selbst einer vermeintlich offenen Namensnennung kann man nicht unbedingt trauen. Und schließlich müssen die Bürger auch gewisse Mindestanstrengungen auf sich nehmen, um von ihren demokratischen Mitwirkungsrechten Gebrauch zu machen. Diese Mindestanstrengungen umfassen das Erlangen von Informationen, das Bilden einer eigenen Meinung und schließlich die Umsetzung dieser Meinung wenigstens durch den Gang zur Wahlkabine. Wenn nun propagiert wird, das Klicken auf einen „Gefällt-mir-Button" als Willen des Souveräns zu interpretieren, so wird einem hinsichtlich demokratischer Errungenschaften doch etwas angst und bange.

Vergleichbare Befürchtungen gelten für das Republikprinzip: Welche „res publica" verkörpert das Internet, der virtuelle Raum? Gemeinwohlorientierungen sind auch im virtuellen Raum möglich, wie etwa die Aktivitäten der Revolutionäre in arabischen Staaten mithilfe sozialer Netzwerke zeigen. Selbstverständlich oder im virtuellen Raum angelegt ist eine derartige Gemeinwohlorientierung allerdings nicht; vielmehr begünstigt die Vereinzelung des „Users" doch eher die Segregation der Gesellschaft. Die Befürchtungen für das Republikprinzip verwundern nicht, ist doch die „res publica" bislang ebenfalls typischerweise raumbezogen gedacht worden. Vergleichbares gilt für die kommunale Selbstverwaltung, die kraft Definition und verfassungsrechtlicher Verbürgung einen strikten

61 In bewusster Abwandlung des berühmten Wortes von *Böckenförde*, Staat, Gesellschaft, Freiheit, 1976, S. 60.

62 Insbesondere *Höffe*, Demokratie im Zeitalter der Globalisierung, 2002, S. 267 ff.

Raumbezug aufweist. Überhaupt erweist sich „Politik als Funktion von Raum“[63], so dass die Schwierigkeiten der Politik im Umgang mit virtuellen Räumen schon strukturell nicht verwundern können. Dementsprechend sind politische Bildung, Öffentlichkeitsarbeit, Informationstätigkeit und Aufklärungsarbeit neu auszurichten. Inwieweit das Tätigwerden von Regierungen und Verwaltungen in sozialen Netzwerken hier allerdings den richtigen Lösungsansatz darstellt[64], mag bezweifelt werden, aber hier zunächst einmal dahingestellt bleiben. Damit ist jedenfalls bereits der Bogen zu einem weiteren „Modethema“, dem „Open Government“[65] geschlagen, das von IT-Firmen und Unternehmensberatungen genutzt wird, um liegen gebliebene Management- und Bürgerinformationssysteme zu verkaufen, hinter dem sich allerdings wiederum ein sehr grundlegendes und ernsthaftes Problemfeld für die Vermessung des virtuellen Raumes verbirgt. Es geht um die neue Austarierung des Gleichgewichts zwischen Transparenz und staatlichem Arkanum sowie die Gewährleistung von Privatsphäre im virtuellen Raum. Aber nicht nur der Staat muss seine für die Ausübung von Herrschaftsgewalt erforderliche Stellung und Machtbasis im virtuellen Raum sichern, sondern zugleich gilt es der Verwandlung des Einzelnen in eine vermarktbare Einheit, in einen Datensatz, in ein bloß elektronisches Profil entgegenzusteuern. Die Rechtsstellung des Individuums, die Wahrung der Grundrechte sowie deren Durchsetzbarkeit sind zentrale Themen bei der Vermessung des virtuellen Raumes.

„Die Ordnung der Welt“ hat *Heinhard Steiger* seine monumentale Völkerrechtsgeschichte des karolingischen Zeitalters überschrieben[66]. Genau diese „Ordnung der virtuellen Welt“ ist nun dringend erforderlich. Ist im herkömmlichen Sinne Raumordnung die zusammenfassende, übergeordnete Planung und Ordnung des Raumes[67], so benötigen wir im virtuellen Raum nun ebenfalls eine virtuelle Raumordnung und Raumplanung; Grundgedanken dazu habe ich an anderer Stelle vorgetragen[68]. Der grundlegende Unterschied zu der territorialbezogenen Raumordnung besteht allerdings darin, dass wir uns erst einmal über Ordnungsprinzipien

63 *Judt*, Dem Land geht es schlecht, 2010, S. 99.

64 Dazu ausführlich Schliesky/Schulz (Hrsg.), Transparenz, Partizipation, Kollaboration – Web 2.0 für die öffentlichen Verwaltung, 2012, i. E.

65 Statt vieler *Graudenz u. a.*, Vom Open Government zur Digitalen Agora, ISPRAT Whitepaper, 2010.

66 *Steiger*, Die Ordnung der Welt – Eine Völkerrechtsgeschichte des karolingischen Zeitalters (741 bis 840), 2010.

67 *Wahl*, in: Görres-Gesellschaft (Hrsg.), Staatslexikon, 7. Aufl. 1995, Bd. 4, Art. Raumordnung und Landesplanung, Sp. 649 (656).

68 *Schliesky*, in: Schimanke (Hrsg.), Verwaltung und Raum, 2010, S. 49 (60 ff.).

für den virtuellen Raum und die in ihm ausgeübte Herrschaftsgewalt verständigen müssen. Gebiet, Nation, Nationalität o. Ä. scheiden insoweit aus. Auch diesbezüglich benötigen wir neue Denkmodelle für die Rechte am und im Raum sowie die Möglichkeiten der Rechtsdurchsetzung. Generell bedürfen die klassischen gewaltenteiligen Staatsfunktionen einer Neukonstruktion, wenn wir sie aufrechterhalten wollen. All dies setzt sich dann in die verschiedensten einzelnen Themenbereiche durch, von denen die Kontrolle wirtschaftlicher Macht ebenfalls als dringliches Problem auszumachen ist, wenn man an die marktbeherrschenden Stellungen und Firmen wie Google oder Facebook denkt.

VII. Fazit

Die Herausforderungen bei der Vermessung des virtuellen Raumes sind gewaltig; einzelne Anforderungen konnten hoffentlich verdeutlicht werden. Bislang behilft man sich mit punktuellen rechtlichen Regelungen, die oftmals hilflos erscheinen und den eigentlichen Problemen nicht immer gerecht werden, weil die dahinter liegenden Strukturen des virtuellen Raumes noch nicht hinreichend herausgearbeitet oder verstanden worden sind. Die vor uns liegende Aufgabe wird nur gelingen, wenn Wissenschaft und Praxis die Augen nicht davor verschließen, dass Begrifflichkeiten und Dogmatik des Verwaltungsstaates zu Beginn des 21. Jahrhunderts eine territorialbezogene Verengung erfahren haben, die den tatsächlichen Verhandlungs- und Organisationsmöglichkeiten der Gesellschaft und auch des Staates und seiner Verwaltung nicht mehr gerecht werden. Dabei darf nicht übersehen werden, dass die nationalstaatliche Verwaltung des 19. und 20. Jahrhunderts an sich von Anfang an inhärente Widersprüche aufweist, und zwar gerade im Hinblick auf die körperschaftliche Verfasstheit des modernen Staates, die im Spannungsfeld zweier nur schwer zu versöhnender Vorgaben zu konstruieren war und ist[69]: ergebnisorientierte Raumbeherrschung für ein exklusiv verstandenes Gebiet einerseits und an der ominösen Nation orientierte Einheitsbildung in Form des wiederum an der juristischen Person orientierten Staatsvolks andererseits. So verwundert es nicht, dass zunächst die auf Vielheit angelegte Europäische Union, dann die zunehmende Binnenpluralisierung der Gesellschaft und schließlich die Möglichkeiten der hierarchiefreien, IT-gestützten und arbeitsteiligen Erledigung von Verwal-

69 Dazu *Koschorke u. a.*, Der fiktive Staat, 2007, S. 383.

tungsaufgaben diese Widersprüchlichkeiten aufdecken und letztlich beide Orientierungspunkte aufweichen. Die Vermessung des virtuellen Raumes wird nur gelingen, wenn das juristische Denken sich von diesen historisch letztlich willkürlich gegriffenen Angelpunkten löst. Dabei scheint der Begriff des Netzwerks nicht nur empirisch, sondern auch normativ geeignet zu sein, die arbeitsteiligen Prozesse zur trans- und supranationalen Erledigung von Verwaltungsaufgaben zu erfassen, zu denken und normativ zu strukturieren, um auch die von Demokratie- und Rechtsstaatsprinzip gebotene Verantwortungszurechnung zu gewährleisten.

Verwaltung, Raum, Verwaltungsraum – eine historische Annäherung

*Pascale Cancik**

I. Einleitung

1. Die Geschichte vom Stein

Ein Mensch geht durch eine afrikanische Wüste – oder durch den Taunus und stößt sich den Fuß an einem Stein. Neugierig und mit schmerzendem Fuß betrachtet der Mensch den „Stein des Anstoßes" genauer. Es ist ein Meilenstein, der einst das imperium Romanum ausmaß, den Raum des römischen Herrschaftsanspruchs definierte.[1] Man kann sich noch den Fuß an ihm stoßen, betreten kann man den Raum des imperium nicht mehr.

Die im vorliegenden Band dokumentierte Tagung widmete sich der „Vermessung des virtuellen Raums". Damit ist der elektronische „Datenraum", der „Kommunikationsraum" des Internet gemeint – ein ganz neues Phänomen? Ja und vor allem: Nein.

(Fast) alle Räume – so die These dieses Beitrags – sind virtuelle Räume, werden konstruiert und ‚aufrechterhalten'.[2] Die Erfassung und die Konstruktion, die Erhaltung von Räumen sind klassische Tätigkeiten unter anderem von Verwaltung. Erfassung und Konstruktion eines Raums greifen oft ineinander, sind nicht trennscharf abgrenzbar.

Die Wahrnehmung der mit dieser These aufgegriffenen sozialen Konstituierung von Raum spielt in der Verwaltungs- und der Rechtswissenschaft kaum eine Rolle. Dementsprechend gerät dort auch der Anteil von Verwaltungen (und Recht) an der Konstruktion von Räumen kaum in den Blick. Angesichts der ‚Entstehung' neuer digitaler Räume, anders ge-

* Für Unterstützung bei der multidisziplinären Recherche danke ich Bianka Trötschel.

1 Nach römischer Vorstellung war es keine »definitio« im Sinne von Begrenzung, also auch kein Grenzstein: es sollte sein ein »imperium sine fine« (in Zeit und Raum); anders wohl schon der Limes). Vergil, Aeneis Buch I Vers 278 f.: »Diesen [den Römern] setzte ich weder in Raum noch Zeit eine Grenze, ein imperium ohne Grenze habe ich ihnen gegeben«, vgl. ähnlich die Übersetzung von Johannes Götte, Vergil Aeneis, 4. A., München 1979.

2 Dass Räume konstruiert werden, ist in vielen Disziplinen keine neue Erkenntnis. Einige der Arbeiten aus verschiedenen Forschungsbereichen, die sich damit beschäftigen, werden im Folgenden genannt.

wendet: angesichts der Konstitution und Erfassung des Phänomens Internet als Raum („Cyberspace“) und Konglomerat von Räumen[3] sind aber auch Recht und Verwaltungen von Neuem mit Räumen konfrontiert. Das gilt, in zugleich ähnlicher und anderer Weise, auch für die Phänomene Europäisierung und Internationalisierung.

2. Das Thema

Es könnte also wieder lohnen, das Verhältnis von Verwaltung und Raum näher zu betrachten.[4] Dem dienen zwei Leitfragen und eine Perspektive. Die Perspektive ist historisch. Die Leitfragen zielen auf die Konstruktion von Räumen zum einen durch die Verwaltung, zum zweiten durch diejenigen, die Verwaltung beobachten. Der historische Zugriff ist punktförmig: Es werden keine Verläufe in chronologischer Folge geschildert, sondern Beispiele herausgegriffen. Sie sollten nicht als Stationen einer Entwicklung verstanden werden.

Der Beitrag gliedert sich in drei Teile: Zunächst sollen der Raum-Begriff und seine zunehmende Thematisierung eingeführt werden (II.). Es folgt ein ‚Gang durch die Geschichte' im Zeitraffer; er soll Beispiele für die konstruktive Erfassung von Räumen durch die Verwaltung vermitteln (III.). Der letzte Teil ist neueren Beschreibungen von Verwaltungszusammenhängen als „Verwaltungsraum“ gewidmet (IV.). Am Ende stehen Zusammenfassung und Thesen (V.).

II. Raum und Raumwissenschaft

1. Redeweisen

Der Raum-Redewendungen sind viele. Wir leben, so heißt es, in einem noch auszubauenden „Raum der Freiheit, der Sicherheit und des Rechts“,

3 Zur ‚Verräumlichung' des Internet vgl. Andreas Pott/ Alexandra Budke/ Detlef Kanwischer, Einleitung, in: Budke/ Kanwischer/ Pott (Hg.), Internetgeographien. Beobachtungen zum Verhältnis von Internet, Raum und Gesellschaft, Stuttgart 2004, 13; vgl. auch den Beitrag von Kai von Lewinski in diesem Band, S. 177 ff.

4 Das Thema wird immer wieder einmal aufgegriffen, vgl. nur Dieter Schimanke (Hg.), Verwaltung und Raum, Baden-Baden 2010. Einen instruktiven Überblick über den Raumbezug in Vergangenheit und Zukunft bietet Arthur Benz, Braucht die öffentliche Verwaltung den Raumbezug und welche Bedeutung hat er für die Zukunft?, in: Schimanke (ebd.), 39 ff.

wie wir unter anderem der Präambel zum EUV entnehmen können.[5] Der „europäische Verwaltungsraum“ war Gegenstand einer Tagung in Speyer.[6] Im Jahr 2011 widmete sich die Assistententagung Öffentliches Recht dem Thema „Verwaltungsrechtsraum Europa“.[7] Wir können „Das Parlament als Kommunikationsraum“[8] wahrnehmen, um nur Einiges zu zitieren.

Der Ausdruck „Raum“ und dazugehörige Worte wie „Datenautobahn“, „global village“, aber wohl auch „Netzwerk“[9] und ähnliche Ausdrücke machen – zum Teil erneut – Karriere als Begriff oder als Metapher, nicht zuletzt in wissenschaftlichen Kontexten und nicht zuletzt in verwaltungs(rechts)wissenschaftlichen Zusammenhängen.[10]

5 Auch Art. 3 Abs. 2 EUV, Art. 12 c EUV, Titel V (Artt. 67 ff.) AEUV; Art. 8 Abs. 1: Raum des Wohlstandes und der guten Nachbarschaft; Art. 179 Abs. 1 AEUV: europäischer Raum der Forschung. Im englischen Text ist jeweils von »area« die Rede, im französischen von »espace«. Die deutsche Kommentarliteratur problematisiert die Raumbegrifflichkeit, wie es scheint, nicht. Vgl. die Kommentierungen in: Eberhard Grabitz/ Meinhard Hilf/Martin Nettesheim (Hg.), Das Recht der europäischen Union, Bd. 1, 43. EL, München 2011 (Hilf/ Terhechte, Präambel EUV, Rn. 40 f.; Terhechte, Art. 3 EUV Rn. 33; Thym, Art. 8 EUV, Rn. 5, 8; Röben, Art. 67 AEUV, Rn. 1 ff., Rn. 40, 58 (Raumbildung durch die Union), 61); Ähnlich wenig in Christian Calliess/ Matthias Ruffert (Hg.), EUV/ AEUV Kommentar, 4. A., München 2011 (Suhr, Art. 67 AEUV Rn. 74 f.; Ruffert, Art. 179 Rn. 8).

6 Vgl. Heinrich Siedentopf/ Benedikt Speer: Europäischer Verwaltungsraum oder Europäische Verwaltungsgemeinschaft? Gemeinschaftsrechtliche und funktionelle Anforderungen an die öffentlichen Verwaltungen in den EU-Mitgliedstaaten, in: Siedentopf (Hg.), Der Europäische Verwaltungsraum, Baden-Baden 2004. Karl-Peter Sommermann, Verwaltungskontrolle im Europäischen Verwaltungsraum: Zur Synchronisierung der Entwicklung von Verwaltungsrecht und Verwaltungskontrolle, in: Siegfried Magiera/ Karl-Peter Sommermann/ Jacques Ziller (Hg.), Verwaltungswissenschaft und Verwaltungspraxis in nationaler und transnationaler Perspektive. FS für Heinrich Siedentopf, Berlin 2008, 117 ff.; und Andrzej Wasilewski, Der Europäische Verwaltungsraum, ebd., 131 ff. Vgl. dazu unten IV.

7 Alfred G. Debus u.a. (Hg.), »Verwaltungsrechtsraum Europa«, Baden-Baden 2011. Die Festschrift »Raum und Recht« (FN 32) nennt zwei ihrer Sektionen europäischer bzw. globaler Rechtsraum.

8 Vgl. den Tagungstitel der Kommission für Geschichte des Parlamentarismus und der politischen Parteien »Parlamentarische Kulturen in Europa – das Parlament als Kommunikationsraum?«, November 2010.

9 Zur »Geosemantik der Netzwerkgesellschaft« vgl. Niels Werber, in: Jörg Döring/ Tristan Thielmann (Hg.), Spatial Turn. Das Raumparadigma in den Kultur- und Sozialwissenschaften, 2.A., Bielefeld 2009, 165 ff., insbes. 169 zum Verhältnis von Netz und Raumdimension. Pott/ Budke/ Kanwischer (FN 3), 12. Zum (veränderten) Raumbezug von Netzwerk auch Utz Schliesky, Raumbindung der Verwaltung, in: Schimanke (Hg.) (FN 4), 57 ff.

10 Ein möglicher Ansatz zur Erfassung und Analyse von Metaphern bei Alexander Demandt, Metaphern für Geschichte, München 1978, 1 ff. Raum ist allerdings als eigenständiges Metaphernfeld für Geschichte nicht aufgenommen.

Solche Redewendungen weisen darauf hin, dass Bilder und Begriffe von Raum auch jenseits der Ur-Disziplin Geographie für bestimmte Diskurse als funktionsfähig, als nützlich angesehen, deshalb genutzt und manchmal auch reflektiert werden.[11] Außerhalb der Rechtswissenschaft findet diese Reflexion seit längerem statt. Insbesondere die ältere Sozialgeographie und die noch junge Fachrichtung der Raumsoziologie[12] bestätigen das. Sie bieten vielfältige Anregung, um genauer zu prüfen, wie denn in unserem, nicht primär soziologischen, Zusammenhang von Verwaltung und Verwaltungsrecht von „Raum“ und „Räumlichkeit“ gesprochen wird, was damit gemeint sei und weshalb sich die Begrifflichkeit anbietet oder auch nicht.

2. Begriff

Ist von der Erfassung „*des* Raums“ durch die Verwaltung die Rede, könnte man annehmen, dass „Raum“ eine (empirisch) faßbare Entität bezeichne, etwas, das der Wahrnehmung und Erfassung voraus liegt, etwas, das als gegebene Substanz, mehr oder weniger unabhängig von ihrer Erfassung, vorgestellt werden kann.[13] Auch im Tagungstitel „Die Vermessung des virtuellen Raums“ klingt, ein Paradoxon beschreibend, diese Raumvorstellung an.[14] Raumsoziologisch kann man eine solche Vorstellung

In den Rechtwissenschaften war es in neuerer Zeit insbesondere die Netz- und Netzwerkterminologie, die mit der zunehmenden Bedeutung von Infrastrukturregulierung, aber auch hinsichtlich der Herrschafts- und Organisationsstrukturen im europäischen Mehrebenenverbund, genutzt wird. Instruktiv verbindend für den Kontext Raumplanung Angelika Siehr, Entdeckung der Raumdimension in der Europapolitik: Neue Formen Territorialer Governance in der Europäischen Union, Der Staat 48 (2009), 75 ff.

11 Zur Vielfalt der Verwendungsweisen des Raumbegriffs in der Geographie, Judith Miggelbrink, Die (Un-)Ordnung des Raumes. Bemerkungen zum Wandel geographischer Raumkonzepte im ausgehenden 20. Jahrhundert, in: Alexander Geppert/ Uffa Jensen/ Jörn Weinhold (Hg.), Ortsgespräche: Raum und Kommunikation im 19. und 20. Jahrhundert, Bielefeld 2005, 79 (81 ff.).

12 Ertragreich: Martina Löw, Raumsoziologie, Frankfurt am Main 2001.

13 Zur Begrifflichkeit und den Entwicklungen der theoretischen Perspektiven vgl. Stephan Günzel, Raum – Topographie – Topologie, in: ders. (Hg.): Topologie. Zur Raumbeschreibung in den Kultur- und Medienwissenschaften, Bielefeld 2007, 13 ff.

14 Der möglicherweise tagungstitelanregende Roman von Daniel Kehlmann, Die Vermessung der Welt, Reinbek 2005, verbindet verschiedene Raumvorstellungen respektive Aneignungsweisen auf lesenswerte Art: der Weltreisende Alexander von Humboldt, der überall hingeht und Proben nimmt auf der einen, der Mathematiker Gauss, der kaum seine Studierstube verläßt und die Welt im Kopf erfaßt, auf der anderen Seite.

„absolutistische Raumvorstellung“ nennen.[15] Eine ähnliche Idee von Raum als „territorialem Ordnungsraum“[16] liegt, wenn ich richtig sehe, regelmäßig – und häufig unreflektiert – älteren verwaltungs- oder politikwissenschaftlichen Forschungen, wie auch den wenigen rechtswissenschaftlichen Zugriffen auf Raum zu Grunde. Ensprechende essentialistische Raumvorstellungen, welche etwa die Beschreibung von Nationalstaaten und allem, was darin stattfindet (Gesellschaft, Politik, Verwaltung), prägen, werden auch mit „Containerraum“-Vorstellung beschrieben.[17] Im Kontrast dazu betonen relativistische oder „relationale“ (Löw)[18] Raumvorstellungen die Konstruktion von Räumen, die Prozeduralität, die Bewegtheit von Räumen, ihre Änderbarkeit und schließlich die Möglichkeit multipler koexistenter Räume. Im Fokus steht die Bestimmung von Räumen durch soziales Handeln, ausgedrückt etwa mit den Worten spacing, Raumproduktion oder mapping.[19] Raum wird dann etwa als „relationale (An)Ordnung sozialer Güter und Menschen“ definiert.[20]

15 Löw (FN 12), 24 ff., auch zum folgenden. Sie unterscheidet letztlich zwei Unterarten des absolutistischen Zugriffs, die Substanzvorstellung zum einen, zum anderen Vorstellungen, die den dreidimensionalen euklidschen Raum als unumgängliche Voraussetzung jeder Raumkonstitution, mithin als a priori jeglicher Raumerkenntnis voraussetzen (etwa: Löw, 63) Letztere unterschieden sich von ersteren insofern und bedeutsam, als sie die Möglichkeit der Konstruktion von Räumen durch Akteure erfassen können.

16 So die Formulierung von Jörg Dünne, Die Karte als Operations- und Imaginationsmatrix. Zur Geschichte eines Raummediums, in: Döring/ Thielmann (Hg.)(FN 9), 49 ff., 51 f., der das Konzept der Raumproduktion überzeugend auf die Vergangenheit, hier die Kartographie der Frühen Neuzeit, anwendet.

17 Politikwissenschaftlich aufgegriffen in der Beschreibung der Nationalstaaten des 19./ 20. Jh. als »Container-Staaten«, die ein staatliches Ordnungsmodell erfassen (sollen), das dem (noch zu findenden) der EU gegenübergestellt wird. Petra Deger/ Robert Hettlage, Europäischer Raum und Grenzen – eine Einleitung, in: diess. (Hg.), Der europäische Raum. Die Konstruktion europäischer Grenzen, Wiesbaden 2007, 7 ff., 9 ff.

18 »Relational« soll sich von »relativistisch« insofern unterscheiden, als »relational« bei Löw die Bedeutung der Beziehungen (zwischen Lebewesen und sozialen Gütern) als raumkonstituierend besonders betonen soll, ohne die verknüpften Güter zu vernachlässigen. Löw (FN 12), 156.

19 Von »Spacing« oder »Raumproduktion« spricht etwa Löw (FN 12), 158. Dazukommen muß nach ihrem Konzept eine Syntheseleistung, die gewissermaßen den »gespaceten« Raum durch Wahrnehmung, Imagination, Erinnerung weiterkonstitutiert (erhält).
Von sozialgeographischer Seite nennt etwa Benno Werlen diese Praxis: »Geographie-Machen«. Dazu und zum schwierigen Verhältnis von Sozialgeographie und Raumsoziologie, zugleich mit interessanten Hinweisen zur Raumdiskussion in anderen Disziplinen, Döring/ Thielmann, Einleitung: Was lesen wir im Raume? Der *Spatial Turn* und das geheime Wissen der Geographen, in: Döring/ Thielmann (Hg.) (FN 9), 7 ff., 25 ff.

20 Löw (FN 12), 158 ff. Diese Räume konstituierten sich, so Schroer in Wiedergabe Löws, handelnd bzw. durch Kommunikation und seien weder physisch vorgegeben noch naturalisierbar. Gegen die Überbetonung des Raum-Erzeugens wendet sich Markus Schroer, » Bringing space back in« – Zur Relevanz des Raums als soziologischer Kategorie, in: Dö-

Diese Raumvorstellung scheint mit einem von anderen Raumwissenschaftlern vertretenen weiteren Verständnis von „Raum“ als Struktur/Konstruk-tion/Relation von Punkten zunächst vereinbar,[21] auf die wesentlichen Unterschiede kann hier nicht näher eingegangen werden. Soll nicht primär die Konstruktion, die soziale Konstituiertheit, sondern der ‚real existierende' Raum oder Anbindungen an in der Natur Vorgegebenes betont werden, wird häufig von „physischem Raum“ oder „Naturraum“ gesprochen.[22]

3. Funktionen

Was leisten die Raumvorstellungen und Raumbeschreibungen in unserem Zusammenhang von Raum und Verwaltung(srecht)?

Man kann damit insbesondere Funktionsbeziehungen gut beschreiben. Die Wahrnehmung von „Sozialräumen“ (Wirtschaftsraum, Rechtsraum, Bildungsraum, Wohnraum), also von Zusammenhängen bestimmter Interaktions- und Kommunikationsbeziehungen in der Beschreibung als Bindestrich-Raum, schließt an Konstruktion und Relativität an oder setzt diese doch implizit voraus.[23] Das gilt dann auch, aber eben nicht ausschließlich, für die virtuellen digitalen Räume, die als so eigenartig entgrenzt und enträumlicht wahrgenommen werden.[24]

Was ist uns also „Raum“? Besonders einprägsam ist weiterhin die philosophisch-mathematische Formel von Leibniz, der schon 1716 Raum als „mögliche Ordnung der Dinge, die gleichzeitig existieren“ definiert, und

ring/ Thielmann (Hg.) (FN 9), 125 ff.,; kritisch gegenüber der zu fundamentalen Gegenüberstellung von sozialem Praxisraum und territorialem Ordnungsraum auch Dünne (FN 16), 51 f.

21 Ausgedrückt auch im Wort »Räumlichkeit«; so definiert bei Günzel, Raum – Topographie – Topologie (FN 13), 13 ff.

22 Pott/ Budke/ Kanwischer, Einleitung (FN 3), 13, unterscheiden Raum als Bezeichnung physisch-materieller Phänomene, die der Umwelt der Gesellschaft angehören, ausschließlich sozial konstituierte Sinnphänomene und schließlich hybride Phänomene, in denen sich Physisches und Soziales mische.

23 Vgl. die Beschreibung als hybride Raumbezeichnung bei Pott/ Budke/ Kanwischer, Einleitung (FN 3), 13.

24 Vgl. nur Schliesky, in: Schimanke (Hg.) (FN 9), 49 ff., 53 ff., 58, unter Hinweis auf den Mediensoziologen Manuel Castells (auch FN 104) und den Historiker Karl Schlögel (Im Raume lesen wir die Zeit, 3.A., München 2009). Zu einer anderen Vermessung und damit ‚Landaufnahme' durch Kommunikationsverbindungen vgl. Christian Holtorf, Die Modernisierung der nordatlantischen Raumes. Cyrus Field, Taliaferro Shaffner und das submarine Telegraphennetz von 1858, in: Geppert/ Jensen/ Weinhold (FN 11), 157 ff.

zwar ausdrücklich relativistisch und in Abgrenzung von der Zeit, welche die Ordnung des Nacheinander erfasse.[25]

Der Versuch, das Nebeneinander zu ordnen, Strukturen zu geben, macht sofort deutlich, weshalb „Raum“ und „Räumlichkeit“, ähnlich wie die Ausdrücke „System“, „Netz“, und „Netzwerk“ nicht nur für die Befassung mit Staat und also vorwiegend für die Staatslehre und Politikwissenschaft,[26] sondern auch für die Befassung mit Verwaltung und Verwaltungsrecht attraktiv sein können. Schließlich geht es hier um Ordnung, Strukturierung, und um jede Menge Nebeneinander, um Über-, Unter- und Durcheinander.[27] Dass wir Verwaltung verräumlichend beschreiben (Binnenraum der Verwaltung, interne – externe Wirkung, oben – unten, also Hierarchie, nebeneinander, also Kooperation) zeigt eine Ordnungsleistung von Verräumlichung an.

25 Gottfried Wilhelm Leibniz (1646 – 1716), Streitschriften zwischen Leibniz und Clarke, in: ders., Hauptschriften zur Grundlegung der Philosophie (hg. von Ernst Cassirer), Bd. 1. 3. A., Hamburg 1966, orig. 1715/1716, 120 ff., 134: »Ich habe mehrfach betont, daß ich den Raum ebenso wie die Zeit für etwas rein Relatives halte; für eine Ordnung der Existenzen im Beisammen, wie die Zeit eine Ordnung des Nacheinander ist. Denn der Raum bezeichnet unter dem Gesichtspunkt der Möglichkeit eine Ordnung der gleichzeitigen Dinge, insofern sie zusammen existieren, ohne über ihre besondere Art des Daseins etwas zu bestimmen. Wenn man mehrere Dinge zusammen sieht, so wird man sich dieser Ordnung der Dinge untereinander bewußt«.

Etwas anders in: Briefwechsel zwischen Leibniz und Clarke, »Leibniz' drittes Schreiben« vom 25. Februar 1716, in: Volkmar Schüller (Hg.), Der Leibniz-Clarke-Briefwechsel, Berlin 1991 (eine Übersetzung der Erstausgabe von Samuel Clarke von 1720; Leibniz schrieb französisch, Clarke englisch. In der Erstausgabe sind dazu jeweils Übersetzungen in Englische resp. Französische beigefügt), 37 f.: »Was meine eigene Meinung anbetrifft, so habe ich mehr als einmal gesagt, dass ich den Raum ebenso wie die Zeit für etwas rein Relatives halte, nämlich für eine Ordnung des Nebeneinanderbestehens, so wie die Zeit einer Ordnung der Aufeinanderfolge ist. Nämlich als Raum bezeichnet man eine mögliche Ordnung der Dinge, die gleichzeitig existieren, wobei man sie als gemeinsam existierend betrachtet, ohne dabei nach ihrer besonderen Art und Weise des Existierens zu fragen. Immer wenn man mehrere Dinge zusammen sieht, stellt man diese gegenseitige Ordnung der Dinge fest.«

Leibniz wendet sich damit gegen die philosophische Idee vom »wirklichen absoluten Raum«. Zu philosophischen und mathematischen Zugriffen seit der Antike knapp: Löw (FN 12), 17 ff., 24 ff.; zu Leibniz als frühem Verfechter eine relativen Zugriffs: 27.

26 Vgl. etwa die Beiträge im Sammelband von Hettlage/ Deger (FN 17).

27 Zum Raum als Teil der sozialen Ordnung der Welt und unserer Orientierung in ihr: Dagmar Reichert, Räumliches Denken als Ordnen von Dingen, in: dies. (Hg.), Räumliches Denken, Zürich 1996, 15 ff.

4. Neues Interesse am Raum?

Wenn diese Attraktivität plausibel erscheint, sind allerdings andere Befunde auffällig. Wie ist es zu verstehen, daß das Stichwort „Raum" im Sachregister der großen, fünf Bände umfassenden „Deutschen Verwaltungsgeschichte" der 1980er Jahre nicht aufgeführt ist? Es findet sich dort nur ein Eintrag zu „Raumordnung", mit Ausführungen (nur!) in Bd. IV und V, also für die Zeit ab der Weimarer Republik.[28] Auch im Grundlagenwerk der Begriffsgeschichte, dem von Brunner, Conze und Koselleck (von 1972 bis 1997) herausgegebenen Buch „Geschichtliche Grundbegriffe" ist der Befund negativ.[29] Ist Raum doch kein Thema von oder für Verwaltungs- und Rechtswissenschaft?

Diesem raren Befund steht nun aber, wie angedeutet, das zuletzt massiv gestiegene Interesse vieler Disziplinen an „Raum" gegenüber, etwa versammelt unter den Stichworten spatial turn und topographical turn.[30] Fragen wir also umgekehrt, wieso die Raum-Rhetorik in manchen Bereichen neuerdings (wieder) so in den Vordergrund gerückt ist. Diese Frage

28 Kurt Jeserich/ Hans Pohl/ Georg-Christoph von Unruh, (Hg.), Deutsche Verwaltungsgeschichte, Bd. 6 Registerband, Stuttgart 1988.
Ähnliche Nicht- oder Kaum-Befunde sind auch für Einführungen in die Verwaltungswissenschaft oder Verwaltungslehre zu nennen. Hier kommt der Gebietsbezug von Verwaltung vor, ggf. die Raumordnung und – neuerdings – auch einmal Hinweise zum Europäischen Verwaltungsraum (etwa bei Jörg Bogumil/ Werner Jann, Verwaltung und Verwaltungswissenschaft in Deutschland, Wiesbaden 2005, 244, etwas ausführlicher 2.A. 2009, 287 ff. s. FN 93 unten).

29 Otto Brunner/ Werner Conze/ Reinhart Koselleck (Hg.), Geschichtliche Grundbegriffe, 1.A. 1984 mit Korrigenda 2004, Bd. 5; Studienausgabe, Stuttgart 2004, Bd. 5.
Koselleck hat sich allerdings durchaus mit Raum befaßt, vgl. ders., Raum und Geschichte (1986), in: ders., Zeitschichten. Studien zur Historik, Frankfurt am Main 2000, 78 ff. (82 ff.). Zur demgegenüber erforderlichen Perspektivenänderung kurz Geppert/ Jensen/ Weinhold, Verräumlichung. Kommunikative Praktiken in historischer Perspektive, 1840 – 1930, in: diess. (Hg.) (FN 11), 15 ff. (19).
Hingegen mehrere Artikel in: Jürgen Mittelstraß (Hg.): Enzyklopädie Philosophie und Wissenschaftstheorie, Bd. 3, Stuttgart 2004 (= 1995) – zu Mathematik, Physik, Philosophie (log. Raum von Wittgenstein) etc. Auch das Historische Wörterbuch der Philosophie (hrsg. von Joachim Ritter/ Karlfried Gründer, Bd. 8, Darmstadt 1992), enthält verschiedene Einträge zu Raum.

30 Raum als Thema der Geschichtswissenschaft, der Literaturwissenschaft, der Sozialwissenschaft hat eine Welle von Forschungsprojekten ausgelöst. Vgl. auch die folgenden Fußnoten. Raum wurde geradezu als neues Paradigma der Postmoderne ausgerufen, nach der Ablösung der Zeit als dem Paradigma der Moderne (resp. des 19. Jh. in der Lesart von Foucault), dazu Schroer (FN 20), 125, 129 ff. Zur historischen Perspektive und mit Kritik an der Mode der ‚Räumelei' etwa Geppert/ Jensen/ Weinhold (Hg.) (FN 29), die Raum mit einem kommunikationshistorischen Zugriff verbinden.

wird von den verschiedenen Disziplinen unterschiedlich beantwortet. Hier sollen wenige, höchst selektive Andeutungen genügen.[31]

(1) Von Bedeutung ist zunächst der mittlerweile erreichte zeitliche Abstand zum Nationalsozialismus und seiner ideologisierten und aggressiven Nutzung der Raumforschungen verschiedener Disziplinen zu Anfang des 20. Jahrhunderts.[32]

(2) Anläßlich der Errungenschaft des Internets wurde etwas überzogen vom „Verschwinden des Raumes“ gesprochen.[33] Die verschiedenen spatial turns werden u.a. als Gegenreaktion auf diese Behauptung von Enträumlichung erklärt (und kritisiert).[34] Ein ähnliches Phänomen mit entsprechender Reaktion dürfte die – tatsächliche oder gefühlte – Auflösung des Referenzraumes Staat sein – Stichworte: Entgrenzung, Europäisierung und vor allem Globalisierung.[35]

31 Eine Erfassung im Feld von Sozialwissenschaften, insbesondere Sozialgeographie und Kulturwissenschaften versuchen Döring/ Thielmann (Hg.) (FN 9); vgl. dort insbesondere den Einleitungsbeitrag der Herausgeber.

32 Dass eine Art ‚geopolitischen Tabus’ für die deutsche Wissenschaft – anders etwa in den USA – ein wesentlicher Faktor war, scheint mittlerweile unbestritten. Zur »Furcht vor einem Rückfall in essentialistisch – geodeterministische Positionen, welche Raumbindung als natürliches Substrat politischen Handelns betrachten«, kurz Dünne (FN 16), 50 f. Kurz zur nationalsozialistischen Indienstnahme: Geppert/ Jensen/ Weinhold (FN 29), 21 m.w.N. Die »historische Kontamination des Terminus ‚Raum’« nennen auch Horst Dreier/Fabian Wittreck als Grund für die weitgehend fehlende (reflexive) Thematisierung von Raum in der Rechtswissenschaft, Dreier/ Wittreck, Rechtswissenschaft, in Stephan Günzel (Hg.), Raumwissenschaften, 2009, 338. Vertiefend und kritisch gegenüber vorschneller Abwehr jeglicher Befassung mit Raum, Dreier, Wirtschaftsraum – Großraum – Lebensraum. Facetten eines belasteten Begriffs, in: Horst Dreier u.a. (Hg.), Raum und Recht, FS 600 Jahre Würzburger Juristenfakultät, Berlin 2002, 49 ff. Dort auch zum ‚Schlüsselwerk’ von Hans Grimm, Volk ohne Raum, 1926, und – natürlich – zum Raumordnungsentwurf von Carl Schmitt. Ein Ausgangspunkt dieser Werke ist die frühe Sozial- bzw. Polit-Geographie von Friedrich Ratzel (1844 – 1904), Der Lebensraum. Eine biogeographische Studie, Tübingen 1901.

33 Zur Kritik vgl. nur Schroer (FN 20), 127 ff. Zur Veränderungen der Raumwahrnehmung auch Wolfgang Schivelbusch, Geschichte der Eisenbahnreise. Zur Industrialisierung von Raum und Zeit im 19. Jahrhundert, Frankfurt am Main 1979.

34 Döring/ Thielmann (FN 19) 7, 14. Kurz auch zu entsprechenden älteren Enträumlichungsvorstellungen, die anläßlich der Einführung der Eisenbahn oder der Telekommunikation formuliert wurden; richtigerweise führt das zu Veränderungen von Räumen, nicht zu ihrem Verschwinden.

35 Von »geographischem Reflex« spricht Miggelbrink (FN 11), 79 ff., 104. Vgl. Döring/ Thielmann (FN 19), 7 ff., 38: »Auf Deterritorialisierungserfahrungen (-befürchtungen) reagieren wir mit (primitiv-semantischer) Reterritorialisierung«.

(3) Aufgegriffen wird das etwa in der Politikwissenschaft: Die Schwierigkeiten der EU, eine europäische Identität und Kultur aufzubauen und so die europäische Integration zu intensivieren, werden dann u.a. mit dem „Fehlen einer klaren räumlichen Bestimmung Europas“ erklärt.[36] Vielleicht könnte die oben angedeutete ‚europäische Raumrhetorik' insofern auch als ein eigener spatial turn, eine Reaktion auf Verortungsschwierigkeiten von europäischer Governance zu deuten sein.[37]

Wie dem sei. Die skizzierten Phänomene ermöglichen die Wahrnehmung und Verbalisierung des vielfältigen Raumbezugs in vielen Disziplinen und fordern sie zugleich heraus.[38]

5. Von der Raumwissenschaft zu den Raumwissenschaften

5.1 „Raumwissenschaften“

Last not least wird die Paradigmatisierung der Raumbegrifflichkeit sichtbar in dem Versuch, eine neue multidisziplinäre Disziplin zu etablieren, respektive die Raumwissenschaft zu „Raumwissenschaft*en*“ fortzuentwickeln.[39] In einem entsprechend betitelten Sammelband aus dem Jahr 2009 werden vierundzwanzig Disziplinen oder Fächer beteiligt, von A wie Ästhetik über L wie Literaturwissenschaft bis T wie Theologie. Nicht explizit aufgegriffen sind interessanterweise Politikwissenschaft und die hier besonders interessierende Verwaltungswissenschaft, vertreten ist immerhin die Rechtswissenschaft.[40]

5.2 Verwaltungswissenschaft und Raum: „Verwaltungs-Geographie“

Die grundlegende Raumwissenschaft ist bekanntlich die Geographie. In ihren Ausprägungen politische-, Wirtschafts- und Sozialgeographie

36 Hettlage/ Deger (FN 17), 7, 8. Wohl gemeint: der EU, nicht des Kontinents mit seinen ja nur (?) im Osten fehlenden natürlichen Grenzen.

37 Dazu auch unter IV.

38 In den Kultur- und Geschichtswissenschaften werden, wie erwähnt, die entsprechenden neuen Aufmerksamkeiten zu turns zusammengefaßt: spatial turn, topographical turn, topological turn. Neben Döring/ Thielmann (FN 9), vgl. etwa Günzel 2007 (FN 13), 13 ff., 18 ff. u.a. zur kulturwissenschaftlichen Perspektive der »Topologie«, d.i. Produktion und Wahrnehmung von Räumlichkeit.

39 Vgl. die Begrifflichkeit bei Günzel 2009 (FN 32), Einleitung, 7 ff.

40 Dreier/ Wittreck, in: Günzel 2009 (FN 32).

generiert sie Wissen, das für die Tätigkeit des Verwaltens ausgesprochen wichtig ist.

In den 1970er Jahren gab es Versuche, analog zu den genannten Bindestrich-Geographien einen Bereich „Verwaltungsgeographie“ als Teil der Verwaltungswissenschaften zu etablieren, als Subdisziplin zwischen Verwaltungswissenschaft und Geographie,[41] adressiert an Verwalter und Geographen.[42] Darzustellen seien die Wirkungen des Raums für die Verwaltung und die Wirkungen der Verwaltung auf den Raum, das „Kontaktfeld“ zwischen Raum und Verwaltung sollte abgesteckt werden. Interessant (und naheliegend) ist die häufig synonyme Verwendung von Raum und Umwelt.[43] Sie verweist auf einen der Anlässe für die Forschungsbemühungen: die Erkenntnis der Begrenzung und Gefährdung der ‚Ressource' „Naturraum“.[44] Obwohl der Ausdruck „Raum“ im zentralen Werk titelgebend ist, wird für die Verwaltung eher der Ausdruck „Gebiet“ als prägend angesehen[45] – ob das heute in Zeiten zunehmender Nutzung(sansprüche) von unterirdischen und Welträumen noch so gesehen würde, ist offen.

Trotz (mehr oder weniger impliziter) konstruktionsbezogener Ansätze handelt es sich im wesentlichen um einen Versuch der Erfassung eines als absolut vorgestellten Raums, der durch das Staatsgebiet grundlegend definiert und in innen liegende „Verwaltungseinheiten“ gegliedert wird, sowie der in diesem Zusammenhang tätigen Verwaltungsakteure, etwa der Grenzverwaltung. Der Zugriff jener Verwaltungsgeographie auf Raum ist also ganz ‚realistisch', geprägt von einem eher absoluten

41 Vgl. Erhard Mäding, Verwaltung und Raum, Köln u.a 1974 (Reihe: Handbuch der Verwaltung).

42 Alfred Benzing/ Günter Gaentzsch/ Erhard Mäding/ Jürgen Tesdorpf, Verwaltungsgeographie. Grundlagen, Aufgaben und Wirkungen der Verwaltung im Raum, Köln u.a. 1978, Vorwort, V. Der Anspruch des Buches wird bescheiden beschrieben (»nicht den Anspruch eines geschlossenen theoretischen Konzepts für eine Teildisziplin Verwaltungsgeographie [...], auch keine flächendeckende verwaltungsgeographische Beschreibung der Bundesrepublik Deutschland oder eines anderen Raumes im Sinne einer regionalen Verwaltungsgeographie«.).

43 Möglicherweise parallel ändert sich die Gegenstandsbeschreibung der Humangeographie: von der Mensch-Natur- über die Mensch-Umwelt- zur Mensch-Raum-Beziehung. Dazu Miggelbrink (FN 11), 81 f.

44 In der Wahrnehmung als Ressource unter Kapazitätsdruck liegt womöglich einer der fundamentalen Unterschiede zwischen Naturraum und auf ihn verweisende Raumkonstruktionen einerseits, dem digital-virtuellen Raum andererseits.

45 Mäding 1974 (FN 41), 2 (Rn. 1206: Gebiet als »Leitbegriff für die politisch-administrative Raumgliederung«). Wie bei Georg Jellineks Staatsdefinition bildet das (Staats-)gebiet gleichsam das räumliche Substrat. Vgl. Georg Jellinek, Allgemeine Staatslehre, 3. A., 1921 = Bad Homburg 1960, 394 ff.

Raumverständnis, nicht fokussierend auf die Konstruktion und Relativität von Raum. Er nimmt aber die Wirkungen von Verwaltung auf Raum in den Blick, mithin die Veränderbarkeit des letzteren.[46]

5.3 Recht(swissenschaft) und Raum

Rechtswissenschaftliche Befassungen mit Raum sind weiterhin selten.[47] Eingängig wird die Anknüpfung von Rechtsfolgen an einen faktisch dem Recht vorgegebenen Raum („Raum als Determinante des Rechts") unterschieden von einem Zugriff des Rechts auf den Raum als etwas zu Gestaltendem und damit Dynamischen („Recht als Determinante des Raums").[48] Das erstere entspricht einer absoluten Raumvorstellung,[49] das letztere kombiniert absolute und relative Raumvorstellungen.

Die Zugriffe von Recht und Verwaltung auf Raum ähneln sich, jedenfalls ab dem Zeitpunkt, ab dem Verwaltung überwiegend Recht vollzieht bzw. Verwaltungstätigkeit stark rechtlich geprägt ist. Es ist eben (oft) die Verwaltung (in einem durchaus weiten Sinne), welche die an den Raum geknüpften Rechtsfolgen in eine Realität umsetzt, so wie es die Verwaltung ist, die Räume, nach einem rechtlich vorgegebenen Programm, überplant und damit prägt. Doch selbst in dem diesen Vorgang regelnden Raumordnungsgesetz, also der bundesrechtlichen Grundlage der Raum-

46 In heutigen Lehrbüchern zu Verwaltungslehre/ Verwaltungswissenschaft scheint dieser Ansatz kaum aufgenommen, vgl. etwa Hans Peter Bull/ Veith Mehde, Allgemeines Verwaltungsrecht mit Verwaltungslehre, 8. A., Heidelberg 2009; Bernhard Blanke u.a. (Hg.) Handbuch zur Verwaltungsreform, 4.A., Wiesbaden 2001. In Ansätzen aber schon die erste Auflage von Werner Thieme, Verwaltungslehre, Köln 1967, § 49 (Die Ordnung von Ballungsräumen) und § 37 (Die Gestaltung von Verwaltungsbezirken). Insbesondere letzteres Kapitel, in der 4.A. 1984 als § 45 und erweitert behandelt, greift in der Sache Verwaltungsgeographie mit auf; dort auch ausdrücklich die Begrifflichkeit »Verwaltungsraum« und »Planungsraum«.

47 Dreier/ Wittreck, in: Günzel 2009 (FN 32), 341 m. einigen Nachweisen. Weiterhin zentral Günther Winkler, Prolegomena zu Raum und Recht, Saarbrücken 1999; mit vielen interessanten Hinweisen, etwa zum »Raum in den Büchern« (Grundbuch, Wasserbuch etc.), ebd., 24 ff. Thematisiert wird »Raum« (natürlich) noch im Völkerrecht, vgl. nur Alexander Proelß, Raum und Umwelt im Völkerrecht, in: Wolfgang Graf Vitzthum (Hg.), Völkerrecht, 5.A., Berlin 2010, 389 ff.

48 Dreier/ Wittreck (FN 32), 346. Instruktiv zu impliziten räumlichen Bezugnahmen und – wenig reflektierten – Raumwirkungen in einem Rechtsgebiet, Helmuth Schulze-Fielitz, Der Raum als Determinante im Immissionsschutzrecht, in: Dreier u.a. (FN 32), 711 ff.

49 Raum wird, wie Zeit auch, als rechtserhebliche Tatsache aufgefaßt bei Walter Jellinek, Verwaltungsrecht, unveränd. Nachdruck der 3.A. (1931), Offenburg 1948, 224 ff. Dieser Zugriff, der dann u.a. auf Vermessung verweist, scheint mir für die Verwaltungs(rechts)wissenschaft weiterhin repräsentativ; er rekurriert auf »Raum« als Entität.

ordnung, wird der Raumbegriff nicht, in der Literatur wenig reflektiert.[50] Das Raumordnungsgesetz unterscheidet zwischen dem „Gesamtraum der Bundesrepublik Deutschland“ und „seinen Teilräumen“ (§ 1 ROG). Es spricht von „Planungsräumen“ die für einen bestimmten „Zeitraum“ zu beplanen sind (§ 7 ROG) und regelt das Verhältnis zu „raumbedeutsamen Planungen und Maßnahmen“. Die Begriffsbestimmungen des Gesetzes (§ 3 ROG) enthalten keine Definition dessen, was Raum sei. Für die Zwecke des Gesetzes scheint die Bezugnahme auf den umfangreichsten Raum, der durch das Staatsgebiet markiert ist, ausreichend geklärt zu sein.

Einen neuen Schub erhält die Raumthematik aber womöglich durch die Erfassung neuer Räume unterschiedlicher Art. Davon wird die Rede sein. Zusammenfassend kann man festhalten, dass Recht und Verwaltung sowie ihre Wissenschaften bislang überwiegend „alltagsweltliche Raum-Konzepte“ nutzen. Diese gelten den fortgeschrittenen Raumwissenschaften gern als wissenschaftlich überholt. Immerhin wird die Beobachtung solcher Nutzung als wissenschaftlich bedeutsam empfohlen. Die Projektion von Ereignissen, Annahmen, Absichten und Erwartungen auf etwas Räumliches sei offensichtlich durchaus funktional und (nahezu) unvermeidbar.[51] Dem ist wenig hinzuzufügen. Denn in der Tat könnte es sich erweisen, dass die Außenbeobachtung der Raumkonstitution durch Verwaltung zwar interessant,[52] aber für Aufgabenstellungen der rechts- und vielleicht sogar der verwaltungswissenschaftlichen Disziplin(en) nicht oder selten erforderlich ist. Hier besteht noch Forschungsbedarf.

50 Dreier/ Wittreck, in: Günzel 2009 (FN 32), 338, 349. Von den Autoren unter Hinweis auf Günther Franz, Raumordnung und Landesplanung im 20. Jahrhundert, Hannover 1971, als Beispiel eines gestaltenden Zugriffs des Rechts auf den Raum genannt, neben der Neugliederung des Bundesgebiets. Durchaus weiter reflektierend setzen aber neuere Untersuchungen an, etwa Siehr (FN 10).

51 Zu all dem Miggelbrink (FN 11), 102 f.

52 Andere Phänomene von Raum-Konstitution durch Verwaltung findet man im Polizeirecht mit seinen (alten und neueren) Möglichkeiten der Raumzuweisung an einzelne Personen zu Zwecken der Gefahrenabwehr (Platzverweis; Betretensverbote für bestimmte, an sich öffentlich zugängliche Gebietsteile), aber natürlich auch durch die Videoüberwachung öffentlicher Räume oder das Erstellen von Bewegungsprofilen. Dazu Thorsten Finger, die offenen Szenen der Städte. Gefahrenabwehr-, kommunal- und straßenrechtliche Maßnahmen zur Wahrung eines integren öffentlichen Raums, Berlin 2006.

III. Die Konstruktion von Räumen durch die Verwaltung

1. Eine lange Geschichte

Wie die Geschichte vom Meilenstein andeutet, beginnt die Erfassung und Konstruktion von Räumen durch Organisationen, Verwaltungen, Staaten mit den frühen Hochkulturen, also lange vor der Zeit moderner territorialstaatlicher Verwaltung. Die ältesten Feldvermessungspläne, die bekannt sind, stammen aus dem späten 3. Jahrtausend vor unserer Zeit.[53] Die wirtschafts-, verwaltungs- und rechtshistorische Bedeutung der römischen Feldvermessung ist spannendes Forschungsthema.[54]

Und auch die reflexive Perspektive auf Räumlichkeit, auf Raumbeziehungen ist alt. Aristoteles definiert die polis als „eu-sýnoptos" – die gut überschaubare Gemeinschaft, das gut überschaubare Gebiet.[55] Diese Eigenschaft einer mit menschlichen Sinnen erfaßbaren Ausdehnung wird als juristisches Argument bis heute verwendet, wenn aus der normativen Garantie kommunaler Selbstverwaltung die höchstzulässige Größe des noch selbst zu verwaltenden Gebiets abgeleitet wird.[56]

53 Den Hinweis verdanke ich Eva Cancik-Kirschbaum. Siedlungsraumplanung und Bewirtschaftung der Bewässerung sind für Mesopotamien und Ägypten in Texten aus dem 3. Jahrtausend reich bezeugt. Der archäologische Befund führt noch deutlich weiter zurück.

54 Die Vermessung in der Frühzeit ist – natürlich – an eine Abfolge verschiedener Techniken und Berechnungsmöglichkeiten gebunden. Berühmt geworden ist die sog. Gromatik, also Vermessung mit Hilfe eines Vermessungsinstruments (wohl etruskisch: groma). Zur Gromatik und römischen Vermessung: Cosima Möller/ Eberhard Knobloch (Hg.), Römisches Vermessungswesen. Juristischer, wissenschaftsgeschichtlicher und historischer Kontext, Berlin i.E. (2012); Okko Behrends/ Luigi Capogrossi Colognesi (Hg.), Die Römische Feldmeßkunst. Interdisziplinäre Beiträge zur ihrer Bedeutung für die Zivilisationsgeschichte Roms, Göttingen 1992; zur Rechtsgeschichte darin insbesondere der Beitrag von Okko Behrends.
Das Kataster von Orange (in Südfrankfreich, antik: Arausio), in welchem die Grundstücke des Gebietes registriert wurden, ist ein weiteres Beispiel aus römischer Zeit. Auch die Grenzziehung und -bestätigung ist Forschungsthema, etwa der religions- und kulturhistorischen Forschung.

55 Aristoteles, Politik, übersetzt und hrsg. von Olof Gigon, 8.A. München 1998, 7. Buch, sub 5. (= 226 ff. = 1326b – 1327a der Ausgabe von Bekker (1831 – 1870)).

56 LVerfG Mecklenburg-Vorpommern, Urteil v. 26.7.2007, NdsVBl 2007, 271 ff.; aufgegriffen bei Dreier/ Wittreck (FN 32), 348, die auf die von Montesquieu 1748 ausgelöste Debatte über die räumliche Reichweite demokratischer Mitbestimmung hinweisen. Das Urteilskonzept wird heftig kritisiert, vgl. nur Hans Meyer (»Konzept des 19. Jahrhunderts«), Meyer, Liegt die Zukunft Mecklenburg-Vorpommerns im 19. Jahrhundert? Zum Neugliederungsurteil des Landesverfassungsgerichts, NVwZ 2008, 24 ff. M.w.N. auch Hans Peter Bull, Kommunale Selbstverwaltung als Schule der Demokratie, in: Schimanke (FN 4), 131 ff. Im zweiten Anlauf wurde die Kreisgebietsreform nun akzeptiert: LVerfG M-V, LVerfG 21/10 u.a., Urt. v. 18.08.2011.

Eine wichtige Station der langen Geschichte ist der Aufschwung der Kartographie als Grundtechnik des Erfassens von Gebieten und also Räumen in der Frühen Neuzeit.[57] Die beginnenden moderne ‚territorialbezogene' Verwaltung wird organisiert „als Verarbeitung raumbezogener Daten",[58] welche durch Medium und Technik der Kartographie ermöglicht wird. Heute tritt an die Stelle der Karte zunehmend die Geoinformation.[59]

Kurz: Der Zusammenhang von Verwaltung, Raumerfassung und Raumproduktion hat eine ausgesprochen lange Geschichte. Sie soll mit kurzen Blicken in die neuere Vergangenheit illustriert werden.

2. Ein Blick aufs 18. Jahrhundert: Aus dem Allgemeinen Landrecht für die preußischen Staaten 1794

Das Allgemeine Landrecht (PrALR), diese markante Station um 1800,[60] enthält keinen abstrakten Zugriff auf Raum oder Gebiet, insbesondere keine Definition von Staatsgebiet, keine Ermächtigung zu Grenzziehung des Staates. Doch spielen „Gränzen" (mit ä), Vermessung, Verortungen,

57 Landkarten können als »Zeichenverbundsystem« begriffen werden, das Rauminformationen graphisch konventionalisiert, speichert, transportabel macht und Raumordnung herstellt, Döring/ Thielmann (FN 19), 7 ff., 17. Kulturwissenschaftlich kann Raum auf diese Weise als »Text« erfaßt und »gelesen« werden.
Als eigenen spatial turn bezeichnet Dünne (FN 16), die Entwicklung der Kartographie in der frühen Neuzeit. Die Entwicklung dieser Kultur- (Medien-)Technik sei verbunden mit einer Wahrnehmung von Raum als Territorialität und unterscheide sich in Funktion bzw. Operationalität eindeutig von Karten aus der Antike und dem Mittelalter. Die entscheidende Leistung der Karte als Kulturtechnik ist »die Ermöglichung eines aperspektivischen räumlichen Nebeneinanders, das von keinem natürlichen Blick eingefangen werden kann und das nur auf der Karte so möglich ist« (55). Erst in der frühen Neuzeit werde nun mit Hilfe einer spezifischen Projektionstechnik ein durchgängiger indexikalischer Bezug zwischen Karte und Territorium hergestellt. Das hat Auswirkungen auf Machttechniken, Wissen- und Vorstellungspraktiken als Bedingungen/ Möglichkeiten politischen Handelns, so Dünne, 56 ff. Die territoriale Adressierbarkeit löse zunehmend die körperliche Präsenz der politischen oder religiösen Machtinstanz ab.

58 Dünne (FN 16), 57 f., für die spanische Krone im 16. Jh.

59 Ulrich Gomille, Niedersächsisches Vermessungsgesetz. Kommentar, Wiesbaden 2008, Einleitung, 25 ff., 25: »Heute heißt es nicht mehr »Staat und Karte« [wie noch bei einem zitierten Autor 1955, PC], sondern »Geoinformation und moderner Staat« (Titel einer Informationsschrift des interministeriellen Ausschusses für Geoinformationswesen, 2002)«.

60 Das PrALR ist ein eindrücklicher Zusammenfassungsversuch geltenden Rechts verbunden mit Verbesserung, Bereinigungsbemühungen etc. und deshalb eine interessante Quelle für Vorstellungen des 18. Jhs und der Jahrhundertwende. Es ist bekanntlich kaum oder wenig rechtspraktisch geworden. Eine Nutzung als »Rechtsquelle« kann also nur äußerst behutsam erfolgen, um nicht a-historisch zu sein.

das Abstände–Einhalten an vielen Stellen eine Rolle, etwa im Kontext der Regelungen zum privaten und gemeinschaftlichen Eigentum.

Der Eigentümer ist etwa eingeschränkt „bey dem Bauen, bey Wäldern, bei Gräben und Wasserleitungen, zum Besten des Nachbarn".[61] Wir finden eine Mischung aus – in gegenwärtiger Diktion – privatem und öffentlichem Nachbarrecht und öffentlichem Kontrollzugriff, etwa die Anzeige von Bauvorhaben in Städten, ein Prüfprogramm der Obrigkeit, die dafür erforderliche Beschreibung des Gebäudes nach „seiner Lage, Gränzen und übrigen Beschaffenheit". [62]

Auch das *gemeinschaftliche* Eigentum wird detailliert geregelt und in diesem Zusammenhang auch seine Auflösung, die sog. Gemeinheitsteilungen.[63] Um die gemeinschaftlichen Eigentums- oder Nutzungsformen zu individualisieren, muß man wissen, wie Grenzen zu bezeichnen, zu erneuern und wie die „Verdunkelung der Gränzen" zu vermeiden sei.[64]

Detaillierte Angaben zu Verwaltungspraxis und dazugehörigem Wissen um Raumerfassung finden sich schließlich im reichen Bergrecht des ALR.[65] In unserem Kontext ist interessant der Zugriff auf Schürf- und Berggebiete. Vermessungen ober und unter Tage sind hier zentral, die Regelungen elaboriert.[66] Sie zeugen von alten Traditionen. Private und Obrigkeit vermessen hier die Welt und ergreifen so Besitz davon. Das

61 PrALR I 8. Titel handelt »Vom Eigenthum« §§ 65 ff.

62 Vgl. nur zwei Zitate aus PrALR I 8: § 125 »Schweinställe, Kloake (*sic*), Dünger- und Lohgruben, und andre den Gebäuden schädliche Anlagen müssen wenigstens drey Fuß rheinländisch von den benachbarten Gebäuden, Mauern und Scheunen entfernt bleiben.«
§ 128 »Wer auf seinem Grunde und Boden, jedoch an der Seite des Nachbars hin, Rinnen und Canäle an der Erde zur Abführung des Wassers anlegen will, muß gegen die Wand des Nachbars wenigstens noch einen Raum von einem Werkschuhe frey lassen.«

63 Vgl. dazu Cancik, Verwaltung und Öffentlichkeit in Preußen, Tübingen 2007, 311 ff.

64 PrALR I 17, 5. Abschnitt: »Von Gränzscheidungen«, §§ 362 – 388.

65 PrALR II 16, 4. Abschnitt regelt das Bergwerksregal (§§ 69 ff.) und dabei natürlich auch die Erlangung des sog. Bergwerkseigentums. Gesellschaftsrechtliche Regelungen stehen hier neben arbeitsrechtlichen u.v.m.

66 Für einen Eindruck (PrALR II 16): § 143 »Schürfscheine [PC: die das Schürfen auch auf fremdem Grund erlauben] sollen nicht auf ganze Aemter und Gerichte, sondern nur auf gewissen nach Namen, Lage, Gegend und Gränzen möglichst genau bestimmte Berge oder Thäler gegeben werden.«
§ 154 »Wer auf erhaltenen Schürfschein ein Stockwerk, Erzlager, Gang oder Flötz zuerst erschürft hat, ist befugt zu verlangen, daß ihm der Bau auf das entdeckte Werk, innerhalb eines gewissen Districts, vorzüglich vor allen Andern, verliehen werde.«
§ 156 »Der Umfang des dem Bauenden anzuweisenden Feldes oder Districts, worauf sich das Recht des ersten Finders erstreckt, ist in Ermangelung besonderer Provinzialgesetze, auf streichenden Gängen, Stockwerken und Erzlagern, deren Fallen mehr als fünfzehn Grad beträgt, zwey und vierzig Lachter ins Geviert; und auf Flötzen oder Seifenwerken, ohne Unterschied des Fallens, funfzig Lachter ins Gevierte.« [....]
Von der Vermessung handeln die §§ 172 ff. PrALR II 16, 4. Abschnitt.

uns so selbstverständliche Rechtsinstitut Grund-Eigentum ist ohne diese Technik nicht zu denken.[67]

3. Ein Blick aufs 19. Jahrhundert: Vermessung, Landaufnahme, Kataster

Die zur Mitte des 18. Jahrhunderts als Teil der Agrarreformen einsetzende „Teilungs- und Verkoppelungswelle",[68] also die erwähnte Auflösung von gemeinschaftlich genutztem Grundeigentum (Stichworte: „Feldgemeinschaften", Gemeinheitsteilung, Markenteilung) wird seit dem Ende des 18. Jahrhunderts intensiviert. Sie erfordert Vermessung, Landaufnahme, Kataster. Seit 1800 kann man einen Schub an Formalisierung, auch an Verrechtlichung nachweisen.[69]

Uneinheitliche Standards und Organisation der Vermessungsverwaltung im weiteren Sinne prägen das 19. Jahrhundert. Versuche der Zentralisierung im Deutschen Reich von 1870/71 schlagen fehl, auch später gelingt sie nicht.[70] Zwei wesentliche Motive für die Landeserfassung qua Vermessung/ Kartographie werden in der historischen Forschung genannt: Militär und Finanzen. Die Einführung bzw. die Wiederaufnahme und Intensivierung der Erfassung in Katastern dient der Verbesserung und Rationalisierung der Grundsteuererhebung.[71] Die Funktionen als Eigentumsnachweis und Instrument zur Verbesserung der Verkehrsfähigkeit von Grundeigentum kommen hingegen erst später hinzu (Einführung des Grundbuchs 1872 in Preußen, 1900 im Reich) und erfordern erhebliche Umstellungen der Landaufnahme und -registrierung.[72]

67 Ein schöner Hinweis bei Walter Jellinek 1931 (FN 49), 225: »In Baden z.B. dürfen nur verpflichtete »Steinsetzer« Grenzsteine setzen und können neue Eigentumsgrenzen ohne »Versteinung« nicht entstehen.«

68 Gomille (FN 59), 26.

69 Geprägt vom französisch-napoleonischen Vorbild. Vgl. Georg Krauß, Behördliche Raumorganisation seit 1800, Grundstudie 7: Das öffentliche Vermessungswesen, Hannover 1978, 2 ff.

70 Krauß (FN 69), 4 f. ; vgl. auch Gomille (FN 59), 34 f. zum »Neuordnungsgesetz« von 1934 und seiner zwiespältigen Aufnahme nach dem Krieg, ferner ders., 36 ff.

71 Sehr kurz Georg Krauß/ Rolf Harbeck, Die Entwicklung der Landesaufnahme, Karlsruhe 1985, 362, deren Fokus auf der Entwicklung seit 1930 liegt. Krauß (FN 69), 3, nennt eine Verordnung des Landgrafen von Hessen (Kassel) vom 10.12.1656 als ersten Rechtstext in Deutschland, in welchem die Bezeichnung »catastrum« gebraucht werde – leider ohne näheren Quellennachweis. Kurz Gomille (FN 59), 26, 27: »Die große Zeit der Grundsteuervermessung war das 19. Jahrhundert«.

72 Krauß (FN 69), 7, m.w.N. Vgl. auch Gomille (FN 59), 31 ff: Aus dem Steuerkataster wird zunehmend ein »Mehrzweckkataster«. Über die Konstruktion von Grundstücken und die – strittige – Bedeutung von Kataster und Vermessung kann man noch heute

4. Ein Blick aufs 20. Jahrhundert: Raumordnung und Planung

Im 20. Jahrhundert sehen wir die Entwicklung desjenigen Bereichs, den Juristen auf die Frage nach ‚Recht und Raum' typischerweise nennen: die Raumordnung und Landesplanung. Der räumliche (gebietliche) Zugriff des Städtebaurechts wird im Verlauf der Industrialisierung zu klein. Die Veränderungen der technischen und medialen Erfassung von Räumen, die ‚space compression' durch Eisenbahn und Co.[73] erfordern übergemeindliche Ordnungen des Raums. Nach einer ‚Selbstverwaltungs-Phase' der nur indikativen Raumplanung durch interkommunale Verbände (häufig unter Einbeziehung von Wirtschaftsvertretern) wird die Raumordnung und Landesplanung „verstaatlicht".[74]

Für das 21. Jahrhundert wird die unterirdische Raumordnung an Bedeutung gewinnen.[75] Sie strebt, anknüpfend an die alte Raumerfassung und -zuweisung des Bergrechts, großflächigere Ordnung und Beplanung an.[76] Bedeutsamer wird auch die maritime Raumordnung.[77] Eine markante nächste Station dürfte die angemahnte „Virtuelle Raumplanung" (Schliesky) sein.[78]

streiten, vgl. nur Joachim Bohnert, Der Kataster im System des Sachenrechts, JZ 2011, 775 ff.

73 Zentral ist das Phänomen (der neueren, u.a. kapitalbezogenen) »time-space-compression« bei David Harvey, The Condition of Postmodernity: An Enquiry into the Origins of Cultural Change, Oxford 1990, 147, 201 ff., 350 ff.; vgl. kurz Miggelbrink (FN 11), 94.

74 Vgl. etwa Wolfgang Appold, Die historische Entwicklung des Rechts der Raumordnung, in: Wilfried Erbguth u.a. (Hg.), Planung. FS für Werner Hoppe, München 2000, 21 ff.; Ulrich Battis, Öffentliches Baurecht und Raumordnungsrecht, 5. A., Stuttgart 2006, 20 ff.; Franz 1971 (FN 50); Werner Cholewa/ Hartmut Dyong/ Hans-Jürgen von der Heide, Raumordnung in Bund und Ländern, Bd 1, Einf. II, Stand 01/99.

75 Sie erhält neue Bedeutung etwa wegen der Suche nach Speicherplatz für CO2 und womöglich für andere Abfälle, aber auch für das derzeit diskutierte »Fracking« (auch: »Fracturing«: die Erdgasgewinnung durch Verpressung eines Wasser-Sand-Chemikaliengemischs in den Boden, der dadurch »aufgebrochen« wird, so dass das Gas nach oben steigen und gewonnen werden kann. Vgl. UBA, www.umweltbundesamt.de/ chemikalien /publikationen/stellungnahme_fracking.pdf.). Auch die Erstellung der für die Energiewende erforderlich werdenden Netz-Infrastruktur könnte ein Aspekt dieser Raumordnung sein.

76 Vgl. nur Wilfried Erbguth, Unterirdische Raumordnung. Zur raumordnungsrechtlichen Steuerung untertägiger Vorhaben, ZUR 2011, 121 ff.

77 Erbguth, Maritime Raumordnung. Entwicklung der internationalen, supranationalen und nationalen Rechtsgrundlagen, DÖV 2011, 373 ff.

78 Nicht die Planung ist hier virtuell, sondern der beplante, geordnete Raum, resp. die Räume. Dazu Schliesky, in: Schimanke (FN 4), 49 ff., 60 ff.. Sowie Schliesky in diesem Band, S. 9 ff.

5. Ein Blick ins 21. Jahrhundert: „Landaufnahme“ durch die Erfassung von Umwelträumen in der EU

Ganz neue „Gebiete“ erfindet die Europäische Union. Seit 2000 (?)) gibt es in der offiziellen Rechtssprache der EU etwa sogenannte „Flussgebiete“.[79] Im Luftqualitätsrecht wird sich womöglich der Ausdruck „Luftqualitätsgebiet“ durchsetzen (und Gebiete bezeichnen, deren Luftqualität zu wünschen übrig läßt).[80] Schon lange bekannt und europäisch nur aufgenommen und weiter durchgesetzt ist das Konzept „Naturschutzgebiet“, fortentwickelt und europäisiert im „Vogelschutzgebiet“ und im „Habitat“, das dann in einem interessanten Abstraktionsprozeß zum „Natura 2000 – Gebiet“ mutiert. Bemerkenswert ist das insofern, als aus der Bezeichnung immer weniger hervorgeht, was eigentlich das entscheidende Kriterium für die Gebietsbestimmung ist. Man könnte vielleicht feststellen, dass die Virtualität steigt.[81]

Die Aneignung von EU-Gebiet und -Räumen durch Erfassung etwa im Wege des hier angedeuteten umweltbezogenen Gebietsmanagements fordert dann auch die Raumwissenschaften heraus.[82]

Im historischen Vergleich ist interessant, dass die EU andere Motive als Militär und Finanzen für die Erfassung hat: hier prominent das Kriterium Umweltschutz und Umweltnutzung.[83] Das spiegelt – vermutlich – (nur?) das Fehlen entsprechender Kompetenzen der EU wider, verdeutlicht damit zugleich die noch bestehende Differenz zwischen EU und (klassischem National-) Staat. Die im Aufbau befindliche Geodateninfrastruktur der Union (und in der Union) knüpft an Umweltmotive an, geht

79 Art. 2 Nr. 13 (»Einzugsgebiet«) Nr. 15 (»Flußgebietseinheit«), Art. 3 RL 2000/60/EG vom 23.20.2000. Nach der deutschen Definition ist die »Flußgebietseinheit«: »ein als Haupteinheit für die Bewirtschaftung von Einzugsgebieten festgelegtes Land- oder Meeresgebiet, das aus einem oder mehreren benachbarten Einzugsgebieten, dem ihnen zugeordneten Grundwasser [...] besteht.« (§ 3 Nr. 15 WHG 2009).

80 Art. 2 Nr. 16, Art. 4 RL 2008/50/EG vom 21.5.2008: Die Mitgliedstaaten definieren »Gebiete« (englisch: zone) und »Ballungsräume« für die Beurteilung und Kontrolle der Luftqualität.

81 Ein neueres Problem kommt hinzu: Der Klimawandel führt zu Verschiebungen geschützter/ erfaßter Räume. Schutzgebietsgrenzen müßten konsequenterweise flexibel sein.

82 Zur raumwissenschaftlichen Analyse der Wasserrahmenrichtlinie, Timothy Moss (Hg.), Das Flußgebiet als Handlungsraum. Institutionenwandel durch die EU-Wasserrahmenrichtlinie aus raumwissenschaftlichen Perspektiven, Münster 2003.
Darin u.a. ein Aufsatz von Christoph Bernhardt über das Flußgebietsmanagement des Oderraums in der DDR (seit 1952!).

83 Sprechend – wenn auch nicht neu und nicht europäisch – das Instrument »Emissionskataster«, vgl. § 46 BImSchG.

aber doch darüber hinaus.[84] Für die diskutierte europäische Raumordnung gilt das zumal.[85]

Wer konstruiert also – im Zusammenhang mit Verwaltung – Raum? Jedenfalls, erstens, die Verwaltung selbst (mit den ‚Verwaltungs-Betroffenen'). Dieser Aspekt stand im Zentrum des Beitrags.

Zweitens aber beteiligen sich diejenigen an Raum-Konstruktionen, die Verwaltung (und Recht) beobachten und daran ‚bauen'. Die bisher dazu vorliegenden Ansätze wurden im obigen Durchgang durch die Disziplinen angedeutet (II). Verändert sich derzeit der rechts- und verwaltungswissenschaftliche Zugriff? Dazu seien einige ganz vorläufige Überlegungen formuliert.

IV. Schöne neue „Verwaltungsräume" ?

1. „Verwaltungsraum" bei Google

Gibt man, animiert durch die Zunahme des Ausdrucks „Verwaltungsraum" im Schrifttum,[86] diesen Ausdruck bei Google ein, findet man viele Hinweise. Einige betreffen Räume im Sinne von Zimmern, in denen verwaltet wird. Bei anderen, wie etwa dem Hinweis auf den „Modell-Landschaftsplan Verwaltungsraum Gottmadingen" bedeutet „Verwaltungsraum" ein bestimmtes Gebiet, das verwaltet wird und auf den sich der jeweilige Vorgang/Plan bezieht,[87] ähnlich dem „Planungsraum" des Raumordnungsgesetzes. Die Nähe zur Raumordnung und Landesplanung ist evident. So verwendet ist „Verwaltungsraum" ein Ausdruck im Kontext der Erfassung und Konstruktion von Räumen durch die Verwaltung,

84 RL 2007/2/EG des EP und des Rates vom 14.3.2007 zur Schaffung einer Geodateninfrastruktur in der Europäischen Gemeinschaft (INSPIRE). Dazu Sven Polenz, Aufbau einer Geodateninfrastruktur, NVwZ 2010, 485 ff. Grundlagen in: Lars Bernard u.a. (Hg.), Geodateninfrastruktur. Grundlagen und Anwendungen, Heidelberg 2004.

85 Hanno Knippenberg, Die Kompetenzgrundlage der Deutschen und Europäischen Raumordnung, Göttingen 2010; Ulrich Battis/ Jens Kersten, Europäische Raumentwicklung, EuR 2009, 3 ff.; José Martínez Soria, Das Recht der Europäischen Raumordnung, Tübingen 2011 (i.E.); weiterführend zum »spatial turn« in der Europapolitik, Angelika Siehr, (FN 10), 75, 78 ff.

86 Vgl. II. 2, FN 5 ff.

87 Ähnlich: »Soziales Netz im Verwaltungsraum Riedlingen«; oder der Flächennutzungsplan des »Verwaltungsraums Schwaigern«. Diese Begriffsverwendung hängt mit einer gesetzlichen Regelung in Baden-Württemberg zusammen, dem Besonderen Gemeindereformgesetz (Gesetz zum Abschluß der Neuordnung der Gemeinden) vom 9.7.1974, in welchem jeweils unter der Überschrift »Verwaltungsraum XY« Gemeindeverbänden (Räume!) durch Gesetz gebildet werden.

wie oben beschrieben;[88] vielleicht schön, aber nicht neu; ich nenne diese Verwendungsweise, um eine Kurzformel zu haben, ‚einfacher Verwaltungsraum'. Eine dritte Gruppe von Hinweisen führt zu wissenschaftlichen Arbeiten, insbesondere, nicht ausschließlich, zum „Europäischen Verwaltungsraum".

2. Europäischer Verwaltungsraum, Globaler Verwaltungsraum

Der Topos (!) „European Administrative Space", „Europäischer Verwaltungsraum", ist seit etwa 1992 nachweisbar.[89] Seit seiner Verwendung im Kontext der EU-Osterweiterung wird er vermehrt aufgegriffen.[90] Was bedeutet er? Er meint wohl nicht oder jedenfalls nicht nur den Raum, das (Staats-)Gebiet, das nun (auch) unter EU-Verwaltung steht, sondern soll beschreiben eine – festzustellende oder erhoffte – Konvergenz von Verwaltung im Sinne ihrer rechtlichen Strukturen, Verwaltungstraditionen, Verwaltungskulturen etc. (Siedentopf). Sehr selbstverständlich ist mittlerweile auch die Rede vom „europäischen Rechtsraum".[91]

Ob von einem „Europäischen Verwaltungsraum" schon die Rede sein könne, also die dafür erforderliche Europäisierung der Verwaltungen tatsächlich schon ausreichend fortgeschritten sei, ist eher selten Gegenstand von Diskussionen und Forschungsprojekten.[92] Noch seltener wird, wenn

88 Siehe insbes. II. 5.2 und 5.3

89 Siedentopf/ Speer 2004 (FN 6), 18. Der Ausdruck »Verwaltungsraum« wird etwa verwendet von Eberhard Schmidt-Aßmann, Strukturen des Europäischen Verwaltungsrechts: Einleitende Problemskizze, in: Schmidt-Aßmann/ Wolfgang Hoffmann-Riem (Hg.), Strukturen des Europäischen Verwaltungsrechts, Baden-Baden 1999, 9 ff., 13: Den Verwaltungsraum bilden die Territorien der Mitgliedstaaten, die zunehmend als einheitlicher Raum für administrative Aufgaben hervorträten; im Fokus steht dann die erforderliche Verwaltungskooperation.

90 Preparing Public Administrations for the European Administrative Space, Sigma Papers: No. 23, vom Mai 1998, unter: www.sigmaweb.org/dataoecd/20/56/36953447.pdf. Dazu Siedentopf/ Speer 2004 (FN 6), 18 ff.

91 Von Armin von Bogdandy, Rechtsgeschichtliche Überlegungen zur Konturierung des europäischen Verwaltungsrechts, in: Rechtsgeschichte 19, 10 ff., 16 u.ö.; unter Hinweis auf Parallelen zwischen EU-Bildung und Staatsbildung der Neuzeit (ebd., 17). Ähnlich ders., Handbuch Ius Publicum Europaeum IV, Heidelberg 2011, Rn. 2. Mit »europäischem Rechtsraum« werde beschrieben, dass das europäische Verwaltungsrecht vom Staat losgelöster sei als das staatliche Verwaltungsrecht.

92 Vgl. das Forschungsprojekt am FÖV Speyer unter Leitung von Siedentopf/ Speer, Europafähigkeit als Reformanforderung für den öffentlichen Dienst von Bund und Ländern (Arbeitstitel) Laufzeit: 01.08.2005 – 31.01.2008, das durch den behaupteten Europäischen Verwaltungsraum angeregt wurde, sowie die Vorarbeiten von Siedentopf/ Speer, hier nur: Siedentopf/ Speer, La notion d'espace administratif européen, in: Auby, Jean-

ich es richtig sehe, die Frage nach der Herkunft und Angemessenheit des Begriffs „- Raum“ gestellt.[93] Offensichtlich hat sich die metaphorische Fähigkeit der Raum-Terminologie auch hier bewährt.[94] Ob sie, wie womöglich erwünscht, praeskriptiv wirken kann („emerging european administrative space“ im SIGMA-Paper), also gleichsam den behaupteten Raum produzieren kann, bleibt abzuwarten.[95] Man wird den Versuch aber wohl als „Raumproduktion“ beschreiben können. Ein ähnlicher – nicht gleicher! – Diskursverlauf könnte für einen „Globalen Verwaltungsraum“ stattfinden.[96]

Die Differenz zum oben eingeführten ‚einfachen Verwaltungsraum’ scheint mir darin zu liegen, dass hier bis zu einem gewissen Grad die Verwaltung selbst als Raum konstruiert wird, während es auf das erfaßte (physische) Gebiet, den ‚Naturraum’ nur peripher ankommt. In den Europäischen Verwaltungsraum einzutreten bedeutet, so zu verwalten, wie andere Verwaltungen dort auch, sich zu ‚vernetzen’ mit den Institutionen und Verfahren des Mehrebenenverbundes. Diese ‚(An)Ordnung von Verwaltungen’ kann man als Raum beschreiben. Ob der Begriff über eine gewisse Evidenz hinaus analytisches Potential hat, ist allerdings fraglich, jedenfalls für verwaltungswissenschaftliche oder juristische Fragestellungen. Zugleich gehört zum „Europäischen Verwaltungsraum“ die Zusammenfassung von Verwaltungsräumen der Mitgliedstaaten, so dass auch

Bernard/ Dutheil de la Rochère, Jacqueline (Hg.), Droit Administratif Européen, Brüssel 2007, 299 ff.

93 Kritisch aber Siedentopf/ Speer 2004 (FN 6). In der von Bogumil/ Jann (FN 28) vorgelegten Einführung in die Verwaltungswissenschaft (2004, 244, etwas ausführlicher 2.A. 2008, 287 ff.), wird die Diskussion mit der Frage aufgegriffen, ob ein Europäischer Verwaltungsraum entstehe. Der Einführung zufolge kommt ein solcher zustande aufgrund einer wachsenden Konvergenz zwischen den Rechts- und Verwaltungssystemen der EU, die wiederum durch akteurszentrierte Einflüsse angetrieben werde. Bei der Schilderung der Kritik an dieser Annahme ist die Rede von einem »einheitlichen Modell öffentlicher Verwaltung«, das noch bezweifelt werde. Beides – wachsende Konvergenz von Systemen wie einheitliches Modell öffentlicher Verwaltung – beschreibt also offenbar das, was mit »Europäischer Verwaltungsraum« bezeichnet werden soll/kann. Vgl. auch Eckhard Schröter, Europäischer Verwaltungsraum und Reform des öffentlichen Sektors, in: Bernhard Blanke (FN 46), 596 ff.

94 Zu Vagheit und Multifunktionalität des Raumbegriffs, Miggelbrink (FN 11), 85, 87 f.

95 Schmidt-Aßmann, Überlegungen zu Begriff und Funktionskreisen des Internationalen Verwaltungsrechts, in: Magiera/ Sommermann/ Ziller (Hg.) (FN 6), 101 ff., 109: Von einem einheitlichen »Verwaltungsraum«, wie er dem Europäischen Verwaltungsrecht heute doch wohl zugrundegelegt werden darf, kann auf internationaler Ebene allenfalls in einem stark relativierenden Sinne gesprochen werden.«. Eine andere Art der Raumproduktion findet – ganz praktisch – etwa durch den Ausbau der Regionen sowie der Euregios statt, vgl. nur Siehr (FN 10), 75, 91 ff.

96 Zu diesem kurz Schmidt-Aßmann (FN 95), 109, m. N. zum »Global Administrative Space«.

dieser Raum nicht frei von territorialer Bezugnahme und insofern dem obigen ‚einfachen' Verwaltungsraum doch wieder ähnlich ist.

Im Wort „Verwaltungsraum" ist insofern immer (auch) der – sehr vage – Raumbezug allen Verwaltens ausgedrückt.[97] Die angeblich mit Europäisierung und Globalisierung verbundene Ent-Räumlichung wäre hier also nicht angekommen – aus gutem Grund. Wie die Eisenbahnen töten auch Globalisierungsvorgänge den Raum nicht.[98] Sie verändern ihn nur. Die Verwendungsweise entspricht insoweit den oben eingeführten Bindestrich-Räumen (Wirtschaftsraum, Sozialraum), die abstrakt den durch Verwaltung an sich konstruierten und gepflegten Raum bezeichnen können oder, konkret, einen regelmäßig territorial oder sachlich näher bestimmten Raum (Verwaltungsraum Gottmadingen).[99]

Zugleich bestätigt der „europäische Verwaltungsraum" und seine Brüder (globaler Verwaltungsraum, andere Verwaltungsräume mit Attribut) die Feststellung, dass Raum *gleichzeitig* materialistisch und konstruiert sein kann.[100] Das macht die Raumbegrifflichkeit für die Beschreibung der neueren Europäisierungs- und Internationalisierungszusammenhänge so funktionsfähig. Die aus kommunikationshistorischer Perspektive konstatierte „Doppelung des Raums als Teil von Kommunikation und zugleich als etwas, das der Kommunikation vorausgeht und in dem Kommunikation stattfindet" macht in der Tat den Raum zu einem „eigentümlichen

97 So wohl bei Schmidt-Aßmann (FN 95), 109. Martin Eifert, Staatliche Informationsinfrastrukturen – Organisation im gegliederten Verwaltungsraum und private Weiterverwendung der Verwaltungsinformationen, in: Irena Lipowicz/ Jens-Peter Schneider (Hg.), Perspektiven des deutschen, polnischen und europäischen Informationsrechts, Osnabrück 2011, 71 ff., benutzt »gegliederter Verwaltungsraum« und meint damit nicht ausschließlich die EU, sondern auch andere »vertikal abgeschichtete Verwaltungsräume« (die Referenz sind hier die 1970er Jahre in Deutschland). Der Ausdruck wird nicht erklärt, vielmehr ganz selbstverständlich gebraucht. Offenbar ist ein gegliederter Verwaltungsraum einer, der (territoriale) Verwaltungszuständigkeitsgrenzen (horizontal oder vertikal) überschreitet. Vgl. bei Eifert, 72, 73, 76. Auch von »abgeschichteten Verwaltungsräumen« ist die Rede; jeweils geht es also um die Überwindung von Begrenzungen.

98 Vgl. die u.a. von Heinrich Heine überlieferte Wahrnehmung im 19. Jh.: »Durch die Eisenbahnen wird der Raum getödtet, und es bleibt uns nur noch die Zeit übrig.«, aus: Lutezia II vom 5. Mai 1843, in: Manfred Windfuhr, Heinrich Heine. Historisch-Kritische Gesamtausgabe der Werke Bd. 14.I, Hamburg 1990, 56 ff. (58).

99 Hier nicht weiter berücksichtigt wird der kürzlich von Sabine Müller-Mall (Verwaltungsrechtsraum Europa – Zur Möglichkeit seiner rechtswissenschaftlichen Erschließung, in: Alfred Debus u.a. (Hg.), Verwaltungsrechtsraum Europa, Baden-Baden 2011, 9 ff.) unternommene Versuch, den spatial turn als rechtswissenschaftlichen Analysezugriff zu nutzen. Gelänge dies, was mir fraglich erscheint, hätte der ‚Raum-Zugriff' tatsächlich andere Bedeutung.

100 Miggelbrink (FN 11), 88: Ein »außerkommunikativer Rest« (das soll wohl heißen: Materie, PC) bleibe immer.

Konzept“ von metaphorische Stärke.[101] Die europäischen und globalen Verwaltungszusammenhänge werden durch die kommunikative Praxis der beteiligten Akteure, vor allem Wissenschaft und Politik, „verräumlicht“.[102] Diese „Verräumlichung“ dient der Herstellung von Raumbezügen und damit der Orientierung, einerseits, zugleich und andererseits erst der Herstellung der neuen Räume. Gewisse Ähnlichkeiten mit der Verräumlichung des Internet sind evident.

V. Zusammenfassung und Thesen zum Schluß

1. Wir erfassen sehr selbstverständlich Verwaltung mit räumlichen Metaphern, wenn wir etwa vom „Binnenraum der Verwaltung“ sprechen, die verwaltungsinterne von der verwaltungsexternen Wirkung abgrenzen und die Ebenen und Beziehungen der Verwaltung mit „oben, unten und neben“ (Hierarchie-, Kooperationsprinzip) in Worte fassen. Dieser Befund ist nicht zentral für die Erfassung von Räumen durch die Verwaltung, aber verbunden mit der Erfassung neuer Verwaltungszusammenhänge als „Verwaltungs“- oder „Rechtsraum“.

2. Verwaltung ist – schon immer – beteiligt an der Produktion verschiedenster Räume. Diese sind regelmäßig an Gebiete[103] (territorial) gebunden, aber eben nicht zwingend vom Naturraum determiniert. Im Kontext von Verwaltung und Verwaltungsrecht ist (oder war) deshalb der – zu verschiedenen Zeiten sehr unterschiedlich ausfallende – Gebietsbezug besonders prägend und wurde auch wahrgenommen. Der Raumbezug wurde indessen auch in der Neuzeit kaum explizit reflektiert.

3. Wo Gebietsbezüge in den Hintergrund und Sozial- oder Kommunikationsbezüge in den Vordergrund treten, sei es tatsächlich („virtueller Raum“, „Raum der Ströme“ nach Manuel Castells[104]), sei es aus politi-

101 Miggelbrink (FN 11), 88, die zu Recht neben der metaphorischen Stärke die mangelnde analytische Präzision betont.

102 Ich folge hier dem terminologischen Vorschlag von Geppert/Jensen/Weinhold (FN 29), 30 (unter Bezugnahme auf Miggelbrink). »Verräumlichung« sei »ein Set kommunikativer Praktiken, mit denen Individuen Raumbezüge herstellen und sich entsprechend orientieren [...] gleichzeitig stellen sie durch ihre kommunikativen Praktiken neue räumliche Bezüge her oder entwerfen gänzlich neue Raummuster«. Die Autoren wollen mit Hilfe der heuristischen Trias: Kommunikation von Raum, Kommunikation im Raum, Raum durch Kommunikation, die kommunikative Praxis des Verräumlichens erfassen.

103 Gebiete können ihrerseits eher essentialistisch oder eher konstitutiert verstanden werden.

104 Manuel Castells, Der Aufstieg der Netzwerkgesellschaft. Das Informationszeitalter I, Opladen 2001, 466 ff.; unter dem Aspekt »Raumbindung der Verwaltung« aufgegriffen bei Schliesky (FN 9), 49 ff., 58.

schen Gründen (europäische Räume ohne Staats-Anmaßung), hilft der weite, relationale Raumbegriff, weil er den Gebiets- und Naturraumbezug nicht zwingend abschneidet,[105] aber unabhängig davon gedacht werden kann.

4. Diese Einsetzbarkeit dürfte auch eine Erklärung für die wissenschaftliche und politische Redeweise von (entstehenden) Verwaltungsräumen bieten, man denke nur an die vielen europäischen Räume, etwa den Forschungsraum.[106] Die Raum-Terminologie eignet sich für die Konstruktion und Beschreibung europäischer, internationaler, globaler Verwaltung, weil sie zugleich durchaus vage und anschaulich ist und den territorialen Zugriff vorerst im Ungewissen lassen kann. Raum ist eben, so der Medien- und Cyberwissenschaftler Manfred Fassler „eine Vorstellung, mit der wir Menschen Zusammenhänge sichern".[107]

5. Die Debatten um den absoluten versus relationalen Raumbegriff sind auch für rechts- und verwaltungswissenschaftliche Fragestellungen interessant. Für den an Macht- und Verfügungszusammenhängen interessierten Blick ist vor allem die Aufmerksamkeit für die Produktion (und die Produzenten) des Raumes wichtig, welche diese Debatte (erneut) betont hat.[108] Auch die Fluidität und Multiplität von Räumen, wie für den Cyber-Space charakteristisch, wird dadurch faßbar. Das im Umgang mit E-Government/virtuellem Raum von Recht und Verwaltung geforderte Prozessdenken[109] entspricht in gewisser Weise der in anderen Disziplinen geübten Aufmerksamkeitsverschiebung hin zu Raumproduktion. Zugleich bleiben aber auch absolute Raumvorstellungen relevant,[110] weil – gerade in Verwaltung und Recht – der produzierte und in Bezug genommene Raum oft als absoluter Raum vorgestellt oder wahrgenommen wird. Gerade darin kann die Produktionsleistung bestehen. Denn es geht bei aller Virtualität – weiterhin – um innen und außen, um Zugang und Ausschluß, um Stabilisierung des immer ‚Fluideren', um neue Grenzbildun-

105 Das könnte bei den Vertretern relationaler Raumkonzepte umstritten sein, da manchmal durchaus eine völlige Unabhängigkeit, ja Unvereinbarkeit mit einer Vorstellung von physischem Raum vertreten wird.

106 Es wäre zu prüfen, ob die Raumbegrifflichkeit in besonderer Weise im englischen oder französischen Kontext bedeutsam ist und der Schub der ‚Räumelei' auch darin eine Erklärung findet.

107 Manfred Fassler, Cybernetic Localism: Space Reloaded, in: Döring/ Thielmann (FN 9), 185 ff., 196.

108 Ähnlich wohl Fassler (FN 107), 22 f.

109 Schliesky (FN 9), 57 ff.

110 Das gilt auch für den sogenannten physischen Raum und Naturraum; er bleibt relevant, auch wenn er nur in der durch Menschen vermittelten (konstruierten) Wahrnehmung greifbar sein sollte.

gen.[111] Grenzen oder grenzenlose Ausdehnungen werden zwar kaum noch durch Steine repräsentiert,[112] die Wirkung der Raumbildung bleibt aber fühlbar. Man kann sich bekanntlich auch an virtuellen Grenzen den Fuß stoßen und mehr.

6. Die Erfassung und Konstruktion von Raum durch die Verwaltung geschieht vor allem, wenn auch nicht nur, durch Vermessung, Registration (Kartierung), Kennzeichnung und Beplanung. Kommunikation,[113] Informations- und Wissensbeziehungen und die dazugehörigen Medien und Techniken waren und sind dafür prägend. Wenn Verwaltung gleichsam von Beginn an Verarbeitung raumbezogener Daten war, wäre verwaltungshistorisch zu untersuchen, wie sich diese Verarbeitung verändert. Dafür ist eine kommunikationshistorische Perspektive auf Verwaltung unerläßlich.[114] Sie könnte auch verdeutlichen, was Verwaltung im und für den „Raum Internet" tut oder nicht tut.

7. Neuere mediale und technische Veränderungen ermöglichen neue, vielleicht neuartige Räume. Es wird interessant sein zu beobachten, ob „das Netz" durch Verwaltung und Recht in einer uns vertrauten Weise verräumlicht wird oder ob die virtuelle Welt doch etwas ganz Anderes ist.

111 Hilfreich insofern die Vermittlung in der zu dualistisch geführten Debatte um absolute versus relationale Raumdefinitionen durch Schroer (FN 20), 132 ff., 136 f., der zu Recht daran festhält, dass zur Konstitution von Räumen gerade auch die Konstruktion von (absolut) gedachten Behälterräumen gehöre, nämlich typischerweise da, wo ein Macht-zu-Raum-Bezug im Vordergrund stehe, wie das im Verwaltungs- und Rechtskontext regelmäßig der Fall sein dürfte. Kritisch zur Verabsolutierung des relationalen Raumverständnisses auch Schroer, Soziologie, in: Günzel 2009 (FN 32) 354 ff., 364 f.

112 Ein schon länger andauernder Vorgang, vgl. Mäding (FN 41), 5 (Rn. 1218), der darauf hinweist, dass Gemeindegrenzen nicht mehr durch besondere Grenzzeichen in der Natur kenntlich gemacht würden, sondern ihr Verlauf auf den Katasterkarten bezeichnet werde und Änderungen durch Flurstückbeschreibungen ausgewiesen werden. Auch andere Verwaltungsgrenzen würden verbal beschrieben oder in Karten dargestellt.

113 Die Raumproduktion durch Kommunikation steht im Zentrum des kommunikationshistorischen Zugriffs auf Raum. Vgl dazu Geppert/ Jensen/ Weinhold (FN 29), insbes. 20 ff.

114 Vgl. auch die rechtshistorische Arbeit zu Verwaltungskommunikation von Cancik (FN 63). Zum kommunikationsbezogenen Zugriff etwa 4, 9 ff.; zur – noch wenig wahrgenommen – Verbindung von Kommunikations- und Verwaltungsrechtsgeschichte: 389 ff.

Rechtlich gefordertes Nichtwissen im virtuellen Raum – Der Schutz der Privatsphäre im Web 2.0

Anna-Bettina Kaiser

I. Vom Wissensmanagement zum Privacy-Management

Seit ungefähr zehn bis 15 Jahren beschäftigt sich die Rechts- und Staatswissenschaft mit dem „Wissen des Staates".[1] Den Ausgangspunkt stellte die ‚Entdeckung' dar, dass der Staat immer weniger weiß;[2] insbesondere der Verwaltung fehlt bei wachsenden Staatsaufgaben in einer immer komplexer werdenden Umwelt zunehmend das nötige Wissen, um noch ‚kluge' Entscheidungen treffen zu können.[3] Aufgrund dieses Wissensdefizits ist der Staat zunehmend auf privaten Sachenverstand angewiesen.[4] Freilich erschien und erscheint dieser Befund umso alarmierender, als in der heutigen Gesellschaft Wissen als die kostbarste Ressource gilt.[5] Unsicheres oder fehlendes Wissen wurde zum Kennzeichen einer negativ konnotierten Risikogesellschaft.[6] Das Faszinierende an dieser Diskussion ist unter anderem, dass der Staat in ihr – anders als in Zeiten der Volkszählungsentscheidung des Bundesverfassungsgerichts[7] – nicht mehr in erster Linie als datenhungriger ‚Leviathan' konstruiert wurde, sondern als unwissendes ‚Haustier'.[8]

1 S. statt aller Peter Collin/Thomas Horstmann (Hrsg.), Das Wissen des Staates. Geschichte, Theorie und Praxis, 2004.

2 S. den sprechenden Titel des Beitrags von *Cornelia Vismann*, Was weiß der Staat noch?, in: Collin/Horstmann (Fn. 1), S. 41 ff.

3 Vgl. Arno Scherzberg (Hrsg.), Kluges Entscheiden, 2006, darin etwa den Beitrag von *Thomas Klatetzki*, Kluges Entscheiden in dynamischen und riskanten Umwelten. Eine Erläuterung auf vier Ebenen, S. 143 ff.

4 *Andreas Voßkuhle*, Sachverständige Beratung des Staates, in: Josef Isensee/Paul Kirchhof (Hrsg.), Handbuch des Staatsrechts, Band III, 2005, § 43, Rdnr. 8.

5 *Hans-Heinrich Trute*, Wissen – Einleitende Bemerkungen, in: Hans Christian Röhl (Hrsg.), Wissen – Zur kognitiven Dimension des Rechts, Die Verwaltung, Beiheft 9, 2010, S. 11.

6 *Spiecker gen. Döhmann*, Staatliche Entscheidungen unter Unsicherheit, im Erscheinen; *Ulrich Beck*, Risikogesellschaft. Auf dem Weg in einer andere Moderne, 1986.

7 BVerfGE 65, 1 ff.

8 Vgl. *Helmuth Schulze-Fielitz*, Der Leviathan auf dem Wege zum nützlichen Haustier?, in: Rüdiger Voigt (Hrsg.), Abschied vom Staat – Rückkehr zum Staat?, 1993, S. 95 ff.

Die Aufmerksamkeit, die dem Wissen des Staates[9] und demjenigen Privater zunehmend zuteil wurde, führte konsequenterweise zu einer Beschäftigung mit Wissensmanagement;[10] der Staat sollte diesbezüglich von den Methoden der Privaten lernen. Im Vordergrund stand dabei die Frage, wie überhaupt valides Wissen produziert und dann auch vermehrt werden könne. Ein wichtiges Verdienst dieser Diskussion besteht unter anderem darin, im Gegensatz zum Datenschutzdiskurs der 1980er Jahre klarer herausgearbeitet zu haben, worin der Unterschied zwischen Daten, Informationen und Wissen besteht; Informationen wurden jetzt als bloß ‚halbgares' Wissen entlarvt.[11]

Parallel zum Fortgang der Wissensdiskussion entwickelte sich die Internet-Technologie, die zu einem festen Bestandteil der Debatte wurde: Für den öffentlichen Bereich kam die Idee des E-Government auf;[12] unter anderem anhand von *Wikipedia*[13] wurde die „*Wisdom of Crowds*"[14] beobachtet; die Internetsuchmaschinen schließlich beeindruckten als „Hüter des Wissens".[15]

Doch gerade in den letzten beiden Jahren wird zunehmend deutlich, dass die stetig wachsende Sammlung von Daten und Informationen im jederzeit und ubiquitär verfügbaren Internet auch mit erheblichen Gefahren verbunden ist. Gleiches gilt für die bloße Nutzung der vorhandenen Daten im Netz angesichts der dadurch abermals erzeugten Daten. Wie einst im Datenschutzdiskurs der 1980er-Jahre,[16] so zeigt sich auch jetzt

9 In der 3. Auflage des Handbuchs des Staatsrechts, hrsg. von Josef Isensee und Paul Kirchhof, Band IV, 2006, § 76, wurde erstmals ein Beitrag – von *Bardo Fassbender* – aufgenommen, der sich dem „Wissen als Grundlage staatlichen Handelns" widmet. S. ferner Röhl (Fn. 5).

10 *Hermann Hill* (Hrsg.), Wissensmanagement, 1997; *Anna-Bettina Kaiser*, Wissensmanagement im Mehrebenensystem, in: Gunnar Folke Schuppert/Andreas Voßkuhle (Hrsg.), Governance von und durch Wissen, 2008, S. 217 (220 ff.).

11 *Jürgen Mittelstraß*, Die Wissensgesellschaft, in: Manfred Prisching (Hrsg.), Modelle der Gegenwartsgesellschaft, 2003, S. 97 (102 f.); *Kaiser* (Fn. 10), S. 219 f..

12 *Martin Eifert*, Electronic Government. Das Recht der elektronischen Verwaltung, 2006.

13 *Roger Luethi/Margit Osterloh*, Wikipedia: Ein neues Produktionsmodell und seine rechtlichen Hürden, in: Martin Eifert/Wolfgang Hoffmann-Riem (Hrsg.), Innovation, Recht und öffentliche Kommunikation, 2011, S. 211 ff.

14 *James Surowiecki*, The Wisdom of Crowds. Why the Many Are Smarter Than the Few and How Collective Wisdom Shapes Business, Economies, Societies and Nations, 2005.

15 *Jürgen Kühling*, Internetsuchmaschinen als Hüter des Wissens? Tatsächliche Probleme für den freien Informationszugang und rechtlicher Handlungsbedarf, in: Gunnar Folke Schuppert/Andreas Voßkuhle (Hrsg.), Governance von und durch Wissen, 2008, S. 202 ff.

16 *Anna-Bettina Kaiser*, Die Kommunikation der Verwaltung. Diskurse zu den Kommunikationsbeziehungen zwischen staatlicher Verwaltung und Privaten in der Verwaltungsrechtswissenschaft der Bundesrepubik Deutschland, 2009, S. 167 ff.

wieder die Schattenseite des Wissens. Daher soll im Folgenden der Blick auf die rechtlichen Grenzen des Wissens gerichtet werden:

Das Beispiel WikiLeaks zeigt, dass unbefugtes Offenlegen von Informationen – trotz aller Verdienste der Plattform – zur Gefahr für *Staaten* werden kann.[17] Da ein Informations- und Wissenserwerb nahezu zwangsläufig Kommunikation voraussetzt, kann Nichtwissen rechtstechnisch nur durch *Kommunikationsverbote* erreicht werden. Dementsprechend begründen in erster Linie beamtenrechtliche Normen wie z. B. § 67 BBG Verschwiegenheitspflichten, die unter gewissen Voraussetzungen strafrechtlich (und disziplinarrechtlich) flankiert werden. Insoweit sind vor allem die Staatsschutzdelikte der §§ 93 ff. StGB zu nennen, die jeweils den Verrat oder die Offenbarung eines Staatsgeheimnisses voraussetzen; hinzu tritt § 353b StGB (Verletzung des Dienstgeheimnisses oder einer besondere Geheimhaltungspflicht).[18]

Nachfolgend sollen aber Fälle im Vordergrund stehen, bei denen es um Gefährdungen des *Einzelnen* geht, nämlich um solche seiner Privatsphäre. Eindrucksvolle Beispiele aus jüngster Zeit gibt es in großer Zahl:

(1) Ein Auskunftsverlangen eines Wiener Studenten bei *Facebook* hat im Oktober 2011 ergeben, dass der Anbieter dieses sozialen Netzwerks Daten, die der Nutzer zu löschen glaubt, keineswegs vernichtet. Nach langen Querelen erhielt der Auskunftsuchende eine Akte von 1222 Seiten, die auch säuberlich vermerkte, welche Daten ‚eigentlich' gelöscht seien. Mit anderen Worten: *Facebook* hatte nichts von dem vergessen, was ihm einst anvertraut wurde.[19] (2) Da konnte es auch nicht verwundern, dass (in Österreich) eben das eintrat, wovor Vertreter des *Chaos Computer Club* schon lange gewarnt hatten:[20] dass auch der Staat angesichts derartiger Datenbestände über kurz oder lang Datenhunger entwi-

17 Vgl. den Sammelband von Heinrich Geiselberger (Red.), Wikileaks und die Folgen. Netz – Medien – Politik, 2011, darin insbesondere die kritischen Beiträge von *Christoph Möllers*, Zur Dialektik der Aufklärung der Politik, S. 193 (194 ff.), und von *Rahul Sagar*, Das mißbrauchte Staatsgeheimnis. Wikileaks und die Demokratie, S. 201 ff.

18 Vgl. *Johannes Franck/Verena Steigert*, Die strafrechtliche Verantwortlichkeit von WikiLeaks. Eine Untersuchung der relevanten Straftatbestände im Umfeld von WikiLeaks-Veröffentlichungen, CR 2011, S. 380 (381 ff.), die allerdings die Strafbarkeit der Betreiber und Mitarbeiter von WikiLeaks untersuchen.

19 http://www.faz.net/aktuell/feuilleton/debatten/soziale-netzwerke-auf-facebook-kannst-du-nichts-loeschen-11504650.html (vom 26 Oktober 2011, letzter Aufruf: 15. Januar 2012).

20 *Constanze Kurz/Frank Rieger*, Die Datenfresser. Wie Internetfirmen und Staat sich unsere persönlichen Daten einverleiben und wie wir die Kontrolle darüber zurückerlangen, 2011, S. 38 ff.

ckeln und die sozialen Netzwerke mit dem Staat kooperieren würden.[21] (3) Schließlich haben die neu installierten Gesichtserkennungsdienste sowohl bei *Facebook* als auch bei *Google* + dazu geführt, dass im Internet Fotos von öffentlichen Großveranstaltungen kursieren, bei denen die sozialen Netzwerke dem einzelnen auf dem Foto gezeigten Teilnehmer schon das jeweilige (etwa:) *Facebook*-Profil zugeordnet hatten (sog. *gigatagging*).[22] Auch hier lässt sich eine Nutzbarmachung des durch *Crowdsourcing* erworbenen Wissens durch den Staat unschwer vorstellen.

Es sind aber keineswegs nur die sozialen Netzwerke, von denen Gefahren für die Privatsphäre Einzelner ausgehen. Auch (4) (Berufs-) Bewertungsportale wie *spickmich*[23] sowie (5) Mobbingforen wie die nunmehr deinstallierte Plattform *Isharegossip*, gegen deren Betreiber unter anderem wegen Beleidigung, übler Nachrede und Volksverhetzung ermittelt wird,[24] ermöglichen (im Falle der Bewertungsforen) eine Verletzung der Intim- oder Privatsphäre oder zielen sogar (im Falle der Mobbingplattformen) darauf ab. (6) Schließlich sind wohl jedem Nutzer von Suchmaschinen auf der Trefferliste bereits die auf Persönlichkeitsprofilbildung ausgerichteten Plattformen von *123people.de* sowie *yasni.de* begegnet.

Diese Liste ließe sich fortsetzen,[25] wobei schon jedes Beispiel für sich genommen die Fragen aufwirft: Wo zieht oder, rechtspolitisch gewendet, wo sollte das Recht dem – staatlichen und vor allem privaten – Wissen über Private Grenzen ziehen? Und: Wie kann das Recht genau Schutz gewährleisten? Mit anderen Worten: *Wo gebietet das Recht privatem Wissenshunger* (z. B. von sozialen Netzwerken und Suchmaschinenbetreibern) *und privater Informationsgenerierung* (z. B. in Bewertungsforen und blogs) *Einhalt?* Diese Fragen führen wiederum zu der Suche nach – zumindest in erster Linie: – rechtlichen Kommunikationsverboten.

21 http://derstandard.at/1324501617480/Kaernten-Facebook-kooperierte-bei-Neonazi-Jagd-mit-Verfassungsschutz (vom 30. Dezember 2011, letzter Aufruf: 15. Januar 2012). Vgl. auch *Sönke E. Schulz/Christian Hoffmann*, Staatliche Datenerhebung in sozialen Netzwerken, DuD 2012, S. 7 ff.

22 http://www.faz.net/aktuell/feuilleton/debatten/digitales-denken/gesichtserkennung-die-tausend-augen-der-biometrie-11111864.html (vom 20. Juli 2011, letzter Aufruf: 15. Januar 2012).

23 Dazu BGH, NJW 2009, 2888; kritisch *Anna-Bettina Kaiser*, Bewertungsportale im Internet – die spickmich-Entscheidung des BGH, NVwZ 2010, S. 1474 ff.; s. zuletzt OLG Hamm, DuD 2012, S. 55 ff., zu einem Ärztebewertungspotal.

24 http://www.faz.net/aktuell/feuilleton/medien/mobbing-im-internet-eine-hetzseite-im-netz-schuert-pu ren-hass-1611008.html (vom 24. März 2011, letzter Aufruf: 15 Januar 2012).

25 Vgl. auch die Beispiele von *Norbert Nolte*, Zum Recht auf Vergessen im Internet. Von digitalen Radiergummis und anderen Instrumenten, ZRP 2011, 236.

In gewissem Sinne sind auch insoweit die *Wissensmanagement*-Fähigkeiten des Staates gefragt. Denn gerade weil Private die Technik des Wissensmanagements über das Medium Internet perfektioniert haben, bedarf es eines Moderators privater Wissensbestände im Internet.[26] Staatliches Wissensmanagement wird hier gewissermaßen zum *Privacy-Management.*[27]

II. Recht auf Vergessen?

Dem erwähnten *privacy-management* versucht der Staat momentan vor allem durch ein zur Diskussion gestelltes sog. „Recht auf Vergessen" nachzukommen. Ihren Ausgang nahmen die Überlegungen bei den Thesen des Politikwissenschaftlers *Viktor Mayer-Schönberger*, der sich in seiner Monographie mit dem sprechenden Titel *Delete* für ein digitales Vergessen ausgesprochen hat.[28] Aufgegriffen wurden die Vorschläge sowohl vom Bundesverbraucherschutzministerium[29] als auch dem Bundesinnenministerium. Letzteres hat sogar einen Ideenwettbewerb zum „Vergessen im Internet" ausgeschrieben, der bis Ende Januar 2012 lief.[30] Vorreiter aber ist die europäische Ebene: Ungefähr ein Jahr, nachdem EU-Justizkommissarin *Viviane Reding* im Hinblick auf die sozialen Netzwerke das „right to be forgotten" einführte,[31] lässt die Europäische Kommission nun auch Taten folgen. So enthält der Entwurf für eine neue Datenschutzverordnung der EU in Art. 15 tatsächlich ein sog. „Right to be forgotten and to erasure".[32]

26 Ähnlich *Karl Heinz Ladeur*, Datenschutz – vom Abwehrrecht zur planerischen Optimierung von Wissensnetzwerken, DuD 2000, S. 12 ff.

27 Vgl. *Dirk Heckmann*, Smart Life – Smart Privacy Management, K&R 2011, S. 1 (5).

28 *Viktor Mayer-Schönberger*, Delete. Die Tugend des Vergessens in digitalen Zeiten, 2010. (Die englische Originalausgabe erschien 2009: *Delete. The Virtue of Forgetting in the Digital Age*).

29 S. das Interview mit der Bundesverbraucherschutzministerin *Ilse Aigner* unter http://www.tagesspiegel.de/wirtschaft/jeder-hat-ein-recht-auf-vergessen/1937450.html, die ausdrücklich von einem „Recht auf Vergessen" spricht (vom 19. September 2010, letzter Aufruf: 15. Januar 2012). Auslöser war die Erhebung und Nutzung von Geodaten im Rahmen von *google streetview*.

30 http://www.vergessen-im-internet.de/ (letzter Aufruf: 15. Januar 2012).

31 http://europa.eu/rapid/pressReleasesAction.do?reference=SPEECH/10/700 (vom 30. November 2010, letzter Aufruf: 15. Januar 2012).

32 Proposal for a Regulation of the European Parliament and of the Council on the protection of individuals with regard to the processing of personal data and on the free movement of such data (General Data Protection Regulation), Version 56 vom 29. November

Diesem diskutierten „Recht auf Vergessen“ als Ausschnitt aus dem größeren Thema des rechtlich geforderten Nichtwissens – Vergessen als Nicht-mehr-wissen – möchte ich im Folgenden in mehreren Etappen nachgehen. In einem ersten Schritt werde ich zur rechtlichen Fundierung eines möglichen Rechts auf Vergessen Stellung nehmen (1.). Sodann soll auf mögliche Einwände eingegangen werden (2.), bevor diese in einem letzten Schritt – zumindest teilweise – entkräftet werden können (3.).

1. Das Allgemeine Persönlichkeitsrecht als zentrale Kommunikations- und Wissensschranke

Bei der Rede vom „Recht auf Vergessen“ handelt es sich *zunächst* um eine bloße Wendung aus der Alltagssprache, die vom Politiksystem aufgegriffen wurde. Juristisch betrachtet gibt es und kann es dagegen kein „Recht auf Vergessen“ geben. Das leuchtet nicht nur intuitiv ein, sondern kann auch rechtstheoretisch begründet werden: Einem Recht müsste eine „Pflicht zu Vergessen“ eines Gegenübers korrespondieren;[33] die Ausgestaltung einer derartigen Rechtspflicht ist freilich wiederum nicht vorstellbar, da niemand bei sich den Vorgang des Vergessens forcieren kann.[34] Es gilt also: *Impossibilium nulla obligatio est.*[35] Dennoch erscheint es möglich, der Idee, die in diesem Begriff zum Ausdruck kommt, auch rechtliche Konturen zu verleihen, sie also ins Rechtssystem zu *übersetzen*:

Rechtlicher Anknüpfungspunkt ist dabei das Allgemeine Persönlichkeitsrecht (Art. 1 Abs. 1 i. V. m. Art. 2 Abs. 1 GG) in seinen verschiedenen Ausformungen.[36] Wiewohl die Problematik des „Rechts auf Vergessen“ verschiedene dieser Einzelausprägungen berühren mag, so erweist sich doch vor allem das allgemein anerkannte „Recht auf Selbstdarstellung“ als einschlägig; allein dessen theoretische Fundierung kann die rechtliche Begründung dafür liefern, warum ein „Recht auf Vergessen“ im Internet grundrechtlich vorgezeichnet ist. Mehr noch, das „Recht auf Selbstdar-

2011. Der Volltext ist auf der Seite von statewatch.org verlinkt (letzter Aufruf: 15. Januar 2012).

33 *Wesley Newcomb Hohfeld*, Fundamental Jural Relations Contrasted With One Another, in: *ders.*, Fundamental Legal Conceptions as Applied in Judicial Reasoning and other Legal Essays, 1919, S. 35 (38).

34 Bernard Croisile (Hrsg.), Unser Gedächtnis. Erinnern und Vergessen, 2006, S. 122, 140.

35 Digesten 50, 17, 185, zitiert nach der Ausgabe von Johannes E. Spruit et al. (Red.), Corpus Iuris Civilis. Tekst en Vertaling, Band VI, 2001, S. 985.

36 S. den knappen Überblick bei *Bodo Pieroth/Bernhard Schlink*, Grundrechte, 27. Auflage 2011, Rdnrn. 391 ff.

stellung“ findet im Internet seinen Paradefall. Denn nie zuvor war das Recht auf Selbstdarstellung so sehr in Gefahr wie im heutigen Zeitalter des *Web 2.0*.

Das Selbstdarstellungsrecht wurzelt in der freien Entfaltung der Persönlichkeit, wie sie bereits vom Wortlaut des Art. 2 Abs. 1 GG garantiert ist. Die Entfaltung eines Individuums scheidet allerdings faktisch dann aus, wenn es sich mit derartig stabilen Identitätserwartungen durch sein Gegenüber oder die Gesellschaft konfrontiert sieht, dass es sich durch diese vorgefertigten Fremdeinschätzungen in seiner Entfaltung gehindert sieht.[37] Man mag an das Drama *Andorra* des Autors *Max Frisch* denken, in dem der Protagonist seine ‚wahre' Identität angesichts der starken Fremdbilder der Gesellschaft nicht behaupten kann. Effektive Selbstdarstellung ist daher nur möglich, wenn *Alter* nicht alles über *Ego* weiß oder zu wissen glaubt; es geht also um die „Möglichkeit der [...] Entkräftung von Fremdbildern“.[38] In diesem Sinne hat auch das Bundesverfassungsgericht entschieden, dass das Allgemeine Persönlichkeitsrecht „das Verfügungsrecht über Darstellungen der Person [umfasse]. Jedermann darf grundsätzlich selbst und allein bestimmen, ob und wieweit andere sein Lebensbild im ganzen oder bestimmte Vorgänge aus seinem Leben öffentlich darstellen dürfen.“[39]

An dieser Stelle wird das Recht auf informationelle Selbstbestimmung – ein Unterfall des Rechts auf Selbstdarstellung – relevant als Schutzgewähr gerade vor „informationsreichen Fremdbildern“.[40] Denn je mehr (falsche oder korrekte) Informationen über eine Person verfügbar sind, desto geringer ist deren Möglichkeit, noch gegen die vorhandenen Informationen und die damit verbundene Fremdwahrnehmung ankämpfen zu können.[41] Das Beispiel des Jazztrompeters *Bruno Leicht* mag das veranschaulichen: Googelt man seinen Namen, schlägt die Suchmaschine umgehend „Nazi“ und „Stalking“ vor. Grund hierfür ist das Cybermobbing eines Cyberstalkers, dessen täglich neue Diffamierungen des Musikers

37 *Gabriele Britz*, Freie Entfaltung durch Selbstdarstellung. Eine Rekonstruktion des allgemeinen Persönlichkeitsrechts aus Art. 2 I GG, 2007, S. 37 ff., 44 ff.

38 *Britz* (Fn. 37), S. 58 f., unter Bezugnahme auf *Niklas Luhmann*.

39 BVerfGE 35, 202 (220) = NJW 1973, 1226 (1227 f.) – Lebach. Kritisch gegenüber diesem „Paradigma individueller Kontrolle“ *Marion Albers*, Grundrechtsschutz der Privatheit, DVBl. 2010, S. 1061 (1068).

40 *Britz* (Fn. 37), S. 59.

41 *Britz* (Fn. 37), S. 52 und 59; zum Recht auf informationelle Selbstbestimmung als Teil des Rechts auf Selbstdarstellung s. S. 66 und 69.

sich nicht aus dem Netz tilgen lassen.[42] Dass sich ein Betroffener bei derartigen *Fehl*informationen auf das Recht auf informationelle Selbstbestimmung – freilich nicht in seiner Abwehrdimension, dazu sogleich – berufen kann, liegt auf der Hand. Doch auch bei Fremdbildern, die auf *korrekten* Informationen beruhen, bleibt dem Einzelnen das Recht auf eine – neue – Selbstdarstellung; das Grundrecht schützt also auch gegen „‚richtige' Fremdbilder".[43]

Für ein „Recht auf Vergessen" fehlt bislang allerdings noch die *Zeitdimension*,[44] denn Vergessen ist immer nur in der Zeit denkbar. Aber auch für diese zeitliche Perspektive finden sich Anhaltspunkte in der Rechtsprechung, nämlich vor allem im ersten *Lebach*-Urteil des Bundesverfassungsgerichts. Hierin hatte das Gericht ausgeführt: „Die Ausstrahlungswirkung des verfassungsrechtlichen Schutzes der Persönlichkeit läßt es jedoch nicht zu, daß die Kommunikationsmedien sich über die aktuelle Berichterstattung hinaus zeitlich unbeschränkt mit der Person eines Straftäters und seiner Privatsphäre befassen. Vielmehr gewinnt nach Befriedigung des aktuellen Informationsinteresses grundsätzlich sein Recht darauf, ‚allein gelassen zu werden', zunehmende Bedeutung und setzt dem Wunsch der Massenmedien und einem Bedürfnis des Publikums, seinen individuellen Lebensbereich zum Gegenstand der Erörterung oder gar der Unterhaltung zu machen, Grenzen."[45] Das entscheidende Kriterium für die Abgrenzung zwischen der grundsätzlich zulässigen aktuellen und der unzulässigen späteren Erörterung sei, ob die „betreffende Berichterstattung […] eine erhebliche neue oder zusätzliche Beeinträchtigung des Täters zu bewirken geeignet ist."[46]

Zusammenfassend lässt sich also festhalten, dass das Allgemeine Persönlichkeitsrecht in seiner Ausformung des Rechts auf Selbstdarstellung nicht nur eine Wissensschranke aufstellt, sondern auch Maßgaben zum Nicht-mehr-Wissen, also zur Zeitdimension enthält. Um diese zeitliche Dimension einzufangen, wird bisweilen auch von einem „Recht auf ‚Neubeginn'„[47] oder auch vom Recht, ein anderer zu werden, gesprochen.[48]

42 http://www.faz.net/aktuell/gesellschaft/kriminalitaet/cyberstalking-im-netz-11084803.html (vom 11. Dezember 2010, letzter Aufruf: 15. Januar 2012).

43 *Britz* (Fn. 37), S. 57.

44 Zur Zeitdimension *Niklas Luhmann*, Soziale Systeme. Grundriß einer allgemeinen Theorie, 1984, S. 116 ff.

45 BVerfGE 35, 202 (233) = NJW 1973, 1226 (1231).

46 BVerfGE 35, 202 (234) = NJW 1973, 1226 (1231).

47 *Britz* (Fn. 37), S. 74; sich anschließend *Pieroth/Schlink* (Fn. 36), Rdnr. 393.

48 *Alexander Blankenagel*, Das Recht, ein „Anderer" zu sein, DÖV 1985, S. 953 ff.

Es ist nach dem bisher Gesagten nur konsequent und wenig verwunderlich, dass die rechtswissenschaftliche Literatur, soweit sie den Gedanken vom „Recht auf Vergessen" bereits aufgegriffen hat,[49] an die – vor allem erste – *Lebach*-Entscheidung des Bundesverfassungsgerichts anknüpft; zumeist ähneln die Fälle, in denen das „Recht auf Vergessen" thematisiert wird, auch dieser damaligen *Lebach*-Konstellation. Die wichtigsten aktuellen Fälle betreffen Unterlassungsklagen der rechtskräftig wegen Mordes an dem Volksschauspieler *Sedlmayer* in einem Indizienprozess verurteilten Geschwister, die nach Verbüßung ihrer Freiheitsstrafe nunmehr gegen Online-Archive vorgehen, in denen ihre Klarnamen noch immer genannt werden. Der BGH hat die Klagen in allen Fällen abgewiesen.[50]

Es stellt sich vor allem die Frage, ob die *Lebach*-Entscheidung zum Rundfunk auf das neue Medium Internet übertragbar ist, und wenn ja, wie und unter welchen Voraussetzungen:

Zunächst ist festzuhalten, dass die Herausbildung einer neuen Technologie nicht dazu führen kann, die vorhandenen rechtlichen Maßstäbe aufzugeben. Auch hier gilt: „Das Recht darf sich in diesem Punkt der technischen Entwicklung nicht beugen".[51] Ganz im Gegenteil: Die Ausgangsüberlegungen der Datenschutzgesetzgebung verdeutlichen, dass der Einzelne vor einer Zusammenführung seiner verschiedenen Rollen geschützt werden sollte.[52] Für eben eine solche Zusammenführung aber sorgen die Suchmaschinen, weil sie zusammenfügen, was der Einzelne gerne trennen würde: Informationen, die aus dem Berufsleben herrühren, werden ebenso aufgelistet wie solche, die aus den Systemen (oder: Rollen) Familie oder Freizeitaktivitäten stammen. Daher ist allgemein anerkannt, dass das Recht auf informationelle Selbstbestimmung auch im Internet greift.[53]

49 *Martin Diesterhöft*, Entscheidungsanmerkung zu BGHZ 183, 353, Zeitschrift für das Juristische Studium (ZJS) 2010, S. 251 ff.; *ders.*, Das Recht auf Vergessen?, in Vorbereitung; *Markus Thiel*, Anmerkung zum Urteil des BGH vom 15. 12. 2009 – Persönlichkeitsrecht eines Straftäters vs. Medienfreiheiten, JR 2011, 116 f.; vgl. auch *Nolte* (Fn. 25), S. 240.

50 BGHZ 183, 353 = NJW 2010, 757; BGH, WRP 2010, 642 ff. (Spiegel-Dossier); BGH, WRP 2011, 586 ff. (SZ-Onlinearchiv); BGH, WRP 2011, 591 ff. (F.A.Z.-Onlinearchiv); siehe dort auch die Nachweise für die Nichtannahmebeschlüsse des BVerfG. Vgl. jetzt auch EuGH, Urt. vom 25. Oktober 2011, C-509/09.

51 BGH, NJW 1966, 2353 (2354), aufgegriffen von BVerfGE 35, 202 (227).

52 Einflussreich waren die Beiträge von *Erving Goffman*, Embarrassment and Social Organization, The American Journal of Sociology 62 (1956), S. 264 ff., sowie *Niklas Luhmann*, Grundrechte als Institution, 1965, S. 67; dazu *Kaiser* (Fn. 10), S. 181 f.

53 *Martin Eifert*, Informationelle Selbstbestimmung im Internet. Das BVerfG und die Online-Durchsuchungen, NVwZ 2008, S. 521 (522); daran hat auch das neue Grundrecht auf Gewährleistung der Vertraulichkeit und Integrität informationstechnischer Systeme, das

Daran ändert auch nichts, dass die beschriebenen Gefahren überwiegend von Privaten ausgehen. Zwar greift dann nicht die Abwehrdimension des Allgemeinen Persönlichkeitsrechts; dafür sind aber die objektiven Grundrechtsfunktionen einschlägig, und zwar sowohl die Schutzpflichten-[54] als (gegebenenfalls) auch die Drittwirkungsdimension[55].[56] Auch der Datenschutz war von vornherein zweigleisig angelegt.[57] Dementsprechend wird auch in der Literatur zunehmend auf Konvergenz hingewiesen.[58]

Wie aber hat man sich die rechtliche Umsetzung vorzustellen? Auch für das Medium Internet gilt, dass das Selbstdarstellungsrecht *prozedural* abzusichern[59] ist. In der hier primär gegebenen Schutzpflichtendimension hat der Staat also Vorkehrungen zu treffen, um dem Einzelnen noch eine effektive Selbstdarstellung zu ermöglichen, die nicht an massiven Fremdbildern scheitert. Hierfür steht zunächst die herkömmliche Datenschutzgesetzgebung zur Verfügung.[60] Zu Recht wurde in der Literatur darauf hingewiesen, dass die Gerichte in ihrer bisherigen Rechtsprechung zum Internetrecht allzu bereitwillig das bestehende Bundesdatenschutzgesetz für nicht einschlägig erachtet haben.[61] Hier hätten, gegebenenfalls mit Hilfe teleologischer Reduktionen, andere Ergebnisse erzielt werden können, die sich auch noch im Rahmen richterrechtlicher Rechtsfortbildung

vom BVerfG in seiner Entscheidung zur Online-Durchsuchung entwickelt wurde (BVerfGE 120, 274 [313]) nichts geändert, näher *Eifert*, ebd.

54 *Wolfgang Hoffmann-Riem*, Informationelle Selbstbestimmung in der Informationsgesellschaft. Auf dem Wege zu einem neuen Konzept des Datenschutzes, AöR 123 (1998), S. 513 (524 ff.); *Elke Gurlit*, Verfassungsrechtiche Rahmenbedingungen des Datenschutzes, NJW 2010, 1035 (1040 f.).

55 Die meisten Entscheidungen, die in diesem Zusammenhang ergehen, sind zivilrechtlicher Natur. Für eine internetspezifische Umorientierung der Drittwirkungsdogmatik *Gunther Teubner/Vaios Karavas*, http://www.CompanyNameSucks.com: Drittwirkung der Grundrechte gegenüber „Privaten" im autonomen Recht des Internet?, in: Karl-Heinz Ladeur (Hrsg.), Innovationsoffene Regulierung des Internet. Neues Recht für Kommunikationsnetzwerke, 2003, S. 249 (260).

56 S. zu beiden Dimensionen des Allgemeinen Persönlichkeitsrechts auch BVerfG (K), JZ 2007, S. 576 f.

57 Heute in §§ 12 ff. und §§ 27 ff. BDSG.

58 *Hoffmann-Riem* (Fn. 54), S. 538 f.; *Hans-Heinrich Trute*, Der Schutz personenbezogener Informationen in der Informationsgesellschaft, JZ 1998, S. 822 (826).

59 *Britz* (Fn. 37), S. 47 und 51.

60 Hat der Betroffene seine Daten selbst eingestellt, geht es beim „Recht auf Vergessen" dagegen um eine Art des „Selbst-Datenschutzes", s. *Hannes Federrath/Karl-Peter Fuchs/ Dominik Herrmann/Daniel Maier/Florian Scheuer/Kai Wagner*, Grenzen des „digitalen Radiergummis", DuD 2011, S. 403.

61 *Nolte* (Fn. 25), S. 238 f.; *Heinrich Amadeus Wolff* → in diesem Band, S. 193 ff.

gehalten hätten.[62] Damit soll die Notwendigkeit einer Revision des bisherigen Datenschutzes aber nicht in Abrede gestellt werden.[63] Hervorgehoben werden sollen schließlich noch die innovativen Lösungsstrategien des Entwurfs für eine neue Europäische Datenschutzverordnung: Die bereits aus dem bisherigen Datenschutzrecht bekannten Löschungsrechte (*right to erasure*) werden ausdrücklich auch auf das Internet bezogen. Vor allem aber greift der Verordnungsentwurf Vorschläge aus der Literatur[64] auf, Datenschutz über die Verpflichtung zu technischen Vorkehrungen – *Data protection by design and by default* – zu verwirklichen.[65] Damit hat sich realisiert, worauf *Lawrence Lessig* bereits 1999 hingewiesen hat: Dass die Architektur eines zu regulierenden Objekts selbst reguliert. Kurz: „Code is law“.[66]

Freilich ist die dargestellte Rekonstruktion eines „Rechts auf Vergessen“ nicht unumstritten. Hinzu kommt, dass das Allgemeine Persönlichkeitsrecht als Kommunikations- und Wissensschranke nicht schrankenlos gewährleistet ist, soweit nicht der unantastbare innerste Lebensbereich betroffen ist.[67] Daher sollen im Folgenden *grundsätzliche Einwände* gegen die hier befürwortete Übersetzung ins Rechtssystem ebenso thematisiert werden wie die *rechtlichen Schranken* des Allgemeinen Persönlichkeitsrechts.

2. Grundsätzliche Einwände und rechtliche Schranken

Gegen ein soeben vorgestelltes „Recht auf Vergessen“ werden immer wieder grundsätzliche Einwände auf unterschiedlichen Ebenen vorgebracht. Während dem Allgemeinen Persönlichkeitsrecht, auch in seiner

62 Vgl. auch *Martin Eifert*, Freie Persönlichkeitsentfaltung in sozialen Netzen – Rechtlicher Schutz von Voraussetzungen und gegen Gefährdungen der Persönlichkeitsentfaltung im Web 2.0, in: Christoph Bieber et al. (Hrsg.), Soziale Netze in der digitalen Welt. Das Internet zwischen egalitärer Teilhabe und ökonomischer Macht, 2009, S. 253 (261 f.).

63 Dazu die Vorarbeiten etwa von *Niko Härting/Jochen Schneider*, Das Dilemma der Netzpolitik, ZRP 2011, 233 ff.

64 *Alexander Roßnagel*, Datenschutztechnik und -recht in globalen Netzen, MMR 1998, Heft 9, S. V ff.; *Dirk Heckmann*, Öffentliche Privatheit – Der Schutz der Schwächeren im Internet, K&R 2010, S. 770 (776 f.); *Martin Rost/Kirsten Bock*, Privacy By Design und die Neuen Schutzziele, DuD 2011, S. 1 ff.

65 Artikel 20 des Entwurfs für eine neue Europäische Datenschutzverordnung (Fn. 32).

66 *Lawrence Lessig*, Code und andere Gesetze des Cyberspace, 2001, S. 24; s. auch S. 161 ff. (Die englische Originalausgabe erschien 1999: *Code and Other Laws of Cyberspace*).

67 BVerfGE 35, 202 (220) = NJW 1973, 1226 (1228).

Spielart des „Rechts auf informationelle Selbstbestimmung", teilweise jede Relevanz im Internet abgesprochen wird, führen andere Gegenargumente zu einem ‚bloßen' Unterliegen des Allgemeinen Persönlichkeitsrechts in der Abwägung. Im Weiteren möchte ich auf vier zentrale Einwände und Schranken eingehen:

Der erste Einwand speist sich aus der sog. *Post-Privacy*-Debatte. Ausgelöst wurde diese Diskussion durch einen Ausspruch von *Facebook*-Gründer *Marc Zuckerberg*, dem zufolge das Zeitalter des Schutzes der Privatheit vergangen sei. Weiter wird er, bezogen auf den Umgang mit Daten durch *Facebook*, mit der Aussage zitiert: „*These* are the social norms now".[68] Dies bräuchte Teilnehmer des juristischen Diskurses nicht weiter zu bekümmern, wenn diese Gedanken nicht schon längst in den Verfassungsdiskurs eingegangen wären. Das läßt sich gerade an einem aktuellen Beitrag von *Hans Peter Bull* studieren. Obgleich der Verfasser selbst von 1978-83 Bundesdatenschutzbeauftragter war, schließt er sich nun der Beobachtung eines Psychologen an (die bezeichnenderweise in einem Band der Schufa Holding erschienen ist), wonach es ein „gewisses Unbehagen [...] großer Teile der Bevölkerung gegenüber dem Thema Datenschutz" gebe.[69] Im Kern wird damit gesagt, Datenschutz bzw. das Recht auf informationelle Selbstbestimmung als Ausprägung des Allgemeinen Persönlichkeitsrechts seien heute nicht mehr aktuell.[70] Maßgebliches Argument dieser Ansicht ist die (angebliche) Freiwilligkeit der eingestellten Informationen durch die Benutzer.

Wenngleich dieses Freiwilligkeits-Argument in denjenigen Konstellationen von vornherein nicht greift, in denen Dritte die Informationen eingestellt haben, so wirkt sich das Argument doch *mittelbar* auf ein „Recht auf Vergessen" aus. Denn wenn insgesamt der Schutz der Privatsphäre im gesellschaftlichen Bewusstsein an Bedeutung verlieren sollte, dann bliebe das auch nicht ohne Auswirkung auf die Auslegung des Allgemeinen Persönlichkeitsrechts durch die Rechtsprechung.

Ein zweiter Einwand basiert auf der Vorstellung vom Internet als kulturellem Gedächtnis. So hat der BGH in der erwähnten *Sedlmayer*-Mörder-Entscheidung in der Tat die Archivfunktion des Internet hervor-

68 *Marc Zuckerberg* in einem Interview vom 8. Januar 2010, zu hören unter http://www.huffingtonpost.com/2010/01/11/facebooks-zuckerberg-the_n_417969.html (letzter Aufruf: 15. Januar 2012).

69 Zitiert nach *Hans Peter Bull*, Persönlichkeitsschutz im Internet. Reformeifer mit neuen Ansätzen, NVwZ 2011, S. 257 (259).

70 *Bull* spricht dementsprechend von den „alten [!] Formeln von ‚informationeller Selbstbestimmung' und ‚Transparenz'„ (S. 258). S. auch *ders.*, Informationelle Selbstbestimmung – Vision oder Illusion? Datenschutz im Spannungsverhältnis von Freiheit und Sicherheit, 2. Auflage 2011.

gehoben:[71] „Ein generelles Verbot der Einsehbarkeit und Recherchierbarkeit bzw. ein Gebot der Löschung aller früheren den Straftäter identifizierenden Darstellungen in Onlinearchiven würde dazu führen, dass *Geschichte getilgt* und der Straftäter vollständig immunisiert würde".[72] Auch in den Geistes- und Sozialwissenschaften wird bisweilen auf die Funktion des Internet als kollektives oder kulturelles Gedächtnis aufmerksam gemacht, dabei an die Theorien von *Maurice Halbwachs*,[73] vor allem aber von *Aleida* und *Jan Assmann* anknüpfend.[74] Das kulturelle Gedächtnis stehe aber einem „Recht auf Vergessen" gerade entgegen. „Amnestie auf dem Wege der Amnesie" nehme dem „plebiszitären Archiv" – als welches das Internet begriffen wird – sein „Langzeitgedächtnis" sowie „demokratisierende Chancen".[75] Schließlich wird darauf hingewiesen, das Internet habe seine ganz eigenen Strategien des Vergessens. Informationen würden mit der Zeit seltener aufgerufen und würden dementsprechend in den Suchmaschinen nach hinten „rutschen". Schließlich sei auch nicht sicher, wie lange digitale Daten überhaupt gespeichert werden könnten. Damit erübrige sich auch ein „Recht auf Vergessen".[76]

Ein dritter Einwand betrifft schließlich die Frage der technischen Umsetzung eines „Rechts auf Vergessen" im *world wide web*. Programme, die wie der sog. „digitale Radiergummi" x-pire! schon auf dem Markt sind,[77] werden nicht nur für ihre Kosten, sondern auch für ihre Fehleranfälligkeit und ihre begrenzte Reichweite gescholten – bei x-pire! können etwa bislang lediglich Bilder mit einem digitalen Verfallsdatum versehen

71 Das *BVerfG* hat in seiner Pflichtexemplarentscheidung (NJW 1982, 633 [634]) die Bedeutung von auf Vollständigkeit zielenden Wissensspeichern hervorgehoben.

72 BGH, NJW 2010, 757 (759), Hervorhebung durch Verf.

73 *Maurice Halbwachs*, Das Gedächtnis und seine sozialen Bedingungen, 1966 (Die französische Originalausgabe erschien 1925: *Les cadres sociaux de la mémoire*).

74 *Jan Assmann*, Die Katastrophe des Vergessens. Das Deutoronomium als Paradigma kultureller Mnemotechnik, in: Aleida Assmann/Dietrich Harth (Hrsg.), Mnemosyne. Formen und Funktionen der kulturellen Erinnerung, 1991, S. 337 ff; *Aleida Assmann*, Speichern oder Erinnern? Das kulturelle Gedächtnis zwischen Archiv und Kanon, in: Moritz Csáky /Peter Stachel (Hrsg.), Speicher des Gedächtnisses. Bibliotheken, Museen, Archive, Teil 2, 2001, S. 15 ff.

75 *Oliver Dimbath*, Vom automatisierten Vergessen und von vergesslichen Automaten, FIfF-Kommunikation 1/08, S. 38 (40); s. auch *Bernd Wingert*, Das Internet als kulturelles Gedächtnis?, TAB-Brief Nr. 21 (12/2001), S. 15 ff.;

76 So *Constanze Kurz* im Streitgespräch mit dem damaligen Bundesinnenminister *Thomas de Maizière* vom 29. Dezember 2010, abrufbar unter http://www.bmi.bund.de /Shared Docs/Kurzmeldungen/DE/2010/ohneMarginalspalte/12/streitgespraech_ccc.html?nn=366 856 (vom 30. Dezember. 2010, letzter Aufruf: 15. Januar 2012).

77 http://www.x-pire.de/.

werden. Ferner hilft ein digitales Verfallsdatum nicht, wenn bereits vor Ablauf des Datums die relevante Datei von anderen kopiert worden ist.[78]

Was – viertens – die Schrankenebene angeht, so ergibt eine Rechtsprechungsanalyse, dass die Gerichte bei einer Kollision von Allgemeinem Persönlichkeitsrecht und den Kommunikationsfreiheiten durchgängig von einem Vorrang der Freiheiten des Art. 5 Abs. 1 GG ausgegangen sind.[79] Dahinter mag die Annahme auch eines abstrakten Vorrangs der Kommunikationsfreiheiten stehen. Anschauliches Beispiel ist wiederum die Rechtsprechung zur Bewertungsplattform *spickmich* – einschließlich des problematischen Nichtannahmebeschlusses des BVerfG.[80]

3. Stellungnahme

Hat sich angesichts all dieser Einwände und Einschränkungen das „Recht auf Vergessen" erledigt? Ich meine nicht.

Was die *Post-Privacy*-Debatte und ihre Urheber angeht, so ist viel von dieser Diskussion auf kommerzielle Interessen zurückzuführen. *Zuckerberg* und andere eignen sich nicht wirklich als neutrale Beobachter, sondern verfolgen ihre Geschäftsinteressen. Der Erfolg des neuen sozialen Netzwerks *Google +*, das etwas sensibler mit den Daten seiner Nutzer als *Facebook* umgeht, könnte ein Indiz sein, dass doch ein gesellschaftliches Bewusstsein für Datenschutz vorhanden ist.[81] Auch die große Anzahl der Beschwerdeführer (rund 35.000 Personen), die beim Bundesverfassungsgericht gegen die Vorratsdatenspeicherung Verfassungsbeschwerde einlegten, weist eher von einem unverminderten Datenschutzbewußtsein. Am großen Zulauf der sozialen Netzwerke scheint daher weniger eine *Post-Privacy*-Mentalität als ein großes Kommunikationsbedürfnis abzulesen zu sein, um dessen willen die Benutzer ihre Daten vielleicht zähneknirschend nicht nur mit ihren Freunden, sondern auch mit *Facebook* selbst teilen. Statt Freiwilligkeit scheint es eher um eine Abhängigkeit von einer Infrastruktur, sicher aber auch um Gutgläubigkeit zu gehen.

Ebenso wenig leuchtet der Hinweis auf das Internet als kulturelles Gedächtnis als Argument gegen ein „Recht auf Vergessen" ein. Überzeu-

78 *Federrath et al.* (Fn. 60), S. 405 f. *Nolte* (Fn. 25), S. 238, weist darauf hin, dass der Einsatz digitaler Radiergummis wiederum zu neuen Datenschutzproblemen führt, weil der Schlüsselserver selbst einen Speicher aufbaut.

79 Die bekanntesten Beispiele sind die erwähnten Fälle zu *spickmich* (BGH, NJW 2009, 2888) und den Online-Archiven (BGHZ 183, 353 = NJW 2010, 757).

80 BVerfG, 1 BvR 1750/09.

81 Gleiches gilt für den Verkaufserfolg des Buches „Die Datenfresser" (Fn. 20).

gender erscheint es, daran zu erinnern, dass das Vergessen evolutionär gesehen ein bedeutsamer Mechanismus ist, der die Trennung zwischen wichtigen und unwichtigen Informationen bewirkt.[82] Während anthropologisch Vergessen die Regel und Erinnern die Ausnahme war, droht das Internet dieses Verhältnis zu verkehren. Ferner ist die Annahme durchaus plausibel, dass eine Gesellschaft, die das Vergessen verlernt hat, langfristig nicht mehr in der Lage sein wird, rationale Entscheidungen zu treffen, weil sie in einem Übermaß an Informationen versinkt. An dieser Stelle sei daran erinnert, dass auch das Aussondern essentieller Bestandteil des Wissensmanagements ist.[83]

Auch die technischen Einwände, die auf die Unzulänglichkeiten der vorhandenen digitalen Radiergummis hinweisen, sind letztlich nicht stichhaltig. Der zentrale Denkfehler liegt in überzogenen Erwartungen an den Schutz bzw. die Effektivität eines solchen Instrumentariums. Der digitale Radiergummi kann insoweit mit einer Sonnencreme verglichen werden, die ebenfalls zahllose Schutzlücken aufweist und Menschen mit einer besonders empfindlichen Haut nur wenig hilft. Gleichwohl halten wir doch weiter an Sonnenschutzcremes fest. Daher gilt hier wie bei der Gefahrenabwehr: 100%ige Sicherheit wird es nie geben. Aber das Schutzniveau kann verbessert werden. Im Übrigen ist es vermutlich nur eine Frage der Zeit, bis die technischen Löschungsmöglichkeiten verbessert werden.

Ernstzunehmen ist dagegen der Hinweis auf einen möglichen Vorrang der Rechte aus Art. 5 Abs. 1 GG. Allerdings stellen sich drei große Probleme: Zum einen ist dogmatisch noch immer ungeklärt, welches Kommunikationsrecht im Internet genau greifen soll: Der BGH changiert in ein- und derselben Entscheidung zwischen den verschiedenen Grundrechten (Meinungsfreiheit, Rundfunkfreiheit und sog. „Medienfreiheit") in ein- und derselben Entscheidung.[84] Zum anderen und vor allem wird in der Rechtsprechung das Spezifische des Mediums Internet häufig außer Acht gelassen. Zwei Beispiele mögen das veranschaulichen: In der *spickmich*-Entscheidung des BGH bleibt völlig unberücksichtigt, dass Benutzer sich beliebig viele Email-Adressen herstellen können und daraus eine entsprechend große Manipulationsgefahr resultiert. Ähnlich unsensibel argumentiert die *Sedlmayer*-Rechtsprechung: Sie lässt uner-

82 Hierzu und zum Folgenden *Edgar Wagner*, Verfallsdatum für Internet-Speicherungen? Die Bedeutung des Vergessens und das ewige Online-Gedächtnis des Internet, DuD 2008, S. 6.

83 Daher kennen auch Aktenordnungen u. Ä. stets eine Aktenaussonderung.

84 BGH, NJW 2009, 2888.

wähnt, ob die umstrittenen Informationen über Suchmaschinen auffindbar sind, und stellt vielmehr darauf ab, wie versteckt die Informationen etwa auf der Homepage des Deutschlandradios zu finden sind.[85] Schließlich wäre zu überlegen, ob in der deutschen Rechtsprechung die Spannungslage zwischen Art. 5 Abs. 1 GG und dem Allgemeinen Persönlichkeitsrecht nicht möglicherweise immer noch zu einseitig zugunsten der Meinungs- und Pressefreiheit aufgelöst wird. Die *Caroline*-Rechtsprechung und die entsprechende Rüge des EGMR mögen das verdeutlichen.[86]

III. Schluss

Abschließend seien die zentralen Thesen dieses Beitrags noch einmal zusammengefasst:

In den letzten Jahren hat sich die juristische Diskussion zu sehr auf die Frage des staatlichen Wissens und seines Wissensmanagements konzentriert und dabei die Gefahren der wachsenden (vor allem:) privaten Wissensbestände unterschätzt. Gerade in der heutigen Wissensgesellschaft erschien der Ausbau der Wissensspeicher allzu selbstverständlich und legitim. Die Aufmerksamkeit ist daher zunehmend auf das *Privacy-Management* und damit auf die rechtlichen Grenzen des Wissens zu richten.

Inhaltlich stellt das sog. „Recht auf Vergessen" lediglich einen Ausschnitt aus dem Thema „rechtlich gefordertes Nichtwissen" dar. Die lebensweltliche Verwendung des Begriffs muss für das Rechtssystem allerdings erst ‚übersetzt' werden, um dogmatisch anschlussfähig zu sein. Denn entgegen seiner rechtlichen Verkleidung handelt es sich bei diesem sog. Recht nicht um einen Rechtsbegriff. Als Übersetzung bieten sich an das Allgemeine Persönlichkeitsrecht und seine kaskadenartigen Ausformungen (*Britz*) des Rechts auf Selbstdarstellung, des Rechts auf informationelle Selbstbestimmung, des Datenschutzes sowie schließlich der Löschungsrechte und vom Recht vorzugebenden technischen Vorkehrungen (*privacy by design*). Der Entwurf für eine neue europäische Datenschutzverordnung zielt insoweit in die richtige Richtung.[87] Die Auflösung der Kollision zwischen Privatheit und Kommunikationsfreiheiten kann der

85 *Diesterhöft* (Fn. 49), S. 254.

86 S. statt aller den eindrücklichen Beitrag von *Rolf Stürner*, Caroline-Urteil des EGMR – Rückkehr zum richtigen Maß, AfP 2005, S. 213 ff.

87 Im Übrigen bestehen gegen den Verordnungsentwurf auch zahlreiche Bedenken, insbesondere die gewählte Handlungsform (Verordnung statt Richtlinie), hierzu jüngst *Johannes Masing*, S. Z. vom 9. Januar 2012, S. 10.

Entwurf freilich auch nicht auflösen;[88] er bleibt den Gerichten vorbehalten. So bleibt zu hoffen, dass die Rechtsprechung künftig die Position des in seiner Privatsphäre Betroffenen stärkt.[89]

88 Vgl. Artikel 15 Nr. 3a des Verordnungsentwurfs (Fn. 32): „The controller shall carry out the erasure without delay, except to the extent that the retention of the personal data is necessary: (a) for exercising the right of freedom of expression in accordance with Article 79 [...].“ Hier bleibt vieles noch unklar: Der Verweis auf Artikel 79 ist vermutlich ein Redaktionsversehen; gemeint ist wohl Artikel 80, der aber wiederum den Spezialfall eines Medienprivilegs u. Ä. regelt.

89 Die Entscheidung des BGH, NJW 2012, 148 ff., zur Haftung des Hostproviders für das Persönlichkeitsrecht verletzende Blogeinträge stellt insoweit einen wichtigen Schritt dar.

Rechtliche Anforderungen an die aktive Informationsvorsorge des Staates im Internet

Annette Guckelberger

Der Staat ist zunehmend im Internet präsent. Insgesamt lässt sich als Trend ausmachen, dass die Behörden Informationen für die Bürgerinnen und Bürger nicht mehr erst aufgrund einer entsprechenden Anfrage zugänglich machen. Vielmehr setzen sie zunehmend auf die Einstellung von Informationen ins Internet.[1] Das Internet ist ein ideales Medium, um Informationen zu geringen Kosten für ein großes Publikum anzubieten.[2] Dadurch kann schnell und unmittelbar informiert werden.[3] Die Internetveröffentlichung erlaubt es einer Vielzahl von Personen, sich jederzeit kostengünstig und raumunabhängig über bestimmte Vorgänge oder Aspekte zu unterrichten.[4] Im Internet lassen sich Informationen in diversen Formen darstellen, indem z. B. Texte, Filme, Töne und Daten kombiniert werden. So lassen sie sich für die Rezipienten gehaltvoll aufbereiten.[5] Während man sich in den Printmedien aus Platzgründen auf die Veröffentlichung wesentlicher Informationen beschränken muss, können im umgangssprachlich so bezeichneten World Wide Web[6] eine Vielzahl von Informationen über einen langen Zeitraum hinweg publik gemacht werden.[7] Des Weiteren sind die gegenüber einer Papierveröffentlichung verbesserten Recherchemöglichkeiten für informationssuchende Bürger, etwa durch Suchmaschinen, hervorzuheben.[8]

Zwischenzeitlich informiert der Staat im Internet zum Beispiel über die Nebeneinkünfte der Bundestagsabgeordneten[9] oder die Gehälter der

1 *Klein*, Umweltinformationen im Völker- und Europarecht, 2011, S. 148.

2 *Roßnagel*, in: Hoffmann-Riem/Schmidt-Aßmann, Verwaltungsrecht in der Informationsgesellschaft, S. 257, 275; *Schoch*, IFG, 2009, § 11 Rn. 42; *Voßkuhle*, in: Leipold, Rechtsfragen des Internet und der Informationsgesellschaft, 2002, S. 97, 101.

3 *Roßnagel* (Fn. 2), S. 275.

4 *Guckelberger* DVBl. 2007, 985, 987; *Rossi*, IFG, 2006, § 11 Rn. 33. Siehe zum zeitlichen und finanziellen Nutzen der im Internet veröffentlichten Umweltinformationen gegenüber beantragten Umweltinformationen *Klein* (Fn. 1), S. 343 ff.

5 *Holtwisch* Die Verw. 43 (2010), 567, 585; *Roßnagel* (Fn. 2), S. 280.

6 S. den Artikel „World Wide Web", abgerufen über Wikipedia am 25.8.2011.

7 S. auch *Roßnagel* (Fn. 2), S. 300.

8 *Guckelberger*, in: Fluck/Theuer, Informationsfreiheitsrecht, § 10 UIG Rn. 72; *Jastrow/ Schlatmann*, IFG, 2006, § 11 Rn. 26.

9 Allgemein zur Veröffentlichung der Nebeneinkünfte der Bundestagsabgeordneten BVerfG NVwZ 2007, 916 ff.

Krankenkassenvorstände.[10] Seit Dezember 2009 werden Pflegenoten für stationäre Pflegeeinrichtungen im Internet veröffentlicht.[11] Schon seit längerer Zeit werden Umweltinformationen,[12] neuerdings auch Verbraucherinformationen von den Behörden ins Netz gestellt. Nach einer Evaluierungsstudie zum Verbraucherinformationsgesetz bildet das Internet einen etablierten Informationskanal für Verbraucherfragen.[13] Infolge der Internetveröffentlichung der Behördeninformationen erübrigt sich nicht nur ein Großteil von Einzelanfragen bei den Behörden.[14] Vorrangig sollen sie die Bürger in die Lage versetzen, eigenverantwortliche Entscheidungen zu fällen,[15] sie für gewisse Probleme sensibilisieren oder ihnen eine Orientierungshilfe insbesondere in solchen Bereichen bieten, in denen es ein Informationsungleichgewicht gibt.[16] Je nach Kontext können die mit der Information verfolgten Zwecke variieren,[17] etwa zur Abwehr von Gesundheitsgefahren oder zum Schutz anderer Grundrechte beitragen.[18] Vielfach gehören Informationen durch staatliche Stellen zum Grundrechtsvoraussetzungsschutz.[19]

Die Publikmachung der Ergebnisse der Lebensmittelkontrollen bei Gaststätten soll zunächst die Informationsgrundlagen der Bürger in dieser Hinsicht verbessern und ihnen so eine Entscheidungshilfe dafür bieten, bei welchen gastronomischen Einrichtungen keine hygienerechtlichen

10 S. dazu BVerfG NJW 2008, 1435 ff.; BSGE 98, 129 ff.; zum Transparenzgesetz in NRW hins. der Veröffentlichung von Managergehältern öffentlicher Unternehmen *Dietlein/Riedel* NWVBl. 2010, 453 ff.; *Pommer* NWVBl. 2010, 459 ff.

11 § 115 Abs. 1a SGB XI sowie dazu *Addicks* PflR 2011, 58 ff.; *Shirvani* ZFSH/SGB 2010, 711 ff.; *Theuerkauf* MedR 2011, 265 ff.; *Wegmann* SGb 2011, 80 ff.

12 S. § 10 UIG; dazu *Guckelberger* (Fn. 8); *Tolkmitt*, Instrumente zur aktiven Verbreitung von Umweltinformationen, 2010.

13 *Oertel/Schimke/Ulmer/Karig*, Abschlussbericht „Untersuchung der Veränderung der Informationskultur der für die Lebensmittel- und Futtermittelüberwachung zuständigen Behörden sowie der in diesem Bereich tätigen Unternehmen durch das Inkrafttreten des Verbraucherinformationsgesetzes (VIG)“ vom 4.5.2010, S. 26.

14 *Guckelberger* (Fn. 8), § 10 UIG Rn. 21; *Klein* (Fn. 1), S. 342; *Tolkmitt* (Fn. 12), S. 42 f.

15 BVerfGE 105, 279, 301 f.; *Böhm/Lingenfelder/Voit*, Endbericht, Auswertung der Anwendungserfahrungen mit dem Verbraucherinformationsgesetz (VIG) sowie Erarbeitung von konkreten Empfehlungen für Rechtsänderungen, 2010, S. 235; *Kube* ZLR 2007, 165, 189; *Pitschas*, in: Hoffmann-Riem/Schmidt-Aßmann/Schuppert, Reform des allgemeinen Verwaltungsrechts, 1993, S. 219, 239 f.

16 BVerfGE 105, 279, 301 f.; *Albers/Ortler* GewArch 2009, 225, 226; *Augsberg* DVBl. 2007, 733, 734; *Kaiser*, Die Kommunikation der Verwaltung, 2009, S. 274.

17 *Möstl*, in: Leible, Verbraucherschutz durch Information im Lebensmittelrecht, 2010, S. 149, 156.

18 *Böhm* (Fn. 15), S. 235.

19 *Kaiser* (Fn. 16), S. 244, 267 f., 272 ff.; *Schoch*, in: Schuppert, Jenseits von Privatisierung und „schlankem“ Staat, 1999, S. 221, 233.

Bedenken bestehen.[20] Zugleich erhofft man sich, die Betreiber der Lokale zu einer vermehrten Einhaltung der diesbezüglichen Rechtsvorschriften animieren zu können, weil sie die adverse Publizität der sie in einem negativen Licht erscheinen lassenden Kontrollergebnisse vermeiden wollen.[21] Indirekt kommt die Publikmachung negativer Ergebnisse den sich ordnungsgemäß verhaltenden Betreibern gastronomischer Einrichtungen zugute.[22] Zudem wird dadurch der redliche Leistungswettbewerb gestärkt.[23] Des Weiteren können die veröffentlichten Informationen Auskunft über das Verhalten der Behörden geben und durch die damit einhergehende Kontrolle[24] bewirken, dass diese bereits im Vorfeld einen ordnungsgemäßen Gesetzesvollzug anstreben.[25] Die im Internet veröffentlichten Informationen über das staatliche Handeln können dessen Akzeptanz erhöhen[26] oder aber zu einer Debatte führen, ob man nicht bestimmte getroffene Weichenstellungen nachträglich revidieren sollte.[27] Mit dem Bundesverfassungsgericht leistet die mit dem Standortregister nach § 16a Abs. 1 GentG vermittelte Transparenz einen wichtigen Beitrag zum öffentlichen Meinungsbildungsprozess.[28]

Da sich die behördlichen Informationen im Internet an eine Vielzahl von Personen wenden und es sich damit um eine von der Individualkommunikation zu unterscheidende Publikumsinformation handelt,[29] kann es sich durchaus als empfehlenswert erweisen, die aktive Informationsvorsorge durch den Staat selbst und die Gewährung des Informationszugangs auf Antrag nicht in ein exklusives, sondern in ein ergänzendes Verhältnis zueinander zu setzen.[30] Die Bedeutung des individuellen Informationszugangs würde dann darin liegen, ihn zunehmend für die Be-

20 *Oertel* (Fn. 13), S. 81; *Wollenschläger* VerwArch 102 (2011), 20, 24 f.

21 *Böhm* (Fn. 15), S. 246 f.; *Krüger*, in: Böhm/Freund/Voit, Information und Kommunikation von Unternehmen und Behörden, 2011, S. 39, 41; *Schink*, Zulässigkeit des Berliner Smiley-Modells, Rechtsgutachten im Auftrag der Senatsverwaltung für Gesundheit, Umwelt und Verbraucherschutz Berlin vom September 2010, S. 6; *ders.* DVBl. 2011, 253, 254.

22 S. auch BR-Drucks. 454/11, S. 18 f.

23 S. auch BR-Drucks. 454/11, S. 19; s. auch *Albers/Ortler* GewArch 2009, 225, 226.

24 *Klein* (Fn. 1), S. 80; *Tolkmitt* (Fn. 12), S. 137; s. zum Standortregister nach dem GenTG BVerfG NVwZ 2011, 94, 101 sowie *Böhm* (Fn. 15), S. 235.

25 *Klein* (Fn. 1), S. 80.

26 *Tolkmitt* (Fn. 12), S. 138.

27 Bezogen auf den Verbraucherschutz *Wollenschläger* VerwArch 102 (2011), 20, 27; s. zum Standortregister nach dem GenTG BVerfG NVwZ 2011, 94, 102.

28 BVerfG NVwZ 2011, 94, 101; s. auch *Böhm* (Fn. 15), S. 235.

29 *Kaiser* (Fn. 16), S. 271.

30 *Klein* (Fn. 1), S. 473.

antwortung speziellerer Fragen einzusetzen.[31] Die regelmäßige Veröffentlichung bestimmter Daten und Informationen kann gleichzeitig eine aufmerksamkeitsbindende Wirkung entfalten.[32] Möglicherweise veranlassen entsprechende Publikumsinformationen Einzelne erst dazu, sich Gedanken über ein bestimmtes Thema zu machen oder die Behörden um weitere Informationen zu ersuchen.[33]

Da bis heute nicht alle Personen im Umgang mit den elektronischen Medien versiert sind, ist zu diskutieren, ob sich die Behörden angesichts der digitalen Spaltung entlang des Alters, der Qualifikation, sozialen Herkunft oder Technologiekompetenz[34] darauf beschränken dürfen, gewisse Informationen nur im Internet bekannt zu machen. Richtigerweise wird man bei der Beantwortung dieser Frage zunächst auf den Inhalt der jeweiligen Informationen abstellen müssen. Sind diese „lebenswichtig", etwa um gravierende Gesundheitsgefahren abzuwehren, können sich die staatlichen Stellen angesichts der grundrechtlichen Schutzpflicht für Leib und Leben (Art. 2 Abs. 2 S. 1 GG) keinesfalls auf die Information der Bevölkerung über das Internet beschränken, sondern müssen sich zugleich anderer Medien, wie etwa der Presse oder des Rundfunks, bedienen. Richten sich die Informationen vorwiegend an einen Personenkreis, dessen E-Kompetenzen nicht sehr ausgeprägt sind, ließe sich ein Verweis auf das Internet kaum mit dem Sinn und Zweck der angestrebten Publikumsinformation vereinbaren. Als Beispiel hierfür lässt sich die Regelung des § 115 Abs. 1a SBG XI anführen. Da die Transparenzberichte die Angehörigen und/oder ältere Personen über Leistungen und Qualität der jeweiligen Pflegeeinrichtungen informieren sollen,[35] wird folgerichtig festgelegt, dass die dort näher umschriebenen Informationen sowohl im Internet als auch in anderer geeigneter Form kostenfrei veröffentlicht werden.

Kann man dagegen davon ausgehen, dass sich die Einzelnen auch ohne Kenntnis der Internetinformationen zurechtfinden werden bzw. noch eine angemessene Entscheidung treffen können, ist grundsätzlich denkbar, dass die Informationen nur über das Internet publik gemacht werden. Da-

31 *Klein* (Fn. 1), S. 342.

32 *Spiecker/Kurzenhäuser*, in: Engel/Englerth/Lüdemann/Spiecker gen. Döhmann, Recht und Verhalten, 2007, S. 133, 142.

33 *Guckelberger* (Fn. 8), § 11 IFG Rn. 13.

34 Zur digitalen Spaltung BMI, Abschlussbericht E-Government 2.0, 2010, S. 4 ff.; *Hoffmann-Riem* Der Staat 42 (2003), 193, 196; *Holtwisch* Verw. 43 (2010) 567, 576 ff.; *Marr*, Internetzugang und politische Informiertheit – zur digitalen Spaltung der Gesellschaft, 2005, S. 21 ff.; eingehend *Rößner*, Partizipation, Exklusion und Inklusion von jugendlichen Mediennutzern im Internet, 2011, S. 31 ff.

35 BT-Drucks. 16/7439, S. 89; *Wegmann* SGb 2011, 80, 81.

bei ist zu berücksichtigen, dass informationstechnische Systeme zwischenzeitlich allgegenwärtig sind und ihre Nutzung heute für die Lebensführung vieler Personen von zentraler Bedeutung ist.[36] Die Nutzung des Internets gehört heute für viele zum Alltag.[37] Für eine uneingeschränkte Verweisung auf das Internet wird zudem vorgebracht, dass öffentliche Zugangsmöglichkeiten zum Internet, z. B. in Bibliotheken und Internetcafés, inzwischen flächendeckend vorhanden seien.[38] Wegen der Bindung der staatlichen Stellen an den Gleichheitsgrundsatz (Art. 1 Abs. 3 i.V.m. Art. 3 GG) muss es aber ausreichende Gründe für eine Information ausschließlich über die elektronischen Medien geben. Aus Inklusionsgründen bestimmt § 11 Abs. 1 S. 1 BGG, dass Träger öffentlicher Gewalt ihre Internetauftritte und -angebote sowie die von ihnen zur Verfügung gestellten grafischen Programmoberflächen, die mit Mitteln der Informationstechnik dargestellt werden, schrittweise technisch so zu gestalten haben, dass sie von behinderten Menschen grundsätzlich uneingeschränkt nutzbar sind. Auf jeden Fall hat die öffentliche Hand die nötigen Maßnahmen zur Reduzierung der digitalen Spaltung zu ergreifen.[39]

Da die staatlichen Stellen über eine gewisse Autorität verfügen[40] und an Gesetz und Recht gebunden sind, wird davon ausgegangen, dass ihren ins Netz gestellten Informationen ein gewisser Vertrauensvorschuss entgegengebracht wird.[41] Dies kann sich positiv auf die Aufmerksamkeit für ihre Informationen auswirken, wenn sich Einzelne über etwas kundig machen wollen.[42] Stellen demgegenüber Unternehmen selbst gewisse sie betreffende Kontrollergebnisse ins Netz, ist jedenfalls nicht auszuschließen, dass von manchem angesichts des Agierens in eigener Sache die Neutralität der Informationen bezweifelt wird.[43] Dementsprechend betont

36 BVerfGE 120, 274, 303.

37 BVerfGE 120, 274, 304; s. auch *von Lewinski* RW 2011, 70, 71.

38 So der am 21.12.2010 von Greenpeace e.V., Netzwerkrecherche e.V. und der Deutschen Gesellschaft für Informationsfreiheit e.V. vorgestellte Entwurf eines Bürgerinformationsgesetzes, S. 21 zum Verweis Informationssuchender auf eine vorhandene Internetveröffentlichung; näher zur Verengung auf die elektronische Form *Guckelberger*, Der Übergang zur (ausschließlich) elektronischen Gesetzesverkündung, 2009, S. 101 ff. Ein Verweis auf derartige Zugangsmöglichkeiten wird man jedenfalls als ausreichend erachten können, wenn es um den bloßen Abruf von Informationen geht und der Einzelne nicht auf besondere Ausstattungen angewiesen ist.

39 *Guckelberger* DÖV 2008, 85, 91; *Hoffmann-Riem* Der Staat 42 (2003), 193, 205 f.; *Seckelmann*, in: Hill/Schliesky, Herausforderung e-Government, 2009, S. 285, 302.

40 *Gramm* Der Staat 30 (1991), 51, 52; s. zum öffentlichen Ansehen der Bundeszentrale für politische Bildung bei ihrer Informationstätigkeit BVerfG NJW 2011, 511, 513.

41 *Gramm* Der Staat 30 (1991), 51, 52; *Pitschas* (Fn. 15), S. 219, 305.

42 *Gramm* Der Staat 30 (1991), 51, 52.

43 S. auch *Gramm* Der Staat 30 (1991), 51, 52.

Voit die besondere Stellung behördlicher Informationen. Sie würden im Netz-Informationsdschungel eine amtliche und verlässliche Quelle bilden. Nicht nur Verbraucher würden diesen vertrauen. Gleiches gelte für Journalisten und Nichtregierungsorganisationen, welche die Öffentlichkeit ihrerseits über die behördlichen Angaben informieren.[44]

Vor diesem Hintergrund ist von besonderem Interesse, welchen rechtlichen Anforderungen die Behörden bei der aktiven Informationsvorsorge über das Internet unterliegen. Da es sich hierbei nur um eine andere Ausprägung der Publikumsinformation über die herkömmlichen Medien handelt, kann dabei zunächst an die dafür entwickelten rechtlichen Kriterien angeknüpft werden.[45] Mit besonderer Sorgfalt ist zu prüfen, inwieweit sich aus der Verbreitung der behördlichen Informationen gerade über das Internet zusätzliche bzw. einschränkende rechtliche Anforderungen an diese Art und Weise der aktiven behördlichen Informationsvorsorge ergeben. Einzustellen ist u. a. die große Breitenwirkung des Internets, die auf die weltweite Abrufbarkeit der Daten zurückgeht.[46] Des Weiteren ist zu berücksichtigen, dass die über das Internet recherchierten Daten nach ihrem Abruf beliebig weiter verarbeitet, verknüpft und zu einer Vielzahl von Zwecken verwendet werden können,[47] sowie ein vollständiges Löschen der einmal im Internet veröffentlichten Daten schwierig ist.[48] Sollten negative behördliche Informationen über eine Person oder Einrichtung über das Internet verbreitet werden, kann sie dies weitaus schwerer als bei gedruckten Informationen treffen.[49] Da die Veröffentlichung der Lebensmittelkontrollergebnisse bei gastronomischen Einrichtungen eine intensive Diskussion über die Zulässigkeit der aktiven behördlichen Verbraucherinformation über das Internet ausgelöst hat, wird im Zentrum der nachfolgenden Ausführungen die Internetveröffentlichung der Ergebnisse von behördlichen Lebensmittelkontrollen stehen.

44 *Voit*, in: Böhm/Freund/Voit, Information und Kommunikation von Unternehmen und Behörden, 2011, S. 45, 46.

45 *Frevert/Wagner* NVwZ 2011, 76, 78.

46 Dazu *Becker/Blackstein* NJW 2011, 490, 493 f.; *Martini* DÖV 2010, 573, 582; *Schoch* EuZW 2011, 388; s. auch *Spiecker/Eisenbarth* JZ 2011, 169 ff.

47 BVerfG NVwZ 2011, 94, 102 f.

48 *Becker/Blackstein* NJW 2011, 490, 493; *Reimer* JÖR n.F. 58 (2010), 275, 292.

49 Von einer stärkeren Eingriffsintensität der Internetveröffentlichung gehen *Becker/Blackstein* NJW 2011, 490, 493 f. und *Reimer* JÖR n.F. 58 (2010), 275, 292 aus. Auch BVerfG NVwZ 2011, 94, 102 geht bei einem automatisierten Abruf personenbezogener Daten über das Internet von einer besonders weitgehenden Form des Eingriffs in das Recht auf informationelle Selbstbestimmung aus.

I. Das berlinweite Smiley-System ab Juli 2011

Im Frühjahr 2009 hat der Berliner Bezirk Pankow damit begonnen, die amtlichen Kontrollergebnisse der Lebensmittelbetriebe im Internet zu veröffentlichen.[50] Dieses auf der Verwendung eines positiven Smiley-Buttons und einer Negativliste basierende System, bei dem auch zu Beweiszwecken aufgenommene Fotos von erheblichen Verstößen über das Internet abgerufen werden konnten, hat großes Interesse hervorgerufen.[51] Mit Wirkung zum 1. Juli 2011 beschloss man, nunmehr berlinweit die Ergebnisse aller Betriebe, also nicht nur der sehr guten und sehr schlechten, in einer neuen Datenbank der Senatsverwaltung für Gesundheit, Umwelt und Verbraucherschutz zu veröffentlichen.[52] Im Rahmen der Kontrollen der Betriebe wird geprüft, ob die Mitarbeiter/-innen geschult sind, die lebensmittel- und hygienerechtlichen Vorschriften eingehalten werden, sich die Lieferwege der Lebensmittel zurückverfolgen lassen, die Lebensmittel richtig gelagert und gekühlt werden, vorschriftsmäßig gereinigt und desinfiziert wird, mögliche Schädlinge richtig bekämpft werden sowie, wie der bauliche Zustand und die betrieblichen Eigenkontrollen sind.[53] Bei dem neuen Transparenzmodell können bis zu 80 Minuspunkte vergeben werden, die aus der Risikoeinstufung der Betriebe errechnet werden.[54] Betriebe ohne Minuspunkt werden als „sehr gut“ bewertet. Bei 1–19 Minuspunkten wird die Note „gut“, bei 20–40 Minuspunkten die Note „zufrieden stellend“, bei 41–54 Minuspunkten die Note „ausreichend“ und bei 55–80 Minuspunkten die Note „nicht ausreichend“ vergeben.[55] In der Datenbank finden sich Angaben zu Name und Adresse der Gaststätte bzw. der Schankwirtschaft, ein Link zum Standort mit gleichzeitiger Anzeige der umliegenden Gaststätten sowie die Darstellung der Kontrollergebnisse unter Angabe des Punktestands und der Note.[56]

50 S. http://www.berlin.de/ba-pankow/verwaltung/ordnung/smiley.html, abgerufen am 29.8. 2011. Dazu auch *Schink* (Fn. 21), S. 7 f.

51 S. http://www.berlin.de/ba-pankow/verwaltung/ordnung/smiley.html, abgerufen am 29.8. 2011; s. dazu auch *Wollenschläger* VerwArch 102 (2011), 20, 23 f.

52 S. http://www.berlin.de/ba-pankow/verwaltung/ordnung/smiley.html, abgerufen am 29.8. 2011.

53 S. http://www.berlin.de/sen.Verbraucherschutz/lebensmittel-ernaehrung/kontrollergebnisse/allgemeines/index.de.html, abgerufen am 29.8.2011.

54 S. http://www.berlin.de/ba-pankow/verwaltung/ordnung/smiley.html, abgerufen am 29.8. 2011.

55 S. http://www.berlin.de/sen.Verbraucherschutz/lebensmittel-ernaehrung/kon trollergebnisse / allgemeines/index.de.html, abgerufen am 29.8.2011.

56 S. http://www.berlin.de/sen.Verbraucherschutz/lebensmittelernaehrung/kontrollergebnisse /allgemeines/index.de.html, abgerufen am 29.8.2011.

Voraussichtlich ab Januar 2012 soll die Punktezahl zusätzlich durch ein Symbol dargestellt werden. Dabei ist momentan noch unklar, ob die Politik eher für die Verwendung eines Farbbalkens, eines Smileys oder gar eines anderen Symbols votieren wird.[57] Am bekanntesten ist bislang das sog. Smiley-Modell, das seit geraumer Zeit in Dänemark praktiziert wird.[58] Die lachenden oder traurigen Gesichter zeigen an, wie gut es um die Hygiene in den jeweiligen Lokalen bestellt ist.[59] Nach einer Pressemitteilung des Landes Berlin vom September 2010 ist angedacht, den Smiley in fünf Kategorien zu verwenden (elite sowie parallel zu den jeweiligen Noten mit mehr oder weniger lachendem Gesicht).[60] Den gastronomischen Einrichtungen soll verbindlich vorgeschrieben werden, das jeweilige Symbol im Geschäft auszuhängen.[61] Da es nahe liegt, den Verbraucherinnen und Verbrauchern sowohl im Netz als auch beim Aufsuchen der gastronomischen Einrichtungen gleiche Bewertungsmaßstäbe an die Hand zu geben, bietet es sich an, dieses Symbol ebenfalls für den Abruf der Informationen über das Internet zu verwenden. Eine Negativ-Liste mit Fotos, wie sie im Pankower Modell geführt wurde, ist im berlinweiten System der Veröffentlichung der Prüfergebnisse der Lokalitäten nicht mehr vorgesehen.[62]

II. Grundrechtsrelevanz der Internetveröffentlichung

Die Grundrechtsrelevanz der Internetveröffentlichung behördlicher Informationen ist stets einzelfallbezogen zu bestimmen. Werden nur allgemein gehaltene Informationen z. B. über die Umwelt ohne einen Bezug zu konkreten Personen publik gemacht, mag die Internetveröffentlichung dieser Daten zwar grundrechtlich bzw. durch Art. 20a GG motiviert sein. Da in dieser Konstellation aber kaum entgegenstehende gegenläufige

57 S. http://www.berlin.de/ba-pankow/verwaltung/ordnung/smiley.html, abgerufen am 29. 8.2011.

58 *Schink* (Fn. 21), S. 6.

59 Zu den vier Klassen des Smileys in Dänemark *Wiemers* StoffR 2009, 126, wobei es zusätzlich einen Elite-Smiley gibt.

60 Senatsverwaltung für Gesundheit, Umwelt und Verbraucherschutz, Beschluss, Sitzung der für Veterinär- und Lebensmittelaufsicht zuständigen Bezirksstadträtinnen und Bezirksstadträte am 24.9.2011, TOP 1 Smiley-Modell.

61 S. http://www.berlin.de/ba-pankow/verwaltung/ordnung/smiley.html, abgerufen am 29.8. 2011.

62 Pressemitteilung des Landes „Weg frei für Berlinweiten Smiley ab 1. Juli 2011“ vom 24.9.2010, abrufbar über http:/www.berlin.de/landespressestelle/archiv/2010/09/24/ 311 917/index.html, abgerufen am 29.8.2011.

Grundrechtspositionen erkennbar sind, bereitet unter solchen Umständen die Internetveröffentlichung dieser Informationen regelmäßig keine besonderen Probleme.[63] Kompliziert wird die Rechtslage dagegen, wenn die Informationsvorsorge des Staates auf verfassungsrechtlich fundierte Gegenpositionen stößt. Neben öffentlichen Interessen und Rechtsgütern, wie der Funktionsfähigkeit von Regierung und Verwaltung,[64] können vor allem individuelle Rechte Privater der staatlichen Informationstätigkeit Grenzen setzen.[65] Denkbar ist, dass die Privaten durch die von den Behörden ins Netz gestellten Informationen in ihrem Recht auf informationelle Selbstbestimmung, das natürlichen Personen aus Art. 2 Abs. 1 i.V.m. Art. 1 Abs. 1 GG und juristischen Personen über Art. 19 Abs. 3 i.V.m. Art. 2 Abs. 1 GG zusteht,[66] in ihrer Berufsfreiheit oder in der Eigentumsgarantie beeinträchtigt sein können.[67]

Auch wenn bei der momentanen Veröffentlichung der Lebensmittelkontrollergebnisse in Berlin nur der Name des jeweiligen Lokals mit Anschrift angegeben wird, lässt sich doch vielfach herausfinden, von wem die gastronomische Einrichtung betrieben wird. Die Herstellbarkeit eines solchen Personenbezugs reicht für die Eröffnung des Schutzbereichs des Rechts auf informationelle Selbstbestimmung aus,[68] wenngleich nachher bei der Beurteilung der Schwere des Grundrechtseingriffs berücksichtigt werden darf, wie groß das Interesse und damit die Wahrscheinlichkeit der Herstellung eines solchen Personenbezugs durch andere Personen infolge von Recherchen oder entsprechendes Zusatzwissen ist.[69] Im Mittelpunkt der Diskussion um die Internetveröffentlichung der Lebensmittelkontrollergebnisse dreht sich jedoch alles um die Frage, ob und inwieweit dadurch in Art. 12 Abs. 1 GG eingegriffen wird.[70]

63 Dazu auch *Gramm* Der Staat 30 (1991), 51, 78; *Gusy*, in: Hoffmann-Riem/Schmidt-Aßmann/Voßkuhle, Grundlagen des Verwaltungsrechts, Bd. 2, 2008, § 23 Rn. 104.

64 S. dazu nur *Böhm* (Fn. 15), S. 236; *Schoch* EuZW 2011, 388, 391 f.

65 *Böhm* (Fn. 15), S. 236 f.; *Schoch* EuZW 2011, 388, 391 f.

66 So BVerfG NVwZ 2011, 94, 100. Im Schrifttum ist umstritten, ob sich juristische Personen auf das informationelle Selbstbestimmungsrecht berufen können, s. dazu *Huber*, in: von Mangoldt/Klein/Starck, Grundgesetz, Bd. 1, 6. Aufl. 2010, Art. 19 Rn. 316; *Schoch* JURA 2008, 352, 356.

67 Zu den entgegenstehenden Grundrechtspositionen *Böhm* (Fn. 15), S. 236 f.; *Martini* DÖV 2010, 573, 576.

68 BVerfG NVwZ 2011, 94, 100 f.

69 BVerfG NVwZ 2011, 94, 103.

70 Regelmäßig wird darauf verwiesen, dass im Ergebnis für den unternehmensbezogenen Datenschutz Ähnliches wie für die Beurteilung der Informationstätigkeit am Maßstab des Art. 12 Abs. 1 GG gelte, s. *Schink* (Fn. 21), S. 29.

1. Eröffnung des Schutzbereichs des Art. 12 Abs. 1 GG?

Seit der sog. Glykol-Entscheidung des Bundesverfassungsgerichts[71] ist umstritten, ob behördliche Informationen über berufliche Tätigkeiten dem Schutzbereich der Berufsfreiheit unterfallen. Das Verfassungsgericht vertrat den Standpunkt, dass bei der unternehmerischen Betätigung, die am Markt nach den Grundsätzen des Wettbewerbs erfolge, die Reichweite des Freiheitsschutzes auch durch die den Wettbewerb ermöglichenden und begrenzenden Rechtsvorschriften mitbestimmt werde.[72] Wenn sich ein Unternehmen am Markt betätige, setze sich dieses der Kritik der Qualität seiner Produkte bzw. seines Verhaltens aus, wogegen es sich seinerseits marktgerecht etwa durch eigene Werbung unter Betonung der Qualität wehren könne.[73] Die Gewährleistung der Berufsfreiheit umfasse kein ausschließliches Recht auf eigene Außendarstellung sowie auf eine uneingeschränkte unternehmerische Selbstdarstellung am Markt.[74] Wie man an diversen Normen sehen könne, sei der Rechtsordnung an einem hohen Maß markterheblicher Informationen und an entsprechender Markttransparenz gelegen.[75] Die Berufsfreiheit schütze „nicht vor der Verbreitung zutreffender und sachlich gehaltener Informationen am Markt, die für das wettbewerbliche Verhalten der Marktteilnehmer von Bedeutung sein können, selbst wenn die Inhalte sich auf einzelne Wettbewerbspositionen nachteilig auswirken.“[76]

Im Schrifttum ist diese Position überwiegend auf Ablehnung gestoßen,[77] weil sie letztlich zu einem Ausgestaltungsvorbehalt des Art. 12 Abs. 1 GG führen würde.[78] Der Charakter der staatlichen Marktinformationen werde verkannt. Dies zeige sich daran, dass es sich bei den Informationen nicht um eine Stimme im Chor vieler Produktbewerber handle, sondern ihnen gerade wegen ihrer Herkunft eine besondere Autorität von den Rezipienten beigemessen werde.[79] Andere meinen, dass sich die auf die Informationstätigkeit der Regierung bezogene Rechtsprechung nicht

71 BVerfGE 105, 252 ff.
72 BVerfGE 105, 252, 265.
73 BVerfGE 105, 252, 266.
74 BVerfGE 105, 252, 266.
75 BVerfGE 105, 252, 267.
76 BVerfGE 105, 252, 265.
77 S. zur Kritik *Dietlein*, in: Stern, Das Staatsrecht der Bundesrepublik Deutschland, 2006, § 111, S. 1841 ff.; *Huber* JZ 2003, 290 ff.; *Wollenschläger* VerwArch 102 (2011), 20, 37.
78 *Wollenschläger* VerwArch 102 (2011), 20, 38 f.
79 *Wollenschläger* VerwArch 102 (2011), 20, 39.

auf die Informationsvorsorge der Behörden übertragen lasse.[80] Als weiterer Unterschied zur Glykol-Entscheidung ist zu nennen, dass die Veröffentlichung der behördlichen Kontrollergebnisse nicht nur zur Information der Verbraucher erfolgt. Wegen der damit verbundenen adversen Publizität wird darin zugleich ein Mittel zur Steuerung des Verhaltens der Betreiber gastronomischer Einrichtungen erblickt.[81] Letztlich ist den kritischen Stimmen beizupflichten. Die Verfassungsrechtsprechung führt zu einer nicht hinnehmbaren Verschmelzung von Eingriff und Eingriffsrechtfertigung bereits bei der Bestimmung des Schutzbereichs des Grundrechts[82] und stellt grundrechtsrelevante Sachverhalte in zu weitem Maße von dem grundrechtlichen Rechtfertigungszwang frei.[83] Werden Kontrollergebnisse in eine Notenskala umgesetzt, handelt es sich dabei nicht mehr um eine reine Mitteilung von Fakten, sondern eine durch die staatlichen Stellen vorgenommene Bewertung.[84] Auf dieser Linie liegt die EuGH-Rechtsprechung, wonach bei der Internetveröffentlichung von Agrarsubventionsempfängern durch staatliche Stellen keine Zweifel an der Eröffnung des Anwendungsbereichs allerdings des Datenschutzgrundrechts bestehen würden und schwerpunktmäßig die Verhältnismäßigkeit der Informationstätigkeit zu prüfen sei.[85]

2. Vorliegen eines Grundrechtseingriffs?

Die Veröffentlichung der behördlichen Kontrollergebnisse im Internet statuiert weder für die Verbraucher/-innen noch für die Gastwirte ein imperatives Ge- oder Verbot, wie sie sich zu verhalten haben. Daher beinhaltet die behördliche Informationstätigkeit keinen Grundrechtseingriff im klassischen Sinne.[86] Es bleibt dem Publikum überlassen, wie es auf die zur Verfügung gestellten Informationen reagiert. Dies hängt von vielen Faktoren ab.[87] So lässt sich nur schwer im Voraus treffsicher sagen,

80 *Böhm* (Fn. 15), S. 239; *Holzner* NVwZ 2010, 489, 490; kritisch *Schink* DVBl. 2011, 253, 255, wonach allein entscheidend sei, dass kein Grundrechtseingriff vorliege.

81 *Schink* DVBl. 2011, 253, 254.

82 Wie hier *Becker/Blackstein* NJW 2011, 490, 491; *Martini* DÖV 2010, 573, 576; *Shirvani* ZfSH/SGB 2010, 711, 712 f.

83 Wie hier *Becker/Blackstein* NJW 2011, 490, 491.

84 So zu den Bewertungsportalen bei Ärzten *Martini* DÖV 2010, 573, 576.

85 Wie hier *Becker/Blackstein* NJW 2011, 490, 492; s. zur Veröffentlichung der Agrarsubventionsempfänger EuGH EuZW 2010, 939 ff. sowie *Guckelberger* EuZW 2011, 126 ff.

86 S. nur *Wollenschläger* VerwArch 102 (2011), 20, 37.

87 *Bumke* Verw 37 (2004), 3, 8.

inwieweit die von den Behörden ins Netz gestellten Informationen von den Verbrauchern aufgerufen werden (Stichwort: „aufgesuchte Publikumsinformationen“).[88] Insoweit sei nur auf die Vielzahl der über das Internet abrufbaren Informationen, die wechselnde Aktualität mancher Themen angesichts der ständigen Folge neuer Ereignisse sowie die zeitlich begrenzten Ressourcen hingewiesen, sich über alles und jedes informieren zu können.[89] Durch die behördlichen Informationen werden die Einzelnen jedenfalls in die Lage versetzt, ihr Handlungsvermögen durch Wissenserzeugung zu vergrößern.[90] Je nachdem, welche Bedeutung die Informationen für ihren Alltag haben und wie verständlich bzw. ansprechend sie ausgestaltet sind, dürfte die Neigung der Einzelnen zu ihrer Abfrage steigen.[91] Da der Besuch gastronomischer Einrichtungen zum alltäglichen Verhalten gehört, wird mancher sich durchaus im Vorfeld darüber kundig machen wollen, wie es um die Hygiene in bestimmten Lokalitäten bestellt ist. Jedenfalls ist die im Internet veröffentlichte Negativliste des Bezirksamts Pankow mit Fotos erheblicher Verstöße gegen Lebensmittel- und Hygienevorschriften einzelner Betriebe auf eine große (Medien-)Resonanz gestoßen.[92]

In ständiger Verfassungsrechtsprechung wurde der Grundrechtsschutz auf faktische und mittelbare Beeinträchtigungen ausgedehnt, sofern diese in ihren Zielsetzungen und Wirkungen herkömmlichen Grundrechtseingriffen gleichkommen.[93] Dabei gibt es unterschiedliche Ansätze, wann man den nötigen Zurechnungszusammenhang zwischen der behördlichen Informationstätigkeit und der nachteiligen Betroffenheit bejahen kann.[94] Aus der Perspektive der Verbraucher/-innen, welche die behördlichen Prüfergebnisse über das Internet abfragen, beinhaltet die behördliche Informationstätigkeit regelmäßig keinen Grundrechtseingriff. Sie vergrößert ihre Handlungsmöglichkeiten und -optionen und überlässt es ihrer Entscheidung, welche Schlussfolgerungen sie aus den Mitteilungen zie-

88 S. dazu *Mandelartz* DÖV 2009, 509; s. zu den Umweltinformationen auch *Tolkmitt* (Fn. 12), S. 162 ff.

89 S. dazu nur *Hill* JZ 1993, 330, 333 sowie *Reimer* JÖR n.F. 58 (2010), 275, 292.

90 Ohne Bezug zur Informationstätigkeit gerade über das Internet *Bumke* Verw 37 (2004), 3, 8.

91 Zu einzelnen Faktoren, die bei der Recherche nach gewissen Informationen von Relevanz sind, *Tolkmitt* (Fn. 12), S. 168, 175, 208.

92 Deswegen können einzelne Fotos nach wie vor abgefragt werden, s. http://www.berlin.de/ba-pankow/verwaltung/ordnung/smiley.html abgerufen am 29.8.2011.

93 BVerfGE 105, 279, 303; 116, 202, 222; BVerfG NVwZ 2009, 1486, 1487; s. auch *Augsberg* DVBl. 2007, 733, 740; *Gramm* Der Staat 30 (1991), 51, 76 f.

94 Nachweise zu den verschiedenen Ansichten bei Rechtsgutachten *Schink* (Fn. 21), S. 21 ff.

hen wollen.[95] Handelt es sich z. B. um ein Stammlokal, das der Einzelne trotz negativer Kontrollergebnisse in guter Erinnerung hat, braucht die schlechte Bewertung nicht dazu zu führen, dass er dieses Lokal von nun an nicht mehr besucht. Allerdings wird voraussichtlich bei mehreren Personen die Bereitschaft steigen, einmal eine neue, besser bewertete Lokalität in der Nähe auszuprobieren. Laut einem Artikel von Foodwatch über das seit längerer Zeit in Dänemark praktizierte Smiley-Modell sollen dort mehr als die Hälfte aller befragten Personen angegeben haben, auf den Besuch eines Restaurants wegen eines schlechten Smileys verzichtet zu haben.[96]

Vor allem gegenüber den Betreibern gastronomischer Einrichtungen kommt ein Grundrechtseingriff in Betracht.[97] Dafür spricht u. a., dass die Weitergabe der Informationen an einen großen Personenkreis erfolgt[98] und einmal ins Netz gestellte Daten nachträglich nur schwer vollständig zu beseitigen sind.[99] Weil die Betreiber der Lokale damit rechnen müssen, dass eine nicht unerhebliche Zahl von Verbrauchern bei allzu negativen Prüfergebnissen ihrer Gastronomieeinrichtung fernbleiben und sich nach anderen Lokalen umsehen wird, wird die Internetveröffentlichung der behördlichen Informationen gezielt dazu eingesetzt, um auf sie Druck auszuüben und sie zu einer dauerhaften Verbesserung der Hygiene in ihren Betrieben anzuhalten.[100] Aufgrund der von dieser Maßnahme ausgehenden Lenkungswirkung, die für die Betroffenen mit empfindlichen Umsatzeinbußen einhergehen kann, sprechen gute Gründe für die Bejahung eines Grundrechtseingriffs gegenüber den Gaststättenbetreibern.[101]

Führt die Internetveröffentlichung der Lebensmittelkontrollergebnisse und die dadurch hergestellte Vergleichbarkeit der Lokale dazu, dass sich die Gastwirte von vornherein um ein verbessertes Hygieneverhalten be-

95 Wie hier *Gusy* (Fn. 63), § 23 Rn. 102.

96 Artikel vom 16.9.2010 „Dänen informieren erfolgreich mit Smiley-Symbolen“, abgerufen am 29.8.2011 über http://foodwatch.de/e10/e26043/e26050/index_print_ger.html. Nach *Schink* (Fn. 21), S. 6, besuchen nach einer Umfrage 79% der Dänen kein Restaurant mit einem negativen Smiley.

97 S. auch *Gusy* (Fn. 63), § 23 Rn. 103.

98 *Augsberg* DVBl. 2007, 733, 740.

99 *Becker/Blackstein* NJW 2011, 490, 493; *Reimer* JÖR n.F. 58 (2010), 275, 292.

100 *Becker/Blackstein* NJW 2011, 490, 492; *Holzner* NVwZ 2010, 489, 490; für die Annahme eines Eingriffs unter Zugrundelegung des Finalitätskriteriums auch *Schink* (Fn. 21), S. 22 f., der sich aber auf S. 24 gegen diese Ansicht ausspricht, weil mit der Veröffentlichung keine Ersetzung der ordnungsrechtlichen Maßnahmen angestrebt werde.

101 *Becker/Blackstein* NJW 2011, 490, 492; *Böhm/Lingenfelder/Voit* NVwZ 2011, 198, 201; *Holzner* NVwZ 2010, 489, 490; s. zur Auslösung von Umsatzeinbußen OVG Saarlouis NVwZ 2011, 632, 634.

mühen, wirkt sich dies auf die Behörden positiv aus, indem sie auf weniger oder auf weniger strenge ordnungsrechtliche Maßnahmen zurückgreifen müssen. Dies darf aber nicht dahingehend missverstanden werden, dass die Informationsvorsorge der staatlichen Stellen im Internet insgesamt etwaige ordnungsrechtliche Maßnahmen ersetzen könnte. Wird ein gesundheitsgefährdender Zustand angetroffen, kann schon deshalb nicht auf ordnungsrechtliche Maßnahmen wie eine Betriebsschließung verzichtet werden, weil nur dieses Vorgehen alle Verbraucher effektiv schützen kann.[102] Die Behördeninformationen ergänzen die ordnungsrechtlichen Maßnahmen, die ihrerseits keinen Beitrag für eine adäquate Konsumentscheidung der Verbraucher leisten können.[103] Zu Recht hat *Schink* die Unterstützungsfunktion der Behördeninformationen betont, die ohne Durchführung der Kontrollen nicht publiziert werden könnten.[104]

Bei der Bestimmung der Schwere des Grundrechtseingriffs für die Betroffenen ist auf der einen Seite einzustellen, dass die über das Internet abrufbaren Daten einem großen Publikum und dies oft für lange Zeit zugänglich sind, weil einmal im Netz veröffentlichte Daten nachträglich nur schwer komplett zu löschen sind.[105] Andererseits darf berücksichtigt werden, dass die Betroffenen, über die keine positiven Informationen verbreitet werden, dies durch ihr eigenes, hinter den gesetzlichen Anforderungen zurückbleibendes Verhalten veranlasst haben.[106] Auch haben die im Internet veröffentlichten Daten einen Sozialbezug, weil Hygienemängel (erhebliche) negative Konsequenzen für die Verbraucher nach sich ziehen können.[107] Durch die Vorgabe, dass nicht unmittelbar der Name einer Person im Internet publik gemacht wird, kann die Schwere des Grundrechtseingriffs etwas abgemildert werden,[108] weil nicht jeder das Interesse und auch die Zeit haben wird, über eigene Recherchen die hinter dem Unternehmen bzw. Betrieb stehende Person ausfindig zu machen.

102 *Becker/Blackstein* NJW 2011, 490, 494; *Wollenschläger* VerwArch 102 (2011), 20, 25; *Kube* ZLR 2007, 165, 194.

103 OVG Saarlouis NVwZ 2011, 632, 635.

104 *Schink* (Fn. 21), S. 23.

105 *Becker/Blackstein* NJW 2011, 490, 493; *Reimer* JÖR n.F. 58 (2010), 275, 292.

106 OVG Saarlouis NVwZ 2011, 632, 634; zum Register nach dem GenTG BVerfG NVwZ 2011, 94, 102 f.

107 S. zur Unterscheidung, zu welcher Sphäre die veröffentlichten Daten angehören, BVerfG NJW 2008, 1435, 1436.

108 S. dazu auch § 115 Abs. 1a S. 3 SGB XI.

III. Gesetzliche Regelung der behördlichen Informationstätigkeit

In den Fällen eines Grundrechtseingriffs obliegt es grundsätzlich dem unmittelbar demokratisch legitimierten Gesetzgeber, hierfür die Voraussetzungen näher zu präzisieren und einen Ausgleich zwischen den konfligierenden Rechtsgütern vorzunehmen. Nach dem Bundesverfassungsgericht soll jedoch für die Informationstätigkeit der Regierung der Vorbehalt des Gesetzes in der Mehrzahl der Fälle keine Ermächtigung verlangen. Angesichts ihrer Aufgabe zum Informationshandeln lasse sich im Hinblick auf die Vielgestaltigkeit und Veränderlichkeit der denkbaren Lebenssachverhalte regelmäßig nicht vorab mit der nötigen Sicherheit bestimmen, in welchen Situationen es zu einer Information der Bevölkerung durch die Regierung kommen wird.[109] Die Themen könnten praktisch alle Lebensbereiche betreffen. Ebenso vielfältig seien die jeweiligen Informationszwecke.[110] Da der Gesetzgeber diese Informationstätigkeit allenfalls in einer Generalklausel regeln könne, womit letztlich aber keine größere Vorhersehbarkeit für die Einzelnen einhergehe, sei mangels Normierbarkeit nicht auf einer gesetzlichen Regelung zu beharren.[111] Etwas anderes gelte lediglich, wenn sich die jeweilige Maßnahme nach ihrer Zielsetzung und Wirkung als Ersatz für eine Maßnahme herausstelle, die als Grundrechtseingriff im herkömmlichen Sinne zu verstehen sei.[112] Da die Bekanntgabe der Lebensmittelkontrollergebnisse im Internet die herkömmlichen Ordnungsmaßnahmen nicht ersetzen, sondern ergänzen soll, wird bei Zugrundelegung dieser Rechtsansicht bezweifelt, ob dafür eine Ermächtigung durch den Gesetzgeber benötigt wird.[113]

Was Verbraucherinformationen durch die Behörden anbetrifft, wird dieser Meinung jedoch zu Recht entgegengehalten, dass es dabei um administratives Handeln gehe,[114] das durchaus einer Normierung zugänglich sei.[115] Es geht nicht an, den Behörden die wichtige Entscheidung über die Abwägung der konfligierenden Rechtsgüter zu überlassen, die je nach Akzentuierung der Belange einen anderen Ausgang nehmen kann. Hinzu kommt, dass die in personeller und sachlicher Hinsicht beschränkten Verwaltungsressourcen momentan keine Veröffentlichung aller Behör-

109 BVerfGE 105, 279, 304.

110 BVerfGE 105, 279, 304.

111 BVerfGE 105, 279, 304 f.; s. zu einer praktisch kaum möglichen detaillierten Regelung *Pitschas* (Fn. 15), S. 219, 247 f.

112 BVerfGE 105, 279, 303.

113 Verneinend *Schink* (Fn. 21), S. 20.

114 *Wollenschläger* VerwArch 102 (2011), 20, 40.

115 *Wollenschläger* VerwArch 102 (2011), 20, 40; i. E. auch *Bumke* Verw. 37 (2004), 3, 19.

deninformationen erlauben und es daher Aufgabe des Gesetzgebers ist, die entsprechenden Grundsatzentscheidungen zu den Prioritäten sowie über die Art und Weise der Aufgabenerledigung zu fällen.[116] Auch ist zu bedenken, dass der nationale Gesetzgeber durch europäische Richtlinienvorgaben, wie dies bei Art. 7 der Umweltinformations-Richtlinie[117] der Fall ist, zum Erlass von Gesetzesregelungen über die aktive Informationsvorsorge staatlicher Stellen verpflichtet sein kann.

Selbst wenn weder das Unionsrecht noch das nationale Verfassungsrecht eine gesetzliche Regelung für die behördlichen Informationen über das Internet fordern, hindert dies den Gesetzgeber nicht, der Verwaltung klare Maßstäbe für ihre Informationstätigkeit an die Hand zu geben. Damit ist der Vorteil verbunden, dass die zuständigen Behörden nicht in jeder Situation von Neuem überlegen müssen, ob und wann sie zu einer Publikumsinformation über das Internet schreiten sollen und welchen Anforderungen die zur Verfügung gestellten Informationen genügen müssen.[118] Auch wenn im Moment beklagt wird, dass die gegenwärtigen Rechtsvorschriften zur Förderung einer aktiven Informationspolitik sehr heterogen sind[119] und dadurch für den normalen Rechtsanwender eine schwer durchschaubare Regelungskonkurrenz entstehen kann,[120] ist es für diesen immer noch leichter, die gesetzlichen Regelungen anzuwenden, als sich jedes Mal die Maßstäbe für das Informationshandeln unter Rekurs gegebenenfalls auf die Verfassung selbst entwickeln zu müssen.

IV. Rechtliche Parameter, die bei der Ausgestaltung der Vorschriften zur behördlichen Informationstätigkeit zu beachten sind

Werden konkretisierende Rechtsvorschriften zur aktiven Informationsvorsorge der Behörden über das Internet erlassen, ist darauf zu achten, dass sie nicht etwaigen unionsrechtlichen Vorgaben zur Informationstä-

116 *Voßkuhle*, in: Hoffmann-Riem/Schmidt-Aßmann, Verwaltungsrecht in der Informationsgesellschaft, 2000, S. 349, 394.

117 Richtlinie 2003/4/EG des Europäischen Parlaments und des Rates vom 28. Januar 2003 über den Zugang der Öffentlichkeit zu Umweltinformationen und zur Aufhebung der Richtlinie 90/313/EWG des Rates, ABl. EU 2003 Nr. L 41, S. 26 ff.

118 S. auch *Kube* ZLR 2007, 165, 180.

119 *Schoch* (Fn. 2), § 11 Rn. 10.

120 So der am 21.12.2010 von Greenpeace e.V., Netzwerkrecherche e.V. und der Deutschen Gesellschaft für Informationsfreiheit e.V. vorgestellte Entwurf eines Bürgerinformationsgesetzes, S. 16 f.

tigkeit der Mitgliedstaaten widersprechen.[121] Da es vereinzelt auch völkerrechtliche Vorgaben zur Zulässigkeit derartiger Informationen gibt, muss zur Vermeidung etwaiger Völkerrechtsverstöße diesen ebenfalls Rechnung getragen werden.[122] Wie man nicht zuletzt an den angesichts der im Mai/Juni 2011 in Deutschland gehäuft auftretenden Infektionen mit bestimmten EHEC-Bakterien erfolgten Warnungen der Gesundheitsbehörden vor bestimmten, auch aus dem Ausland stammenden Lebensmitteln sehen konnte, wurde bislang noch nicht in ausreichendem Maße wahrgenommen, dass sich auch aus dem internationalen und supranationalen Recht Grenzen für die staatliche Informationstätigkeit ergeben können, z. B. der Warenverkehrsfreiheit.[123]

Wegen des Vorrangs der Verfassung dürfen die diesbezüglichen Rechtsvorschriften selbstverständlich nicht den grundgesetzlichen Vorgaben zuwiderlaufen. Insbesondere müssen die Rechtsvorschriften von dem dafür zuständigen Gesetzgeber erlassen werden.[124] Gerade bei der Veröffentlichung von an Ordnungswidrigkeitentatbestände anknüpfenden negativen Kontrollergebnissen im Internet wird vereinzelt bemängelt, dadurch würde es zu einer Doppelbestrafung kommen. Mit der Benennung der Unternehmen samt negativer Prüfergebnisse würde der virtuelle öffentliche Pranger eingeführt, der in der Sache nichts anderes als eine Ehrstrafe bilde.[125] Art. 103 Abs. 3 GG verbietet aber, dass jemand wegen derselben Tat aufgrund der allgemeinen Strafgesetze mehrmals bestraft wird. Diese Verfassungsnorm ist jedoch bei der hier zu erörternden Informationstätigkeit gar nicht einschlägig, da sie sich nur auf die erneute Bestrafung als missbilligende und vergeltende hoheitliche Reaktion auf schuldhaftes Unrecht bezieht.[126] Die Veröffentlichung der Lebensmittelkontrollergebnisse im Internet hat jedoch vorrangig präventiven Charakter. Sie soll dazu beitragen, dass sich die Gastwirte vermehrt um die Einhaltung der Hygienevorschriften bemühen. Weil der Gesetzgeber durch die über das Internet abrufbaren Vorgaben Verbrauchern eine informierte

121 S. dazu *Klein* (Fn. 1), insbes. S. 77 ff.; *Schoch* EuZW 2011, 388, 389, 392; zum VIG *Böhm/Lingenfelder/Voit* NVwZ 2011, 198, 201; BR-Drucks. 454/11, S. 17.

122 S. dazu *Klein* (Fn. 1), S. 458, 460 f.; *Schoch* EuZW 2011, 388, 389.

123 Zu Letzterem *Schoch* EuZW 2011, 388, 392.

124 S. zur Öffentlichkeitsarbeit durch die Regierung BVerfGE 105, 279, 294 ff.; zur umstrittenen Frage, ob sich die Gesetzgebungskompetenz parallel zum Verwaltungsverfahren oder zur Sachkompetenz für ein bestimmtes Aufgabenfeld ableitet, *Böhm* (Fn. 15), S. 251 ff. m.w.N.

125 *Wiemers* ZLR 2009, 413, 423; s. auch *Dörnhöfer*, Jahrbuch Menschenrechte 2011, S. 106 ff.

126 BVerfG JR 2006, 480; dazu, dass die Internetveröffentlichung von Sexualstraftätern keine Doppelbestrafung enthält, *Baur/Burkhardt/Kinzig* JZ 2011, 131, 132.

Konsumentscheidung ermöglichen will, verfolgt er damit keine repressive Zielsetzung.[127]

V. Verhältnismäßigkeit der Vorschriften

Kollidiert die aktive Informationstätigkeit der Behörden mit gegenläufigen Grundrechtspositionen Privater, obliegt es dem Gesetzgeber, einen angemessenen Ausgleich zwischen dem Informationsinteresse der Öffentlichkeit und den Interessen der Betroffenen herzustellen. Insbesondere wenn die Behörden durch ihre aktive Informationsvorsorge das Ziel einer Antizipierung individueller Zugangsanträge verfolgen, leuchtet es ohne weiteres ein, dass sie nicht von sich aus über etwas informieren dürfen, was auf individuellen Antrag nicht zugänglich sein darf.[128] Dies spiegelt sich im momentanen § 5 Abs. 1 S. 2 VIG (künftig wohl § 6 Abs. 1 S. 3 VIG)[129] wider, wonach die informationspflichtigen Stellen Informationen, „zu denen Zugang zu gewähren ist", auch unabhängig von einem Antrag über das Internet zugänglich machen dürfen.

Mit der Internetveröffentlichung der Lebensmittelkontrollergebnisse gastronomischer Einrichtungen werden mehrere legitime Zwecke verfolgt. Die behördliche Information soll einen Beitrag dazu leisten, dass die Verbraucher informierte Konsumentscheidungen treffen können[130] und sich die Gastwirte vermehrt um die Einhaltung der Vorschriften bemühen, wodurch der Gesundheitsschutz gefördert wird (Art. 2 Abs. 2 S. 1 GG).[131] Zudem soll durch die Transparenz das Vertrauen in die Lebensmittelkontrollen gestärkt und die Teilhabemöglichkeit der Bürger an verbraucherschutzpolitischen Entscheidungen verbessert werden.[132]

Zum Teil wird die Eignung der Internetveröffentlichung der Lebensmittelkontrollergebnisse, etwa in Form von Noten, zur Zweckerreichung bezweifelt. Es sei unsicher, ob die Informationen die Verbraucher überhaupt erreichen würden.[133] Da sie entscheiden, welche Konsequenzen sie aus den aufgerufenen Informationen ziehen wollen, sei die Wirkung der

127 OVG Saarlouis NVwZ 2011, 632, 635; *Wollenschläger* VerwArch 102 (2011), 20, 25.

128 *Guckelberger* (Fn. 8), § 10 UIG Rn. 87; *Rossi* (Fn. 4), § 11 Rn. 28. So finden nach § 10 Abs. 6 UIG die §§ 8, 9 UIG entsprechende Anwendung.

129 S. den Gesetzentwurf zur Änderung des VIG BR-Drucks. 454/11.

130 Dies ist wichtig für die ebenfalls verfassungsrechtlich verbürgte Vertragsfreiheit, s. dazu BVerfGE 65, 196, 210; BVerfG NZA 2011, 400, 401.

131 *Schink* (Fn. 21), S. 25; *ders.* DVBl. 2011, 253, 259.

132 So Rechtsgutachten *Schink* (Fn. 21), S. 25 f.; *ders.* DVBl. 2011, 253, 259.

133 *Holzner* NVwZ 2010, 489, 492.

Informationstätigkeit unkalkulierbar.[134] Mit Abstellung des jeweiligen Verstoßes gebe es keinen Grund dafür, diesen weiterhin publik zu machen.[135] Allerdings ist eine Maßnahme bereits dann als geeignet anzusehen, wenn mit ihrer Hilfe der angestrebte Erfolg gefördert werden kann, wobei die Möglichkeit der Zweckerreichung genügt.[136] Dabei steht dem Gesetzgeber ein Beurteilungsspielraum in dieser Hinsicht zu.[137] Da durchaus davon ausgegangen werden kann, dass manche Personen sich über die Einhaltung der hygiene- und lebensmittelrechtlichen Vorschriften in einem Lokal vorher informieren wollen und bei einer entsprechend verständlichen Darstellung bzw. der Beifügung von Erläuterungen die jeweiligen Informationen sehr wohl bewerten sowie daraus die nötigen Schlüsse ziehen können, wird man die Geeignetheit der Maßnahme bejahen müssen.[138] Auch wenn zwischenzeitlich ein Verstoß abgestellt wurde, fließt dieser doch zunächst in die Prognoseentscheidung über das künftige Verhalten des Lokalbetreibers ein.[139] Nach Ansicht des OVG Saarland können Informationen aus der jüngeren Vergangenheit durchaus zur Transparenz am Markt beitragen.[140] Wenn sich andere nach der Beseitigung bestimmter Verstöße noch über diese informieren könnten, stelle gerade dieser Negativeffekt für die Betroffenen einen maßgeblichen Faktor dar, sich mit der nötigen Ernsthaftigkeit darum zu bemühen, es gar nicht erst zu derartigen Feststellungen kommen zu lassen.[141] Da jedoch der Verstoß im Laufe der Zeit verblasst und für die aktuelle Entscheidung der Konsumenten an Bedeutung verlieren wird, sei bereits an dieser Stelle darauf hingewiesen, dass aus dem Verhältnismäßigkeitsprinzip zeitliche Grenzen für die Veröffentlichung solcher Behördeninformationen resultieren.

Des Weiteren muss die Internetveröffentlichung der Auswertung der behördlichen Lebensmittelkontrollergebnisse erforderlich sein, d. h. es darf kein anderes, weniger einschneidendes, aber gleich wirksames Mittel

134 *Holzner* NVwZ 2010, 489, 492.

135 *Holzner* NVwZ 2010, 489, 492.

136 S. nur BVerfGE 103, 293, 307; 121, 317, 354; BSGE 98, 129, 135.

137 S. nur BVerfGE 90, 145, 173; 117, 163, 189; BSGE 98, 129, 135; s. auch *Schink* DVBl. 2011, 253, 260.

138 *Schink* DVBl. 2011, 253, 260; *Wollenschläger* VerwArch 102 (2011), 20, 41 f.; s. auch OVG Saarlouis NVwZ 2011, 632, 634 f.

139 *Schink* DVBl. 2011, 253, 260; *Wollenschläger* VerwArch 102 (2011), 20, 41; s. auch OVG Saarlouis NVwZ 2011, 632, 634 f. Ablehnend gegenüber einer Veröffentlichung nach Beseitigung des Mangels Beschluss der Wirtschaftsministerkonferenz am 6./7.6.2011 auf Schloss Plön Punkt 14.3 der Tagesordnung unter Nr. 3.

140 OVG Saarlouis NVwZ 2011, 632, 635.

141 OVG Saarlouis NVwZ 2011, 632, 635.

vorhanden sein,[142] wobei der Gesetzgeber auch insoweit über einen beträchtlichen Spielraum verfügt.[143] Die Erforderlichkeit fehlt nicht deshalb, weil die ordnungsrechtlichen Maßnahmen ausreichend sind.[144] Denn mit der Informationstätigkeit wird vor allem eine präventive Zwecksetzung verfolgt. Auch können die ordnungsrechtlichen Maßnahmen den Verbrauchern keine adäquate Basis für ihre Konsumentscheidung liefern.[145] Die Erfahrungen in Dänemark haben gezeigt, dass trotz der ordnungsrechtlichen Instrumente die Häufigkeit der Verstöße im Lebensmittelbereich erst durch die Publikmachung der Kontrollergebnisse weiter gesenkt werden konnte.[146] Weil die Zielrichtungen der ordnungsrechtlichen Maßnahmen und der aktiven Informationsvorsorge nicht identisch sind, lässt sich die Erforderlichkeit nicht verneinen, da etwaige Umsatzausfälle aufgrund der Veröffentlichung negativer Kontrollergebnisse die Betroffenen manchmal härter treffen als ein Bußgeld oder eine temporäre Betriebsschließung.[147] Die Internetveröffentlichung der Behörden erübrigt sich auch nicht, weil die Betriebe von sich aus die Verbraucher informieren können.[148] Zum einen ist nicht gesagt, dass sie davon Gebrauch machen werden. Zum anderen ist es für die Verbraucher umständlicher, wenn sie die Homepage einzelner Lokale aufsuchen müssen, um sich dort über die Ergebnisse von Lebensmittelkontrollen zu informieren. Auch individuelle Zugangsanträge zu den Behördeninformationen sind nicht gleich wirksam, da sie mit einem zusätzlichen Aufwand für die Interessierten verbunden sind und ihnen die Informationen erst nach geraumer Zeit bei einer positiven Behördenentscheidung zugänglich gemacht werden.[149]

Es ist verfassungsrechtlich unbedenklich, wenn der Gesetzgeber die Internetveröffentlichung der Behördeninformationen für alle Betriebe verbindlich vorgibt und sich gegen das System einer freiwilligen Teilnahme entscheidet.[150] Er darf aufgrund seines diesbezüglichen Einschätzungs-

142 BVerfGE 80, 1, 30; 117, 163, 189; 121, 317, 354.

143 BVerfGE 102, 197, 218; 104, 337, 347 f.; 105, 17, 36; BSGE 98, 129, 136.

144 S. die Erklärung des wissenschaftlichen Beirats für Lebensmittelrecht und Lebensmittelkunde e.V. (BLL) zur Pankower Negativliste ZLR 2009, 767, 768 f.

145 *Schink* DVBl. 2011, 253, 260; *ders.* (Fn. 21), S. 27; *Wollenschläger* VerwArch 102 (2011), 20, 42.

146 S. *Schink* (Fn. 21), S. 6, 27; *ders.* DVBl. 2011, 253, 260.

147 So *Becker/Blackstein* NJW 2011, 490, 494.

148 In diese Richtung aber *Schroeder*, in: Böhm/Freund/Voit, Information und Kommunikation von Unternehmen und Behörden, 2011, S. 9, 23.

149 So für den Zugang zu Umweltinformationen *Tolkmitt* (Fn. 12), S. 469.

150 Zur freiwilligen Beteiligung am Smiley-Konzept *Böhm* (Fn. 15), S. 223.

und Prognosespielraums[151] davon ausgehen, dass viele Betriebe, bei denen Zweifel an der Einhaltung der lebensmittel- und hygienerechtlichen Vorschriften bestehen, von einer freiwilligen Teilnahme absehen werden mit der Folge, dass den Verbrauchern insoweit keine verbesserten Entscheidungsgrundlagen zur Verfügung stehen. Sollte den Lokalbetreibern künftig verbindlich vorgeschrieben werden, die Lebensmittelkontrollergebnisse in ihrer gastronomischen Einrichtung zur Einsicht bereit zu halten oder möglichst durch ein von außen sichtbares Symbol kenntlich zu machen, kann man darüber diskutieren, ob infolgedessen nicht der Grund für die Veröffentlichung der Informationen im Internet entfällt. Dagegen spricht jedoch, dass das am bzw. im Lokal angebrachte Symbol den Verbrauchern eine Entscheidungshilfe vor Ort an die Hand geben soll.[152] Die Internetveröffentlichung erlaubt es ihnen dagegen, sich schon im Vorfeld darüber kundig zu machen,[153] ob sich das Aufsuchen einer bestimmten Lokalität lohnt.

Schließlich müssen die Rechtsvorschriften über die aktive Informationsvorsorge der Behörden über das Internet angemessen sein. Je nach Information sind den damit verfolgten Rechtsgütern auf der einen Seite die gegenläufigen Rechtspositionen auf der anderen Seite gegenüberzustellen. Dabei kommt dem Gesetzgeber grundsätzlich ein Beurteilungsspielraum zu.[154] Die Veröffentlichung negativer Lebensmittelkontrollergebnisse kann für die Betroffenen zu erheblichen Umsatzeinbußen führen.[155] Die Daten sind einem unbegrenzten Adressatenkreis zugänglich[156] und oftmals lange über das Netz abrufbar.[157] Auf der anderen Seite ist einzustellen, dass den Verbrauchern wegen der Verbreitung der Informationen über das Internet eine wirksame, nämlich einfache, kostengünstige und schnell aufrufbare Zugangsmöglichkeit zu den Informationen eröffnet wird.[158] Die Behördeninformation bezweckt den Gesundheitsschutz.[159]

151 BVerfGE 110, 141, 157 f.; 117, 163, 189; 121, 317, 354 f.

152 *Schink* DVBl. 2011, 253, 262; *ders.* (Fn. 21), S. 30 f.

153 *Schink* DVBl. 2011, 253, 262; *ders.* (Fn. 21), S. 31.

154 S. dazu BVerfGE 117, 163, 182 f., 189; 121, 317, 356 f.; *Jarass*, in: Jarass/Pieroth, Grundgesetz, 11. Aufl. 2011, Art. 12 Rn. 50.

155 OVG Saarlouis NVwZ 2011, 632, 634; *Schink* (Fn. 21), S. 27; *ders.* DVBl. 2011, 253, 260; *Wollenschläger* VerwArch 102 (2011), 20, 43.

156 *Schink* (Fn. 21), S. 27; *ders.* DVBl. 2011, 253, 260; *Wollenschläger* VerwArch 102 (2011), 20, 43.

157 *Schink* (Fn. 21), S. 27; *ders.* DVBl. 2011, 253, 260; *Wollenschläger* VerwArch 102 (2011), 20, 43.

158 *Schink* (Fn. 21), S. 27; *ders.* DVBl. 2011, 253, 261; *Wollenschläger* VerwArch 102 (2011), 20, 44.

Auch die Ziele, den Konsumenten durch die Veröffentlichung der Informationen eine bessere Grundlage für die Ausübung ihrer grundrechtlich ebenfalls geschützten Entscheidungsfreiheit zur Verfügung zu stellen, ihre Teilhabemöglichkeit zu stärken sowie das Handeln der Behörden transparenter zu machen,[160] lassen sich allesamt auf die Verfassung zurückführen und können grundsätzlich die gegenläufigen Belange der Betroffenen überwiegen.[161] Da die Gesundheit zu den hochrangigen Gütern gezählt wird, darf ihr Schutz selbst mit Mitteln angestrebt werden, die empfindlich in das Grundrecht der Berufsfreiheit eingreifen.[162] Je gravierender der von den Lebensmittelbehörden angetroffene Missstand ist bzw. je gehäufter Verstöße aufgetreten sind, ohne dass die ordnungsrechtlichen Maßnahmen den Betroffenen zu einer Besserung veranlassen konnten, desto eher wird sich die Veröffentlichung der behördlichen Lebensmittelkontrollergebnisse im Internet rechtfertigen lassen.[163]

Da die Regelungen zur Internetveröffentlichung behördlicher Informationen ganz unterschiedlich ausgestaltet sein können, bleibt letztlich nichts anderes übrig, als für jede einzelne Norm zu prüfen, ob sie (noch) verhältnismäßig ist. Werden die Informationen in einer für die Verbraucher nicht mehr nachvollziehbaren Weise dargestellt, kann es bereits an der Geeignetheit der Maßnahme, möglicherweise aber auch ihrer Angemessenheit fehlen, weil der damit angestrebte Zweck nicht oder nur in geringem Maße erreicht wird. Auch macht es einen erheblichen Unterschied, ob zum Beispiel Informationen nur nach vorheriger gründlicher Prüfung ihrer Richtigkeit oder auch bei diesbezüglichen Unsicherheiten ins Netz gestellt werden dürfen, ob sie dauerhaft im Netz bleiben oder nach geraumer Zeit zu löschen oder zu aktualisieren sind.

VI. Anforderungen an die über das Internet abrufbaren Informationen

Welchen Standards die im Internet von den Behörden veröffentlichten Informationen genügen müssen, ist bislang noch nicht in der nötigen Tiefe geklärt. Überlegenswert ist, ob nicht generell für alle Informationen durch

159 BVerfG NJW 2008, 2409, 2413; *Schink* DVBl. 2011, 253, 261; *Wollenschläger* VerwArch 102 (2011), 20, 44.

160 *Schink* (Fn. 21), S. 28; *ders.* DVBl. 2011, 253, 261; *Wollenschläger* VerwArch 102 (2011), 20, 44.

161 *Schink* (Fn. 21), S. 28; *Wollenschläger* VerwArch 102 (2011), 20, 44.

162 BVerfG, NJW 2008, 2408, 2409; BVerfG NVwZ 2010, 38, 39.

163 So EuGH EuZW 2010, 939, 943 f. zur Veröffentlichung der Empfänger von Agrarsubventionen, wobei die Prüfung am Maßstab des Art. 8 GRCh erfolgte.

die staatlichen Stellen über das Internet einheitliche Maßstäbe gelten sollten. Dem könnte jedoch entgegenstehen, dass die zu veröffentlichenden Informationen sehr verschiedenartig sind,[164] und sich je nachdem, welches Publikum durch die Internetveröffentlichung angesprochen werden soll, eine andere Darstellung der Informationen anbietet. Unabhängig davon, welche Klientel die Behörden mit ihren Informationen im Internet erreichen wollen, wird man generell die Forderung aufstellen können, dass der Zugang zu den Behördeninformationen tatsächlich möglich, einfach und nutzerfreundlich sein muss.[165] Von diesen Vorgaben haben sich die staatlichen Stellen etwa bei der Bestimmung der zu verwendenden Formate oder der Gestaltung der Benutzeroberfläche leiten zu lassen.[166] Da das Publikum die ins Netz gestellten Daten von sich aus abrufen soll, werden regelmäßig Metainformationen über die Informationsangebote der Verwaltung einschließlich entsprechender Suchmöglichkeiten geboten sein.[167]

1. Verständlichkeit der Daten

Alleine die Bereitstellung behördlicher Informationen im Internet reicht nicht aus, damit ihre Rezipienten eine informierte Entscheidung treffen können. Vielmehr müssen diese Informationen auch verstanden werden können.[168] Im Schrifttum wurde bald erkannt, dass die normalerweise in den Behördenakten verfügbaren Informationen als Rohdaten für die meisten Personen nur von begrenztem Nutzen sind.[169] Die Bürger können mit der unter Vollzugsgesichtspunkten erfolgenden Informationsaufbereitung in den Verwaltungsakten oftmals wenig anfangen.[170] Je verständlicher aber die von den Behörden ins Netz gestellten Informationen für die Rezipienten sind, umso besser wird sich der mit der staatlichen Informationsvorsorge verfolgte Zweck erreichen lassen.[171] Wer sich schon einmal

164 So zu den Umweltinformationen *Tolkmitt* (Fn. 12), S. 110.

165 *Roßnagel* (Fn. 2), S. 289.

166 *Roßnagel* (Fn. 2), S. 289 f.; zur Abwärtskompatibilität der Formate *Roggenkamp*, Web 2.0 Plattformen im kommunalen E-Government, 2010, S. 179.

167 *Roßnagel* (Fn. 2), S. 290; s. zu den Findhilfsmitteln auch *Schoch* (Fn. 2), § 1 Rn. 11 f. sowie *Voßkuhle* (Fn. 2), S. 102.

168 *Spiecker/Kurzenhäuser* (Fn. 32), S. 143.

169 *Hoffmann-Riem*, in: ders./Schmidt-Aßman, Verwaltungsrecht in der Informationsgesellschaft, 2000, S. 9, 53 f.; s. auch *Eifert* DÖV 1194, 544, 548 f.

170 *Voßkuhle* (Fn. 116), S. 349, 387; s. auch *Guckelberger* (Fn. 8), § 10 UIG Rn. 68.

171 Zur Kontraproduktivität nicht verständlicher Informationen *Albers/Ortler* GewArch 2009, 225, 229; s. auch *Wiemers* ZLR 2009, 413, 421 f.

auf einer Website gut informieren konnte, wird sich dort ein weiteres Mal kundig machen wollen. *Roggenkamp* hebt deshalb in seiner Dissertation hervor, dass der Faktor Verständlichkeit nicht nur für die Barrierefreiheit, sondern auch für den Erfolg und die Akzeptanz eines Internetportals wichtig ist.[172]

Bereits 1993 hat *Hill* die Notwendigkeit intelligenter und strukturierter Informationen betont, wobei auf den Verständnishorizont der unterschiedlichen Adressaten und Zielgruppen abzustellen sei.[173] Ist geplant, bestimmte behördliche Informationen über das Internet zu verbreiten, ist demnach zu klären, ob und inwieweit diese Informationen im Interesse einer bestmöglichen Zweckerreichung in verständlicher Weise aufzubereiten sind.[174] Dabei gibt es diverse Möglichkeiten, wie man eine bessere Verständlichkeit der Informationen erreichen kann.[175] Zu denken ist etwa daran, nicht alle den Behörden vorliegenden Daten zugänglich zu machen, sondern sie auf ihren wesentlichen Aussagekern zu reduzieren.[176] Bei der Veröffentlichung fachwissenschaftlicher Umweltinformationen wird die Beifügung einer Beschreibung bzw. Erläuterung in allgemeinverständlicher Sprache empfohlen,[177] damit das Gros der Bevölkerung sie nachvollziehen kann. Im Sondervotum zur Veröffentlichung der Nebeneinkünfte von Abgeordneten wurde vertreten, dass die Informationsadressaten ohne zusätzliche Erklärung, etwa zu der von dem jeweiligen Abgeordneten erbrachten Gegenleistung, und Gewichtung die Bedeutung der Angaben über die Mittelzuflüsse nicht richtig einordnen könnten.[178] Da zu viele Informationen zu einem „Information overload" führen können, kann es manchmal ratsam sein, nur die vereinfachten Informationen zum Abruf über das Internet anzubieten.[179] Werden die betreffenden Behördeninformationen nicht im „Originalzustand", sondern in einer besser verständlicheren Form wiedergegeben, ist stets darauf zu achten, dass dadurch ihr Informationsgehalt nicht unrichtig oder verzerrt wiedergegeben wird.[180]

172 *Roggenkamp* (Fn. 166), S. 190.

173 *Hill* JZ 1993, 330, 332; zur Berücksichtigung des Empfängerhorizonts auch *Gröschner* VVDStRL 63 (2004), 344, 359; *Pitschas* (Fn. 15) S. 219, 261; *Tolkmitt* (Fn. 12), S. 262.

174 S. auch *Hoffmann-Riem* (Fn. 169), S. 53 f.; *Masing* VVDStRL 63 (2004), 377, 425.

175 *Spiecker/Kurzenhäuser* (Fn. 32), S. 146.

176 S. zu Anzeichen der Reduzierung beim Informationsangebot *Hill* JZ 1993, 330, 332; des Weiteren *Spiecker/Kurzenhäuser* (Fn. 32), S. 146.

177 *Klein* (Fn. 1), S. 348 f.; zur Anreicherung bzw. Erläuterung der Informationen *Böhm* (Fn. 15), S. 283; *Hoffmann-Riem* (Fn. 169), S. 53 f.; *Voßkuhle* (Fn. 116) S. 387.

178 BVerfGE 118, 227, 389 f.

179 Zur Informationsüberflutung *Oertel* (Fn. 13), S. 83.

180 *Guckelberger* (Fn. 8), § 10 UIG Rn. 68; s. dazu auch *Tolkmitt* (Fn. 12), S. 262.

a) Sprachliche bzw. numerische Darstellungsweise

Sofern sich die publik zu machenden Informationen nicht primär an die Fachöffentlichkeit wenden, empfiehlt es sich, diese in klarer und einfacher Sprache wiederzugeben. Auf diese Weise wird sichergestellt, dass die Mehrzahl der die Informationen abrufenden Personen in die Lage versetzt wird, deren Bedeutungsgehalt zu verstehen und deshalb auch tatsächlich informiert ist.[181] Das Bundesverfassungsgericht hat es in seiner Osho-Entscheidung explizit gebilligt, wenn die informierende Stelle Bezeichnungen und Begriffe („Sekte" und „Jugendsekte") verwendet, die in der aktuellen Situation einprägsam sind und dem allgemeinen Sprachgebrauch entsprechen, so dass die Adressaten die jeweilige Äußerung auch verstehen können.[182] Dadurch reduzieren sich zugleich etwaige Rückfragen bei den Behörden.[183]

Wann die verwendete Sprache als einfach und klar zu qualifizieren ist, ist primär aus der Warte anderer Disziplinen zu bestimmen. Unter anderem wird vorgeschlagen, auf Fremdwörter möglichst zu verzichten,[184] und sprachlich einfache, klar strukturierte, prägnante und übersichtliche Sätze zu verwenden.[185] Einfache Formulierungen kommen Personen mit kognitiven oder Lernschwierigkeiten oder einem Migrationshintergrund entgegen.[186] Da die ins Netz gestellten Informationen einer unbestimmten Vielzahl von Personen zugänglich sind, können sie nicht auf die Bedürfnisse jedes Einzelnen abgestimmt werden.[187] Soweit nicht ein bestimmtes Publikum anvisiert ist, sollte sich die Verwaltung bei der Verständlichkeit am durchschnittlich gebildeten Menschen orientieren.[188]

Bei verbalen Darstellungen ist darauf zu achten, dass die verwendeten Begrifflichkeiten möglichst wenig anfällig für Fehlinterpretationen sind. Auch ist zu überlegen, ob sich die Gefahr derartiger Missverständnisse nicht reduzieren lässt, indem man den Informationsrezipienten zugleich

181 S. zur nötigen Interpretationsleistung der Empfänger *Gröschner* VVDStRL 63 (2004), 344, 359.

182 BVerfGE 105, 279, 296.

183 S. allgemein zur Verwendung einer allgemein verständlichen Verwaltungssprache *Margies*, in: Eichhoff-Cyrus/Antos, Verständlichkeit als Bürgerrecht, 2008, S. 257, 263.

184 *Reidt/Schiller*, in: Landmann/Rohmer, Umweltrecht, Stand: 60. Erg.Lfg. 2010, § 10 UIG Rn. 33.

185 S. dazu *Margies* (Fn. 183), S. 262 f.

186 *Roggenkamp* (Fn. 166), S. 177.

187 *Guckelberger* (Fn. 8), § 10 UIG Rn. 68.

188 *Guckelberger* (Fn. 8), § 10 UIG Rn. 68; *Reidt/Schiller* (Fn. 184), § 10 Rn. 33; *Tolkmitt* (Fn. 12), S. 111; *Gröschner* VVDStRL 63 (2004), 344, 359 sieht die Einbeziehung des Empfängerhorizonts und eines normativen Rezipientendurchschnitts als zwingend an.

numerische Angaben zur Verfügung stellt oder numerischen Angaben sogar den Vorrang vor sprachlichen Umschreibungen einräumt.[189] Nach verhaltenswissenschaftlichen Erkenntnissen geben die meisten Menschen zwar lieber qualitative Informationen weiter, wollen aber gerne numerische Informationen erhalten, um Entscheidungen treffen zu können.[190] Auch bei einer numerischen Darstellung werden oftmals verschiedene Repräsentationen der Information möglich sein, indem z. B. mit Prozentangaben oder mit natürlichen Häufigkeiten gearbeitet wird.[191] Da es viele Möglichkeiten gibt, um den gleichen Inhalt einer Information auszudrücken, muss man sich über die Vor- und Nachteile der jeweiligen Darstellungsform klar werden und diese in Relation zu den angestrebten Kommunikationszielen setzen.[192]

b) Bebilderung

Auch durch die Verwendung von Fotos kann sich den Rezipienten der Gehalt bestimmter Informationen besser erschließen.[193] Beispielsweise kann ein Bild eines Lebensmittels dazu beitragen, dass dieses von den Verbrauchern besser identifiziert werden kann.[194] So veröffentlichte das Veterinär- und Lebensmittelaufsichtsamt Pankow vor der Umstellung auf die berlinweite Verbraucherinformationsvorsorge Fotos aus einzelnen Betrieben, bei denen es erhebliche Verstöße gegen Lebensmittel- und Hygienevorschriften festgestellt hat.[195] Da sich nicht jeder Verstoß gegen lebensmittelrechtliche Vorschriften in geeigneter Weise durch Fotos illustrieren lässt, ist es verfassungsrechtlich unbedenklich, wenn bei der Illustration durch Bilder in differenzierter Weise vorgegangen wird.[196] Entschließt sich eine Behörde dazu, in bestimmten Fällen ihre Informationen bildhaft durch Fotos darzustellen, ist wegen ihrer Bindung an den Gleichheitssatz vor allem bei der grundrechtsrelevanten Informationsvorsorge darauf zu achten, dass die Fotos nach gleichen Maßstäben ins Netz gestellt werden.[197]

189 *Spiecker/Kurzenhäuser* (Fn. 32), S. 147.
190 *Spiecker/Kurzenhäuser* (Fn. 32), S. 147.
191 *Spiecker/Kurzenhäuser* (Fn. 32), S. 148 ff.
192 *Spiecker/Kurzenhäuser* (Fn. 32), S. 146.
193 S. dazu BT-Drucks. 15/3406, S. 21; *Guckelberger* (Fn. 8), § 10 UIG Rn. 68.
194 *Zellner*, in: Böhm/Freund/Voit, Information und Kommunikation von Unternehmen und Behörden, 2011, S. 25, 34.
195 *Schink* (Fn. 21), S. 7.
196 *Schink* (Fn. 21), S. 8, 53; skeptisch *Holzner* NVwZ 2010, 489, 493.
197 *Schink* (Fn. 21), S. 53.

c) Verwendung von Symbolen

Gerade im Bereich der Verbraucherinformationen wird im Moment darüber diskutiert, ob man den Konsumenten nicht durch die Verwendung eines Symbols in kurzer und prägnanter Weise aufzeigen kann, wie es bei dem jeweiligen Betrieb um die Einhaltung der Hygiene- und Lebensmittelvorschriften bestellt ist. Bei einem Symbol handelt es sich nach den Umschreibungen in den allgemeinen Lexika um ein „einen tieferen Sinn andeutendes Zeichen, Sinnbild; bildhaftes, visuell wirkungsvolles Zeichen für einen Begriff oder Vorgang, oft ohne erkennbaren Zusammenhang mit diesem".[198] Im täglichen Leben werden Symbole etwa bei den Verkehrszeichen oder in öffentlichen Gebäuden als sprachunabhängige Ideogramme zur Orientierung eingesetzt.[199] Symbole können insbesondere Analphabeten eine wirksame Orientierungshilfe bieten, wenn ein leicht nachvollziehbares und dadurch aussagekräftiges Zeichen verwendet wird.[200] Welche Bedeutung der Auswahl des richtigen Symbols zukommt, wird an der momentanen Diskussion deutlich, wie man die Verbraucherinnen und Verbraucher am besten kurz und prägnant über die Lebensmittelkontrollergebnisse unterrichten kann.

Auf der Verbraucherschutzministerkonferenz am 17.9.2010 in Potsdam hat man sich auf die Einrichtung einer gemeinsamen Internet-Plattform zu nicht sicheren Lebensmitteln verständigt.[201] Damit schien der Weg zur Übernahme des dänischen Smiley-Systems freigemacht zu sein, zumal die damalige Vorsitzende der VSK nach Abschluss der Konferenz verlautbaren ließ, dass man die Erfahrungen aus Dänemark nutzen wolle, wo ein Smiley-System seit mehreren Jahren sehr erfolgreich umgesetzt werde.[202] In Dänemark wird mit vier Smiley-Kategorien gearbeitet. Bei dem Smiley mit einem breit hochgezogenen Grinsen hat die Kontrolle keine Beanstandungen ergeben. Ein Smiley, der etwas verhaltener lacht, signalisiert, dass bestimmte Regeln besser beachtet werden müssen. Ein Smiley mit gerade gezogenem Strich als Mund bedeutet, dass an das Unternehmen durch die Kontrollbehörde eine Verfügung oder ein Verbot ausgesprochen wird. Hat der Smiley nach unten gezogene Mundwinkel, hat das Unternehmen eine Strafverfügung erhalten oder wurde an die Polizei

198 *Wahrig*, Deutsches Wörterbuch, 2006, S. 1447. S. auch den Artikel „Symbol", abgerufen über Wikipedia am 25.8.2011.

199 Artikel „Symbol" abgerufen über Wikipedia am 25.8.2011.

200 Artikel „Symbol" abgerufen über Wikipedia am 25.8.2011.

201 S. den TOP 10 sowie TOP 11 Nr. 2 lit. f.

202 Abgerufen über http://www.mugv.brandenburg.de/cms/detail.php/51bm1.c.156974.de am 31.8.2011.

gemeldet.[203] Im Jahre 2008 hat das dänische Lebensmittelministerium den Elite-Smiley eingeführt. Diesen erhalten alle Stätten, die bei den letzten vier Prüfungen mit dem besten Smiley bewertet wurden und bei denen es in den letzten zwölf Monaten keinerlei Beanstandungen gegeben hat.[204]

Auf einer Sondersitzung am 19.5.2011 haben sich die Verbraucherminister/-innen dagegen auf ein bundeseinheitliches Modell verständigt, bei dem die Ergebnisse der Lebensmittelkontrollen in Form eines Farbbalkens, einem sogenannten Kontrollbarometer als graphische Darstellung, veröffentlicht werden.[205] Auch kann man an den Einsatz des Modells der Hygiene-Ampel denken.[206] Danach sollen die Untersuchungsergebnisse voraussichtlich in drei Stufen gekennzeichnet werden. Grünes Licht soll bei einer hervorragenden Hygiene-Qualität gegeben werden. Die Farbe gelb soll für verbesserungswürdige Hygiene-Qualität mit Mängeln, die rote Ampel für mindere Hygiene-Qualität stehen.[207] Teilweise wird auch davon gesprochen, dass Gelb bei mittleren und Rot bei schwerwiegenden Beanstandungen vergeben werden soll.[208] Auf der Wirtschaftsministerkonferenz am 6./7.6.2011 ist dieses Vorhaben auf Ablehnung gestoßen, weil nicht einsichtig sei, wie eine „rot"-Beurteilung i.S.e. unzureichenden Erfüllung der Anforderungen den Verbrauchern ohne die Schließung des Betriebs vermittelbar sein soll.[209] Auf der Sitzung der Verbraucherschutzministerkonferenz vom 16.9.2011 hat man sich darauf verständigt, gemeinsam mit der Bundesministerin und der Wirtschaftsministerkonferenz eine Arbeitsgruppe auf Amtschefebene einzusetzen, um die Bedenken und aufgeworfenen Fragen zügig zu klären und einen Konsens herzustellen.[210]

203 Die Angaben wurden dem Artikel vom 29.4.2009 von Foodwatch „Das dänische Smiley-System" entnommen, der am 31.8.2011 über das Internet abgerufen wurde; s. auch *Wiemers* StoffR 2009, 126.

204 Die Angaben wurden dem Artikel vom 29.4.2009 von Foodwatch „Das dänische Smiley-System" entnommen, der am 31.8.2011 über das Internet abgerufen wurde.

205 S. auch das Protokoll der Sondersitzung der Verbraucherschutzministerkonferenz in Bremen am 19.5.2011 zu TOP 3.

206 S. den Artikel vom 19. Mai 2011 „Ampel soll Gäste ins Lokal locken – oder abschrecken", veröffentlicht in der ZEITonline.

207 So die die über http://www.hygiene-ampel./de am 31.8.2011 abgerufene Erklärung.

208 S. den Artikel vom 19. Mai 2011 „Ampel soll Gäste ins Lokal locken – oder abschrecken" veröffentlicht in der ZEITonline.

209 Beschluss der Wirtschaftsministerkonferenz am 6./7.6. 2011 auf Schloss Plön zu Punkt 14.3 der Tagesordnung unter Nr. 5.

210 Pressemitteilung der Senatorin für Bildung, Wissenschaft und Gesundheit Bremen, in der die Ergebnisse der 7. Verbraucherschutzministerkonferenz am 16.9.2011 vorgestellt wurden.

Wie man an diesem Beispiel sehen kann, kann allein die Frage nach dem passenden Symbol erheblichen Diskussionsstoff auslösen. Vergleicht man das dänische Smiley-Modell mit dem diskutierten Farbbalken-Modell, fällt auf, dass bei Letzterem nur zwischen drei Arten von Betrieben differenziert wird, während in Dänemark mit fünf-Smiley-Kategorien operiert wird. Zunächst einmal ist es eine politische Entscheidung, wie viele Differenzierungen das jeweilige Symbol erlauben soll. Von zu vielen Differenzierungen ist abzuraten, da sich die Verbraucher den Bedeutungsgehalt von zehn und mehr Differenzierungskategorien kaum einprägen werden. Gegen zu wenige Ausdifferenzierungen spricht, dass dadurch nach dem Prüfergebnis doch weit auseinander liegende Betriebe über einen Kamm geschert werden, wodurch ein falscher Eindruck bei den Verbraucher/-innen erweckt werden kann. Auf jeden Fall sind den Verbrauchern die Unterschiede zwischen den einzelnen Kategorien hinreichend deutlich zu erläutern. Dies setzt wiederum entsprechende Informationen und auch Öffentlichkeitsarbeit voraus, damit dem Symbol der zutreffende Bedeutungsgehalt beigemessen wird.[211] Von einem nur schwer verständlichen oder einprägsamen Symbol sollte abgesehen werden, da es die mit ihm intendierten Wirkungen nur schwer oder unzulänglich zu erfüllen vermag. Auch ist immer zu bedenken, dass eine weitläufige Debatte über das zu verwendende Symbol die späteren Adressaten verwirren, verunsichern bzw. deren Vertrauen in die Aussagekräftigkeit des Zeichens schmälern kann. Da die Ampel ebenfalls zur Kennzeichnung des Nährwertgehalts von Lebensmitteln in der Diskussion steht,[212] sei vor der diesbezüglichen Verwechslungsgefahr gewarnt.

d) Pflicht zur verständlichen Darstellung?

Ein weit gefasster Blick auf die gesetzlichen Regelungen zur Information der Bevölkerung ergibt, dass es zwischenzeitlich einige Normen zu deren Gestaltung gibt. So müssen z. B. Arzneimittel auf der äußeren Umhüllung bestimmte Angaben „in gut lesbarer und allgemeinverständlicher deutscher Sprache“ enthalten (§ 10 Abs. 1 S. 1 AMG, s. auch § 11 Abs. 1 AMG zur Packungsbeilage). Nach § 7 S. 2 9. BImSchV hat die Verbreitung der Lärmkarten in für die Öffentlichkeit „verständlicher Darstellung

211 S. zum Blauen Engel *Zakrzewski*, Umweltbezogene Verbraucherinformationen durch das Umweltzeichen „Der Blaue Engel“, 2010, S. 84.

212 S. den Artikel „Ampel (Lebensmittelkennzeichung)“, abgerufen über Wikipedia am 1.9. 2011.

und leicht zugänglichen Formaten“ zu erfolgen. Gem. § 115 Abs. 1a S. 1 SGB XI sind die Transparenzberichte zu den Pflegeeinrichtungen „verständlich, übersichtlich und vergleichbar“ zu veröffentlichen. Daran erkennt man mit aller Deutlichkeit, dass zunehmend durch gesetzliche Regelung auf die Darstellung der Informationen Einfluss genommen wird. § 5 Abs. 1 S. 3 VIG ist weniger strikt ausgestaltet, da er nur eine Soll-Vorgabe zur verständlichen Darstellung der Verbraucherinformationen enthält. Ausweislich der Gesetzesmaterialien steht die Erläuterung der Informationen letztlich im Ermessen der informationspflichtigen Stellen und hängt sowohl vom notwendigen Aufwand als auch von der Erforderlichkeit ab.[213]

Dass bei manchen Vorschriften zur aktiven Informationsvorsorge der staatlichen Stellen Vorgaben zur Verständlichkeit der Informationen fehlen, dürfte damit zusammenhängen, dass ihre Aufbereitung mit einem erheblichen Zeit- und Kostenaufwand verbunden sein kann und man abwägen muss, ob es nicht sinnvoller ist, die Informationen gegebenenfalls in weniger verständlicher Form ins Netz zu stellen, als sie gar nicht zugänglich zu machen. Sollten aber nur ganz wenige Personen mit den ins Internet gestellten Daten etwas anfangen können, drängt sich die Frage auf, ob deren Verbreitung über das Internet überhaupt noch eine geeignete oder angemessene Maßnahme bildet. Letztlich gilt auch ohne gesetzliche Vorgabe, dass sich die Behörden bei ihrer Informationsvorsorge von den mit der Veröffentlichung der Angaben im Internet verfolgten Informationszwecken leiten lassen sollten.

Im Übrigen ist es nicht zu beanstanden, wenn die einschlägigen Regelungen keine Präzisierung des unbestimmten Rechtsbegriffs „verständlich“[214] enthalten. Oftmals wird es von Art und Inhalt der jeweiligen Informationen abhängen, wie man sie in verständlicher Weise präsentieren kann. Die Bestimmung der geeigneten Darstellung kann dazu führen, dass die Verwaltung zwischen verschiedenen Belangen abwägen muss.[215] So kann durch die Verwendung von Bild und Ton eine Umweltinformation zwar verständlicher, aber nicht mehr ebenso leicht zu verbreiten sein.[216] Um verfassungsrechtlich nicht mehr tragbare Informationsmaßnahmen zu verhindern, sollte die Aufstellung gesetzlicher Informationsdarstellungsgebote zur Regel werden.[217] Dadurch werden normativ uner-

213 BT-Drucks. 16/5404, S. 13.

214 S. auch *Borchert*, in: Beyerlein/Borchert, VIG, 2010, § 5 Rn. 18.

215 S. auch *Borchert* (Fn. 214), § 5 Rn. 20, welcher in Rn. 23 auf die Ausgestaltung der Norm als Soll-Vorschrift hinweist.

216 BT-Drucks. 15/3406, S. 21.

217 *Spiecker/Kurzenhäuser* (Fn. 32), S. 153.

wünschte Verarbeitungsformen von vornherein verhindert.[218] Nach dem Grundgesetz muss der Parlamentsgesetzgeber die wesentlichen Entscheidungen selbst treffen, während er deren Konkretisierung der Exekutive überlassen kann. Eng gefasste Vorgaben erleichtern den Anwendern die Bestimmung der Darstellungsform.[219] Um möglichst praxisnahe, an der Rezeption der Information ausgerichtete Darstellungen zu ermöglichen, fallen die bislang existierenden gesetzlichen Darstellungsvorgaben eher weit aus.[220] Damit der mit der Informationstätigkeit angestrebte Zweck soweit wie möglich erreicht wird, sind bei der Bestimmung der Darstellungsform der Information insbesondere die Erkenntnisse aus den Verhaltenswissenschaften einzubeziehen.[221]

2. Richtigkeit der Informationen

Wie man an der Glykol-Entscheidung des Bundesverfassungsgerichts bestens sehen kann, kommt der inhaltlichen Richtigkeit der vom Staat veröffentlichten Informationen eine gewichtige Bedeutung zu. „Die inhaltliche Richtigkeit einer Information ist grundsätzlich Voraussetzung dafür, dass sie die Transparenz am Markt und damit dessen Funktionsfähigkeit fördert."[222] Verbreiten die staatlichen Stellen fehlerhafte Informationen, wird dadurch der mit der Informationsvorsorge verfolgte Sinn und Zweck konterkariert.[223] Nach dem Sondervotum zur Veröffentlichung der Nebeneinkünfte von Abgeordneten dürfen rechtlich statuierte Transparenzgebote nicht zur Desinformation führen.[224] Das Rechtsstaatsprinzip verbietet es den staatlichen Stellen, gezielt unwahre Informationen in das Netz zu stellen.[225] Dabei gewinnt das Richtigkeitspostulat umso mehr an Bedeutung, je mehr die Informationen einen anderen in einem negativen Licht erscheinen lassen und daher mit seinen Grundrechten kollidieren. Da Publikumsinformationen nach ihrer Zielsetzung eine sehr viel größere Breitenwirkung entfalten, als dies beim Informationszugang auf Antrag

218 *Spiecker/Kurzenhäuser* (Fn. 32), S. 155 ff.
219 *Spiecker/Kurzenhäuser* (Fn. 32), S. 159.
220 *Spiecker/Kurzenhäuser* (Fn. 32), S. 159.
221 *Spiecker/Kurzenhäuser* (Fn. 32), S. 159.
222 BVerfGE 105, 252, 272.
223 Dazu, dass sich die Unrichtigkeit nicht mit der aufklärenden Funktion der Öffentlichkeitsarbeit verträgt, *Britz/Eifert/Groß* DÖV 2007, 717, 724; *Guckelberger* (Fn. 8), § 10 UIG Rn. 86.
224 BVerfGE 118, 277, 390.
225 *Gramm* Der Staat 30 (1991), 51, 75.

der Fall ist, sind die für jedermann zugänglich gemachten Daten, jedenfalls wenn sie behördlichen Ursprungs sind, sorgfältig zu recherchieren.[226]

Unter engen Voraussetzungen, etwa zur Abwehr gravierender Gefahren, dürfen die staatlichen Stellen nach der Glykol-Entscheidung des Bundesverfassungsgerichts Informationen auch dann verbreiten, wenn ihre Richtigkeit noch nicht abschließend geklärt ist: „In solchen Fällen hängt die Rechtmäßigkeit der staatlichen Informationstätigkeit davon ab, ob der Sachverhalt vor seiner Verbreitung im Rahmen des Möglichen sorgsam und unter Nutzung verfügbarer Informationsquellen, gegebenenfalls auch unter Anhörung Betroffener, sowie in dem Bemühen um die nach den Umständen erreichbare Verlässlichkeit aufgeklärt worden ist. Verbleiben dennoch Unsicherheiten in tatsächlicher Hinsicht, ist der Staat an der Verbreitung der Informationen gleichwohl jedenfalls dann nicht gehindert, wenn es im öffentlichen Interesse liegt, dass die Marktteilnehmer über einen für ihr Verhalten wichtigen Umstand, etwa ein Verbraucherrisiko, aufgeklärt werden. In solchen Fällen wird es angezeigt sein, die Marktteilnehmer auf verbleibende Unsicherheiten über die Richtigkeit der Information hinzuweisen, um sie in die Lage zu versetzen, selbst zu entscheiden, wie sie mit der Ungewissheit umgehen wollen."[227] In einer weiteren Entscheidung hielten die Verfassungsrichter eine Richtigstellung nicht für unzumutbar, wenn eine Publikumsinformation im Einzelfall Fehlverständnisse hervorrufen kann.[228]

a) Die Einschränkungen des § 5 Abs. 3 VIG zur Informationsrichtigkeit

Gerade im Zusammenhang mit der Veröffentlichung der Lebensmittelkontrollergebnisse überprüfter Gastronomiebetriebe im Internet ist ein Streit über die Richtigkeitsanforderungen der im Internet verbreiteten Informationen entbrannt. Sieht man die Grundlage für die Informationsvorsorge der staatlichen Stellen in § 5 Abs. 1 S. 2 VIG, würde für diese § 5 Abs. 3 VIG gelten, wonach die informationspflichtige Stelle nicht verpflichtet ist, die inhaltliche Richtigkeit der Informationen zu überprü-

226 *Guckelberger* (Fn. 8), § 10 UIG Rn. 86; zu den höheren Richtigkeitsanforderungen bei dieser Art von Informationen *Britz/Eifert/Groß* DÖV 2007, 717, 722 ff.; zu den Schwierigkeiten bei der Überprüfung der Validität von dritter Seite erhaltener Informationen *Augsberg* DVBl. 2007, 733, 740.

227 BVerfGE 105, 252, 272.

228 BVerfGE 118, 277, 368 f.

fen.[229] Allerdings sind von der informationspflichtigen Stelle bekannte Hinweise auf Zweifel an der Richtigkeit mitzuteilen. Erklärt wird diese Regelung damit, dass nach dem Willen des Gesetzgebers ein Anspruch auf Informationszugang nur insoweit besteht, wie die Verbraucherinformationen bei den Behörden tatsächlich vorhanden sind (§ 1 Abs. 1 S. 1, § 3 Abs. 2 S. 2 VIG).[230] Wegen der Grundrechtsrelevanz unrichtiger Kontrollergebnisse wird vertreten, dass sich unter solchen Umständen die behördliche Informationstätigkeit nicht rechtfertigen lasse.[231] In verfassungskonformer Auslegung wird auch vorgeschlagen, § 5 Abs. 3 VIG auf individuelle Informationszugangsanträge zu beschränken.[232]

Dabei wird jedoch zu wenig erkannt, dass die informationspflichtigen Stellen nach § 5 Ab. 3 VIG sehr wohl zur Prüfung der Richtigkeit der Informationen verpflichtet sind, wenn es sich um personenbezogene Daten handelt. Legt man die Definition in § 3 Abs. 1 BDSG zugrunde, handelt es sich bei personenbezogenen Daten um Einzelangaben über persönliche oder sachliche Verhältnisse einer bestimmten oder bestimmbaren natürlichen Person. Auch wenn nicht der Inhaber einer Gaststätte, bei der Hygienerechtsverstöße festgestellt wurden, im Internet mit seinem Namen angegeben wird, lässt sich doch regelmäßig ausmachen, von wem diese betrieben wird.[233] Wegen der Bestimmbarkeit der Person des Lokalbetreibers stellt die Veröffentlichung der Lebensmittelkontrollergebnisse somit keine rein sach-, sondern zugleich eine personenbezogene Information dar, so dass diese erst nach Prüfung ihrer Richtigkeit durch die Behörden im Internet publik gemacht werden darf. Im Übrigen weist *Schink* in seinem Gutachten darauf hin, dass sich bei einer Internetveröffentlichung von Fotos über den angetroffenen Hygienemangel die Frage etwaiger Falschinformationen in aller Regel nicht stellen dürfte.[234]

229 *Schoch* NJW 2010, 2241, 2246
230 *Schoch* NJW 2010, 2241, 2245.
231 *Werner* ZLR 2008, 115, 117.
232 So *Schoch* NJW 2010, 2241, 2247; *ders.* EuZW 2011, 388, 393; für eine Prüfpflicht der Richtigkeit wegen der Grundrechtsrelevanz *Wollenschläger* VerwArch 102 (2011), 20, 47; s. auch *Werner* ZLR 2008, 115 ff.; *Wustmann* BayVBl. 2009, 5, 10.
233 So auch *Becker/Blackstein* NJW 2011, 490, 493.
234 *Schink* (Fn. 21), S. 40. Als Beispiel für eine unrichtige Information kann man sich vorstellen, dass das Foto mit den Angaben zum falschen Betrieb ins Internet gestellt wird.

b) Veröffentlichung erst nach Verfahrensabschluss?

Hiervon ist die Frage zu unterscheiden, ob die Behörden Informationen bereits im Internet veröffentlichen dürfen, wenn das diesbezügliche Verwaltungsverfahren noch nicht abgeschlossen ist bzw. ein Gerichts- bzw. Ordnungswidrigkeitenverfahren läuft. Dass diese Aspekte nicht zwangsläufig deckungsgleich mit dem Richtigkeitskriterium sein müssen, wird nicht zuletzt darin deutlich, dass die Behörden, auch wenn ein Verfahren noch nicht zum Abschluss gebracht wurde, sehr wohl bereits zu diesem Zeitpunkt über richtige Informationen verfügen können. Dass der (bestands-/rechtskräftige) Abschluss des Verfahrens dennoch vielfach mit der Richtigkeit der Informationen in Verbindung gebracht wird, dürfte darauf zurückgehen, dass etwaige Unsicherheiten hinsichtlich der Richtigkeit gewisser Vorgänge und Umstände jedenfalls bis zu diesem Zeitpunkt ausgeräumt sein dürften. In erster Linie kommt es hier auf die entsprechende gesetzliche Ausgestaltung an, die vom Gesetzgeber zum Ausgleich der konfligierenden Belange vorgenommen wurde. Nach dem Entwurf eines Gesetzes zur Änderung des Rechts der Verbraucherinformation vom 12.8.2011 sollen künftig Auskünfte und damit auch die von den staatlichen Stellen zugänglich gemachten Informationen über Abweichungen von Rechtsvorschriften und Risiken für die menschliche Gesundheit auch während laufender Strafverfahren und ordnungswidrigkeitenrechtlicher Verfahren möglich sein, um dem Informationsinteresse der Verbraucher gerade bei schwerwiegenden Verstößen Rechnung zu tragen. Soweit es nicht um Informationen über Rechtsverstöße oder gesundheitsrelevante Informationen geht, ist die Einfügung einer Abwägungsklausel beim Schutz laufender Verfahren geplant, d. h. eine Herausgabe der Informationen ist nur bei einem überwiegenden öffentlichen Interesse daran möglich.[235]

Hält ein Betroffener die von den Behörden geplante Zugänglichmachung der Lebensmittelkontrollergebnisse für rechtswidrig, kann er dagegen gem. Art. 19 Abs. 4 GG gerichtlich vorgehen. Sofern die Informationen erst nach Durchlaufen des gerichtlichen Instanzenzugs veröffentlicht werden dürfen, wird dadurch zwar der Rechtsschutzgarantie des Betroffenen am besten entsprochen, aber der mit der Informationsvorsorge verfolgte Zweck auf die lange Bank geschoben. Oft werden die Verbraucher an Informationen, die erst nach mehreren Monaten veröffentlicht werden, kein großes Interesse mehr haben.[236] Würde man dagegen dem Verbrau-

235 BR-Drucks. 454/11, S. 23.
236 BR-Drucks. 454/11, S. 30; s. auch *Schink* (Fn. 21), S. 44.

cherinteresse generell den Vorrang einräumen, würde dies die Rechtsschutzmöglichkeiten des Einzelnen entwerten, da Verwaltungshandeln durch „Information" irreversibel ist. Eine Information, die bereits von anderen zur Kenntnis genommen wurde, lässt sich nicht mehr rückgängig machen.[237] Nach dem anvisierten § 5 Abs. 4 VIG im Gesetzentwurf zur Änderung des Verbraucherinformationsgesetzes vom 12.8.2011 entfalten Widerspruch und Anfechtungsklage nur in den Fällen des § 2 Abs. 1 S. 1 Nr. 1 VIG n.F., also bei den von den zuständigen Stellen festgestellten Abweichungen von Anforderungen des LFGB und des ProdSiG, der aufgrund dieser Gesetze erlassenen Rechtsverordnungen, unmittelbar geltender Rechtsakte der Europäischen Gemeinschaft bzw. Union im Anwendungsbereich der genannten Gesetze sowie bei Maßnahmen und Entscheidungen, die im Zusammenhang mit den soeben genannten Abweichungen getroffen worden sind, keine aufschiebende Wirkung. „Auch wenn von der Anhörung Dritter nach Absatz 1 abgesehen wird, darf der Informationszugang erst erfolgen, wenn die Entscheidung dem/der Dritten bekannt gegeben worden ist und diesem ein ausreichender Zeitraum zur Einlegung von Rechtsbehelfen eingeräumt worden ist. Der Zeitraum soll 14 Tage … nicht überschreiten." Selbst wenn diese Rechtsschutzregelung auf die individuellen Zugangsentscheidungen zugeschnitten ist, wird man die darin enthaltenen Wertungen sinngemäß auf die sich durch tatsächliches Verwaltungshandeln beziehende aktive Information der Behörden übertragen und in den vorläufigen Rechtsschutz einfließen lassen können.[238]

c) Zwischenfazit

Letztlich beruht es auf einer Abwägung der konfligierenden Belange, ob auch in Situationen, in denen die Richtigkeit bestimmter Informationen nicht verlässlich feststeht, die Behörden diese von sich aus unter Verwendung der elektronischen Medien zugänglich machen dürfen. Je größer eine Gefahr für bedeutende Rechtsgüter ist, der man zuvorkommen möchte, desto eher können die Behörden das Publikum auch auf weniger gesicherter Tatsachengrundlage darüber informieren.[239] Gleichzeitig müssen sie die Rezipienten auf verbleibende Unsicherheiten hinweisen.[240]

237 BR-Drucks. 454/11, S. 30; s. auch *Schoch* NJW 2010, 2241, 2245.
238 S. auch die von *Schink* (Fn. 21), S. 51 entwickelten Kriterien.
239 *Böhm* (Fn. 15), S. 280; s. auch *Kube* ZLR 2007, 165, 187.
240 *Britz/Eifert/Groß* DÖV 2007, 717, 722; *Schink* (Fn. 21), S. 41.

Dies muss an prominenter Stelle geschehen. Beispielsweise findet sich in Bezug auf die Transparenzberichte zu Pflegeeinrichtungen die Äußerung, dass etwaige Unsicherheiten hinsichtlich einer vergebenen Note durch einen deutlichen Hinweis bei der Benotung sichtbar zu machen sind, weil man derartige Angaben kaum beim Vorwort der Transparenzvereinbarung vermuten würde.[241] Allein dass sich das betroffene Unternehmen z. B. auf seiner Homepage kritisch mit der Bewertung durch die staatlichen Stellen auseinandersetzen kann, stellt keine ausreichende Gegenmaßnahme dar. Denn es ist ungewiss, ob sich das Publikum nach Ansicht der staatlichen Informationen überhaupt noch die private Website ansehen wird, zumal das Vertrauen in diese privaten Angaben vielfach hinter dem Vertrauen in die informierenden staatlichen Stellen zurückbleiben dürfte.[242] Je niedriger das verfolgte Informationsinteresse zu bewerten und je größer der Schaden für ein Unternehmen bei einer nachträglichen Herausstellung der Unrichtigkeit der Informationen ist, desto eher muss eine Publikumsinformation der staatlichen Stellen bis zur Ausräumung der Ungewissheiten unterbleiben.[243] Insbesondere wenn eine Rechtsvorschrift den Behörden ein diesbezügliches Ermessen hinsichtlich der aktiven Informationsvorsorge einräumt, haben die Behörden die verschiedenen in Bezug auf die Informationsrichtigkeit vorgestellten Parameter in ihre Entscheidung einzubeziehen und dabei auch die besondere Breitenwirkung der für das Publikum über das Internet abrufbaren behördlichen Informationen zu berücksichtigen.[244]

Da sich die Verbreitung unrichtiger Informationen über eine Person durch staatliche Stellen grundrechtlich nicht rechtfertigen lässt, sind unverzüglich Gegenmaßnahmen einzuleiten, sobald sich deren Unrichtigkeit herausstellt.[245] Vereinzelt wird dies, etwa in § 40 Abs. 4 LFGB, gesetzlich geregelt: Stellen sich die von der Behörde an die Öffentlichkeit gegebenen Informationen im Nachhinein als falsch oder die zugrunde liegenden Umstände als unrichtig wiedergegeben heraus, so ist dies unverzüglich öffentlich bekannt zu machen, sofern der betroffene Wirtschaftsbeteiligte dies beantragt oder dies zur Wahrung erheblicher Belange des Gemeinwohls erforderlich ist. Dabei „soll“ die Bekanntmachung in derselben Form geschehen, in der die Information der Öffentlichkeit erfolgt

241 *Theuerkauf* MedR 2011, 265, 268.
242 Nachweise bei *Theuerkauf* MedR 2011, 265, 268.
243 In diese Richtung *Böhm* (Fn. 15), S. 280.
244 S. dazu auch *Schink* (Fn. 21), S. 41, 46.
245 *Böhm* (Fn. 15), S. 280; *Britz/Eifert/Groß* DÖV 2007, 717, 721.

ist,[246] also auf eine solche Weise, dass deren Wahrnehmung durch die Rezipienten der Ausgangsinformation wahrscheinlich ist.[247] Da die staatlichen Stellen von sich aus die aktive Informationsvorsorge betreiben, verwundert es etwas, dass nach den einfachgesetzlichen Regelungen die Gegenmaßnahmen von Seiten des Betroffenen zu beantragen sind. Das Antragserfordernis macht in solchen Situationen Sinn, in denen sich die Behörde der Unrichtigkeit der Information nicht bewusst ist. In den anderen Fällen ist es, jedenfalls wenn eine im Internet veröffentlichte, fehlerhafte Information eine Person in einem negativen Licht erscheinen lässt, aus grundrechtlicher Sicht geboten, dass diese von der zuständigen Stelle auch ohne entsprechenden Antrag korrigiert wird.

Teilweise findet sich die Aussage, die Richtigkeit der Daten schließe ein, dass sie vollständig sein müssten.[248] Diese Äußerung ist bei der aktiven Informationsvorsorge durch die staatlichen Stellen insoweit missverständlich, als sie leicht den Eindruck erweckt, als müssten sämtliche Behördeninformationen im Internet veröffentlicht werden. Wie oben aufgezeigt wurde, kann jedoch gerade bei der aktiven Informationsvorsorge aus Gründen der Verständlichkeit eine vereinfachte Darstellung geboten sein. Dem von der Rechtsprechung aufgestellten Richtigkeitspostulat ist bereits Genüge getan, wenn der Sachverhalt inhaltlich treffend beschrieben und nicht wichtige Aspekte weggelassen werden. Will eine Person mehr wissen, bleibt es ihr unbenommen, sich individuell bei der zuständigen Stelle nach weiteren Dokumenten zu erkundigen.

Das Richtigkeitspostulat findet auch Anwendung, wenn ein Symbol verwendet wird. Deshalb ist zu prüfen, ob die den Rezipienten durch das Symbol vermittelten Informationen richtig sind.[249] Würde ein Lokal, bei dem es bei den Lebensmittelkontrollen keinerlei Beanstandungen gab, von den Behörden im Internet mit einem negativen Smiley dargestellt, wäre dies eine unrichtige Information. Denn ihr Aussagegehalt stimmt nicht mit den Tatsachen überein.[250] Die Vergabe des Elite- oder breit grinsenden Smileys ist nur dann wahrheitsgemäß, wenn bei dem jeweiligen Betrieb ein hoher Standard hinsichtlich der Einhaltung der Hygiene- und Lebensmittelvorschriften auszumachen ist.[251] Damit sich nachvoll-

246 S. auch die ähnliche Regelung in § 10 Abs. 5 GPSG, wenn der Betroffene ein berechtigtes Interesse hat und dies beantragt.

247 *Britz/Eifert/Groß* DÖV 2007, 717, 721.

248 *Reimer* JÖR n.F. 85 (2010), 275, 293; nach BVerfG NJW 2002, 2626, 2630 ist die Vollständigkeit ein wichtiges Element der Glaubwürdigkeit.

249 Für den blauen Engel *Zakrzewski* (Fn. 211), S. 186.

250 Für den blauen Engel *Zakrzewski* (Fn. 211), S. 186.

251 Für den blauen Engel *Zakrzewski* (Fn. 211), S. 187.

ziehen lässt, ob das jeweilige Symbol zutreffend verwendet wird, muss der Bedeutungsgehalt des jeweiligen Symbols eindeutig festgelegt sein.

3. Sachlichkeit der Informationen

Nach der Glykol-Entscheidung des Bundesverfassungsgerichts unterliegen die Publikumsinformationen wie jedes staatliche Handeln dem Sachlichkeitsgebot.[252] Sachlichkeit impliziert nach Meinung von *Reimer*, dass die Informationen aus sich heraus verständlich und nichtsuggestiv sein müssen.[253] Ausgehend von der Glykol-Entscheidung bedeutet Sachlichkeit zum einen, dass die Wertungen der Behörden nicht auf sachfremden Erwägungen beruhen dürfen. Zum anderen darf die Darstellung der Informationen auch bei zutreffendem Inhalt in der Form weder unsachlich noch herabsetzend sein.[254] Bislang wird zu wenig erkannt, dass das Sachlichkeitsgebot insbesondere bei der Veröffentlichung von Behördeninformationen im Internet aktuell werden kann, da dieses ganz andere Darstellungsmöglichkeiten der Informationen erlaubt. Werden abstoßende Hygienemängel durch Fotos im Internet publik gemacht, lässt sich diskutieren, ob hier nicht wegen der manchen „abschreckenden“ Präsentation der behördlichen Informationen noch die gebotene Sachlichkeit gewahrt ist. Versteht man aber sachlich im Sinne einer objektiven, realitätsgerechten Berichterstattung, wird man diese Darstellungsform wohl in aller Regel nicht beanstanden können, wenn die Fotos den von den Behörden tatsächlich angetroffenen Zustand wiedergeben.[255] Eine Grenze wird dann erreicht, wenn die Illustration so abstoßend ist, dass die überwiegende Mehrzahl der Rezipienten das Informationsportal nicht mehr aufsuchen wird.

Auch das Smiley-Symbol, das oft zur Wiedergabe oder Verdeutlichung bestimmter Emotionen verwendet wird,[256] wurde – soweit ersichtlich – bislang nicht unter dem Sachlichkeitsgebot problematisiert, obwohl das Wort „sachlich“ im allgemeinen Sprachgebrauch als „nur von der Sache

252 BVerfGE 105, 252, 272; s. auch BVerfGE 57, 1, 8.

253 *Reimer* JÖR n.F. 85 (2010), 275, 293.

254 BVerfGE 105, 252, 272 f. Nach *Pitschas* (Fn. 15), S. 299 und *Roßnagel* (Fn. 2), S. 288 müssen die staatlichen Informationen mit angemessener Zurückhaltung formuliert sein, was insbesondere dann zum Tragen kommt, wenn durch die Information der Schutzbereich des Art. 4 Abs. 1 GG tangiert wird.

255 Zur Bedeutung von sachlich i.S.v. objektiv, Deutsches Universalwörterbuch, 7. Aufl. 2011, S. 1483. *Wollenschläger* VerwArch 102 (2011), 20, 48 geht von einer hohen Suggestivkraft der verwendeten Bilder aus.

256 S. dazu den Artikel „Smiley“, abgerufen über Wikipedia am 2.9.2011.

selbst, nicht von Gefühlen oder Vorurteilen bestimmt" verstanden wird.[257] Da die Lebensmittelkontrollen auf der Überprüfung der Einhaltung bestimmter gesetzlich vorgegebener und auf den Internetseiten der informierenden Behörde nochmals wiedergegebener Qualitätskriterien beruhen,[258] ist jedem Durchschnittsverbraucher bei Einbeziehung dieses Gesamtkontexts hinreichend klar, dass der von den Lebensmittelbehörden vergebene Smiley nicht über den behördlichen Gefühlszustand, sondern die Einhaltung der Hygiene- und Lebensmittelvorschriften informieren soll. Vergleicht man die soeben angesprochenen Darstellungsformen gewisser Informationen mit den bei der Transparenzberichterstattung über die Pflegeeinrichtungen vergebenen Benotungen, stellen diese auf jeden Fall eine nüchtern gehaltene, sachliche Präsentation dar. Beruht die von den staatlichen Stellen verwendete Kennzeichnung auch auf Bewertungen, ist es zur Wahrung der Sachlichkeit notwendig, dass diesen keine sachfremden Erwägungen zugrunde liegen.[259]

4. Aktualität der Informationen

Stellen staatliche Stellen von sich aus Informationen ins Internet, bedeutet dies keinesfalls, dass diese zwingend auf aktuellstem Stand sind.[260] In § 10 Abs. 2 S. 3 UIG wird deshalb z. B. vorgegeben, dass die veröffentlichten Umweltinformationen in angemessenen Abständen zu aktualisieren sind. Nur Informationen, die auf dem neuesten Stand sind, können der Öffentlichkeit ein verlässliches Bild über die Umwelt vermitteln.[261] Die meisten Bürger werden hauptsächlich an aktuellen Umweltinformationen interessiert sein, um sie bei ihrer anstehenden Meinungsbildung berücksichtigen zu können.[262] Die Aktualisierung der Informationen bietet die Möglichkeit zur Reduzierung der Informationsflut sowie zu einer Erhöhung der Zugangsfreundlichkeit.[263] Aus Sicht der staatlichen Stellen wird

257 Deutsches Universalwörterbuch, 7. Aufl. 2011, S. 1483.

258 Dazu, dass eine rechtsstaatlich verantwortbare Zurverfügungstellung von Informationen voraussetzt, dass deren beschränkter Aussagegehalt auch aktiv kommuniziert wird, *Martini* DÖV 2010, 573, 581.

259 *Zakrzewski* (Fn. 211), S. 188; s. dazu, dass für die vorgenommene Bewertung die Qualität der Bewertungsmethodik ausschlaggebend ist, *Martini* DÖV 2010, 573, 581.

260 *Guckelberger* (Fn. 8), § 11 IFG Rn. 56; *Jastrow/Schlatmann* (Fn. 8),, § 11 Rn. 27.

261 *Guckelberger* (Fn. 8), § 10 UIG Rn. 63; *Reidt/Schiller* (Fn. 184), § 10 UIG Rn. 36.

262 *Guckelberger* (Fn. 8), § 10 UIG Rn. 63.

263 *Tolkmitt* (Fn. 12), S. 382 f.

bemängelt, dass damit ein hoher zeitlicher Aufwand verbunden ist.[264] Deswegen kommt der Frage, in welchen Zeitabständen Umweltinformationen zu aktualisieren sind, eine große Bedeutung zu. Im Schrifttum wird davon ausgegangen, dass es darauf keine pauschale Antwort gibt. Diese hängt vielmehr von der Umweltinformation, der Art ihrer Verbreitung und ihrer Bedeutung für die Interessen der Öffentlichkeit ab.[265] Umweltdaten, die starken Veränderungen unterworfen sind, sind schneller zu aktualisieren.[266] Auch bei Daten, die für den Schutz der menschlichen Gesundheit wichtig sind, wird eine Aktualisierung in eher kurzen Zeitintervallen befürwortet.[267]

Was die im Internet zu veröffentlichenden Informationen zu den Lebensmittelkontrollergebnissen anbetrifft, enthalten die diesbezüglichen Vorschriften zur Informationsvorsorge der staatlichen Stellen keine explizite Regelung zu ihrer Aktualisierung. Angesichts der Grundrechtsrelevanz dieser Maßnahme kommt aber gerade diesem Gesichtspunkt ein besonderer Stellenwert zu. Lebensmittelkontrollergebnisse von z. B. vor zwei Jahren sind für die heutigen Entscheidungen der Verbraucher von geringem Wert.[268] Insbesondere wenn es im letzten Jahr zu keiner oder allenfalls geringfügigen Beanstandungen gekommen ist oder zwischenzeitlich der Lokalbetreiber gewechselt hat, wird mancher durchaus ein solches Lokal aufsuchen wollen, wovon ihn die alte, nach wie vor abrufbare Information möglicherweise abhalten mag. Um hier etwaigen Missverständnissen zuvorzukommen, sind unbedingt Maßnahmen zu ergreifen, damit die Verbraucher das „Alter" einer Information erkennen können. Das OVG Saarland hatte jedenfalls an der Veröffentlichung bereits einige Zeit zurückliegender Informationen keine Bedenken, wenn die Internetveröffentlichung in Fettdruck mit folgendem klarstellenden Hinweis versehen wird: „Die Veröffentlichung im Internet spiegelt nur den Zustand zum Tatzeitpunkt wider. Zwischen Kontrollbesuch mit Mängelfeststellung und Veröffentlichung können mehrere Monate liegen, da die Entscheidung zur Veröffentlichung dem Betroffenen im Vorfeld bekannt gegeben werden muss und Rechtsmittelfristen abzuwarten sind. Rückschlüsse auf den Hygienezustand zum heutigen Zeitpunkt sind daher

264 S. zum Aktualisierungsaufwand *Tolkmitt* (Fn. 12), S. 375 ff.

265 *Reidt/Schiller* (Fn. 184), § 10 UIG Rn. 37; s. auch *Guckelberger* (Fn. 8), § 10 UIG Rn. 66.

266 *Reidt/Schiller* (Fn. 184), § 10 UIG Rn. 37; s. auch *Guckelberger* (Fn. 8), § 10 UIG Rn. 66.

267 *Reidt/Schiller* (Fn. 184), § 10 UIG Rn. 37.

268 S. *Wallau* ZLR 2010, 382, 385.

nicht möglich."[269] Wenn Letzteres aber der Fall ist, kann man kritisch hinterfragen, ob hier überhaupt noch ein relevantes, den jeweiligen Grundrechtseingriff weiterhin rechtfertigendes Informationsinteresse besteht. Der ergänzende Hinweis ist auf jeden Fall so anzubringen, dass er von den die Information abfragenden Personen mit einer sehr großen Wahrscheinlichkeit zur Kenntnis genommen wird. Auch ist darüber nachzudenken, ob nicht besser der genaue Zeitpunkt der Feststellung des Verstoßes angegeben werden sollte, da dadurch der Informationswert für die Verbraucher/-innen hinsichtlich der Aktualität der Informationen steigt.

Gerade wenn eine Gaststätte immer noch mit einige Zeit zurückliegenden negativen Kontrollergebnissen im Internet präsent ist, obwohl sie sich zwischenzeitlich verbessert hat, kann dies zu gleichheitswidrigen Verzerrungen führen. Zutreffend betont *Martini* bezogen auf die Ärztebewertungsportale die Notwendigkeit verfassungsrechtlicher Sicherungen, um eine unangemessene bzw. gleichheitswidrige Beeinträchtigung der Berufsfreiheit auszuschließen. „Dazu gehört auch die Aktualität der Daten, insbesondere Löschungszyklen, die das Entstehen anachronistischer Zerrbilder der Wirklichkeit verhindern."[270] Dies entspricht auch dem Standpunkt von *Wollenschläger*, wonach aus Gründen der Aktualität die Informationen nach gewisser Zeit zu löschen sind, diese dabei möglichst ad hoc generiert werden sollten, so dass kein Zwischenspeichern in Suchmaschinen erfolgt.[271] Es leuchtet ohne weiteres ein, dass es nicht angehen kann, ein Unternehmen, bei dem ein Rechtsverstoß festgestellt wurde, mangels Nachkontrollen während z. B. zwei Jahren mit negativem Prüfergebnis im Internet auszuweisen, während ein anderer Betrieb schon nach zwei Monaten wieder kontrolliert und nun mit einem positiven Smiley versehen wird. Deshalb ist es unerlässlich, ein gleichheitskonformes Kontrollkonzept zu entwickeln.[272] Dies darf aber nicht dazu führen, dass der Überraschungseffekt der Lebensmittelkontrollen verlustig geht und jeder seinen Prüftermin so vorausplanen kann, dass er sich an diesem Tag in Bestform präsentiert.[273]

Angesichts der Breitenwirkung der im Internet verwirklichten negativen Kontrollergebnisse sowie des Umstands, dass die Kontrollen partiell

269 OVG Saarlouis NVwZ 2011, 632, 635.

270 *Martini* DÖV 2010, 573, 581.

271 *Wollenschläger* VerwArch 102 (2011), 20, 47.

272 *Wollenschläger* VerwArch 102 (2011), 20, 46 f.; s. auch *Krüger* (Fn. 21), S. 43; so auch der Beschluss der Wirtschaftsministerkonferenz am 6./7.2011 auf Schloss Plön zu TOP 14.3 unter 6.

273 *Holzner* NVwZ 2010, 489, 492; dazu auch *Böhm/Lingenfelder/Voit* NVwZ 2011, 198, 201.

Momentaufnahmen sein können,[274] muss es den Betroffenen aus verfassungsrechtlichen Gründen wegen der drohenden wirtschaftlichen Schäden möglich sein, sich in einem zeitnahen Rahmen zu verbessern und so wieder zu einer positiveren Außendarstellung gelangen zu können. Denkbar wäre zum einen, in angemessenen zeitlichen Abständen Nachkontrollen durchzuführen.[275] Zum anderen könnte man für die Betroffenen ein Antragsverfahren vorsehen, bei dem nach Nachweis der Mängelbehebung die schlechte Eintragung gelöscht wird.[276] Bei den Transparenzberichten im Pflegebereich wurde kürzlich der Gedanke geäußert, ob man nicht von der bisherigen Stichtags- zu einer Zeitraumsbeurteilung übergehen könnte, indem aus der Ausgangsnote und der im Zuge der Nachkontrolle vergebenen zweiten Note eine Gesamtnote ermittelt wird.[277]

VII. Rechtsgrundlage für die Veröffentlichung der Lebensmittelkontrollergebnisse

In § 40 Abs. 1 LFGB wird detailliert geregelt, wann die zuständige Behörde die Öffentlichkeit unter Bezeichnung des Lebens- oder Futtermittels und des Lebens- oder Futtermittelunternehmens zu informieren hat. Die Information der Öffentlichkeit in der soeben genannten Weise „soll" auch erfolgen, wenn Nr. 1 der hinreichende Verdacht besteht, dass ein kosmetisches Mittel oder ein Bedarfsgegenstand ein Risiko für die menschliche Gesundheit mit sich bringen kann, Nr. 2 der hinreichende Verdacht besteht, dass gegen Vorschriften im Anwendungsbereich dieses Gesetzes, die dem Verbraucherschutz vor Gesundheitsgefährdungen oder Täuschungen dienen, verstoßen wurde, Nr. 3 im Einzelfall hinreichende Anhaltspunkte dafür vorliegen, dass von einem Erzeugnis eine Gefährdung für die Sicherheit oder Gesundheit ausgeht oder ausgegangen ist und aufgrund unzureichender wissenschaftlicher Erkenntnis oder aus sonstigen Gründen die Unsicherheit nicht innerhalb der gebotenen Zeit behoben werden kann, Nr. 4 ein nicht gesundheitsschädliches, aber zum Verzehr ungeeignetes Lebensmittel in nicht unerheblicher Menge in den Verkehr gelangt (ist) oder wenn ein solches Lebensmittel wegen seiner Eigenart zwar nur in geringen Mengen, aber über einen längeren Zeitraum in den Verkehr gelangt ist oder Nr. 5 Umstände des Einzelfalles die

274 So ein Einwand wiedergegeben bei *Oertel* (Fn. 13), S. 79.

275 *Böhm* (Fn. 15), S. 281 f.; *dies.* NVwZ 2011, 198, 201; *Holzner* NVwZ 2010, 489, 493; *Wiemers* ZLR 2009, 413, 424.

276 So *Schink* (Fn. 21), S. 55.

277 *Theuerkauf* MedR 2011, 265, 269.

Annahme begründen, dass ohne namentliche Nennung des zu beanstandenden Erzeugnisses und erforderlichenfalls des Wirtschaftsbeteiligten oder des Inverkehrbringers, unter dessen Name oder Firma das Erzeugnis hergestellt oder behandelt wurde oder in den Verkehr gelangt ist, erhebliche Nachteile für die Hersteller oder Vertreiber gleichartiger oder ähnlicher Erzeugnisse nicht vermieden werden können. Im Falle der Nummern 2–5 ist eine Information der Öffentlichkeit nach Abwägung der Belange der Betroffenen mit den Interessen der Öffentlichkeit an der Veröffentlichung zulässig. § 40 Abs. 2 S. 1 LFGB macht die Information der Öffentlichkeit durch die Behörde davon abhängig, dass andere ebenso wirksame Maßnahmen, insbesondere eine Information der Öffentlichkeit durch den Lebensmittel- oder Futtermittelunternehmer oder den Wirtschaftsbeteiligten (Stichwort: Selbsteintrittsrecht betroffener Unternehmer),[278] nicht oder nicht rechtzeitig getroffen werden oder die Verbraucher/-innen nicht erreichen. In Absatz 3 ist die vorherige Anhörung des Betroffenen und in Absatz 4 die Vorgehensweise bei Informationen geregelt, die sich im Nachhinein als falsch oder bei denen sich die zugrunde liegenden Umstände als unrichtig wiedergegeben herausstellen.

Auf den ersten Blick könnte man daran denken, dass sich die Befugnis zur Information der Öffentlichkeit über negative Lebensmittelkontrollergebnisse aus § 40 Abs. 1 S. 2 Nr. 2 LFGB ergibt.[279] Wie sich jedoch aus der Systematik des § 40 Abs. 1 LFGB ergibt, bezweckt diese Norm die Informationsvorsorge aus Gründen der Gefahrenabwehr oder der Risikoprävention.[280] Bei der hier in Rede stehenden Maßnahme wird die Öffentlichkeit über die Lebensmittelkontrollergebnisse informiert, ohne dass ein Bezug zu einem konkreten Lebensmittel hergestellt wird.[281] Betrachtet man die momentan für die Internetveröffentlichung ausschlaggebenden Kontrollkriterien, lassen sich diese nicht unter § 40 LFGB subsumieren, weshalb diese Norm als Rechtsgrundlage ausscheidet.[282] Damit verbleibt nur noch der Rekurs auf § 5 Abs. 1 S. 2 VIG, wonach die informationspflichtige Stelle Informationen, zu denen Zugang zu gewähren ist, auch unabhängig von einem Antrag über das Internet zugänglich machen „kann". Dabei findet § 4 Abs. 1 VIG, wonach die Behörde Betroffenen zuvor schriftlich Gelegenheit zur Stellungnahme gibt, entsprechende

278 S. dazu *Holzner* NVwZ 2010, 489, 493; *Schink* (Fn. 21), S. 33.

279 S. auch *Schink* (Fn. 21), S. 33.

280 *Schink* (Fn. 21), S. 34.

281 *Schink* (Fn. 21), S. 34.

282 *Schink* (Fn. 21), S. 34; s. auch *Becker/Blackstein* NJW 2011, 490, 492, wonach § 40 LFGB an das Vorliegen einer aktuellen Gesundheitsgefahr oder eine gewisse Schwere des Verstoßes anknüpft.

Anwendung. Bis dato herrscht Streit, wie sich § 40 LFGB und § 5 Abs. 1 S. 2 VIG zueinander verhalten. Mehrere Stimmen im Schrifttum sprechen sich für eine abschließende Regelung der behördlichen Informationsvorsorge in § 40 LFGB aus mit der Folge, dass weitere Informationsvorsorgemaßnahmen nicht auf § 5 Abs. 1 S. 2 VIG gestützt werden können.[283] Ausweislich der Gesetzesmaterialien habe der Gesetzgeber mit § 5 Abs. 1 S. 2 VIG keine allgemeine Rechtsgrundlage für eine umfassende aktive Veröffentlichung von Daten schaffen wollen.[284] Ziel des § 5 Abs. 1 S. 2 VIG sei es gewesen, eine Vielzahl von Einzelanfragen zu verhindern und so die Kosten zu reduzieren. Infolgedessen erlaube er den Behörden lediglich in Fällen, in denen eine Vielzahl von Anträgen eingehe oder zu erwarten sei, von aufwendigen Einzelantworten abzusehen und die Antragsteller auf die öffentlich zugänglichen Daten zu verweisen.[285]

Die besseren Argumente streiten für die gegenteilige Meinung. Nach seinem Wortlaut bestimmt § 5 Abs. 1 S. 2 VIG eindeutig, dass die informationspflichtige Stelle Informationen, zu denen Zugang zu gewähren ist, „auch unabhängig von einem Antrag" über das Internet zugänglich machen darf.[286] Da nicht von „Anträgen" im Plural gesprochen wird, deutet dies darauf hin, dass es für die Information der Öffentlichkeit gerade nicht auf die Zahl der zu erwartenden Anträge ankommt.[287] Die Norm gewährt vielmehr den Behörden eine Befugnis zur antragsunabhängigen aktiven Informationsgewährung.[288] Für eine weite Auslegung spricht auch die Intention des Gesetzes, eine umfassende Information der Verbraucher/-innen zu gewährleisten.[289] Die Zielsetzungen des § 5 Abs. 1 S. 2 VIG und des § 40 LFGB sind nicht deckungsgleich, da die zuletzt genannte Vorschrift der Gefahrenabwehr und Risikoprävention dient, während es bei dem Verbraucherinformationsgesetz um die hiervon zu unterscheidende Verbraucherinformation geht.[290] Im Unterschied zum Lebensmittelfuttergesetzbuch wurde das Verbraucherinformationsgesetz

283 *Becker/Blackstein* NJW 2011, 490, 492; *Holzner* NVwZ 2010, 489, 491; *Möstl* (Fn. 17), S. 157; s. auch BT-Drucks. 16/5404, S. 13.

284 *Becker/Blackstein* NJW 2011, 490, 492 unter Verweis auf BT-Drucks. 16/5404, S. 8, 13.

285 *Becker/Blackstein* NJW 2011, 490, 492; *Holzner* NVwZ 2010, 489, 491; *Möstl* (Fn. 17), S. 157; s. auch BT-Drucks. 16/5404, S. 13.

286 OVG Saarlouis NVwZ 2011, 632, 633; s. auch *Schink* (Fn. 21), S. 37; *ders.* DVBl. 2011, 253, 259; *Schoch* NJW 2010, 2245, 2246.

287 Wohl auch *Wollenschläger* VerwArch 102 (2011), 20, 30.

288 OVG Saarlouis NVwZ 2011, 632, 633; *Schink* DVBl. 2011, 253, 259; *Wollenschläger* VerwArch 102 (2011), 20, 30.

289 BT-Drucks. 16/5404, S. 7; s. auch OVG Saarlouis NVwZ 2011, 632, 633.

290 OVG Saarlouis NVwZ 2011, 632, 633; *Schink* (Fn. 21), S. 35; *Wollenschläger* VerwArch 102 (2011), 20, 30; i. E. auch *Borchert* (Fn. 214), § 5 Rn. 9.

zum Abbau struktureller Informationsasymmetrien geschaffen.[291] Wie man an § 10 UIG, § 11 Abs. 3 IFG sehen kann, ist es durchaus nicht unüblich, dass in einem Gesetz mit individuellen Zugangsrechten zu Behördeninformationen zugleich die aktive Informationsvorsorge der staatlichen Stellen geregelt wird.[292]

Vergleicht man § 40 LFGB mit dem eher konturenlosen § 5 Abs. 1 S. 2 VIG, stellt sich unweigerlich die Frage, ob die zuletzt genannte Norm noch den verfassungsrechtlichen Anforderungen genügt. Jedenfalls wenn es um die aktive Verbreitung von Informationen geht, die mit gegenläufigen Grundrechtspositionen konfligieren, wird man dies verneinen müssen.[293] Nach der Wesentlichkeitstheorie[294] muss der unmittelbar demokratisch legitimierte Gesetzgeber die wesentlichen Entscheidungen, wozu insbesondere die Abwägung zwischen den kollidierenden Rechtsgütern und deren Ausgleich gehört, selbst regeln, und darf dies nicht den Verwaltungsbehörden überlassen. § 5 Abs. 1 S. 2 VIG ist deshalb unzulänglich,[295] weil die Vorschrift nicht vorgibt, ab welcher Schwere der Rechtsverstöße deren Veröffentlichung im Internet in Betracht kommt und in welchem Umfang die aktive Informationsvorsorge der Behörden erfolgen darf.[296] Wie verfassungsrechtlich bedenklich die aktuelle Rechtslage ist, zeigt die Feststellung in der Evaluationsstudie zum VIG, wonach in der Praxis die Rechtsvorschrift des § 5 Abs. 1 S. 2 VIG sehr unterschiedlich angewendet wird.[297] Des Weiteren ist zu bemängeln, dass Vorgaben zur Löschung der ins Internet eingestellten personenbezogenen Daten fehlen.[298] Auch ist auf einen ausreichenden Grundrechtsschutz durch Verfahren zu achten, bevor negative Behördeninformationen über einzelne Personen über das Internet verbreitet werden.[299]

291 OVG Saarlouis NVwZ 2011, 632, 633; *Schink* (Fn. 21), S. 35; *Wollenschläger* VerwArch 102 (2011), 20, 21.

292 In diese Richtung auch OVG Saarlouis NVwZ 2011, 632, 633.

293 So auch *Böhm* (Fn. 15), S. 261.

294 BVerfG NVwZ 2010, 114, 117; BVerwG DVBl. 2010, 1370, 1371; s. auch BVerfG NJW 2010, 505, 508. Näher zur Wesentlichkeitstheorie *Hömig*, in: Festg. 50 Jahre Bundesverwaltungsgericht, Bd. 1, S. 273 ff.; *Lerche*, in: Merten/Papier, Handbuch der Grundrechte, § 62; *Voßkuhle/Kaufhold* JuS 2010, 116, 117.

295 So im Ergebnis auch *Becker/Blackstein* NJW 2011, 490, 493; *Böhm/Lingenfelder/Voit* NVwZ 2011, 198, 201; *Schink* DVBl. 2011, 263, 258; *Wollenschläger* VerwArch 102 (2011), 20, 39 f.

296 *Böhm* (Fn. 15), S. 261; *dies.* NVwZ 2011, 198, 201.

297 *Böhm* (Fn. 15), S. 261, 283.

298 *Becker/Blackstein* NJW 2011, 490, 493.

299 *Becker/Blackstein* NJW 2011, 490, 493; *Schoch* NJW 2010, 2241, 2247.

VIII. Schlussbemerkung

Zunehmend wird die Informationsvorsorge staatlicher Stellen im Internet ausgebaut. Dabei orientiert man sich gerne an Informationsmodellen aus anderen Ländern. Weil die deutschen Behörden an das Grundgesetz gebunden sind, muss sorgfältig überlegt werden, welche einschränkenden Anforderungen für diese Informationstätigkeit gelten. Der momentane, sehr vage formulierte § 5 Abs. 1 S. 2 VIG, wonach die informationspflichtigen Stellen Informationen, zu denen Zugang zu gewähren ist, antragsunabhängig über das Internet zugänglich machen können, bleibt nach meiner Meinung hinter dem verfassungsrechtlich Gebotenen zurück. Auch war es bislang weitgehend unüblich, behördliche Prüfergebnisse in Noten umzuwandeln, um den Verbrauchern eine Orientierungshilfe an die Hand zu geben. Insoweit ist mit Sicherheit rechtlich noch nicht das letzte Wort gesprochen.

Langfristig liegt es nahe, allgemeine Standards für die Präsentation von Verwaltungsinformationen im Internet zu entwickeln. Zu diesen gehören – wie gesehen – die Verständlichkeit, Richtigkeit, Sachlichkeit und Aktualität der Informationen. Diese sind vom Gesetzgeber weiter auszudifferenzieren. Während die rechtlichen Erkenntnisse zum antragsabhängigen Zugang zu Behördeninformationen weit fortgeschritten sind, bestehen nach wie vor große Unsicherheiten bei der aktiven Informationsvorsorge staatlicher Stellen insbesondere über das Internet. Deshalb bleibt mit Spannung abzuwarten, wie das eine oder andere Verfassungsgericht im Laufe der Zeit die Anforderungen an diese Informationstätigkeit beurteilen wird.

Verbraucherinformation im Internet

Monika Böhm

A. Einleitung

Mittlerweile dürfte das Internet für viele Menschen das wichtigste Informationsmedium sein. Es ist leichter und schneller verfügbar als Zeitungen und Zeitschriften oder gar Bücher. Es kann gezielter genutzt werden als Radio und Fernsehen. Nicht zu unterschätzen sind aber auch Defizite und Gefahren des Internets, insbesondere beim Datenschutz.

Der Information der Verbraucher widmet sich eine Vielzahl von Internetseiten. Akteure sind neben der öffentlichen Hand insbesondere auch private Verbraucherschutzverbände. Besondere mediale Aufmerksamkeit haben als Beispiel für staatliches Informationshandeln die sog. Pankower Ekelliste[1] sowie für Informationen durch private Verbände das im Juli in Betrieb genommene Portal www.lebensmittelklarheit.de der Verbraucherzentrale Bundesverband e.V. erfahren. Letzteres wird durch das Bundesministerium für Ernährung, Landwirtschaft und Verbraucherschutz (BMELV) finanziert und ist zentraler Teil einer Initiative der Ministerin.[2]

Die Reaktionen auf die vorhandenen Informationsangebote sind gespalten. Viele Verbraucher sind durch echte oder vermeintliche Lebensmittelskandale verunsichert und wünschen sich mehr Schutz. Verbraucherschutzverbände drängen auf umfassende Informationen über Unternehmen und Produkte, insbesondere auch über etwaige Verstöße gegen Rechtsvorschriften. Betroffene Unternehmen fühlen sich an den Pranger gestellt und fürchten unabsehbare wirtschaftliche Folgen, nicht verwunderlich angesichts eines unbegrenzten Adressatenkreises und der fehlenden Rückholbarkeit einmal in das Internet eingestellter Informationen.

Anlass genug, der Frage nach den rechtlichen Rahmenbedingungen der Verbraucherinformation im Internet nachzugehen. Nachfolgend werden zunächst einige Anwendungsbeispiele vorgestellt, sodann auf die Voraus-

1 S. unter http://www.berlin.de/ba-pankow/verwaltung/ordnung/smiley.html (Stand 04.10. 2011); dazu Schink, DVBl 2011, 253 ff. m.w.Nachw.; Wollenschläger, VerwArch 102 (2011), 20 ff.

2 Vgl. Initiative Klarheit und Wahrheit bei der Kennzeichnung und Aufmachung von Lebensmitteln – Handlungsbedarf, Ziele und Maßnahmen vom Juli 2011, vgl. http://www.bmelv.de/SharedDocs/Downloads/Ernaehrung/KlarheitUndWahrheitInitiativeZusammenstellung.pdf?_blob=publicationFile (Stand 04.10.2011).

setzungen staatlichen Informationshandelns eingegangen. Im Anschluss daran wird ein Überblick der rechtlichen Rahmenbedingungen der Information durch Private gegeben. Abschließend wird die Zusammenarbeit von Staat und Privaten thematisiert.

I. Überblick

Die aktive Information von Verbrauchern durch Behörden hat in den letzten Jahren stark zugenommen. Eher unspezifische allgemeine Gesundheitsinformationen zu Ernährung und Sport stehen dabei immer mehr Informationen mit konkretem Produkt- und Produzentenbezug gegenüber.[3]

II. Ernährungstipps

Als Beispiel kann insoweit auf die Internetpräsenz des Bundesministeriums für Ernährung, Landwirtschaft und Verbraucherschutz verwiesen werden.[4] Dort finden sich beispielsweise Informationen zur gesunden Ernährung durch richtige Auswahl von Lebensmitteln und Mahlzeiten auch in Kantinen. Erklärt werden die Grundlagen der Energiezufuhr, des Kalorienverbrauchs sowie zum Eiweiß-, Fett- und Kohlehydrategehalt von Lebensmitteln. Auf konkrete Produkte bzw. Produzenten wird nicht eingegangen.

III. Lebensmittelmonitoring

Über die Belastung von Lebensmitteln durch Verunreinigungen durch gesundheitlich bedenkliche Stoffe sowie Rückstände von Pestiziden wird in sog. Monitoringberichten informiert.[5] Dargestellt werden die Ergebnisse umfassender behördlicher Untersuchungen. Bei Obst und Gemüse finden sich beispielsweise Übersichten über die Belastung mit einem oder meh-

3 Vgl. Oertel/Schimke/Ulmer/Karig, Untersuchung der Veränderung der Informationskultur der für die Lebensmittel- und Futtermittelüberwachung zuständigen Behörden sowie der in diesem Bereich tätigen Unternehmen durch das Inkrafttreten des Verbraucherinformationsgesetzes (VIG), 2010, abrufbar unter http://download.ble.de/08HS024.pdf (Stand 04.10.2011).

4 S. unter http://www.bmelv.de/ (Stand 04.10.2011).

5 Berichte zur Lebensmittelsicherheit des Bundesamts für Verbraucherschutz und Lebensmittelsicherheit, abrufbar unter http://www.bvl.bund.de (Stand 04.10.2011).

reren Pestiziden, Rückschlüsse auf den Ort der Probenahme und die Inverkehrsbringer der Produkte können dabei nicht gezogen werden.

IV. Pestizidreport NRW

Auch im Pestizidreport NRW werden Monitoringergebnisse dargestellt.[6] Im Unterschied zu den soeben vorgestellten Monitoringberichten enthält der Pestizidreport NRW auch Aussagen zur Belastung der von einer Reihe von Lebensmittelketten angebotenen Produkte.

V. Pankower Ekelliste

Seit einiger Zeit wird vom Fachbereich Veterinär- und Lebensmittelaufsicht des Bezirksamts Pankow ein Modellprojekt für kontrollierte Betriebshygiene durchgeführt.[7] Zentraler Bestandteil war bis August 2011 die sog. Negativliste. In ihr wurden im Internet die Ergebnisse von Betriebskontrollen unter Nennung von Name und Adresse des jeweiligen Betriebs veröffentlicht. Die Berichte wurden durch Fotografien der festgestellten Mängel ergänzt. Undichte Abflüsse, defekte und verdreckte Einrichtungsgegenstände konnten auf diese Weise ebenso eingesehen werden wie etwa verdorbene Waren. Auch die Ergebnisse von Nachkontrollen wurden eingestellt. Die Negativliste wurde mittlerweile durch ein neues Modell ersetzt, welches schrittweise alle Berliner Betriebe erfassen soll und die jeweiligen Kontrollergebnisse veröffentlicht.

VI. Sonstige

In der Diskussion sind eine ganze Reihe weiterer Instrumente zur aktiven Verbraucherinformation. Genannt sei insofern nur der sog. Smiley mit denen beanstandungsfrei getestete Betriebe ausgezeichnet werden sollen sowie ein ähnlich strukturiertes Ampelsystem.[8]

6 Vgl. im Einzelnen unter http://www.umwelt.nrw.de/verbraucherschutz/lebensmittel/pestizidreport/index.php (Stand 04.10.2011).

7 Vgl. im Einzelnen unter http://www.berlin.de/ba-pankow/verwaltung/ordnung/ smiley.html (Stand 04.10.2011).

8 Zu Einzelheiten vgl. den Beitrag von Guckelberger in diesem Band, S. 73 ff.

B. Information durch den Staat

I. Vom Ordnungs- zum Informationsstaat

Staatliches Handeln durch Informationen stellt eine neuere Entwicklung im deutschen Recht dar. Dieses war ursprünglich in weiten Teilen ordnungsrechtlich geprägt und kannte lange Zeit nur eine beschränkte Aktenöffentlichkeit. Akteneinsichts- und Anhörungsrechte gab es grundsätzlich nur für diejenigen, die unmittelbar an einem konkreten Verwaltungsverfahren beteiligt und deshalb auch selbst persönlich und rechtlich betroffen waren.[9] Unvorstellbar war es, Informationen, die in diesem Rahmen erlangt wurden, ohne weiteres an die Öffentlichkeit weiterzugeben. Während insbesondere der anglo-amerikanische Rechtskreis schon lange allgemeine Informationsfreiheitsrechte und das Leitbild eines „Government in the sunshine" kannte, brauchte es in Deutschland europarechtliche Vorgaben, um einen Prozess der Öffnung in Gang zu setzen.

Einen Meilenstein stellt insofern die Einführung des ersten Umweltinformationsgesetzes (UIG) im Jahre 1994 dar.[10] Das Gesetz beruhte auf einer Richtlinie über den freien Zugang zu Informationen über die Umwelt[11] und musste wegen entsprechender Verurteilungen durch den EuGH mehrfach nachgebessert werden.[12] Deutschland tat sich schwer mit der verordneten Offenheit, die als Bruch mit den bislang geltenden Grundsätzen empfunden wurde. Im Kern wurde durch das Gesetz erstmals jedermann ein voraussetzungsloser Anspruch auf Zugang zu bei den Behörden vorhandenen Informationen über die Umwelt eingeräumt. Mehr als zehn Jahre später wurde 2006 das Informationsfreiheitsgesetz (IFG) des Bundes sowie 2007 das Verbraucherinformationsgesetz (VIG) erlassen. Die Entwicklung ging weiter. Während die genannten Gesetze im Kern Informationsansprüche einräumen, wird nunmehr darum gestritten, inwieweit sie es auch erlauben, die Informationen nicht nur an diejenigen zu geben, die nach ihnen gefragt haben, sondern ganz allgemein an die Öffentlichkeit und dies u.U. auch völlig unabhängig von entsprechenden Anfragen. Gesprochen wird insoweit auch von der aktiven Informationsvorsorge durch den Staat.[13]

9 Vgl. insoweit nur §§ 28 und 29 VwVfG zum Kreis der insoweit zu beteiligenden Personen.

10 BGBl. I 1994, S. 1490.

11 RL 90/313/EWG vom 07.06.1990, Abl. EG 1990, Nr. L 158, S. 56.

12 Vgl. nur EuGH Urteil v. 09.09.1999-Rs. C-217/97 , EuR 2000, 218 ff.

13 Zur Veränderung der Informationskultur s. Oertel/Schimke/Ulmer/Karig, Untersuchung der Veränderung der Informationskultur der für die Lebensmittel- und Futtermittelüber-

II. Lebensmittelskandale

Woher kommt dieser Informations"hunger" und wie lässt sich die Popularität der Informationsangebote im Rahmen der staatlichen Verbraucherschutzpolitik erklären? Anlass für die Vorlage des VIG durch Verbraucherschutzminister Seehofer im Jahre 2006 war die Bekämpfung von Skandalen. Im Gesetzentwurf heißt es zu Problem und Ziel der Regelung:

„Die Anzahl der in der Öffentlichkeit bekannt gewordenen Unregelmäßigkeiten bei der Herstellung, Lagerung und Lieferung von Lebensmitteln und Futtermitteln ist in der letzten Zeit gestiegen. Die jüngsten Machenschaften, Umetikettierungen und Handel mit verdorbenem Fleisch haben die Verbraucherinnen und Verbraucher in Deutschland verunsichert und das Vertrauen in die Sicherheit der Lebensmittel erschüttert ... Der vorliegende Gesetzentwurf ... ist ein zentraler Baustein zur Vorbeugung und raschen Eindämmung von Lebensmittelskandalen".[14]

Kann man mit nachträglichen Informationen vorbeugend handeln? Will man Skandale verhindern oder zumindest schnell und wirkungsvoll auf Missstände reagieren, so ist in erster Linie ein wirkungsvolles ordnungsrechtliches Handeln der zuständigen Behörden gefragt. Die Überwachung muss angemessen ausgestattet sein, die Zusammenarbeit zwischen den Behörden funktionieren. Der Gesetzentwurf selbst legt den Finger in die Wunde, wenn dort von einem Fall berichtet wird, in dem die Staatsanwaltschaft wegen Umdeklaration von Geflügelabfällen zu Lebensmitteln ermittelt hatte, ohne die Lebensmittelüberwachung zu informieren.[15]

Vorbeugend wirkt das Gesetz aber sicher insofern, als die Furcht vor Entdeckung und Veröffentlichung den sorgsamen Umgang mit Lebens- und Futtermitteln fördern dürfte. Darauf hofft offenbar auch der Gesetzgeber, der nicht die Information über Lebensmittel an erster Stelle der gesetzlichen Regelungen gesetzt hat, sondern die Information über Rechtsverstöße.[16]

wachung zuständigen Behörden sowie der in diesem Bereich tätigen Unternehmen durch das Inkrafttreten des Verbraucherinformationsgesetzes (VIG), 2010, abrufbar unter http://www.izt.de/fileadmin/downloads/pdf/Studie-VIG.pdf (Stand 04.10.2011).

14 BT-Drucks. 16/5404, S. 1.

15 BT-Drucks. 16/5404, S. 14 ff.

16 Vgl. § 1VIG, ganz anders insoweit §§ 10, 11 UIG, in denen Informationen über die Umwelt im Zentrum stehen und Rechtsverstöße jedenfalls nicht explizit genannt werden.

International sind die Regelungen des VIG ohne Beispiel.[17] In vielen Ländern gibt es allgemeine Informationsgesetze, die den Bereich der Lebensmittel mit umfassen. Und auch in Deutschland wäre das VIG nicht nötig gewesen, weil entsprechende Informationen bereits auf Grundlage der Informationsfreiheitsgesetze von Bund und Ländern hätten erlangt werden können. Allerdings sind entsprechende Gesetze noch nicht in allen Bundesländern vorhanden. Das VIG war letztlich die politische Antwort zur Befriedung einer Öffentlichkeit, deren Risikoempfinden bei Lebensmitteln besonders sensibel ist, weitaus sensibler beispielsweise als gegenüber Mängeln bei Autos, bei denen Rückrufaktionen zum Alltag gehören und kaum zur Kenntnis genommen werden.[18]

III. Rechtliche Grundlagen staatlichen Informationshandelns

1. Verfassungsrechtlicher Rahmen

In der staatsrechtlichen Literatur wird der zu beobachtende Paradigmenwechsel vom ordnungsrechtlich handelnden zum informierenden Staat begleitet. Die Forderung nach umfassender gesellschaftlicher Teilhabe an staatlichem Wissen wird meist staats- und demokratietheoretisch, z.T. aber auch grundrechtlich untermauert.[19] Während früher die Wahrung und Verteidigung eigener subjektiver Rechte im Zentrum stand,[20] werden der Information davon unabhängige Funktionen zugeschrieben. Genannt werden Kontrolle und Partizipation.[21] Die Teilhabe der Bürgerinnen und Bürger am Staatsgeschehen soll verbessert werden. Transparenz wird als Zielsetzung und Richtschnur allen staatlichen Handelns angesehen. Der freie Zugang zu Informationen wird als unabdingbare Voraussetzung der demokratischen Meinungs- und Willensbildung verstanden und als Vor-

17 Pfeiffer/Heinke, Rechtsvergleichende Untersuchung des Verbraucherinformationsrechts, abrufbar unter http://download.ble.de/08HS026.pdf (Stand 04.10.2011).

18 Dazu Nöhle, ZLR 2011, 263, 264 ff.

19 Vgl. Scherzberg, Die Öffentlichkeit der Verwaltung, S. 289 ff.; Rossi, Informationsfreiheit und Verfassungsrecht, 2004; Masing, Die Mobilisierung des Bürgers für die Durchsetzung des Rechts, 1996; Gurlit, Die Verwaltungsöffentlichkeit im Umweltrecht, 2000, m.w.Nachw. sowie im Einzelnen die Nachweise bei Böhm/Lingenfelder/Voit, Auswertung der Anwendungserfahrungen mit dem Verbraucherinformationsgesetz (VIG) sowie Erarbeitung von konkreten Empfehlungen für Rechtsänderungen, 2010, S. 235 ff., abrufbar unter http://download.ble.de/08HS025.pdf (Stand 04.10.2011).

20 Kloepfer, in: ders. (Hrsg.), Die transparente Verwaltung, S. 9, 18.

21 Vgl. nur Schoch, IFG, Kommentar, 2009, Einl. Rn. 36 ff.

aussetzung für die Wahrnehmung von Grundrechtspositionen.[22] Ein unmittelbarer grundrechtlicher Anspruch auf Informationszugang wird von der h.M. allerdings abgelehnt.[23] Das Bundesverfassungsgericht geht davon aus, dass ein Grundrecht auf Eröffnung einer Informationsquelle nicht besteht.[24]

Den damit eher allgemeinen demokratietheoretischen Grundsätzen stehen bei der Veröffentlichung von Informationen ggfs. verfassungsrechtlich verankerte Grundrechtspositionen gegenüber. Zu nennen sind das Recht auf informationelle Selbstbestimmung sowie die Eigentums- und Berufsfreiheit derjenigen, über die informiert wird. In den Informationsgesetzen ist den unterschiedlichen verfassungsrechtlichen Gewährleistungen Rechnung zu tragen. Alle Informationszugangsgesetze schreiben deshalb auch Ausnahmen zur Sicherung privater Rechtspositionen, aber auch öffentlicher Interessen fest. Genannt seien z.B. die Bestimmungen zu Betriebs- und Geschäftsgeheimnissen sowie zur Sicherung der Funktionsfähigkeit von Regierung und Verwaltung.

2. Die Glykolweinentscheidung des Bundesverfassungsgerichts

In der sog. Glykolweinentscheidung hatte das Bundesverfassungsgericht über Umfang und Grenzen staatlicher Informationstätigkeit zu entscheiden.[25] Im Jahre 1985 hatte der Bundesminister für Jugend, Familie und Gesundheit eine Liste von Weinen, bei denen Diethylenglykol gefunden worden war, herausgegeben. Die Weinkellereien, die mit der Beimischung gegen das Weingesetz verstoßen hatten, wurden in der Liste namentlich genannt. Einige der Betroffenen klagten gegen die Listenveröffentlichung, im Ergebnis bekanntermaßen erfolglos. Eine ausdrückliche Ermächtigung für die Veröffentlichung der Liste bestand nicht. Das Bundesverfassungsgericht erkannte der Bundesregierung aber auf Grund ihrer Aufgabe der Staatsleitung eine Informationskompetenz zu, innerhalb derer es auch die Veröffentlichung der Verstöße gegen das Weingesetz als gerechtfertigt ansah. Das Gericht stellte ausdrücklich fest, dass Art. 12 Abs. 1 GG Marktteilnehmer nicht vor der Verbreitung zutreffender und sachlich gehaltener Informationen am Markt schützt. Derartige Informa-

22 Vgl. Bull, ZG 2002, 201, 208 f.

23 Vgl. Schoch, IFG, Kommentar, 2009, Einl. Rn. 52 m.w.Nachw.

24 BVerfG, NJW 2001, 1633, 1634; vgl. noch Schoch, JURA 2008, 25 ff.

25 BVerfGE 105, 252, 273; vgl. auch die am gleichen Tag ergangene Osho-Entscheidung, BVerfGE 105, 279, 292 ff.

tionen darf danach der Staat verbreiten. Die inhaltliche Richtigkeit der wettbewerbserheblichen Informationen wurde dabei als Voraussetzung dafür angesehen, dass die Transparenz des Marktes und damit dessen Funktionsfähigkeit gefördert werden.

In der Lit. ist die Entscheidung unterschiedlich aufgenommen worden. Kritik wurde insbesondere an der ungenauen Wortwahl des BVerfG geübt.[26] Das Gericht hatte nämlich nicht auf einen Eingriff in den Schutzbereich abgestellt, sondern auf eine Beeinträchtigung des Gewährleistungsbereichs. Außerdem wurde es als nicht überzeugend angesehen, sachliche und richtige Informationen aus dem Schutzbereich des Art. 12 Abs. 1 GG auszunehmen.

Übersehen wurde dabei aber mitunter, dass das Gericht selbst insoweit durchaus auch Grenzen gesetzt hat. Deutlich festgeschrieben wurde nämlich, dass staatliche Informationstätigkeit jedenfalls dann an Art. 12 Abs. 1 GG zu messen ist, wenn sie in ihrer Zielsetzung und in ihren Wirkungen Ersatz für eine staatliche Maßnahme ist, die ihrerseits als Grundrechtseingriff zu qualifizieren wäre.[27] Außerdem muss die jeweils handelnde Stelle auch über die erforderliche Ermächtigung verfügen. Die Glykolweinentscheidung bezog sich auf staatsleitende Informationskompetenzen der Bundesregierung und kann schon deshalb nicht auf das Handeln anderer Stellen übertragen werden.

IV. Ermächtigungsgrundlagen für aktives staatliches Informationshandeln

1. Überblick

Mittlerweile sind eine ganze Reihe Ermächtigungsgrundlagen für aktives staatliches Informationshandeln erlassen worden. Zu nennen sind zunächst die Grundlagen für anlassbezogene Warnungen. Im Lebensmittelrecht wurde im Zusammenhang mit dem Erlass des VIG die Regelung des § 40 LFGB eingefügt.[28] Die Regelung ist Grundlage für Rückrufaktionen von Unternehmen und erlaubt Warnungen der zuständigen Behörden. Auf europäischer Ebene gibt es die Schnellwarnsysteme RAPEX (Rapid Alert System for non-food consumer products) für technische

26 Vgl. nur Murswiek, NVwZ 2003, 1 ff.; Hellmann, NVwZ 2005, 163 ff.; Bethge, Jura 2003, 327 ff.; Huber, JZ 2003, 290 f; sowie Wollenschläger, VerwArch 102 (2011), 20, 38 f.

27 BVerfGE 105, 252, 273; dazu Böhm/Lingenfelder/Voit, o. Fn. 19, S. 237 f. m.w.Nachw.

28 Durch Gesetz vom 01.09.2005, BGBl. I, S. 2618.

Konsumgüter und RASFF (Rapid Alert System for Food and Feed) für Lebensmittel.[29] Aus verfassungsrechtlicher Sicht sind diese Instrumente nicht nur zulässig, sondern geboten, damit der Staat seine Schutzpflicht für Leben und körperliche Unversehrtheit der Bürgerinnen und Bürger wirkungsvoll wahrnehmen kann.

Die Meldungen in RASFF sind grundsätzlich anonymisiert. Nur wenn unmittelbare Risiken für die Verbraucher bestehen, informieren die für die Lebensmittelüberwachung zuständigen Behörden der Bundesländer die Öffentlichkeit über die betroffenen Marken und deren Hersteller. Bei RAPEX werden Produkte und Hersteller dagegen genannt.

Die Informationen zur Abwehr unmittelbarer Gefahren sind zu unterscheiden von den nicht in diesem Sinne anlassbezogenen Informationen. Die Ausgestaltung der einzelnen Regelungen zur aktiven Informationserteilung differenziert dabei ganz erheblich. Nach § 10 Abs. 1 des Geräte- und Produktsicherheitsgesetzes (GPSG) sind bestandskräftige korrektive Maßnahmen zu veröffentlichen, die z.B. zur Abwendung einer Gesundheitsgefahr ergriffen wurden. Andere Gesetze verzichten dagegen auf derartige Vorgaben zur Nennung konkreter Vorgänge, regeln aber allgemeine Informationen.[30]

2. § 10 UIG

Nach § 10 UIG unterrichten die informationspflichtigen Stellen die Öffentlichkeit in angemessenem Umfang aktiv und systematisch über die Umwelt. In diesem Rahmen verbreiten sie Umweltinformationen, die für ihre Aufgaben von Bedeutung sind und über die sie verfügen. Ausdrücklich genannt werden dabei:

- der Wortlaut von völkerrechtlichen, europäischen und deutschen Regelungen mit Bezug zur Umwelt,
- politische Konzepte,

29 Vgl. nur http://ec.europa.eu/consumers/dyna/rapex/create_rapex.cfm?rx_id=396 (Stand 04.10.2011) zum Schnellwarnsystem für gefährliche Produkte mit Ausnahme von Lebensmitteln und http://ec.europa.eu/food/food/rapidalert/docs/rasff30_booklet_de.pdf (Stand 04.10.2011) zum Schnellwarnsystem für Lebens- und Futtermittel. Die aktuellen Meldungen finden sich auch unter http://www.bvl.bund.de/DE/01_Lebensmittel/01_Aufgaben/04_Schnellwarnsystem/01_aktuelle_rasff_meldungen/lm_schnellwarnsystem_aktuelle_rasff_meldungen_node.html (Stand 04.10.2011).

30 Regelungen zur aktiven Informationsvorsorge finden sich auch in § 30 Abs. 4 TEHG, § 62 GWB, § 74 EnWG, § 13 PostG, § 81 TKG sowie in § 40 b WpHG.

- Berichte über den Stand der Umsetzung von Rechtsvorschriften und Konzepten,
- Daten oder Zusammenfassungen von Daten aus der Überwachung von Tätigkeiten,
- Zulassungsentscheidungen, die erhebliche Auswirkungen auf die Umwelt haben.

Eine Regelung zur Abwendung und Begrenzung von Schäden enthält § 10 Abs. 5 UIG.

In weiten Teilen erlaubt die Regelung damit die Veröffentlichung von eher allgemeinen Daten.[31] Sie wird ergänzt durch § 11 UIG, der vorschreibt, dass alle vier Jahre ein Umweltzustandsbericht zu veröffentlichen ist.

3. IFG

Im IFG finden sich in § 11 Veröffentlichungspflichten. Danach sollen die Behörden Verzeichnisse führen und in elektronischer Form allgemein zugänglich machen, aus denen sich die vorhandenen Informationssammlungen und –zwecke erkennen lassen. Organisations- und Aktenpläne sind ohne Angabe personenbezogener Daten nach Maßgabe dieses Gesetzes allgemein zugänglich zu machen. Die Regelung ist sehr allgemein gehalten. Kritisiert wird, dass sie gemessen an der schon bestehenden Praxis staatlicher Informationstätigkeit weit hinter den Möglichkeiten einer aktiven Informationspolitik der Öffentlichkeit zurückbleibt.[32]

4. Lebensmittel-Monitoring

Vorschriften zum Lebensmittel-Monitoring finden sich in den §§ 50-52 LFGB. Unter Monitoring wird dabei ein System wiederholter Beobachtungen, Messungen und Bewertungen von Gehalten an gesundheitlich nicht erwünschten Stoffen verstanden. Zu diesem Zweck werden repräsentative Proben einzelner Erzeugnisse, aber auch der Gesamtnahrung durchgeführt.[33] Die Dokumentation der Ergebnisse erfolgt in anonymisierter Form. Nach § 51 Abs. 5 LFGB dürfen personenbezogene Daten

31 Vgl. zu den einzelnen Alternativen nur Guckelberger, in: Fluck/Theuer, Informationsfreiheitsrecht IFG/UIG/VIG, 25. Aktual. 2009, § 10, Rn. 38 ff.

32 Schoch, IFG, Kommentar, 2009, § 11 Rdnr. 49 m.w.Nachw.

33 Zum Monitoring als Verwaltungsaufgabe vgl. Herzmann, DVBl. 2007, 670 ff.

von den zuständigen Stellen grundsätzlich auch nicht an das Bundesamt für Verbraucherschutz und Lebensmittelsicherheit übermittelt werden. Selbst die Bezeichnung der Gemeinde, in der Proben entnommen worden sind, darf nur in internen Berichten an die zuständigen Bundesministerien und die betroffenen Landesbehörden verwendet werden.

5. § 5 Abs. 1 Satz 2 VIG

Nach § 5 Abs. 1 Satz 2 VIG kann die informationspflichtige Stelle Informationen, zu denen Zugang zu gewähren ist, auch unabhängig von einem Antrag nach § 3 Abs. 1 über das Internet oder in sonstiger Weise öffentlich zugänglich machen. Über die entsprechende Anwendbarkeit des § 4 Abs. 1 VIG wird sichergestellt, dass Dritten, deren Belange betroffen sind, vor der Veröffentlichung schriftlich Gelegenheit zur Stellungnahme innerhalb eines Monats gegeben wird.

Wie weit diese Ermächtigung reicht, ist umstritten.[34] Das OVG des Saarlandes hat kürzlich festgestellt, dass die Regelung der zuständigen Stelle nicht nur die Befugnis zu einer aktiven, antragsunabhängigen Informationserteilung gewährt, sondern diese Befugnis ohne weiteres auch auf die Nennung von Namen erstreckt.[35] Abgestellt wurde dabei auf die Beseitigung struktureller Informationsasymmetrien. In dem der Entscheidung zu Grunde liegenden Fall ging es um die Veröffentlichung bestandskräftig festgestellter schwerwiegender Mängel und Hygieneverstöße in einer Bäckerei. Ein Verstoß gegen das Übermaßverbot wurde nicht anerkannt. Dabei wurde berücksichtigt, dass die Veröffentlichung im Internet auf die Dauer eines Monats beschränkt war. Nach Auffassung des Gerichts kam es nicht darauf an, dass die festgestellten Mängel vor der Veröffentlichung bereits abgestellt worden waren. Begründet wurde dies damit, dass auch Informationen über Mängel aus der jüngeren Vergangenheit geeignet sind, zur Transparenz am Markt beizutragen. Warum allerdings ein Zeitraum von knapp 1 ½ Jahren seit Feststellung der Mängel insoweit als ausreichend aktuell angesehen werden kann, ist nicht ganz nachvollziehbar. Berücksichtigt wurde auch, dass im Internet ausdrücklich darauf hingewiesen wurde, dass die Veröffentlichung nur den Zu-

34 Zu Umfang und Art der Informationserteilung vgl. Grube/Weyland, VIG Kommentar, 2008, § 5, S. 65 f.; Domeier/Matthes, VIG Kommentar, 2008, S. 41 f.; Beyerlein/Borchert, VIG Kommentar, 2010, § 5, Rn. 3 ff.; s. auch Wollenschläger, VerwArch 102 (2011), 20, 29 ff. m.w.Nachw.

35 SaarlOVG, Beschluss vom 03.02.2011, Az.: 3 A 270/10, insbes. Rz. 17 ff.

stand zum Tatzeitpunkt widerspiegele. Ob auch unterhalb der Schwelle bestandskräftig festgestellter schwerwiegender Hygienemängel eine aktive Informationstätigkeit der Behörde in Betracht kommt, wurde offengelassen mangels Entscheidungserheblichkeit im konkreten Fall.

Die an sich problematischen Fälle, also die Fälle, in denen Verstöße noch nicht bestandskräftig festgestellt wurden, waren gar nicht betroffen. Wie aber wären sie zu behandeln? Ob auch insoweit § 5 Abs. 1 VIG eine ausreichende Ermächtigungsgrundlage darstellt, ist zweifelhaft. Grund dafür ist zum einen die in sich nicht hinreichend klare Regelung der Regelfall-/Ausnahmebestimmung des § 1 Abs. 1 Nr. 1 i.V.m. § 2 Nr. 1 b VIG. Die Information über Verstöße ist demnach zulässig außer in Fällen eines gerichtlichen oder ordnungswidrigkeitsrechtlichen Verfahrens.[36] Das aber heißt, dass über leichtere Verstöße auf Antrag zu informieren ist bzw. ggfs. auch aktiver informiert werden kann, während dies bei schwereren Verstößen jedenfalls während der Dauer laufender Verfahren nicht der Fall ist. Angesichts der weitreichenden Folgen einer Veröffentlichung im Internet erscheint es insoweit durchaus fraglich, ob die Ermächtigung des § 5 Abs. 1 VIG hinreichend bestimmt ist und dem Grundsatz des Vorbehalts des Gesetzes genügt. Auch fragt sich, ob die systematische Abstimmung mit § 40 LFGB gelungen ist. Das OVG des Saarlandes sieht insoweit kein Problem.[37] Es geht insoweit davon aus, dass das VIG der schlichten Verbraucherinformation diene, während die Rückruf- und Warnvorgaben des § 40 LFGB auf Gefahrenabwehr und Risikoprävention zielen würden. Warum dann aber die Behörden gerade bei der Gefahrenabwehr zunächst einmal den Unternehmen die Information der Öffentlichkeit überlassen müssen, während diese Option bei der „schlichten" Verbraucherinformation nicht besteht, überzeugt angesichts des sehr unterschiedlichen Gefahrenpotentials gerade nicht. Dies gilt umso mehr, als in § 5 Abs. 3 VIG festgelegt ist, dass die informationspflichtige Stelle nicht verpflichtet ist, die inhaltliche Richtigkeit der Informationen zu überprüfen.[38]

Gestritten wird auch darüber, welche Behörde informieren darf. Nach einer Entscheidung des VGH Baden-Württemberg sind richtigerweise zur Feststellung von Verstößen sachlich die Vollzugsbehörden zuständig,

36 Vgl. nur Böhm, Der Auskunftsanspruch nach dem VIG – Besonderheiten und Gemeinsamkeiten im Kontext mit nationalen Auskunftsansprüchen und gemeinschaftsrechtlichen Regelungen, in: Böhm/Freund/Voit (Hrsg.), Verbraucherinformationsgesetz, 2009, S. 11, 18 f. m.w.Nachw.

37 SaarlOVG, o. Fn. 35, Rz. 21.

38 Zu verfassungsrechtlichen Bedenken vgl. nur Britz/Eifert/Groß, DLV 2007, 717 ff.

nicht dagegen die jeweiligen chemischen bzw. Veterinäruntersuchungsämter.[39]

Derzeit wird das VIG überarbeitet. Ein Entwurf der Bundesregierung wurde vorgelegt.[40] Die Informationspflichten der Behörden werden darin noch erweitert. Künftig müssen demnach die amtlichen Kontrollergebnisse der Lebensmittelüberwachung bei allen Messergebnissen, die Grenzwerte, Höchstmengen oder Höchstgehalte betreffen, herausgegeben werden. Eine Berufung auf Betriebs- oder Geschäftsgeheimnisse soll nicht mehr möglich sein und dies unabhängig davon, ob Grenzwerte überschritten worden sind oder nicht. Bei Rechtsverstößen muss die komplette Lieferkette offengelegt werden. Unter Hinweis auf den Dioxinskandal Anfang 2011 soll außerdem das LFGB um einen neuen § 40 Abs. 1a erweitert werden. Danach sollen die Behörden verpflichtet werden, alle Rechtsverstöße durch Grenzwertüberschreitungen zwingend zu veröffentlichen. Alle sonstigen Verstöße, zum Beispiel gegen Hygienevorschriften oder den Täuschungsschutz sollen veröffentlicht werden, wenn ein Bußgeld von mindestens 350 Euro zu erwarten ist.

In § 6 soll ein neuer Absatz 4 angefügt werden. Auf Antrag des betroffenen Dritten bzw. wenn dies zur Wahrung erheblicher Belange des Gemeinwohls erforderlich ist, hat eine unverzügliche Richtigstellung zur erfolgen, wenn sich die von der informationspflichtigen Stelle zugänglich gemachten Informationen im Nachhinein als falsch herausstellen oder die zu Grunde liegenden Umstände unrichtig wiedergegeben wurden. In der Gesetzesbegründung wird dabei ausdrücklich an § 40 Abs. 4 LFGB angeknüpft.[41]

V. (Zwischen-)Fazit

Die aktive Verbraucherinformation durch Behörden im Internet wird immer mehr ausgeweitet von eher allgemeinen und unspezifischen Angeboten hin zu Informationen über konkrete Produkte und Unternehmen unter Nennung von „Ross und Reiter". Die Genannten fühlen sich nicht selten an den Pranger gestellt. In rechtlicher Hinsicht ist ein Paradigmenwechsel vom Ordnungs- zum Informationsrecht zu verzeichnen. Verbraucher-

39 VGH BaWü, Urteil vom 13.09.2010, Az.: 10 S 2/10, Rdrn. 18 ff.; zustimmend Werner, ZLR 2010, 762 ff.; zum Problem vgl. auch Gurlit, DV 2011, 75, 89 f. m.w.Nachw.

40 S. http://www.vigwirkt.de//fileadmin/sites/default/files/2011-07-20-VIGEntwurf.pdf (Stand04.10.2011).

41 Gesetzesentwurf der Bundesregierung, o. Fn. 40, S. 36.

schutz ist ohne angemessene Informationen nicht denkbar. Wenn die Veröffentlichung von Informationen im Internet aber Wirkungen hat, die dem Ordnungsrecht gleichkommen oder sogar über diese hinausgehen, wird man nicht umhin kommen, das Informationsrecht auch an denselben grund- und rechtsstaatlichen Anforderungen zu messen.

C. Information durch Private

Nicht nur die Verwaltung, auch Private stellen Verbraucherinformationen ins Internet. Nicht näher eingegangen werden kann hier auf Wettbewerbsverhältnisse, bei denen strenge rechtliche Bindungen bestehen.[42] Außerhalb von Wettbewerbsverhältnissen spielen insbesondere Warentests durch Verbraucherschutzorganisationen wie insbesondere die Stiftung Warentest oder Ökotest eine Rolle. Die Rechtsprechung verlangt insoweit, dass der jeweilige Test unparteiisch und neutral und vom Bemühen um Objektivität getragen durchgeführt wird.[43] Bezüglich der Testmethoden und den aus den Tests gezogenen Schlussfolgerungen genügt nach der Rechtsprechung die Vertretbarkeit der Bewertung. Der BGH stellt insoweit darauf ab, dass die Veröffentlichungen auf die in Art. 5 GG gewährleistete Presse- und Meinungsfreiheit gestützt werden und wollte damit letztlich die Verbraucherorganisationen auch vor überzogenen Haftungsansprüchen bewahren. Das Recht am eingerichteten und ausgeübten Gewerbebetrieb des betroffenen Unternehmers ist zu beachten.[44] Grundsätzlich kommen bei unrichtigen Tatsachenbehauptungen Unterlassungsansprüche und bei Verschulden auch Schadensersatzansprüche in Betracht.[45] Bei möglicherweise existenzvernichtenden Bewertungen ist ggfs. ein zweiter Test durchzuführen. Der BGH sah insoweit z.B. ein zweites Testessen vor Abwertung eines bislang empfohlenen Lokals als erforder-

42 Vgl. dazu nur Voit, Voraussetzungen und Grenzen der Informationsgewährung im Internet, in: Böhm/Freund/Voit (Hrsg.), Information und Kommunikation von Unternehmen und Behörden, 2011, S. 45, 53 f. m.w.Nachw.

43 Vgl. nur OLG München, NJW-RR 1997, 1330, 1330; BGH, NJW 1997, 2593, 2594; Sprau, in: Palandt, Otto (Hrsg.), Bürgerliches Gesetzbuch, 70. Aufl., 2011, § 823, Rn. 129; Wagner, in: Münchener Kommentar zu BGB, 5. Aufl., 2009, § 823, Rn. 211.

44 Zu unzulässigen Eingriffen durch namentliche Nennung von angeblichen Schuldnern auf einer privaten Schuldnerliste im Internet s. OLG Rostock, Urteil vom 21.03.2001, Az.: 2 U 55/00; s. auch BVerfG, Beschluss vom 09.10.2001, Az.: 1 BvR 622/01.

45 I.d.R. aus § 824 BGB wegen Kreditgefährdung, vgl. nur BGHZ 65, 325, 328. Zum ganzen auch Voit, o. Fn. 42, S. 45, 53 ff. m.w.Nachw.

lich an. Vergleichende Tests dürfen nur mit erläuternden Hinweisen veröffentlicht werden.[46]

D. Zusammenwirken von Staat und Privaten

I. Das Projekt „Klarheit und Wahrheit"

Mit der Initiative „Klarheit und Wahrheit bei der Kennzeichnung und Aufmachung von Lebensmitteln" will Verbraucherschutzministerin Aigner Verbraucherinnen und Verbraucher besser vor Täuschung schützen und die Unternehmen im Wettbewerb stärken, die ihre Produkte verbraucherfreundlich kennzeichnen.[47] Als Anlass wird die im Jahr 2009 geführte Diskussion um Käse- und Schinkenimitate genannt.[48] Erreicht werden soll der Schutz vor allem durch die Förderung des von der Verbraucherzentrale Bundesverband e.V. zu betreibenden Internetportals www.lebens mittelklarkeit.de. Gefördert wird das Projekt vom BMELV mit rd. 775. 000 Euro. Im Juli ging das Portal ans Netz.

II. www.Lebensmittelklarheit.de

Das Internet-Portal informiert zum einen über die vielfältigen Regelungen zur Kennzeichnung von Lebensmitteln (Informationsbereich). Besondere Aufmerksamkeit hat aber ein anderer Teil des Portals erregt: Verbraucher können nämlich konkrete Produkte melden, durch deren Aufmachung oder Kennzeichnung sie sich getäuscht oder in die Irre geführt fühlen (Produktbereich). Die Verbraucherzentrale leitet dann „einen Dialog" mit dem betroffenen Hersteller oder Händler ein. Dialog bedeutet, dass dieser zu den Vorwürfen Stellung beziehen kann. Produkt, Einschätzung der Verbraucherzentrale und Stellungnahme des Betroffenen werden dann veröffentlicht (Dialogbereich).

Die staatliche Förderung allgemeiner Information ist nichts Ungewöhnliches und weit verbreitet. Betroffene Unternehmen und Unterneh-

46 BGH, Urteil vom 12.06.1997, Az.: I ZR 36/95; vgl. auch OLG Köln, Urteil vom 03.05.2011, Az.: 15 U 194/10.

47 Vgl. BMELV, Initiative Klarheit und Wahrheit bei der Kennzeichnung und Aufmachung von Lebensmitteln, Handlungsbedarf, Ziele und Maßnahmen, September 2011, S. 1, abrufbar unter http://www.bmelv.de/SharedDocs/Downloads/Ernaehrung/KlarheitUnd WahrheitInitiativeZusammenstellung.pdf?__blob=publicationFile (Stand 04.10.2011).

48 BMELV, o. Fn. 47, S. 5.

mensverbände beklagen allerdings, dass das BMELV die Verbraucherzentrale quasi auch als öffentlichen Hilfspolizisten einsetzt und dies an den an sich zuständigen Landesbehörden der Lebensmittelüberwachung vorbei. Kritisiert wird, dass die staatliche Verfolgung von Rechtsverstößen flankiert wird durch die Finanzierung eines privaten Prangers auch für legale Produkte.[49] Welche rechtlichen Anforderungen gelten für www.lebensmittelklarheit.de?

III. Rechtlicher Rahmen

1. Privatrechtliche Handlungsanforderungen

Die Internetseite wird man zunächst einmal sicherlich an den Maßstäben messen müssen, die für Informationen durch private Organisationen gelten. Die Informationen müssen also sachlich, unparteiisch und neutral gehalten sein. Die Förderung durch das BMELV in Höhe von rd. 775.000 Euro[50] ändert daran nichts. Auch ansonsten sind derartige öffentliche Förderungen durchaus üblich. So wurde z.B. erst kürzlich die vom Bundesverband der Verbraucherzentralen gegründete Stiftung Verbraucherschutz vom Bundestag mit einem zusätzlichen Stiftungskapital von 10 Millionen Euro ausgestattet.[51] Etwa 16 % des Gesamtetats der Stiftung Warentest werden ebenfalls von der öffentlichen Hand getragen.[52]

2. Öffentlich-rechtliche Handlungsanforderungen

Fraglich ist aber, ob sich bei einer weitgehenden Finanzierung durch die öffentliche Hand auch Anforderungen aus Sicht des öffentlichen Rechts ergeben. Insoweit wird davon ausgegangen, dass staatlicher Verbraucherschutz auch dann den Anforderungen des Rechtsstaatsprinzips zu genügen hat, wenn er sich privater Initiative bedient und private Aktivitäten durch ein Internet-Portal fördert.[53] Eine Finanzierungsbefugnis des

49 Vgl. nur die Stellungnahme des BLL „Ja zu Verbraucherinformation und Dialog -Nein zur staatlich finanzierten Anprangerung legaler Produkte“, S. 1 f. Siehe auch BLL Positionspapier „Mehr Fakten und Fairness! Mehr Transparenz und Objektivität – das Portal Lebensmittelklarheit muss besser werden!“, S. 1.

50 Vgl. Initiative Klarheit und Wahrheit, o. Fn. 47, S. 9.

51 Vgl. BT-Drucks. 17/3523, S. 86.

52 Stiftung Warentest, http://www.test.de/unternehmen/zahlen/ (Stand 04.10.2011).

53 Vgl. Girnau/Wallau, ZLR 2011, 517, 518 f.

BMELV wird insoweit bezweifelt, das Fehlen einer formalgesetzlichen Grundlage für die Förderung gerügt. Die Ausweisung von Finanzmitteln im Haushaltsgesetz wird nicht als ausreichend angesehen. Den Betreibern wird die für eine Förderung erforderliche Unabhängigkeit, Objektivität und Neutralität abgesprochen.[54] In verwaltungsrechtlicher Hinsicht wird angezweifelt, ob die öffentliche Aufgabe der Verbraucherinformation überhaupt in den Rechtsformen des Privatrechts erfolgen darf. Als besonders sensibel wird dabei naturgemäß die Benennung konkreter Personen, Unternehmen und diesen zuzuordnenden Produkte angesehen, zumal wenn dies ohne gesetzliche Grundlage erfolgt. Gefordert wird, dass Korrigierbarkeit und „Rückholbarkeit“ soweit wie möglich gewährleistet werden. Da dies bei ins Internet eingestellten Informationen kaum möglich ist, werden Ansprüche auf Korrekturen im gleichen Medium bei geändertem Sachverhalt und beseitigten Störungen als erforderlich angesehen.[55]

Selbst wenn man die umfangreiche Förderung der öffentlichen Hand im Bereich der Verbraucherinformation grundsätzlich als zulässig ansieht, wären insoweit jedoch rechtsstaatliche und grundrechtliche Grenzen zu beachten.[56] Die öffentliche Hand darf bestehende Restriktionen nicht dadurch umgehen, dass sie entsprechende Aufgaben auf Private verlagert bzw. die Aufgabenerledigung durch Private finanziert. Ob www.lebensmittelklarheit.de diesen Anforderungen genügt, ist jedenfalls bezüglich des konkreten Produktteils fraglich.

E. Fazit

Die Informationskultur hat sich nachhaltig geändert. Nicht mehr umfassende Geheimhaltung sondern eher ein Übermaß an Information kann mittlerweile konstatiert werden. Der deutsche lebensmittelbezogene Verbraucherschutz geht dabei weit über Informationsrechte und -angebote in anderen Bereichen hinaus. Auch die Zurverfügungstellung von Informationen bedarf der rechtsstaatlichen Einbindung. Nicht selten haben Informationen nachhaltigere Auswirkungen als ordnungsrechtliche Maßnahmen. Dem ist bei der Ausgestaltung des Informationszugangs und bei aktiven staatlichen Informationen Rechnung zu tragen. Der Rechtsstaat hat hier noch Nachholbedarf.

54 Vgl. Ossenbühl, zitiert nach Girnau/Wallau, ZLR 2011, 517, 518.
55 Vgl. Hufen, zitiert nach Girnau/Wallau, ZLR 2011, 517, 519.
56 Vgl. dazu insbes. BVerwGE 90, 112, 118 ff.

Rechtliche Begleitung der Technikentwicklung im Bereich moderner Infrastrukturen und Informationstechnologien

Indra Spiecker gen. Döhmann

I. Einleitung

Der Federstrich des Gesetzgebers,[1] mit dem durch ein einfaches Tun eine komplexe Regelung[2] beseitigt wird, ist uns allen leicht bei der Hand, wenn es um die Illustration der Wirkungsmacht der Legislative geht. Aber stimmt dieses Bonmot von der Bedeutungskraft des Gesetzgebers, von seinen Gestaltungsmöglichkeiten und seiner Einflussnahme noch, wenn man auf die Entwicklung neuer Technologien blickt? Inwieweit gibt es Vorgaben, mittels derer die Verwaltung gesetzgeberische Vorstellungen umsetzen kann, um das Fundamentalproblem neuer Entwicklungen – Unsicherheit über die Konsequenzen dieser Entwicklungen – zu begleiten? Inwieweit beeinflussen gesetzgeberische und behördliche Entscheidungen, wie technische Bereiche, speziell die Informationstechnologie als technische Grundlage des „virtuellen Raums" sich weiterentwickeln? Als eine besonders prägnante Illustration der grundsätzlichen Fragestellung lässt sich dafür neben dem Umweltrecht – man denke nur an Nanotechnologie oder die Energienutzung – der Bereich der Informationstechnologie heranziehen. Dazu gehört neben der Einrichtung einer funktionierenden Informationsinfrastruktur, also vor allem ausreichend funktionsfähiger und versatiler Telekommunikationsnetze, auch der Bereich der Hard- und Software zur Teilnahme sowie schließlich die Entwicklung von IT-gestützten Dienstleistungen selbst.

Wohl kaum ein anderes Gebiet hat in den vergangenen Jahrzehnten unsere Gesellschaft so sehr verändert wie die Informationstechnologie. Informationstechnologie ist inzwischen in den westlichen und industriell geprägten Gesellschaften ein zentrales Element der meisten gesellschaftlichen, wirtschaftlichen und sozialen Aktivitäten. Zunehmend werden

1 Tatsächlich heißt es „Drei berichtigende Worte des Gesetzgebers und ganze Bibliotheken werden zu Makulatur", v. Kirchmann, Über die Wertlosigkeit der Jurisprudenz als Wissenschaft, 1848, S. 23.

2 Rechtliche Regelungen sind zumeist in ihrer Abbildung und Gestaltung von Wirklichkeit komplex.

auch andere Systeme abhängig davon, dass informationstechnische Systeme belastbar funktionieren.[3] Entsprechend bedeutungsvoll, fast schon unabdingbar, sind die informationelle Infrastruktur und die technische Absicherung der Informationsflüsse für das Funktionieren der modernen Gesellschaften in all ihren Ausprägungen und Teilbereichen geworden. Ohne Informationstechnologie können industrielle Produktionsvorgänge nicht durchgeführt werden, erreichen Dienstleistungen ihren Kunden nicht mehr und brechen alltägliche Kommunikationsvorgänge zusammen. Die Einbindung in soziale Netzwerke,[4] die schnelle und ortsunabhängige Erreichbarkeit über mobile Kommunikationsgeräte, die Speicherung von wichtigen Entscheidungen im Rechner ist für immer mehr Akteure in immer mehr Ländern in immer mehr Situationen eine Selbstverständlichkeit geworden. Informationstechnologie hat auch den Staat erreicht: Abstimmungen in Parlamenten werden elektronisch durchgeführt oder Genehmigungsverfahren z.B. im Chemikalienrecht laufen internetbasiert ab. Aber auch eine funktionierende und ausgewogene Energieversorgung ohne begleitende Informationstechnologie, wie sie durch die Schlagworte „Smart Grid“ oder „Smart Metering“ umschrieben wird, illustriert die Unumgänglichkeit von Informationstechnologie.[5] Mobilität ohne algorithmenbasierte Steuerung ist nicht mehr vorstellbar. Gleichzeitig machen diese Entwicklungen aber auch deutlich, in welchem rasanten Tempo die Informationstechnologie in den vergangenen Jahren zugenommen hat. Zieht man alleine die wirtschaftliche Bedeutung anhand ihres fiktiven Werts heran, sind gerade Unternehmen mit Informationstechnologie-Bezug besonders wertvoll.[6]

Angesichts dieser Dynamik geraten umso stärker rechtliche Regelungen mit der ihnen innewohnenden Statik und Beharrungskraft zunehmend unter Druck zu überprüfen, ob sie noch zeitgemäß sind und ob sie womöglich neuen Problemen umfassend gerecht werden (können).[7] Die be-

3 Diese Erkenntnis liegt auch der Entwicklung eines neuen Grundrechts durch das BVerfG zugrunde, des Rechts auf Integrität und Vertraulichkeit informationstechnischer Systeme, BVerfGE 120, 274.

4 Dabei handelt es sich um mehr als nur Freundschaftsforen wie z.B. Facebook, siehe Spiecker gen. Döhmann, AnwBl. 2011, S. 256.

5 Siehe dazu z.B., insbesondere unter den datenschutzrechtlichen Aspekten, Raabe/Pallas/Weis/Lorenz/Boesche (Hrsg.), Datenschutz in Smart Grids, 2011; Raabe, DuD 2010, 379.

6 IBM ist demnach für das Jahr 2011 auf Platz 2 aller Marken gelistet, Microsoft auf Platz 3, Google auf Platz 4, Intel auf 7, Apple auf Platz 8, HP auf Platz 10, siehe http://interbrand.com/en/knowledge/best-global-brands/best-global-brands-2008/best-global-brands-2011.aspx.

7 Für das Datenschutzrecht, das in besonderer Weise von den IT-Entwicklungen betroffen ist, wird dies gegenwärtig unter einer Vielzahl von Aspekten bezweifelt, siehe nur z.B.

stehenden rechtlichen Regelungen prägen – dies mag als ein erstes rechtliches Problem verstanden werden – ohnehin nicht „das“ IT-Recht insgesamt. Vielmehr finden sich unterschiedliche Behandlungen in einer Vielzahl von Gesetzestexten: Das Telekommunikationsgesetz reguliert die spezifischen wettbewerbsrechtlichen Probleme des informationellen Infrastrukturnetzes, zunehmend darüber hinaus auch bestimmte Basisaspekte der vertraglichen Beziehung zum Endkunden; das Telemediengesetz versteht sich als ein Dienstleistungsrecht im telekommunikationsgestützten Bereich; Datenschutz- und Urheberrecht regeln Ausschnitte des Umgangs mit Informationen, ohne aber in besonderer Weise auf informationstechnologische Besonderheiten abzustellen; das sog. Internetrecht ist tatsächlich ein besonderes Vertrags- und Haftungsrecht. Lassen sich also angesichts der Diversität der Regelungsgegenstände und der Breite ihrer Verortung dennoch Linien erkennen, wie rechtliche Regelungen diese Entwicklungen begleiten, sie ermöglichen oder bremsen?

Der rechtliche Umgang mit ungewissen technischen Entwicklungen lässt sich in vielerlei Hinsicht untersuchen. Der folgende Beitrag wird vor allem den Aspekt der Unsicherheit herausgreifen, der neue Entwicklungen begleitet und Gesetzgeber und Verwaltung vor besondere Herausforderungen stellt, wie mit dem Nicht-Wissen umzugehen ist. Welche rechtlichen Gestaltungen ergriffen werden, hängt wesentlich davon ab, ob neue Technologien als Chance oder als Risiko begriffen werden (II.). Recht nimmt eine Reihe von Funktionen wahr, deren Bedeutungsgehalt bisher noch nicht umfassend geklärt ist (1.). Dazu gehört auch die Gestaltungsfunktion für das Verhältnis von Risiko und Chance, von Prävention und Innovation, ein Ausgleich zwischen positiver und negativer Deutung von unsicherem Wissen (2.). Ein Hauptinstrument, Unsicherheit zu begegnen und Entwicklungen zu begleiten, liegt in der kontinuierlichen Wissensgewinnung und -verbreitung (III.). Er setzt in vielen Bereichen auf Anreize zur Wissensveränderung und -verbreitung (1.). Solche Vorgaben finden sich auch in den rechtlichen Regelungen, die den Bereich der Informationstechnologie betreffen (2.). Aber häufig ist Wissen nicht verfügbar oder verschafft nicht die gewünschte Gewissheit. Dann bedarf es sog. „Unsicherheitsregeln“, wie mit dem fehlenden Wissen umzugehen ist, wie dieses in der Entscheidung zu berücksichtigen ist (IV.). Der Gesetzgeber ist durch die Verfassung kaum an Vorgaben zur Deutung unsicheren Wissens gebunden (3.). Wesentlich wirkmächtiger sind allerdings

Bartsch/Briner (Hrsg.), Internet – Überholt die Wirklichkeit das Recht?, DGRI Jahrbuch 2010, 2011; Schaar, DuD 2010, 518; Schneider, AnwBl. 2011, 233.

seine Vorgaben an die Verwaltung für den Umgang mit unsicherem und fehlendem Wissen (2.). Angesichts der – bereits für die Wissensgewinnung relevanten – Zurückhaltung in der Regulierung des virtuellen Raums allerdings ist auch speziell im IT-Recht eine große staatliche Selbstrestriktion des Gesetzgebers und in der Konsequenz auch der Verwaltung zu beobachten (3.). Am Beispiel der Netz Neutralität unter der Ägide des TKG (a)) und des Cloud Computing im Bereich des Datenschutzrechts (b)) lässt sich die Bedeutung von Unsicherheitsregeln illustrieren. Fazit und Ausblick (V.) schließen den Beitrag.

II. Chancen und Risiken im Recht

2. Funktionen des Rechts

Schon der Titel des Beitrags – die rechtliche Begleitung der Technikentwicklung – verweist auf die grundsätzliche Vorstellung der Steuerungsfähigkeit von Recht.[8] Auch wenn heute nicht mehr ernstzunehmend davon ausgegangen wird, Recht könne eine Entwicklung tatsächlich vollumfänglich beherrschen und mit zielgenauen Interventionen Entwicklungsschritte vor(weg)nehmen, erfüllt Recht doch in erheblicher Weise verschiedene Funktionen der rechtlichen Begleitung von gesellschaftlichen, wirtschaftlichen oder auch technischen Entwicklungen.[9]

Die Einwirkungsmöglichkeiten des Rechts kann man dabei mehreren Kategorien zuweisen. Zum einen kann Recht auf die Bedingungen einwirken, unter denen in positiver Weise Entwicklungen möglich werden. Hier geht es dann in besonderer Weise um Innovation durch Recht.[10] Man kann aber auch – was gerade im Zeitalter von Stuttgart21 und Energiewende in den Vordergrund rückt – die Organisations- und Vermittlungsfähigkeit von Recht[11] näher betrachten. Oder man kann – ein in der aktuellen Diskussion stark unterschätzter Bedeutungsgehalt rechtlicher Rege-

8 Siehe nur Voßkuhle, § 1: Neue Verwaltungsrechtswissenschaft, in: Hoffmann-Riem/Schmidt-Aßmann/ders. (Hrsg.), Grundlagen des Verwaltungsrechts, Band 1, 2006; Schuppert, in: Hoffmann-Riem/Schmidt-Aßmann/ders. (Hrsg.), Reform des Allgemeinen Verwaltungsrechts, 1993, S. 65.

9 Grundlegend dazu Rüthers, Rechtstheorie, 5. Auflage 2010, § 3.

10 Vgl. dazu etwa die Beiträge in Hoffmann-Riem/Schneider (Hrsg.), Rechtswissenschaftliche Innovationsforschung, 1998, oder in Eifert/Hoffmann-Riem (Hrsg.), Innovation und rechtliche Regulierung, 2002.

11 Dierkes/Canzler, in: Hoffmann-Riem/Schneider (Hrsg.), Rechtswissenschaftliche Innovationsforschung, 1998, S. 63, 82, sprechen insoweit von der Orientierungs- und Vermittlungsfunktion.

lungen – den Aspekt der Schaffung von Rechtssicherheit, Rechtsfrieden und Vertrauen mit besonderem Augenmerk betrachten. Und man kann – und darauf beschränkt sich dieser Beitrag in seinem Kern – Recht als ein Ausgleichsinstrument im Spannungsverhältnis von Schutz und Abwehr einerseits und Chancen und Freiheitsverwirklichung andererseits näher untersuchen. Dabei wird allerdings nicht das klassische Risikoverwaltungsrecht[12] oder Technikbegleitrecht[13] herangezogen. Vielmehr betrachtet dieser Beitrag die rechtliche Begleitung der zwangsläufig existierenden und fortwährend auftretenden Wissensdefizite, die technischen Entwicklungen wie jeder neuen Entwicklung innewohnen. Der Beitrag behandelt also im Kern die Frage nach Technikbegleitung als einer Frage nach sich weiterentwickelndem Wissen und damit verbundenen Unsicherheiten in der Beurteilung dieses Wissens. Wie geht Recht mit der unsicheren Wissensentwicklung um, welche Instrumente stellt es dazu bereit? Welche Instrumente beeinflussen die weitere Entwicklung einer Technologie, speziell der Informationstechnologie? Im Mittelpunkt steht dabei der Staat als Wissensverwalter, weniger der Staat als Wissensmittler in die Gesellschaft und Wirtschaft hinein.[14]

3. Der Konflikt zwischen Risiko und Chance, zwischen Prävention und Innovation, zwischen Freiheit und Sicherheit: Ein Konflikt um die Deutung von Nicht-Wissen

Eine solche Betrachtungsweise auf die Möglichkeiten des staatlichen Instrumentenkanons erkennt die Fähigkeiten des Rechts, auf die weitere Entwicklung und damit auf einen Konflikt zwischen Risiko und Chancen und damit auch auf den Konflikt zwischen Prävention und Innovation einzuwirken. Dieser Konflikt entsteht dadurch, dass Unsicherheit besteht. Diese Unsicherheit ist Ausdruck davon, dass dem Entscheider Wissen fehlt und er dies auch erkennt. Allerdings ist die Bezeichnung allein unter Berücksichtigung „fehlenden Wissens“ ungenau. Denn fehlendes Wissen ist regelmäßig nur dann erkennbar, wenn es bereits umschreibbar ist. Da-

12 Siehe dazu nur Di Fabio, Risikoentscheidungen im Recht, 1994. Dass dieser Ansatz auch weiterhin wesentliche Teile der Diskussion bestimmt, kann z.B. auch den meisten Beiträgen der 50. Assistententagung Öffentliches Recht: Risiko im Recht – Recht im Risiko, 2011, entnommen werden.

13 Z.B. Kloepfer, Technik und Recht im wechselseitigen Werden, 2002.

14 Diese Aspekte werden beispielsweise von den Informationsfreiheitsgesetzen erfasst; darüber hinaus können aber auch bestimmte Maßnahmen wie z.B. Zwangslizensierungen oder Publikationspflichten, dazu gezählt werden.

zu muss bereits ein Wissen gegeben sein, mit dessen Hilfe der Entscheider das Fehlen überhaupt erfassen kann.[15] Erkanntes fehlendes Wissen ist also tatsächlich unsicheres Wissen; fehlendes Wissen wird erst in dem Moment erkennbar, in dem es beschreibbar wird,[16] weil bereits Teilwissen vorhanden ist.[17] Unsicheres Wissen kann als bedrohlich, beängstigend und potentiell rechtsverletzend interpretiert werden. Dann wird es in Kategorien wie Risiko oder Gefahr erfasst. Es kann aber auch als verheißungsvoll, ermutigend und potentiell rechtsverwirklichend begriffen werden. Die Situation wird dann mit Begriffen wie Chance oder Freiheitsbetätigung beschrieben.

Daran wird deutlich, dass die Beurteilung einer Situation unter Bedingungen von Unsicherheit oftmals auch von der Position des Betrachters abhängt, je nachdem, ob für ihn die Verwirklichung der Chance oder des Risikos im Vordergrund steht. So ist zu erklären, dass gerade moderne Technologien oftmals von den Entwicklern und potentiellen Nutzern in besonderer Weise im Hinblick auf ihre zu erwartenden positiven Wirkungen, von Dritten ohne einen unmittelbaren Nutzen von der Technologie und erst recht von potentiell Betroffenen dagegen oftmals als Risiko beschrieben werden.[18] Konflikte um den Vorrang von Freiheit oder von Sicherheit oder – für den technologischen Bereich typischer – um die Abwägung zwischen (hindernder) Prävention und (fördernder) Innovation lassen sich somit im Kern als ein Konflikt um die Deutung des fehlenden Wissens verstehen: Je nachdem, welche weitere Entwicklung man der Situation unter Ungewissheit beimisst, verändert sich die Anforderung an die rechtliche Begleitung der weiteren Entwicklung.

15 Anders ist es mit kategorialer Ungewissheit, die z.B. als die Suche nach dem sog. „Black Swan“ umschrieben wird: Hier ergeben sich Entwicklungen, die erst im Nachhinein die bestehende Unsicherheit offenbaren. So waren die gesundheitsschädlichen Wirkungen von Asbest zunächst nicht bekannt; erst das häufige Auftreten von Lungenkrebserkrankungen bei Bauarbeitern führte zu dem Verdacht, d.h. einem unsicheren Wissen, dass möglicherweise Schädigungen vom Umgang mit Asbest herrühren könnten. Vgl. zur Geschichte des Asbest Alleman/Mossman, Spektrum der Wissenschaft 11/1997, S. 86.

16 Dieser Kategorie echten fehlenden Wissens entsprechen dann die sog. „black swans“ oder „unknown unknowns“, vgl. Taleb, The Black Swan, 2. Auflage 2010.

17 Echtes fehlendes Wissen wird daher im Folgenden nicht betrachtet: Es kann aus einer Wissensperspektive heraus nicht näher betrachtet werden; gezielte Wissensgewinnung zur Erhebung des Defizits ist nicht möglich; Unsicherheitsregeln greifen mangels unsicheren Wissens nicht. Der Umgang mit fehlendem Wissen ist daher nicht gezielt möglich.

18 Weitere Auswirkungen hat auch der sog. Framing-Effekt: Wie eine Situation beschrieben wird, hat gleichfalls Auswirkungen darauf, ob das Risiko oder die Chance gesehen werden und führt später zu unterschiedlichen Entscheidungen, vgl. Tversky/Kahneman, Science 211 (1981), S. 453.

III. Umgang mit Unsicherheit: Wissensgewinnung

Steht also Unsicherheit, verstanden als Produkt fehlenden, unsicheren Wissens im Vordergrund, leiten sich daraus verschiedene Umgangsformen des Rechts ab. Diese richten sich entweder darauf, das fehlende Wissen zu beseitigen, also das Grundproblem aus der Welt zu schaffen. Oder aber sie richten sich darauf, verbindliche Vorgaben für den Umgang mit unauflösbarer Unsicherheit zu schaffen.[19]

1. Maßnahmen der Wissensgewinnung: Ein Überblick

Fehlendes Wissen kann möglicherweise gewonnen werden; Unsicherheit kann durch den Wissensgewinnungsprozess idealerweise in Gewissheit gewandelt werden; der staatliche Entscheidungsträger[20] wird handlungsfähig. Daher ist eine zentrale Maßnahme zur staatlichen Begleitung von Technologieentwicklungen, Wissensgewinnung voranzutreiben und damit die Wissenslücken auf der staatlichen Seite zu schließen.

Wie diese Maßnahmen ausfallen, hängt wesentlich davon ab, ob das fehlende Wissen nur dem staatlichen Entscheider fehlt, oder ob es generell nicht verfügbar ist. Im ersteren Fall liegt eine subjektive Unsicherheit vor, ein Fall der Informationsasymmetrie.[21] Hier gilt es staatlicherseits, den Inhaber des Wissens ausfindig und kenntlich zu machen und zur Wissensteilung anzuregen. Fehlendes Wissen ist also bei subjektiver Unsicherheit vorrangig ein Problem von Wissensverteilung. Staatliche Regulierung kann diese befördern.[22] Sie kann diese aber auch aus anderen Überlegungen heraus gezielt hindern, wenn sie den Erwerb und/oder die Verwendung gefundenen Wissens untersagen oder beschränken, z.B. aus ethischen Gründen. Für den Bereich der Informationstechnologie greifen solche Beschränkungen in doppelter Weise, erfassen sie nämlich möglicherweise nicht nur den Prozess der Wissensgewinnung als solches, sondern gerade auch noch die infrastrukturellen Grundlagen. Wissen über Informationsübermittlung und Informationsinfrastruktur ist daher in besonderer Weise anfällig für Innovationshemmnisse.

19 Dazu gleich unter IV.

20 Oft profitiert von dieser Wissensgewinnung auch die Gesellschaft.

21 Diese Kategorien sind unabhängig davon, ob das Wissen staatlichen oder privaten Entscheidern fehlt.

22 Staatliche Regulierung kann auch die Wissensdistribution in die Gesellschaft hinein vorantreiben, um damit innovative Prozesse anzuregen. Diese werden aber vorliegend gerade nicht betrachtet.

Liegt Wissen in der Gesellschaft insgesamt nicht vor, besteht objektive Unsicherheit. Dann kann der Staat das Wissen entweder selbst generieren oder aber dazu beitragen, dass Dritte nach dem fehlenden Wissen suchen. Typisch hierfür sind Forschungsaufträge, aber auch Verpflichtungen Privater zur Durchführung von Tests. Nicht zuletzt gehören hierher auch Maßnahmen des Wissensschutzes: Sie ermöglichen Privaten, den wirtschaftlichen und sonstigen Wert der von ihnen gefundenen Ergebnisse nutzen zu können. Solche Maßnahmen gehen zumeist Hand-in-Hand mit Maßnahmen der Wissensdistribution: Der Schutz des Wissensproduzenten erstreckt sich auf die wirtschaftliche Verwertung, nicht aber auf den Schutz des Wissens an sich, wie dies etwa im Patentrecht besonders kenntlich ist. Zugriffe des Staates auf das Wissen Privater ist allerdings von solchen Beschränkungen und Steuerungswirkungen zumeist freigestellt: Sein Zugriff erfolgt regelmäßig über ordnungsrechtliche Vorgaben zur Wissensteilung.

Maßnahmen der Informationsgewinnung können sich auf ein konkretes Wissensdefizit beziehen, wenn bereits ein hohes Vorwissen besteht, können aber auch generell Wissensgewinnung in einem allgemeinen Gebiet fördern.[23] Dazu kann auch ein geringes Vorwissen genügen. Instrumente zur Behebung konkreten Wissensdefizits sind z.B. konkrete Forschungsaufträge („top down" Forschung) oder gezielte Informationsgewinnungspflichten für Private, z.B. im Genehmigungsverfahren[24]. Solche Instrumente können kurzfristig eingesetzt werden; sie sind ergebnisorientiert; das fehlende Wissen ist vergleichsweise präzise umschrieben. Die Gewinnung weiteren Wissens, insbesondere bisher nicht bekannten Wissens, geschieht dabei eher zufällig. Trotz ihrer Ergebnisorientierung garantieren allerdings auch solche Maßnahmen keinen Zuwachs an Gewissheit: Neu gewonnenes Wissen kann das bestehende Wissen in Frage stellen und somit auch neue Unsicherheiten produzieren.[25]

Instrumente zur Behebung allgemeinen Wissensdefizits sind vor allem die Organisation bzw. Institutionalisierung von Forschungsausrichtungen („bottom up" Forschung), aber auch die Sammlung statistischer Daten und ihre systematische und konsequente Auswertung. Diese Instrumente wirken erst mittel- und langfristig; sie sind zumeist ergebnisoffen. Weiteres Wissen, das z.T. gegenwärtig noch nicht beschreibbar ist, wird gezielt

23 Solche allgemeine Wissenssuche kann fehlendes Wissen zu Tage fördern.

24 Siehe zum letzteren Spiecker gen. Döhmann, DVBl. 2006, 278.

25 Daher kann es sogar geboten sein, auf Wissensgewinnungsmaßnahmen zu verzichten und beispielsweise auf heuristische Entscheidungsregeln auszuweichen, vgl. Spiecker gen. Döhmann, Staatliche Entscheidungen unter Unsicherheit, i.E. 2012, Zweiter Teil Zweites Kapitel.

nachgefragt; der Suchprozess ist zwar angeleitet, nicht aber seine Ergebnisse. Insofern führt die Ergebnisoffenheit dazu, dass Erwartungen nur in geringem Maße enttäuscht werden können: Neue Unsicherheiten sind bei allgemeinen Wissensgewinnungsmaßnahmen von der Erwartung umfasst.

Wie sich bereits an diesen, dem Raum dieses Tagungsbandes gebotenen kurzen Ausführungen zeigt, sind Rahmenbedingungen für die Begleitung technischer Entwicklungen häufig nicht als solche erkennbar. Da Forschung und vor allem Ergebnisse von Wissenssuche ordnungsrechtlich nicht durchsetzbar sind und die Gewinnung genau desjenigen Wissens, das gesucht wird, oftmals zweifelhaft ist – und sei es, weil begleitendes neu gefundenes Wissen die Erkenntnisse in Frage stellt –, wirken eine Vielzahl von Faktoren ein. Zudem wird Wissensgewinnung darüber erschwert, dass nur wenige Vorschriften gezielt die Suche nach Wissen in den Mittelpunkt stellen. Viel häufiger treten Wissensgewinnungseffekte als Nebenwirkung andersgerichteter Regelungen auf. Von einer systematischen Wissensgewinnungskultur kann daher nicht gesprochen werden.[26]

2. Maßnahmen der Wissensgewinnung im IT-Recht

Finden sich nun solche Maßnahmen der Wissensgewinnung, möglicherweise sogar in ganz besonderer Ausprägung, im Bereich des IT-Rechts? Ist erkennbar, dass der Gesetzgeber und ihm folgend die Verwaltung darauf reagiert, dass es sich um ein hoch innovatives Gebiet handelt, in dem viel Wissen bei unterschiedlichen Privaten vorhanden ist und möglicherweise Verteilungsfragen zu entscheiden sind? Dies wäre insbesondere vor dem Hintergrund, dass die Informationstechnologie mehr und mehr Bereiche erfasst und kaum noch aus dem Funktionsalltag moderner Staaten wegzudenken ist, naheliegend.

Indes ist zu konstatieren: Ein besonderer, gar ein besonders aktiver, Umgang mit Wissensdefiziten oder Technologieentwicklung, ist in diesem Bereich kaum auszumachen.[27]

26 Vgl. auch Spiecker gen. Döhmann/Collin (Hrsg.), Generierung und Transfer staatlichen Wissens im System des Verwaltungsrechts, 2008.

27 Dass der Staat die Möglichkeiten der Aufklärung mittels Informationstechnologie zunehmend nutzt – sichtbar durch den Einsatz von Instrumenten wie Online-Durchsuchung, „Bundestrojaner“ oder Quellen-Telekommunikationsüberwachung –, ändert diesen Befunde nicht, handelt es sich doch hierbei nicht um technikbegleitende Wissensgewinnung, sondern weiterhin um die Gewinnung erkennungsdienstlich relevanter Befunde zur Verwendung mit dem Ziel der Gefahrenabwehr.

Dies beginnt mit der allgemeinen Kenntnis des Staates von den Akteuren, also von denjenigen, die privat Wissen generieren und verbreiten. In Ermangelung von Genehmigungs- oder wenigstens Anzeigepflichten kann der Staat indirekte Mittel zur Wissensgewinnung bei Privaten so gut wie nicht einsetzen: Eine Verbindung von Genehmigung einerseits mit der Vorlage (einschließlich deren Gewinnung durch den Privaten, um dieser Pflicht nachzukommen) bestimmter Informationen andererseits scheidet mangels Zugriff in einem Genehmigungsverfahren aus. Und auch Beobachtung und Monitoring,[28] die sich an die Genehmigungsentscheidung zur kontinuierlichen Überwachung anschließen könnten, sind nicht systematisch möglich. Daher erfolgen die Entwicklung von Informationstechnologie-Produkten und Services, ihre Weiterveräußerung und ihr Angebot an Konsumenten weitgehend ohne gezielte staatliche Kenntnisnahme.

Eine Ausnahme findet sich allein im Anwendungsbereich des Telekommunikationsgesetzes: Hier gibt es zwar gerade keine Pflicht zur Registrierung oder Anzeige der Aufnahme von Tätigkeiten, die dem Gesetz unterfallen.[29] Aber immerhin gibt es einige wenige Genehmigungspflichten für bestimmte Tätigkeiten, allen voran die Pflicht zur Entgeltgenehmigung nach § 30 TKG. Diese trägt der besonderen Situation eines privatisierten Marktes Rechnung und verhindert, dass sich die besonderen Marktbedingungen in Netzwerken in einer Entwicklung zum natürlichen Monopol auswirken. Daher sieht § 30 TKG vor, dass Entgelte unter bestimmten Bedingungen genehmigt werden müssen. Dies kann nur gelingen, wenn die Kalkulationsgrundlagen offen gelegt sind. Über dieses Wissen verfügt der Staat zunächst nicht und kann es auch nicht; unverzichtbar ist hier also die Mitwirkung des Preisgestalters, indem dieser seine Grundlagen offenlegt.[30] Damit wird zwar eine auf staatlicher Seite bestehende Informationsasymmetrie jedenfalls teilweise behoben; das nachgesuchte (und erhaltene) Wissen ist allerdings regelmäßig gerade kein die technische Weiterentwicklung widerspiegelndes Wissen[31]. Innovationsgewinne dürfen zwar in gewissem Umfang eingestellt werden, so

28 Siehe dazu Ladeur, Umweltrecht der Wissensgesellschaft, 1995, S. 127 ff.; ders., Zeitschrift für Umweltpolitik & Umweltrecht 1987, S. 1.

29 Vgl. zur Abgrenzung etwa von Telekommunikationsdienstleistungen die Legaldefinition in § 3 Nr. 24 TKG.

30 Da diese Informationen gerade auch für Wettbewerber von besonderem Interesse sind, ist um die Zugänglichkeit dieses Wissens ein heftiger Streit entbrannt, vgl. nur die Auseinandersetzung in BVerwGE 118, 350, BVerwG NVwZ 2004, 745, sowie BVerfGE 115, 205.

31 Zwar werden auch Investitionskosten in die Kalkulation eingestellt, diese machen allerdings nur einen geringen Teil aus, vgl. § 33 TKG.

dass der Staat hierüber Kenntnis von der Kalkulation von Kosten für Innovationen erhält; von einer systematischen Wissensgewinnung über die Art und Weise der Innovationen ist dies aber weit entfernt.

Angesichts des geringen Wissens, das sich der Staat im Bereich von Informationstechnologie überhaupt beschaffen kann, gibt es in der Folge auch kaum Möglichkeiten, staatlicherseits statistische Daten zur Gewinnung allgemeiner Wahrscheinlichkeitsaussagen und Entwicklungstendenzen zu gewinnen.[32] Und auch eine gezielte Sammlung von IT-bezogenen Einzelangaben zur Gewinnung verlässlicher statistischer Aussagen ist in den relevanten Gesetzen nicht vorgesehen. Allenfalls kann man die Aufforderung des BDSG zur Führung von Verfahrensverzeichnissen in §§ 4d, e BDSG hier nennen. Indes trifft diese Verpflichtung zum einen in ganz begrenzter Weise, vor allem aber wird diese Verpflichtung kaum durchgesetzt[33]. Die Basis für belastbare Aussagen ist daher entsprechend gering.

Dieses Bild wird auch auf einer internationalen Skala bestätigt, sieht man, wie wenige internationale Abkommen es auf dem Gebiet der Informationstechnologie gibt. Angesichts der Globalisierung der Informationsströme und einer weltweit reichenden Nutzung von Informationstechnologie – man denke nur an Cloud Computing[34] als Ausdruck des schnellen, flexiblen und grenzenlosen Transfers von Daten in digitalisierten Netzen – wäre aber gerade der Austausch von Daten über die Entwicklung auch auf staatlicher Ebene ein Zeichen dafür, dass jedenfalls der Nationalstaat die technische Entwicklung aktiv begleitet. Entsprechende Abkommen beschränken sich eher auf die Regelung des Transfers einzelner Datentypen aus dem europäischen Rechtsraum hinaus.[35]

Die Zurückhaltung des Staates in Bezug auf eine eigene Wissensproduktion über technische Entwicklungen im Bereich der Informationstechnologie ließe sich dann zumindest eher erklären, wenn in der Gesellschaft, insbesondere in der Wissenschaft, eine Vielzahl von Begleitmaßnahmen zu technischen Neuentwicklungen vorlägen, auf die der Staat sich in seiner eigenen Wissensgewinnung stützen könnte. Allerdings ist solches auch hier wenig, und eher unstrukturiert, zu beobachten. Während andere Technikbereiche wie z.B. die Nano- und vor allem die Atom-

32 Das statistische Bundesamt beispielsweise listet in diesem Bereich nur Eckdaten.

33 Vgl. die Studie von PWC: http://www.pwc.de/de/compliance/deutsche-unternehmen-haben-nachholbedarf-beim-datenschutz.jhtml.

34 Dazu noch gleich unten unter IV.

35 Vgl. SWIFT-Abkommen zwischen der EU und den USA vom 30.11.2009 oder das geplante Abkommen über Flugpassagierdaten zwischen der EU und den USA.

und Gentechniktechnologie hohe Aufmerksamkeit erfahren, ist Informationstechnologie erst innerhalb der letzten Jahre überhaupt (wieder) zu einem gesellschaftlichen Thema in Bezug auf seine Risiken geworden. Das lässt sich am Beispiel des Datenschutzes aufzeigen: Bis Mitte des ersten Jahrzehnts des 21. Jahrhunderts hinein gab es hier wenig Aufmerksamkeit, nachdem auf nationaler Ebene die Etablierung über das Volkszählungsurteil und dann eine Fortbildung durch die europäische Datenschutz-Richtlinie erfolgt war.[36] Das hat sich erst – und vor allem durch Datenskandale Privater – geändert und zu einer Reihe von Aktivitäten geführt.[37] Ob diese Veränderung indes nachhaltig ist, so dass der Staat seine eigenen Aktivitäten hier begrenzt halten kann, ist immerhin fraglich, zumal die staatlichen Aufsichtsbehörden weiterhin nur mit geringer Wirkmächtigkeit ausgestattet sind, ihre Wissensgewinnung also weiterhin schon allein durch die personelle Ausstattung beschränkt ist.[38]

Ähnlich sieht es aus mit speziellen staatlichen Maßnahmen zur Wissensverbreitung. Generell gilt, dass mit der Geltung des Informationsfreiheitsgesetzes (IFG) von 2006 und entsprechender Länderaktivitäten der Zugang zu staatlichen Informationen und damit die Wissensverbreitung durch den Staat an den Bürger wesentlich erleichtert worden ist. Durch die Einrichtung eines Jedermann-Rechts in § 1 Abs. 1 IFG auf Zugang zu staatlichen Informationen, wenn diese nicht durch geistiges Eigentum, Betriebs- und Geschäftsgeheimnisse oder Persönlichkeitsrechte geschützt sind,[39] kann staatliches Wissen nun leichter nachgefragt werden. Damit geht aber nicht zwangsläufig auch eine stärkere Selbst-Präsentation staatlicherseits vorhandenen Wissens einher. Die Diskussionen etwa um die Möglichkeiten von Ordnungsbehörden, ihre Befunde dem Verbraucher mitteilen zu können,[40] zeigen, dass weiterhin staatliche Informationstätigkeit einer Rechtsgrundlage bedarf[41] und eine allgemeine und umfängliche Ermächtigungsgrundlage bisher nicht besteht.

Allerdings ist zu beobachten, dass der Staat zunehmend die neuen Medien nutzt und insoweit die Diskussionen über die Wissensverbreitung per Internet über ordnungsrechtliche Verstöße nur einen Teilbereich dies-

36 Vgl. Simitis, BDSG-Kommentar, 2011, Einleitung.

37 So werden in zahlreichen Formen und Foren Überarbeitungen des Datenschutzregimes angesichts der Entwicklungen im Bereich des Cloud Computing, der sozialen Netzwerke und der Geodatendienste erörtert.

38 Dies ist angesichts der personellen Ausstattung offenkundig, vgl. die Zusammenstellung und empirische Erhebung dazu in PWC (Hrsg.), Daten Schützen, S. 15 ff.

39 Vgl. § 3-6 IFG mit den Grenzen des Anspruchs.

40 Siehe nur Holzner, NVwZ 2010, 489; Ossenbühl, NVwZ 2011, 1357; Schoch, NJW 2010, 2241.

41 Wenig hilfreich in diesem Sinne BVerfGE 105, 279, 301 ff. (Aufgabe der Staatsleitung).

bezüglicher staatlicher Aktivitäten umfasst. Dies gilt nicht nur für den öffentlich-rechtlichen Rundfunk, der seine Sendungen nunmehr auch über das Internet verbreitet.[42] Zugenommen hat zudem auch die Information als Selbstpräsentation von Regierungsorganen über das Internet.[43] Und gerade die Bundesnetzagentur nutzt regelmäßig die Möglichkeit eines Newsletters per Email-Versand, den jedermann abonnieren kann, um auf ihre Entscheidungen und Einschätzungen aufmerksam zu machen.

Insgesamt bleibt aber zu konstatieren, dass eine aktive, systematische und umfangreiche staatliche Wissenspolitik im Bereich der Informationstechnologie und ihrer Produkte und Dienstleistungen nicht stattfindet.

IV. Unsicherheitsregeln: Umgang mit fortbestehender Ungewissheit

Selbst wenn eine solche rechtlich vorgegebene und begleitete Wissensgewinnung und -verbreitung bestünde, wäre damit nicht zwingend Gewissheit gegeben und wäre damit das Problem der Begleitung von Technik, speziell Informationstechnik, nicht behoben. Es ist gerade das Kennzeichen von hoch innovativen Prozessen, zu denen die Informationstechnologie gehört, dass ihre weitere Entwicklung ebenso wie ihre gesellschaftliche, rechtliche, technische und wirtschaftliche Bewertung nur in beschränktem Maße verlässlich vorhergesagt werden kann. Der rasante Aufstieg und fast ebenso schnelle, aber zumeist nicht prognostizierte Abstieg diverser Unternehmen, die für einen gewissen Zeitraum Teile des virtuellen Raums zu dominieren schienen, sind dafür ein Indiz. Die Ursachen für bestehende und unauflösbare Unsicherheit sind vielfältig und können in diesem Rahmen nicht erörtert werden.[44] Unauflösbare Unsicherheit verlangt jedenfalls rechtliche Vorgaben, wie mit dem unsicherem Wissen umzugehen ist: Darf Staat überhaupt in präventiver Weise restriktiv handeln? Muss der Staat womöglich sogar präventiv einschreiten?

Diese rechtlichen Vorgaben finden sich in Unsicherheitsregeln. Unsicherheitsregeln gewährleisten einen rechtlich belastbaren Umgang mit unsicherem und fehlendem Wissen. Sie sind Vorgaben darüber, wie Unsicherheit zu bewerten ist, im Kern bestimmen sie also, ob ihre Konsequenzen eher als Risiko oder als Chance wahrzunehmen sind. Damit wird deutlich, dass hinsichtlich bestehender Unsicherheitsregeln zwischen der

42 Zu den rechtlichen Problemen siehe nur Ladeur, ZUM 2009, 906.

43 Siehe nur den „Merkel-Blog“, www.bundeskanzlerin.de.

44 Näher dazu Spiecker gen. Döhmann, Staatliche Entscheidungen unter Unsicherheit, i.E., Erster Teil Erstes Kapitel C.

verfassungsrechtlichen Ebene zu unterscheiden ist, aus der sich möglicherweise eine grundsätzliche Vorgabe für jegliches staatliche Handeln ableiten lässt, und der verwaltungsrechtlichen Ebene, auf der sich konkrete gesetzgeberische Vorstellungen finden.

1. Verfassungsrechtliche Vorgaben zum Umgang mit Unsicherheit

Anders als Betroffene und Beteiligte, als Entwickler und Nutzer von neuen Technologien hat der Gesetzgeber in seinem Umgang mit Unsicherheit eine neutrale Haltung zu wahren. Das ergibt sich aus den Freiheitsgrundrechten, die zwar auch einen Schutzauftrag enthalten (können), diesen aber der Freiheitsverwirklichung gegenüberstellen. Jedenfalls lässt sich der Verfassung kein Primat entnehmen, dass grundsätzlich einer negativen, risiko-betonenden Lesart von Unsicherheit zu folgen ist; ebenso lässt sich aber auch kein Primat entnehmen, dass grundsätzlich einer positiven, chancen-betonenden Lesart zu folgen sei.[45] Dies gilt nicht einmal im Bereich des Art. 12 GG, der Berufsfreiheit, der gerade ein Schutz von Chancen innewohnt.[46] Daraus folgt aber auch, dass der Gesetzgeber in weiten Teilen frei darin ist, einer ungewissen Entwicklung Wertigkeiten – in Abstufungen – beizumessen und mittels der Vorgaben des (Verwaltungs-)Rechts auszugestalten.

Verwaltungsrecht ist also die Umsetzung gesetzgeberischer Vorstellungen zum Umgang mit Unsicherheit; wählt der Gesetzgeber eine extreme Position, die eine Lesart der Unsicherheit entweder als ganz überwiegend positiv oder ganz überwiegend negativ entspringt, ist damit die grundsätzliche Verfassungsvorgabe, der damit widersprochen wird, in besonderer Weise zu beachten: Für die Abweichung durch den Gesetzgeber müssen gewichtige Gründe vorliegen. Im Regelfall aber sind die Vorgaben des Gesetzgebers an die Verwaltung vom Verfassungsrecht gedeckt angesichts hier fehlender Meta-Unsicherheitsregeln.

2. Verwaltungsrechtliche Vorgaben

Ertragreicher für eine Untersuchung der rechtlichen Bindungen zur Begleitung von Technologieentwicklungen unter Unsicherheit sind daher

45 Ausführlich Spiecker gen. Döhmann, Staatliche Entscheidungen unter Unsicherheit, i.E., Dritter Teil Erstes Kapitel C I.

46 Deutlich wird dies in der Abgrenzung zu Art. 14, vgl. bereits BVerfGE 68, 193, 222 – ständige Rechtsprechung.

die Existenz und der Einsatz von Unsicherheitsregeln auf der Verwaltungsebene. Der Gesetzgeber steuert damit den Umgang der Verwaltung mit bestehender und unauflösbarer Ungewissheit, indem er die Entscheidung darüber, wie die Ungewissheit zu bewerten ist, nicht der Verwaltung belässt, sondern sie gleichfalls dem Vorbehalt des Gesetzes unterzieht.

Bisher werden Unsicherheitsregeln kaum also solche wahrgenommen, geschweige denn vom Gesetzgeber ausdrücklich so gekennzeichnet. Allenfalls aus den (wenigen) Vorgaben zur Ermittlung des relevanten Sach- und Streitstands, vorrangig in §§ 24 ff. VwVfG, kann man eine, wenngleich sehr weite Unsicherheitsregel ablesen.[47] Und selbst diese ist nicht ausschließlich als Bestimmung darüber gefasst, *wie*, d.h. in welcher Lesart, das ermittelte unsichere Wissen in die Entscheidung eingehen soll.

Angesichts bisher fehlender expliziter Benennung von Unsicherheitsregeln finden sich diese vor allem als indirekte gesetzgeberische Entscheidungen wider. Sie sind eher mittelbar zu identifizieren.[48] Unsicherheitsregeln finden sich insbesondere in den materiellen Regelungen selbst. Dazu gehören zunächst die Zielsetzungen, die Gesetzen (inzwischen) üblicherweise vorangestellt sind: Aus der Existenz und der Reihenfolge der dort festgelegten Ziele und Zwecke ist zumindest in grundsätzlichen Entscheidungen erkennbar, ob und in welcher Weise Ungewissheit in die Verwaltungsentscheidung einfließen soll. So ist beispielsweise im GenTG angelegt, dass nicht allein Schutz und Vorsorge Aufgabe sein sollen (§ 1 Nr. 1 GenTG), sondern ebenso durch die auf der Basis des GenTG erfolgenden Entscheidungen der Rahmen für die Erforschung, Nutzung und Förderung (§ 1 Nr. 3 GenTG) gesetzt werden soll. Wenngleich dem Schutzgedanken ersichtlich ein größeres Gewicht beigemessen ist, so ist dennoch in deutlicher Weise auch der Verwirklichung von technischer Weiterentwicklung Raum gegeben. Lediglich eine Ausrichtung auf Schutz und Vorsorge, die in den verwaltungsbehördlichen Entscheidungen ihren Ausdruck fände, wäre mit der vom Gesetzgeber vorgegebenen auch positiven Gewichtung der Ungewissheit nicht vereinbar. Ein vollständiges Verbot der Entwicklung und des Einsatzes der vom GenTG erfassten genetisch veränderten Organismen wäre damit nur bei

47 Näher dazu Spiecker gen. Döhmann, Staatliche Entscheidungen unter Unsicherheit, i.E., Zweiter Teil Erstes Kapitel C II.

48 Ein Weg dazu kann die Heranziehung bestehender sog. Entscheidungsmodule aus der Ökonomie sein, mit deren Hilfe sich auch juristische Unsicherheitsregeln identifizieren lassen, vgl. Spiecker gen. Döhmann in: 44. Assistententagung Öffentliches Recht: Recht und Ökonomik, 2004, S. 61.

besonders hohen befürchteten Risiken vereinbar mit der Unsicherheitsregel, nicht aber bei den vom Gesetzgeber allgemein anerkannten Risiken der Gentechnik.

Angesichts fehlender ausdrücklicher Unsicherheitsregeln gibt darüber hinaus die Ausgestaltung des konkreten Gesetzes Anhaltspunkte dafür, wie der Gesetzgeber den Konflikt zwischen Risiko und Chance, zwischen Freiheit und Vorsorge, begegnen will. Die Ausgestaltung der verwaltungsrechtlichen Eingriffsmöglichkeiten, d.h. insbesondere die Bestimmung einer Instrumentenauswahl durch den Gesetzgeber, zeigt der Verwaltung, wie Unsicherheit im Anwendungsbereich eines Gesetzes zu deuten ist. Dieses Gesamtbild ist deutlich differenzierter als die materiellen Zielsetzungen, die auch für die Bewältigung von Ungewissheit eher einen groben Rahmen vorgeben,[49] zur Ermittlung dieses Gesamtbilds aber selbstverständlich gleichfalls hinzugezogen werden sollten.

Illustrieren lässt sich die Bedeutung der Instrumentenausgestaltung z.B. an der Verankerung des Vorsorgeprinzips als eine schutz-betonende Unsicherheitsregel, während etwa Haftungsregeln als eine freiheitsbetonende Unsicherheitsregel implementieren. Das Vorsorgeprinzip, wie es etwa in § 5 Abs. 1 Nr. 2 BImSchG, in § 1 UVPG oder in §§ 1, 7 BBodSchG zum festen Bestandteil des Technik- und Umweltrechts gehört, berechtigt im Kern die Verwaltung, ihr Handeln an der Annahme des ungünstigsten Falls auszurichten. Das Nicht-Wissen wird im Hinblick auf Risiken interpretiert: Wenn nicht sicher ist, ob eine Handlungsalternative zu einem negativ zu bewertenden Ergebniszustand führt oder zu einem positiven, ist nach dem Vorsorgeprinzip von der negativen Interpretation auszugehen. Einzige Grenze in der Auslegung des unsicheren Wissens ist die Annahme eines Restrisikos, das regelmäßig nicht in die Beurteilung einfließen darf. Auf diese Deutung darf ein behördliches Handeln nicht gestützt werden. Das Vorsorgeprinzip ist ein Vorsichtsprinzip,[50] das der negativen Deutung von Unsicherheit einen Vorrang vor der positiven Deutung einräumt.

Anders dagegen sieht es mit der Aufnahme von Haftungsregeln in Technologiegesetzen aus. Haftungsregeln konstituieren Ausgleichsmaßnahmen. Die Kompensation durch Schadensersatz soll das schädigende Ereignis in seinen (negativen) Wirkungen beseitigen. Das bedeutet aber gerade auch: Mit dem Einsatz von Haftungsregeln wird von staatlicher

49 Zur Grundproblematik der Normziele als Auslegungshilfe allgemein siehe etwa Rüthers, Rechtstheorie, 5. Auflage 2010, § 22 B.

50 Vgl. nur Kloepfer, Umweltrecht, § 4 Rdnr. 12 ff.; Germann, Das Vorsorgeprinzip als vorverlagerte Gefahrenabwehr, S. 40; Spiecker gen. Döhmann, Staatliche Entscheidungen unter Unsicherheit, i.E., Dritter Teil Erstes Kapitel C. II.

Seite ein potentiell schädigendes privates Verhalten zunächst einmal als rechtlich unbedenklich beurteilt, wird also die Chance der Weiterentwicklung des Wissensbestandes in den Vordergrund gerückt. Erst in einem zweiten Schritt, auf der Sekundärebene, erfolgt die Absicherung derjenigen, die eine Verwirklichung der negativen Weiterentwicklung des Wissensbestandes zu tragen haben. Damit wird gezielt auch das Risiko in Kauf genommen, dass es zu nicht ausgleichsfähigen Schäden kommen kann. Entscheidend ist also, dass sich auf der Primärebene die negative Deutung der Unsicherheit gegenüber einer positiven Deutung nicht durchzusetzen vermag – insoweit gerade fundamental anders als beim Vorsorgeprinzip. Daher sind Haftungsregeln Ausdruck einer Unsicherheitsregel, die zwar einen grundsätzlichen Ausgleich der Positionen von Risiko und Chance wahrt, aber in der Tendenz der positiven Bewertung den Vorrang einräumt.

Erschwert wird jegliche Annahme von bereichsspezifischen Unsicherheitsregeln dadurch, dass in vielen neuen Technologiebereichen zunächst eine solche Bewertung des Gesetzgebers, die dann in der Folge die Entscheidungen der Verwaltung anzuleiten imstande wäre, fehlt. So ist beispielsweise bis heute ungeklärt, ob die Regelungen des Immissionsschutz- und des Chemikalienrechts für die Begleitung der Nanotechnologie ausreichen oder ob nicht – gerade auch unter dem Aspekt der ungeklärten Risiken und Chancen in diesem Bereich – eine eigenständige Regelung einzufordern ist.[51] Hier kann sich die Verwaltung nur auf die allgemeinen Vorgaben des bestehenden Normenwerks stützen. Es wird aber auch deutlich, dass es Aufgabe des Gesetzgebers ist, solche Unsicherheitsregeln explizit zu benennen und positivrechtlich aufzunehmen.

3. Unsicherheitsregeln im IT-Recht

Wie steht es nun um die Ausgestaltung von Unsicherheitsregeln im Bereich der Informationstechnologie?

So schwierig sich die Identifikation konkreter Unsicherheitsregeln angesichts ihrer fehlenden Normierung derzeit ohnehin gestaltet, so sehr wird dies im Bereich der modernen Technologien, zu denen auch die Informationstechnologie zählt, dadurch erschwert, dass es auch hier an spezifisch auf diesen Bereich zugeschnittenen gesetzlichen Regelungen fehlt.

51 Vgl. Scherzberg/Wendorff (Hrsg), Nanotechnologie: Grundlagen, Anwendungen, Risiken, Regulierung, 2008; 24. Trierer Kolloquium zum Umwelt- und Technikrecht, Nanotechnologie als Herausforderung für die Rechtsordnung, 2009.

Das IT-Recht ist, wie bereits erwähnt, eine Splitter- und Querschnittsmaterie, ohne bereichsspezifische Regelungen. Anwendbare gesetzliche Regelungen haben gerade die Entwicklungen der Informationstechnologie nicht im Blick, wie z.B. das Datenschutzrecht als Informationsumgangsrecht sichtbar macht: Die unterschiedlichen Möglichkeiten – und Gefahren – für Informationen, die sich durch das Internet ergeben haben, werden nicht abgebildet; es fehlt an differenzierenden Regelungen.[52] Entsprechend fehlt es auch an Unsicherheitsregeln speziell für diesen Bereich.

Eine Ausnahme dazu bildet das Informationsinfrastrukturrecht, das durch das Telekommunikationsgesetz jedenfalls die netzbezogenen Entwicklungen reguliert. Und auch das Dienstleistungsrecht für spezielle IT-Services wird im TMG jedenfalls teilweise speziell geregelt – so finden sich hier etwa einige besondere Datenschutzregeln. Da diese sich allerdings ansonsten auf die allgemeinen Regelungen des BDSG stützen und diese nur in einigen Teilbereichen modifizieren, die für die Bewertung von Unsicherheit weitgehend irrelevant sind, lohnt sich eher ein Blick in das TKG, das eine weitreichende und sektorspezifische Wettbewerbsordnung etabliert. In diesem Regelwerk lassen sich daher auch Unsicherheitsregeln identifizieren. Zum einen gibt es eine Reihe von Zielbestimmungen. Diese machen in ihrer Betonung des Wettbewerbs- und des Marktgedankens deutlich, dass der Gesetzgeber von einer grundsätzlich positiven Weiterentwicklung dieser Technologie ausgegangen ist. Entsprechend gebunden ist auch die Bundesnetzagentur als Regulierungsbehörde. Aber auch darüber hinaus gibt es Vorgaben für Entscheidungen mit Unsicherheit. Der Grundsatz der Vertragslösung, wie er sich etwa in § 22 TKG manifestiert, verlangt in Verbindung mit der ganz grundsätzlichen Einordnung des Telekommunikationsrechts als sektorspezifisches Wettbewerbsrecht, dass weitere Entwicklungen in positiver Weise beurteilt werden. Unsicheres Wissen kann also nicht interpretiert werden, grundsätzlich ein frühzeitiges, vorsorgendes Einschreiten zur Sicherung des Wettbewerbs durch staatliche Maßnahmen zu rechtfertigen, sondern verlangt deutliche Indizien dafür, dass eine marktliche Lösung nicht zum gewünschten wettbewerbsneutralen Erfolg führt. Aus der Vielzahl ineinander verschränkter Vorschriften lässt sich ein Bild davon gewinnen, welche Vorstellung der Gesetzgeber über die Deutung von unsicherem und fehlendem Wissen hat und wie die Verwaltung dieses umsetzen kann.

52 Vgl. dazu Spiecker gen. Döhmann, in: Bartsch/Briner (Hrsg.), Internet – Überholt die Wirklichkeit das Recht?, DGRI Jahrbuch 2010, 2011, S. 39.

Unsicherheitsregeln bleiben nicht abstrakt, und sie verhindern nicht zwingend ein vorzeitiges und frühzeitiges Eingreifen. Sie erfassen gerade auch konkrete und aktuelle Fragestellungen. Somit können sie auch ein abweichendes Vorgehen vorsehen. So ist dem Wettbewerbsgedanken inhärent, dass die Herausbildung und der Bestand von Akteuren mit beherrschender Marktmarkt verhindert werden soll. Daher ist, wenn die Besorgnis einer solchen Entwicklung besteht, durchaus geboten, das unsichere Wissen dahingehend in die Entscheidung einzustellen. Dies kann dann sogar Schutzgedanken beinhalten, wenn etwa kleinen und mittleren Unternehmen oder Start-Ups besondere staatliche Freiräumen eingeräumt werden. Diese Entscheidungen sind nur möglich, wenn die Weiterentwicklung in negativer, d.h. risikoverwirklichender Weise, ausgelegt wird und dies eine positive Deutung ersichtlich verdrängt.[53]

a. Das Beispiel Netzneutralität

Ein aktuelles Beispiel für die Bedeutung einer Anerkennung und konsequenten Anwendung von Unsicherheitsregeln lässt sich am Problem der Netzneutralität festmachen. Hinter diesem Schlagwort verbirgt sich das Problem, dass eine Überlastung der Telekommunikationsinfrastruktur bevorstehen könnte. Telekommunikationsdienstleistungen aller Art hängen davon ab, dass sie schnell und unproblematisch und idealerweise für jedermann erreichbar sind. Angesichts der zunehmenden Nutzung von IT-Dienste befürchten die Telekommunikationsinfrastrukturanbieter bereits seit geraumer Zeit, dass es vermehrt zu einer Überlastung der Leitungen kommen könnte, dass also insbesondere die Internetnutzung von Staus und geprägt sein wird. Wäre dies der Fall, könnte das in einer Gesellschaft, die in ihren Wirtschafts-, Kommunikations- und Sozialbeziehungen immer mehr von Informationstechnologie abhängt, zu katastrophalen Folgen führen. Ob dies tatsächlich bevorsteht, ist umstritten (erste Ebene der Unsicherheit).

Geht man davon aus, dass eine solche Überlastung bevorsteht, stellt sich die Frage, ob und wie einer solchen Überlastung entgegengewirkt werden kann. Eine Prioritisierung bestimmter Services oder auch ein anderes Bezahlsystem sind mögliche Auswege. Auch dies ist Gegenstand heftiger Auseinandersetzungen nicht nur im Bereich der Rechtswissen-

53 In diesem Fall ist aber ohnehin das unsichere Wissen bereits in diese negative Deutungsrichtung hin angelegt.

schaft, sondern auch und gerade im Bereich der Ökonomie (zweite Ebene der Unsicherheit).[54] Solange der Gesetzgeber keine Vorgaben zur Ausgestaltung der Netze in Bezug auf eine Sortierung der Datenpakete gemacht hat, also die Netzneutralität verbindlich festschreibt, ist das trotz aller wissenschaftlichen, politischen und gesellschaftlichen Diskussion fortbestehende unsichere Wissen dahingehend zu deuten, dass der Markt funktionieren wird und eine eigenständige Lösung entwickelt. Diese Lösung kann durchaus auch eine Diskriminierungslösung sein; Marktmechanismen funktionieren nur, wenn differenziert wird und unterschiedliche Preise für unterschiedliche Qualität verlangt werden können. Will der Gesetzgeber dies nicht, muss er ausdrücklich anders entscheiden. Im gegenwärtigen TKG (und den durch dieses umgesetzten Richtlinien der EU) fehlt es aber an einer solchen Regelung.

Allerdings: Diese Auswirkung der Unsicherheitsregel des TKG gilt nur, solange es an einer expliziten Regelung fehlt – eben durch eine Verankerung der Netzneutralität im Gesetz. Der Gesetzgeber ist aber nicht daran gehindert, eine andere Unsicherheitsregel festzuschreiben, weil er eine andere Deutung des unsicheren Wissensbestandes präferiert. Angesichts seiner – gegenüber der Verwaltung deutlich reduzierteren – Bindung an höherrangige Unsicherheitsregeln[55] kann er variable Vorgaben für die Verwaltung entwickeln, seine Ansicht auch ändern und damit auf aktuelle Entwicklungen auf der politischen Ebene reagieren. Unsicherheitsregeln helfen dann auch, gesetzgeberische Entscheidungskonsequenzen offenzulegen: Auch Nicht-Reaktion auf aktuelle technische Entwicklungen ist eine Entscheidung, weil damit die bestehenden Unsicherheitsregeln beibehalten werden.

b. Das Beispiel Cloud Computing

Ein anderes Beispiel lässt sich im Datenschutzrecht benennen. Angesichts der Ausgestaltung des Volkszählungsurteils[56] ist im deutschen Kontext eine die Gefahren der Datenverarbeitungstechnologie betonende Unsicherheitsregel existent: So hat das Bundesverfassungsgericht deutlich gemacht, dass es im Recht auf informationelle Selbstbestimmung ein Instrument sieht, bereits im Vorfeld von existierenden Gefahren einzu-

54 Vgl. zu einer interdisziplinären Auseinandersetzung die Beiträge in Spiecker gen. Döhmann/Krämer (Hrsg.), Net Neutrality and Open Access, 2011.

55 Siehe dazu bereits oben unter IV 1.

56 BVerfGE 65, 1.

schreiten und bereits den Anschein zu vermeiden.[57] Diese Ausrichtung bestätigt auch die europäische Datenschutzrichtlinie mit ihrer gleichfalls ausdrücklichen Verbotsnorm: Der Umgang mit personenbezogenen Daten ist verboten, wenn er nicht ausdrücklich erlaubt ist, § 4 Abs. 1 BDSG. Darin ist gleichzeitig – vergleichbar dem Vorsorgeprinzip – eine die negative Entwicklung betonende Unsicherheitsregel enthalten: Im Zweifel ist eine unsichere Wissenslage dahingehend zu verstehen, dass es zu einer Gefährdung kommen kann.

Diese Unsicherheitsregel findet Anwendung, wenn derzeit diskutiert wird, inwieweit sog. „Cloud Computing" möglich ist. Cloud Computing ist ein wenig differenzierender Begriff, der eine Vielzahl unterschiedlicher Phänomene bündelt. Im Kern beschreibt er die Auslagerung von Speicher- und Verarbeitungskapazitäten eines Datenverarbeiters auf eine Vielzahl von externen Speicher- und Verarbeitungsmedien.[58] Ein gängiger und typischer Vorgang des Cloud Computing ist die Verarbeitung der Abrechnungsdaten eines Unternehmens nicht über einen am Sitz des Unternehmens befindlichen lokalen Rechner, sondern die Auslagerung der damit verbundenen, speicherintensiven Rechnerleistungen auf andere, externe Rechner, die sich nicht zwingend im Unternehmensumfeld befinden. Das Besondere am Cloud Computing ist nicht die Nutzung externer Rechnerleistungen überhaupt, sondern dass der eigentliche Datenverarbeiter in der Regel nur mit einem Dienstleister zusammenarbeitet, der Rechnerkapazitäten zur Verfügung stellt, die dieser aber seinerseits extern zusammenführt. Cloud Computing bietet unter Effektivitätsgesichtspunkten eine Reihe von Vorteilen, nicht zuletzt die Nutzung von typischerweise ungenutzten Speicher- und Rechnerkapazitäten.

Aus datenschutzrechtlicher Sicht ist Cloud Computing allerdings als problematisch einzustufen, sobald personenbezogene Daten und damit die Anwendbarkeit des europäischen Datenschutzregimes ins Spiel kommen. § 11 BDSG sieht zwar grundsätzlich die Möglichkeit der Auslagerung von Datenverarbeitungsprozessen vor als sog. Auftragsdatenverar-

57 BVerfGE 65, 1, 43: „Wer nicht mit hinreichender Sicherheit überschauen kann, welche ihn betreffende Informationen in bestimmten Bereichen seiner sozialen Umwelt bekannt sind, …".

58 Definition des National Institute of Standards and Technology, USA: Modell des on-demand- und online-Zugriffs auf einen gemeinsamen Pool konfigurierbarer Computing-Ressourcen wie Netzwerke, Server, Speichersysteme, Anwendungen und Dienste. Diese können passgenau, schnell, kostengünstig und mit minimalem Verwaltungsaufwand bereitgestellt und abgerufen werden (Übersetzung durch die Autorin). Vgl. auch Stögmüller in: Leupold/Glossner (Hrsg.), Münchener Anwaltshandbuch IT-Recht, 2. Auflage 2011, Teil 5 F. Rnr. 330, und Nägele/Jacobs, ZUM 2010, 281.

beitung. Die Möglichkeit des Daten-Outsourcings ist vom Gesetzgeber durchaus gesehen und geregelt worden. Sie ist allerdings nur unter strengen Voraussetzungen möglich, die sicherstellen sollen, dass eine Verarbeitung der Daten durch einen Dritten nicht zu einer Umgehung der Datenschutzstandards des Unternehmens führen kann, das die Daten eigentlich nutzt. Deshalb ist insbesondere eine effektive Kontrolle des Auftraggebers über den Auftragnehmer vorgesehen, mit der die Einhaltung von datenschutzrechtlichen Standards gewährleistet werden soll.[59]

Bei Nutzung einer sog. „Public Cloud“, bei der typischerweise Auftraggeber und Auftragnehmer einander weitgehend unbekannt sind, die Verarbeitungskapazitäten also in der „Öffentlichkeit“ des Internets beschafft werden, fehlt es aber an dieser Kontrollmöglichkeit. Sie ist vom Auftraggeber gerade nicht gewollt: Er betreibt eben kein klassisches Out-Sourcing. Mit der Hinzuziehung des Internets als Medium der Datenverarbeitungskapazitäten kommt zu den regulären Anforderungen an eine zulässige Datenverarbeitung aber auch noch das Problem einer Zulässigkeit des internationalen Datenverkehrs hinzu. Denn wo sich die Rechnerkapazitäten befinden und somit letztlich die Daten verarbeitet werden, ist unter den Bedingungen des Internets nicht vorherbestimmbar und vor allem nicht reglementierbar. Eine internationale Datenverarbeitung ist nach den europäischen und darauf aufbauenden nationalen Vorschriften aber ebenfalls grundsätzlich unzulässig und nur unter Einhaltung erheblicher, den nationalen Datenschutzstandard absichernde, Bedingungen möglich, vgl. § 4b BDSG. Die Vereinfachung und Verbilligung, die durch den Einsatz von Cloud Computing auf der technischen Seite möglich ist, wird also durch die Notwendigkeit der Einhaltung der datenschutzrechtlichen Standards zumindest erschwert. Trotzdem wird gelegentlich, vor allem aus der Wirtschaft, die erhebliches Einsparpotential im Bereich der teuren Informationsinfrastruktur sieht,[60] verlangt, dass man wenigstens testweise eine solche Vorgehensweise ermöglichen müsse und § 11 gerade keine Anwendung finden solle.[61] Dies lässt sich u.a. damit begründen, dass der Gesetzgeber diese Entwicklung nicht vorhergesehen habe und daher § 11 nicht einschlägig sei.

Die Deutung zukünftiger Entwicklungen in positiver Weise wäre aber nur dann möglich, wenn keine eindeutige Unsicherheitsregel mit gegen-

59 Simitis, BDSG-Kommentar, 2011, § 4b Rdnr. 1 f.

60 Vgl. Nägele/Jacobs, ZUM 2010, 281, 282 m.w.N.

61 Vgl. Nägele/Jacobs, ZUM 2010, 281, 290, zur wünschenswerten Abkehr vom Territorialitätsprinzip, ohne das § 11 nicht anwendbar ist; s. auch Niemann/Paul, K&R 2009, 444, 449, die über § 28 BDSG als ermächtigende Rechtsvorschrift nachdenken, und allgemein die Forderung von Spies, MMR 2010, XI, XII.

sätzlicher Ausrichtung vorläge. Die Grundnormen von § 4 BDSG, spezifiziert gerade um den Fall der Auslagerung von Verarbeitungsvorgängen in § 11 BDSG, machen aber deutlich, dass eine solche Auslegung nicht möglich ist.[62] Denn das Datenschutzrecht ist eben als ein spezifisches Gefahrenabwehrrecht der Datenverarbeitung entwickelt; in ihm angelegt ist eine unsicheres Wissen in negativer Weise deutende Unsicherheitsregel. Dies verhindert, dass die Weiterentwicklung des Cloud Computing so gedeutet werden kann, dass es als ein Experimentierfeld von den Vorgaben des § 11 BDSG nicht erfasst wäre. Allein eine sog „Private Cloud", bei der die Vorgaben des § 11 eingehalten sind und eine Kontrolle des Nutzers der Cloud über den Betreiber der Cloud gewährleistet ist, ist derzeit rechtlich möglich.[63]

Unsicherheitsregeln finden sich also auch im IT-Recht. Gleich der Vorgaben zur Wissensgewinnung leidet aber die Ausgestaltung des virtuellen Raums darunter, dass es nur wenige Regelungen überhaupt gibt und diese – wie etwa im Datenschutzrecht – den Besonderheiten dieses Umfelds (noch) nicht Rechnung tragen. Dabei besteht für den Gesetzgeber hier in erheblicher Weise die Möglichkeit, nicht nur auf Verwaltungsentscheidungen Einfluss zu nehmen, sondern darüber hinaus die Entwicklungen selbst aktiv zu begleiten.

V. Fazit und Ausblick

Wie mit fehlendem und unsicherem Wissen in der Entwicklung des virtuellen Raums umzugehen ist, wird derzeit durch gezielte rechtliche Regelungen kaum begleitet. In der Regel werden – wie etwa im Datenschutzrecht – bestehende Vorschriften angewendet, ohne aber Besonderheiten der spezifischen Technologie oder mit ihr einhergehender sozialer, wirtschaftlicher oder gesellschaftlicher Phänomene Rechnung zu tragen. Lediglich für den Bereich der Infrastrukturverantwortung ist mit dem Telekommunikationsgesetz eine eigenständige rechtliche Regelung gegeben; auch diese begegnet allerdings den Herausforderungen durch Nicht-

62 In der praktischen Folge haben eine Reihe von Anbietern ihre Cloud Computing Angebote daraufhin verändert. Zum einen bieten sie lokal beschränkte Clouds an – also die Auslagerung von IT-Diensten nur in das europäische oder sogar das nationale Umfeld. Zum anderen verpflichten sie zunehmend in ihren Standardverträgen mit den Cloud-Mitgliedern auf den europäischen Datenschutzstandard.

63 Auch diese bietet noch genügend rechtlich offene Fragestellungen, vgl. Nägele/Jacobs, ZUM 2010, 281, 290; Stögmüller in: Leupold/Glossner (Hrsg.), Münchener Anwaltshandbuch IT-Recht, 2. Auflage 2011, Teil 5 F. Rdnr. 330 ff.

Wissen kaum. Gezielte Maßnahmen der Informationsgewinnung fehlen ebenso wie – im Lichte einer „Wissensgesellschaft“ zwingend erforderliche – Vorgaben zur Verbreitung des gewonnenen Wissens und der innovationsfördernden Nutzungsbeschränkung, wie sie das Patent- oder Markenschutzrecht kennzeichnet. Ebenso lassen sich im Bereich der Informationstechnologie keine expliziten Unsicherheitsregeln auffinden, mittels derer der Gesetzgeber die Entwicklung von Technologien und Technologietransfer beeinflusste. Vorgaben zur Deutung des unsicheren Wissens der Verwaltung in positiver oder in negativer Deutung, so sie denn bestehen, beziehen die Besonderheiten der Informationstechnologie regelmäßig nicht ein. Dies kann im Einzelfall zur Überbetonung von Schutzgedanken führen – etwa im Datenschutzrecht sind Experimentierklauseln nicht vorgesehen, die einen flexiblen Umgang mit Neuentwicklungen wie dem Cloud Computing ermöglichten. Dass dies auch anders möglich ist, zeigt das TKG: Als Infrastrukturrecht für Informationstechnologie ist der Entwicklungsgedanke (Innovation) im Gesetz prominent festgeschrieben und in verschiedenen Regelungen präsent; er erlaubt daher, zwingt aber auch, zu einer behördlichen Zurückhaltung gegenüber Marktentwicklungen, wie sich für das Problem der Netzneutralität als eines Wissensproblems zeigen lässt.

Inwieweit kann also der Gesetzgeber überhaupt noch Einfluss auf die Entwicklung einer Technologie nehmen? Es bedarf nicht des Beispiels der friedlichen Nutzung der Kernenergie, um die weitreichende Macht des Gesetzgebers zu betonen: Da ihm auch bei einer unklaren Wissenslage negative Deutungen möglich sind, und diese auch ein Übergewicht gegenüber positiven Deutungen erlangen können, besteht in vielen Fällen neuer Technologien auch die rechtliche Möglichkeit, diese Technologie zu verbieten oder in ihren Anwendungen erheblich zu beschränken. Je lokaler eine Technologie eingesetzt wird, umso eher ist dies möglich. Für die Nutzung der Informationstechnologie, deren wesentliches Rückgrat mittlerweile das Internet geworden ist, ist indes ein solches restriktives Vorgehen schon auf der faktischen Ebene erheblich erschwert, wie die Diskussion um die Durchsetzbarkeit von Internetsperren im Anwendungsfall der Sperrung von Internetseiten mit kinderpornografischen Inhalten gezeigt hat.

Solange dem Gesetzgeber ein völliges Verbot zu Gebote steht, unterliegt jede Technologie grundsätzlich einer Gestaltungshoheit der Legislative. Allerdings beschränkt diese sich dann oftmals auf den Einfluss auf die Rahmenbedingungen der Weiterentwicklung dieser Technologie. Sie ist in hohem Maße abhängig davon, dass Wissensgewinnungsprozesse zur Weiterung der Technik und ihrer Anwendungen ablaufen und vom Staat aktiv begleitet werden. Eine rein nachvollziehende Amtsermittlung genügt also nicht.[64] Zudem ist für den Einsatz konkreter Steuerungsmaßnahmen die fortbestehende Unsicherheit über die weitere Entwicklung ein bestimmender Faktor. Ihre gezielte, strukturierte und offene Einbeziehung in die Entscheidung durch den Einsatz von Unsicherheitsregeln ist im Recht noch wenig erkannt und macht rechtliche Entscheidungen daher in besonderer Weise angreifbar.

Was bedeutet das für die „Vermessung des virtuellen Raums", wie das Gesamtthema der Tagung und dieses Bandes lautet? Zum einen ist der virtuelle Raum faktisch nicht vermessbar, weil sich seine technologischen Grundlagen und die in ihm zugänglichen Möglichkeiten beständig ändern. Angesichts des zu beobachtenden Innovationstempos und der Vielzahl der Beteiligten in diesem Bereich kann davon ausgegangen werden, dass diese kontinuierliche Veränderung jedenfalls in nächster Zeit erhalten bleiben wird. Zum anderen wird aber auch deutlich, dass der Gesetzgeber bisher in den Materien, die den virtuellen Raum prägen, kaum Aktivitäten gezeigt hat, seine Möglichkeiten zur Gestaltung nicht etwa nur beschränkt sind, sondern insbesondere auch nicht genutzt werden. Die elementarsten Voraussetzungen dafür – Kenntnis der Akteure und Marktbedingungen – sind angesichts fehlender aktiver Wissensgewinnungsmaßnahmen kaum bestimmbar; die Vorgabe von spezifischen Unsicherheitsregeln zum gezielten Einsatz des rechtlichen Instrumentariums fehlt.

Insofern ist die eingangs gestellte Frage nach der Bedeutung und Wirkungsmacht des Gesetzgebers im Bereich der Informationstechnologie kaum zu beantworten: Angesichts einer Legislative, die sich mit Vorgaben an die Verwaltung selbst in Bereichen mit erheblichem Problempotenzial – man denke nur an Dienste wie Google Street View oder Facebook – zurückhält, und einer Exekutive, der angesichts der allgemeinen Vorgaben in erheblicher Weise die Hände gebunden sind, spezifisch zugeschnittene Lösungen zu finden, könnte hier sicherlich mehr an Wirkungsmacht bestehen. Allein an der Virtualität des Raums, den sie mitbestimmt, jedenfalls liegt es nicht, dass die Informationstechnologie sich derzeit nahezu unreguliert entwickelt.

64 Vgl. dazu Schneider, Nachvollziehende Amtsermittlung bei der Umweltverträglichkeitsprüfung, 1991.

Vom Medien- zum (Massen-) Kommunikationsprivileg: Zum verfassungsrechtlichen Spannungsverhältnis zwischen informationeller Selbstbestimmung und Kommunikationsfreiheiten am Beispiel von sozialen Netzwerken und Suchmaschinen

Hubertus Gersdorf

Der Staat des Grundgesetzes ist ein Abwägungsstaat, der den rechtsstaatlichen Prinzipien und dem Gemeinwohl verpflichtet ist. Seine identitäts- und legitimationsstiftende Kraft kann der Staat nur entfalten, wenn er kollidierende grundrechtlich geschützte Interessen in den Blick nimmt und sie nach Maßgabe praktischer Konkordanz zur bestmöglichen Verwirklichung bringt.

Es ist noch nicht so lange her, als immer deutlicher zu Tage trat, dass der zur Abwägung verpflichtete Staat Freiheit und Sicherheit nicht mehr ins Gleichgewicht brachte, sondern Freiheit und Sicherheit zunehmend in eine Schieflage gerieten. Vor dem Hintergrund der (potenziellen bzw. aktuellen) Bedrohung durch den internationalen Terrorismus stellte sich in die Rationalität der politischen Akteure mehr und mehr das Kalkül ein, dass sich mit der Verteidigung von Freiheitsinteressen keine Wahl gewinnen lässt, nicht einmal mit einer falschen Freiheitspolitik Wahlen verloren gehen können. Mit der Verteidigung von Bürgerrechten war lange Zeit politisch kein „Blumentopf" zu gewinnen. Stattdessen wurde im politischen Wettstreit vor allem die Fahne der Sicherheitsinteressen hoch gehalten. Die Politik schickte sich an, – mit den Worten des Richters am Bundesverfassungsgerichts Di Fabio – in einen „präventionstechnischen Überbietungswettbewerb" im Kampf gegen den Terrorismus zu treten.[1] So war es nicht verwunderlich, dass das Bundesverfassungsgericht eine Reihe von Sicherheitsgesetzen für verfassungswidrig erklärte.[2] Erst das Bundesverfassungsgericht hat die Schieflage zwischen Freiheit und Sicherheit wieder ausgeglichen und ins rechte Lot gebracht.[3]

Eine vergleichbare Fehlentwicklung scheint sich nun zu wiederholen. Diesmal geht es nicht um den klassischen Konflikt zwischen Freiheit und

1 Vgl. http://www.zeit.de/2007/47/Innenminster-vs-BVG; zum Spannungsverhältnis zwischen Freiheit und Sicherheit *Masing*, JZ 2011, 753 f.

2 Vgl. nur BVerfGE 115, 118 ff.; 125, 260 ff.

3 Vgl. umfassend zuletzt *Bull*, Informationelle Selbstbestimmung – Vision oder Illusion?: Datenschutz im Spannungsverhältnis von Freiheit und Sicherheit, 2011.

Sicherheit im Verhältnis Staat – Bürger, sondern um das Spannungsfeld zwischen dem Grundrecht der informationellen Selbstbestimmung einerseits und den Kommunikationsgrundrechten andererseits. Landauf, landab wird auf die Bedrohungen des Rechts auf informationelle Selbstbestimmung insbesondere durch neue im Internet angebotene Dienste und auf die Notwendigkeit einer Anpassung des datenschutzrechtlichen Schutzregimes an die Herausforderungen des modernen Internetzeitalters hingewiesen. Um die Schutzbezirke des Datenschutzes werden „rote Linien" gezogen, die nicht überschritten werden dürften. Abermals drohen Politiker in einen „Überbietungswettbewerb" zu treten, diesmal in einen „datenschutzrechtlichen Überbietungswettbewerb", in einen Wettbewerb um den höchsten Sicherheitsstandard im Datenschutz.

Gewiss ist, dass der Datenschutz einer Anpassung an die Anforderungen des Internet bedarf. Gewiss ist aber auch, dass es hierbei nicht nur um die Verwirklichung des Grundrechts der informationellen Selbstbestimmung geht, sondern auch um den Schutz kollidierender Verfassungsgüter wie namentlich die Kommunikationsgrundrechte. Nicht immer werden Bedeutung und Tragweite der Kommunikationsgrundrechte hinreichend berücksichtigt. Um nur zwei Beispiele zu nennen. *Erstes Beispiel:* Geodatendiensten wie Google Street View und Microsoft Street Side wird das Schwert des Datenschutzes entgegengehalten, obgleich zwar ein Recht am eigenen Bild, aber nicht an der eigenen Sache existiert.[4] Doch selbst wenn man das Recht auf informationelle Selbstbestimmung für einschlägig hält,[5] stellt sich die Frage, wo die Informationsfreiheit bei der Abwägung bleibt, also die Freiheit, sich aus allgemein zugänglichen Quellen zu informieren, und zwar aus Sicht sowohl des Diensteanbieters als auch des Nutzers des Dienstes. Mit Bedacht räumt das Datenschutzrecht den Informationsinteressen regelmäßig Vorrang vor den Betroffenenrechten ein, wenn die zu veröffentlichenden personenbezogenen Daten aus allgemein zugänglichen Quellen stammen.[6] Von Informationsfreiheit und diesen nach geltendem Datenschutzrecht bestehenden Vorfahrtsregeln war und ist in der *politischen* Diskussion um Geodatendienste wie Google Street View und Microsoft Street Side nur selten die Rede. *Ein zweites Beispiel: S*oziale Netzwerke werden oft als Gefährdung der informationellen

4 Vgl. hierzu statt vieler *Forgó*, MMR 2010, 217; *Lindner*, ZUM 2010, 292, 293.

5 So unter dem Gesichtspunkt der Personenbeziehbarkeit vgl. statt vieler *Moritz*, K&R Beihefter 2/2010, 4; *Peifer*, K&R 2011, 543, 544; *Spiecker gen. Döhmann*, CR 2010, 311, 312; zurückhaltend bis ablehnend hingegen *Forgó/Krügel/Müllenbach*, CR 2010, 616, 618 ff.; *Holznagel/Schumacher*, JZ 2011, 57, 58 f.

6 Zutreffend *Forgó/Krügel/Müllenbach*, CR 2010, 616, 620 f.; *Holznagel/Schumacher*, JZ 2011, 57, 63.

Selbstbestimmung dargestellt. Auf der Strecke bleibt, dass soziale Netzwerke zunehmend als kommunikative Netzwerke der Zivilgesellschaft eingesetzt werden, in denen Personen und Gruppen zu persönlichen und öffentlichen Zwecken in Kommunikation treten, in denen politischer Protest organisiert und formuliert wird. Erinnert sei nur an den Protest der Studierenden gegen Studienbedingungen im Zuge des Bologna-Prozesses, an den Volksaufstand in vielen nordafrikanischen Staaten in diesem Jahr oder an die aktuelle soziale Protestbewegung in Israel. All dieses demokratische Engagement hatte seinen Ausgangspunkt in sozialen Netzwerken.

Datenschutz in der Informations- und Kommunikationsgesellschaft des Internet betrifft eine grundrechtlich mehrpolige Konfliktsituation, in deren Gravitationszentrum die Persönlichkeitsgrundrechte und die Kommunikationsgrundrechte stehen. Es ist Aufgabe des Staates, dieses Spannungsverhältnis zunächst in Blick zu nehmen (sub A) und dann die kollidierenden grundrechtlichen Positionen zu einem sachgerechten Ausgleich zu bringen (sub B).

A) Zur Relevanz der Kommunikationsgrundrechte

Dass das allgemeine Persönlichkeitsrecht in Konflikt geraten kann mit der Meinungsfreiheit, ist allgemein bekannt und Gegenstand des Äußerungsrechts. Die Berichterstattung durch die Medien (Presse und Rundfunk),[7] aber auch die Wahrnehmung der Meinungsfreiheit durch den Einzelnen kann Persönlichkeitsrechte verletzen. Es handelt sich um das klassische Spannungsverhältnis zwischen Persönlichkeitsrechten und Meinungsfreiheit, und zwar unabhängig davon, ob die Meinungsfreiheit individuell vom Einzelnen oder durch Medien ausgeübt wird.

In der Informations- und Kommunikationsordnung des Internet gewinnt dieses Spannungsverhältnis erheblich an Bedeutung. Das liegt vor allem daran, dass der Einzelne im Internet ohne nennenswerte Zugangsschranken an der (Massen-)Kommunikation mitwirken kann.[8] Unter den Bedingungen des Internet vollzieht sich (Massen-)Kommunikation nicht mehr allein one to many, sondern many to many. Persönlichkeitsrechte

7 Vgl. hierzu zuletzt *Caspar*, NVwZ 2010, 1451 ff.

8 Vgl. statt vieler *Müller-Terpitz*, AfP 2008, 335, 340; *Rösler*, JZ 2009, 438, 447; *Gersdorf*, Legitimation und Limitierung von Onlineangeboten des öffentlich-rechtlichen Rundfunks. Konzeption der Kommunikationsverfassung des 21. Jahrhunderts, 2009, S. 108; *ders.*, AfP 2010, 421, 430.

können damit nicht nur von klassischen Medien, sondern potenziell von der gesamten Internetgemeinschaft verletzt werden. In der many to many-Kommunikationsstruktur des Internet ist der Einzelne nicht nur potenziell Betroffener („Opfer"), sondern als aktiv handelnder Nutzer auch potenziell „Täter". Dies lässt erwarten, dass die Zahl von Persönlichkeitsverletzungen ansteigen wird. Umgekehrt verfügt der Einzelne im Vergleich zur analogen Welt in der many to many-Kommunikation des Internet über ungleich bessere Reaktionsmöglichkeiten. Das ist für die Schutzmechanismen, die das Recht zur Verfügung stellen muss, von Bedeutung.

Neben den Risiken dürfen die mit dem Internet verbundenen kommunikativen Chancen nicht unberücksichtigt bleiben. Das Internet eröffnet Möglichkeiten, die (mit Bedacht pathetisch:) der Menschheit bislang nicht zur Verfügung standen. Hierzu zählt etwa, dass jeder mit jedem ohne großen Aufwand kommunizieren kann. Die früher bestehende starre Grenze zwischen Medien und Rezipienten verschwimmt zunehmend. Neben die „Medienöffentlichkeiten" treten die auf kommunikativer Partizipation des Einzelnen und einzelner Organisationen beruhenden „Gegenöffentlichkeiten", die wiederum auf die Arbeit der klassischen Medien zurückwirken. Hinzukommt, dass im Zeitalter des Web 2.0 die Medienfreiheiten zu Jedermann-Freiheiten werden. Während früher die Teilnahme an Massenkommunikation nur einigen wenigen vorbehalten war, kann sich unter den Bedingungen des Internet jeder ohne großen Aufwand an der Massenkommunikation beteiligen.[9] Die durch das Internet eröffneten Kommunikationschancen prägen, stabilisieren und fördern den demokratischen Prozess in einer „offenen Gesellschaft".

Die moderne Internetkommunikation wirft eine Vielzahl von Fragen auf, die u.a. die Zuordnung einzelner Dienste zu den grundrechtlich geschützten Kommunikationsfreiheiten betreffen. Weil diese Zuordnungsfragen noch nicht geklärt sind, bereitet es oft Schwierigkeiten, die im Internet auftretenden Probleme als grundrechtliche Konflikte zwischen Persönlichkeitsgrundrechten und Kommunikationsgrundrechten zu betrachten. Recht einfach liegen die Dinge bei Blogs und sonstigen auf Portalen („Spickmich" etc.) getätigten Meinungsäußerungen, die aufgrund dieser meinungsbildenden Funktion am Schutz der Kommunikationsgrundrechte teilnehmen. Es handelt sich letztlich um den klassischen Konflikt zwischen Meinungsäußerungsfreiheit und dem allgemeinen Persönlichkeitsrecht des Betroffenen.

9 Vgl. hierzu zuletzt *Gersdorf*, AfP 2010, 421, 430 m.w.N.

Zuordnungsprobleme ergeben sich jedoch bei solchen Diensten, die im Gegensatz zu klassischen Medien Informationen nicht nach meinungsbezogenen, publizistischen Gesichtspunkten zusammenstellen und veröffentlichen, sondern nach „meinungsneutralen" formalen Kriterien Informationen zusammentragen, speichern und verbreiten – sog. „Informationsintermediäre". So liegen die Dinge etwa bei Suchmaschinen. Deren Input-Funktion speist sich aus allgemein zugänglichen Quellen und auch ihre Benutzung durch den Einzelnen ist als Ausübung der grundrechtlich geschützten Informationsfreiheit (Art. 5 Abs. 1 Satz 1 Alt. 2 GG, Art. 10 Abs. 1 Satz 2 EMRK, Art. 11 Abs. 1 Satz 2 GRC) zu qualifizieren. Im Übrigen bereitet die kommunikationsgrundrechtliche Zuordnung entsprechender inhaltsneutraler Suchmaschinen Probleme. Man könnte eine Parallele zu den medienexternen inhaltsneutralen Hilfsleistungen ziehen und Suchmaschinen – in Anlehnung an die Zuordnung von Pressegrossisten und sonstiger medienexterner Hilfsleistungen[10] – den grundrechtlich geschützten Medienfreiheiten zuweisen. Hierfür spricht, dass nach zutreffender Ansicht auch die rein technischen, inhaltsneutralen Dienstleistungen der Kabelnetzbetreiber beim Weitertransport dem Schutz des Art. 5 Abs. 1 Satz 2 GG unterfallen.[11] Man könnte die Aufzählung der Medienfreiheiten in Art. 5 Abs. 1 Satz 2 GG als nicht abschließend betrachten und inhaltsneutrale Suchmaschinen etc. als eine neue Form der grundrechtlich geschützten Medienfreiheit[12] bzw. als Internetdienstefreiheit (=Telemedien im Sinne des einfachen Rechts)[13] qualifizieren, die neben die klassischen Medienfreiheiten im Sinne des Art. 5 Abs. 1 Satz 2 GG tritt. Ungeachtet dieser verfassungsrechtlichen Zuordnungsprobleme dürfte jedoch feststehen, dass Suchmaschinen dem besonderen Schutz der Kommunikationsgrundrechte unterfallen. Denn sie sind aus der Informations- und Kommunikationsordnung des Internet nicht mehr wegzudenken und für die Funktionsfähigkeit der modernen Informationsgesell-

10 So dezidiert zum Pressebereich BVerfGE 77, 346, 354; auf den Rundfunkbereich übertragend BVerfGE 78, 101, 103.

11 Vgl. hierzu *Wichmann*, Vielfaltsicherung in digitalisierten Breitbandkabelnetzen. Rechtsprobleme der Nutzung digitalisierter Rundfunk-Kabelnetze durch Fernsehveranstalter, 2004, S. 49 ff. m.w.N.; *Gersdorf*, Chancengleicher Zugang zum digitalen Fernsehen, 1998, S. 68 ff.

12 Vgl. etwa *Koreng*, Zensur im Internet. Der verfassungsrechtliche Schutz der digitalen Massenkommunikation, 2010, S. 98 ff.

13 So neuerdings *Holznagel/Schumacher*, in: Kloepfer (Hrsg.), Netzneutralität in der Informationsgesellschaft, 2011

schaft schlechthin unverzichtbar. Sofern solche Suchmaschinen personenbezogene Daten des Einzelnen zusammentragen, speichern und ein mehr oder weniger umfangreiches Persönlichkeits- oder Bewegungsprofil des Betroffenen auf Abruf zur Verfügung stellen, handelt es sich um einen Konflikt zwischen der grundrechtlich geschützten Informationsfreiheit und Persönlichkeitsrechten. Auch insoweit gilt es, die einander widerstreitenden Güter durch Abwägung zu einem wechselseitig möglichst schonenden Ausgleich zu bringen.

II. Soziale Netzwerke

Auch die kommunikationsgrundrechtliche Einordnung sozialer Netzwerke und die sich hierin ausdrückende Freiheitsbetätigung bereiten erhebliche Schwierigkeiten. Es würde die grundrechtliche Perspektive verengen, wenn man soziale Netzwerke ausschließlich aus dem Blickwinkel des verfassungsrechtlich geschuldeten Schutzes des Grundrechts der informationellen Selbstbestimmung betrachtete. Soziale, besser: kommunikative Netzwerke dienen der individuellen und öffentlichen Kommunikation und unterfallen auch dem besonderen Schutz der Kommunikationsverfassung. Für die grundrechtliche Zuordnung ist zwischen den Nutzern und den Anbietern sozialer Netzwerke zu unterscheiden. Aus Zeitgründen kann hier nur auf die Freiheitsbetätigung der Nutzer sozialer Netzwerke eingegangen werden.

Die auf Offenheit und Transparenz abzielende Erwartung des Internet erstreckt sich zunächst auf Staat und Gesellschaft, macht aber auch vor dem Einzelnen nicht Halt. Im Internet zeichnet sich bei einem Teil der Nutzer ein Paradigmenwechsel im Umgang mit persönlichen Daten ab. In sozialen Netzwerken offenbaren (nicht nur dem besonderen Schutz der Verfassung unterliegende minderjährige) Nutzer persönliche Daten, die noch vor wenigen Jahren als gleichsam sakrosankt angesehen wurden und deren Veröffentlichung als „unschicklich" verstanden wurde: Geburtsdatum, politische und religiöse Überzeugung oder gar sexuelle Orientierung u.ä. Ganz bewusst offenbaren viele (nicht alle) „ihre" Daten, weil sie sich hiervon (private und berufliche) Vorteile versprechen und weil sie das „Gen" der auf Offenheit setzenden Rationalität des Internet in sich tragen. Geheimniskrämerei gilt als „uncool". Diese Form autonomer Offenbarung personenbezogener Daten darf nicht als „Datenstriptease" stigmatisiert und diskreditiert werden, sie ist die Wahrnehmung des Grundrechts auf informationelle Selbstbestimmung, also die Ausübung grundrechtlich geschützter Freiheit. Bereits in der Magna Charta des Datenschutzrechts, im Volkszählungsurteil, hat das Bundesverfassungsgericht festgestellt, dass es Sache des Einzelnen ist, grundsätzlich selbst zu entscheiden, wann und innerhalb welcher Grenzen er persönliche Lebenssachverhalte offenbart.[14] Offenbart der Einzelne in sozialen Netzwerken personenbezogene Daten (Alter, Geschlecht, Konfession etc.), ist dies kein Verzicht auf sein Grundrecht auf informationelle Selbstbestimmung, sondern die Ausübung dieses Grundrechts.

Ungeklärt ist, ob eine solche Preisgabe personenbezogener Daten darüber hinaus auch Ausdruck der grundrechtlich geschützten Kommunikationsfreiheiten ist. Zunächst steht fest, dass jedenfalls die der Veröffentlichung personenbezogener Stammdaten in entsprechenden Datenbanken sozialer Netzwerke („Profile“ ö.ä.) *nachgelagerte Kommunikation* zwischen „Freunden“ oder sonstigen Teilnehmern des Kommunikationsnetzwerkes der individuellen und öffentlichen Meinungsbildung dient und daher kommunikationsgrundrechtlich geschützt ist. Personenbezogene Daten sind nicht nur die klassischen Daten, wie etwa Name, Geburtsort, Konfession etc., sondern auch Meinungsäußerungen durch den Einzelnen, die durch Elemente der Stellungnahme, des Dafürhaltens und der Wertung gekennzeichnet sind. Eine solche kommunikative Persönlichkeitsentfaltung unterfällt nicht nur dem Schutz des Grundrechts auf informationelle Selbstbestimmung, sondern auch dem des Art. 5 Abs. 1 GG. Für den Schutz oder die Werthaltigkeit der Kommunikationsordnung kommt es auf den privaten bzw. nichtprivaten Charakter der Informationen prinzipiell nicht an. Auch die Offenbarung privater Informationen dient dem Kommunikationsprozess.[15] War die Berichterstattung über Privates (insbesondere von Prominenten) in der Vergangenheit regelmäßig den Medien vorbehalten, die sich insoweit auf die grundrechtlich geschützte Presse- bzw. Rundfunkfreiheit berufen können[16], kann nunmehr der Einzelne im Internet Privates offenbaren. Diese Form der Freiheitsbetätigung beruht auf *doppeltem* Grundrechtsboden: Sie ist Ausdruck des Grundrechts auf informationelle Selbstbestimmung und zugleich Wahrnehmung der Kommunikationsgrundrechte. Der Schutz der Kommunikationsordnung ist umfassend und unteilbar. Er lässt sich nicht in schutzbedürftige, weniger schutzbedürftige oder schutzlose Informationen unter-

14 BVerfGE 65, 1, 41 f.; 78, 77, 84; 103, 21, 33.

15 Vgl. hierzu BVerfGE 101, 361, 389; 120, 180, 196 f. (Caroline II und III); *Gersdorf*, AfP 2005, 221, 224.

16 Deutlich zuletzt BVerfGE 120, 180, 205: „Der Schutzbereich der Pressefreiheit umfasst auch unterhaltende Beiträge über das Privat- oder Alltagsleben von Prominenten und ihres sozialen Umfelds, insbesondere der ihnen nahestehenden Personen.“; siehe auch BVerfGE 101, 361, 389 ff.

teilen.[17] Das gilt insbesondere unter den Bedingungen der modernen Internetkommunikation, in der – wie das Beispiel sozialer Netzwerke zeigt – die Grenze zwischen privaten und nichtprivaten Informationen zunehmend verschwimmt.

Doch auch die Veröffentlichung personenbezogener *Stamm*daten in entsprechenden Datenbanken sozialer Netzwerke („Profile" ö.ä.) als solche ist nicht nur Ausfluss des Grundrechts der informationellen Selbstbestimmung, sondern auch der Kommunikationsfreiheiten. Zwar hat das Bundesverfassungsgericht in seinem Volkszählungsurteil die Verpflichtung zu Angaben im Rahmen statistischer Erhebungen nicht an der (negativen) Meinungsäußerungsfreiheit des Art. 5 Abs. 1 Satz 1 GG gemessen, weil solche Angaben nicht durch Elemente der Stellungnahme, des Dafürhaltens und des Meinens gekennzeichnet sind.[18] Anders liegen die Dinge aber bei der Veröffentlichung personenbezogener Daten in sozialen Netzwerken. Zum einen beruhen solche Daten nicht nur auf „nackten" Tatsachen, sondern oft auf persönlichen Einschätzungen, denen Wertungen zugrunde liegen (zum Beispiel: Selbsteinschätzung der politischen Überzeugung in sozialen Netzwerken). Und zum anderen ist die Veröffentlichung von personenbezogenen Tatsachen, die für sich genommen keine „Meinungen" sind, Voraussetzung für den Aufbau entsprechender Kommunikationsnetzwerke, in denen sich die grundrechtlich geschützte Kommunikation vollzieht. Wegen dieses engen funktionalen Zusammenhangs wird man die Veröffentlichung auch solcher Daten als Ausdruck der Meinungsäußerungsfreiheit qualifizieren können.

Welches der Kommunikationsgrundrechte des Art. 5 Abs. 1 GG einschlägig ist, bestimmt sich nach allgemeinen Abgrenzungskriterien. Richtet sich die Kommunikation nicht an eine „beliebige Öffentlichkeit", ist die Meinungsäußerungsfreiheit thematisch einschlägig, anderenfalls kommen die Medienfreiheiten zur Anwendung. Die Bestimmtheit oder Bestimmbarkeit des Freundeskreises ist ausschlaggebend dafür, ob die Kommunikation im Rahmen sozialer Netzwerke Art. 5 Abs. 1 Satz 1 oder Satz 2 GG zuzuordnen ist. Nach tradierter – aber anachronistischer – Ansicht soll es für die Abgrenzung von Presse und Rundfunk auf die Verkörperung bzw. Nichtverkörperung der Kommunikationsinhalte ankommen. Danach wäre die an die Allgemeinheit gerichtete Kommunikation

17 Vgl. *Gersdorf*, AfP 2005, 221, 224; grundlegend Schulz, Gewährleistung kommunikativer Chancengleichheit als Freiheitsverwirklichung, 1998, passim.

18 Vgl. BVerfGE 65, 1, 40 f.

im Rahmen sozialer Netzwerke nicht Presse, sondern Rundfunk im Sinne des Verfassungsrechts.[19]

B) Abwägungsmaßstäbe: Vom Medien- zum (Massen-)Kommunikationsprivileg

Das allgemeine Persönlichkeitsrecht und damit auch das Recht auf informationelle Selbstbestimmung genießen keinen absolut wirkenden Schutz. Vielmehr ist eine umfassende Abwägung mit kollidierenden Interessen geboten, wozu insbesondere die Medien- und Meinungsfreiheit sowie die Informationsfreiheit zählen.

Für die Tätigkeit der klassischen Medien ist das Spannungsverhältnis zwischen Datenschutz und Medienfreiheiten seit jeher geregelt. Presse, öffentlich-rechtlicher und privater (linear verbreiteter Programm-) Rundfunk und Telemedien mit journalistisch-redaktionellen Inhalten genießen ein sogenanntes Medienprivileg (Art. 9 Datenschutz-RL; § 18a LPressG MV, § 10 LPresseG SH, § 5 I LPresseG Bremen, § 12 LPresseG NRW – Presse; § 47 RStV, § 61 LRundfG MV, § 56 II Landesmediengesetz Bremen, Art. 20 II BayMedienG, § 17 ZDF-Staatsvertrag, § 42 I NDR-Staatsvertrag, § 49 I WDR-Gesetz – Rundfunk, § 57 RStV – Telemedien). Das Medienprivileg stellt die Medien bei der Wahrnehmung ihrer grundrechtlich geschützten Aufgabe von der Einhaltung der Datenschutzvorschriften weitgehend frei. Denn ohne Erhebung, Verarbeitung und Nutzung personenbezogener Daten auch ohne Einwilligung der jeweils Betroffenen wäre journalistische Arbeit nicht möglich. Ebenso wenig können die weiteren datenschutzrechtlichen Grundsätze der Erforderlichkeit, der Datenvermeidung und Datensparsamkeit auf Medien Anwendung finden, weil Medien auf eine umfassende Informationsbeschaffung angewiesen sind, zu der auch die Erhebung personenbezogener Daten gehört – insbesondere von Personen der Zeitgeschichte. Die Exemtion der Medien von datenschutzrechtlichen Bindungen bedeutet nicht, dass kollidierende Persönlichkeitsrechte keine Geltung beanspruchen und gegenüber den Informations- und Berichterstattungsinteressen der Medien a priori zurücktreten. Der von Verfassungs wegen erforderliche Schutz der Persönlichkeitsrechte wird durch das Medienordnungsrecht und das Äußerungsrecht gewährt. Medien habe im Rahmen ihrer publizistischen Tä-

19 Zur Abgrenzung der Grundrechte der Presse- und Rundfunkfreiheit vgl. zuletzt *Gersdorf*, AfP 2010, 421, 422 ff.

tigkeit bestimmte journalistische Standards zu erfüllen.[20] Darüber hinaus bietet das Äußerungsrecht mit seinen umfangreichen Schutzinstrumenten den notwendigen Schutz in jedem Einzelfall. Die auf dem Medienprivileg beruhende Freistellung der Medien vom Datenschutzregime lässt die Verpflichtung der Medien zur Wahrung von Persönlichkeitsrechten unberührt. Medienordnungsrecht und Äußerungsrecht dienen diesen Schutzfunktionen.

Das datenschutzrechtliche Medienprivileg ist in mehrfacher Hinsicht beschränkt. In personaler Hinsicht sollen – nach dem Wortlaut der gesetzlichen Bestimmungen – nur Unternehmen und Hilfsunternehmen der Medien geschützt sein. Und in sachlicher Hinsicht sind Medien nur geschützt, wenn die personenbezogenen Daten „ausschließlich zu eigenen journalistisch-redaktionellen, künstlerischen oder literarischen Zwecken" erhoben, verarbeitet oder genutzt werden. Die inhaltsbezogene, an publizistischen Maßstäben orientierte Tätigkeit der Medien und ihre hierauf bezogenen (ggf. auch inhaltsneutralen) Hilfstätigkeiten sind vom Medienprivileg umfasst. Diese Medienprivilegien bestehen nicht im individuellen Interesse der Medien, sondern im Interesse der den Medien zukommenden überindividuellen Funktion für den demokratischen Meinungs- und Willensbildungsprozess.[21]

Neben dem Medienprivileg existiert noch eine weitere Vorrangregel im geltenden Recht: Sofern personenbezogene Daten aus allgemein zugänglichen Quellen (Internet ö.ä.) stammen und deshalb dem besonderen Schutz des Grundrechts der Informationsfreiheit (Art. 5 Abs. 1 Satz 1 Alt. 2 GG, Art. 10 Abs. 1 Satz 2 EMRK, Art. 11 Abs. 1 Satz 2 GRC) unterfallen, ist die Erhebung, Speicherung und Verwendung personenbezogener Daten zulässig, es sei denn, dass das Betroffeneninteresse *offensichtlich* überwiegt. Dieses auf einem Primat der Informationsfreiheit beruhende Wertungsmodell liegt dem geltenden Recht zugrunde (vgl. § 28 Abs. 1 Satz 1 Nr. 3, § 29 Abs. 1 Satz 1 Nr. 2 BDSG), was insbesondere für die rechtliche Bewertung von Geodatendiensten wie Google Street View und MS Street Side von Bedeutung ist:[22] Nicht die fehlende Einwilligung der von der Bebilderung „Betroffenen", sondern umgekehrt eine mögliche

20 Vgl. statt vieler *Caspar*, NVwZ 2010, 1451 ff.

21 BVerfG, 1 BvR 77/96 vom 22.08.2000, Absatz-Nr. 9; BVerfG, 1 BvR 1398/01 vom 13.09.2001, Absatz-Nr. 8; *Dix*, in: Simitis (Hrsg.), Bundesdatenschutzgesetz, 7. Aufl., 2011, § 41 Rn. 1; *Dörr*, ZUM 2004, 536, 540; *Mann/Smid*, in: Spindler/Schuster, Recht der elektronischen Medien, 2. Aufl., 2011, 7. Teil, Rn. 120.

22 Vgl. nochmals *Forgó/Krügel/Müllenbach*, CR 2010, 616, 620 f.; *Holznagel/Schumacher*, JZ 2011, 57, 63.

gesetzliche Begründung eines solchen Einwilligungserfordernisses ist verfassungsrechtlich prekär.

Im Übrigen aber trägt das geltende Recht der verfassungsrechtlichen Notwendigkeit einer umfassenden Abwägung zwischen dem Grundrecht auf informationelle Selbstbestimmung und den Kommunikationsgrundrechten kaum Rechnung. Es berücksichtigt nicht hinreichend, geschweige denn verarbeitet konzeptionell die maßgeblichen Änderungen im Wirkungsfeld der grundrechtlich geschützten Kommunikationsfreiheiten. Weshalb das Medienprivileg auf Unternehmen und Hilfsunternehmen der Medien reduziert ist, erscheint im Zeitalter des Web 2.0 schlechthin anachronistisch. Unter den Bedingungen der modernen Massenkommunikation sind Medien-Freiheiten Jedermann-Freiheiten. Jeder Einzelne kann sich ohne großen Aufwand publizistisch betätigen und an der grundrechtlich geschützten Massenkommunikation mitwirken, auch und gerade in sozialen Netzwerken. Vor allem aber spielen inhaltsneutrale Intermediäre – wie Suchmaschinen und soziale Netzwerke – im Rahmen der individuellen und öffentlichen Kommunikation eine zunehmend größere Bedeutung, ohne dass ihnen ein hinreichender Schutz zugedacht wird. Diesem Bedeutungswandel wird nicht genügend Rechnung getragen. Zwei Beispiele aus dem Labor des Gesetzgebers seien genannt:

Das BMI hat im Dezember 2010 einen Gesetzentwurf zum Schutz vor besonders schweren Eingriffen in das Persönlichkeitsrecht im Internet vorgelegt, mit dem das BDSG ergänzt werden soll.[23] Nach dem Gesetzentwurf ist die Veröffentlichung von personenbezogenen Daten in Telemedien unzulässig, wenn hierdurch ein besonders schwerer Eingriff in das Persönlichkeitsrecht bewirkt wird, soweit nicht eine andere Rechtsvorschrift dies erlaubt oder anordnet oder der Betroffene einwilligt oder ein überwiegendes schutzwürdiges Interesse an der Veröffentlichung besteht. Nach dem Gesetzentwurf liegt ein besonders schwerer Eingriff in das Persönlichkeitsrecht insbesondere vor, wenn personenbezogene Daten in Telemedien veröffentlicht werden, „die geschäftsmäßig gezielt zusammengetragen, gespeichert und ggf. unter Hinzuspeicherung weiterer Daten ausgewertet wurden und die dadurch ein umfangreiches Persönlichkeits- oder Bewegungsprofil des Betroffenen ergeben können“. Ausdrücklich wird im Gesetzentwurf darauf hingewiesen, dass die Presse von dieser Regelung nicht betroffen sei, da für sie zum einen das Presseprivileg des § 41 BDSG gelte. Zum anderen könne sich die Presse auf ein

23 http://www.bmi.bund.de/SharedDocs/Downloads/DE/Themen/OED_Verwaltung/Informationsgesellschaft/rote_linie.pdf?__blob=publicationFile.

überwiegendes Informationsinteresse an der Veröffentlichung berufen, das nach dem Gesetzentwurf eine Berichterstattung auch in den Fällen eines besonders schweren Eingriffs in das Persönlichkeitsrecht legitimiert.[24] Im Gegensatz zur Presse und anderen Medien (Rundfunk) richtet sich der Schutzblick des Gesetzgebers nicht auf andere Akteure im Wirkungsfeld des Art. 5 Abs. 1 GG, insbesondere nicht auf Intermediäre wie Suchmaschinen. Ganz im Gegenteil: Die Erstellung umfangreicher Persönlichkeits- oder Bewegungsprofile durch Suchmaschinen (Yasni etc.) ist der eigentliche Anlass für die Verschärfung des BDSG. Gegen diese Form der Informationsbeschaffung und -bereitstellung wendet sich der Gesetzentwurf. Zum einen begibt sich damit der Gesetzentwurf in Widerspruch zur Gesamtkonzeption und zu den Vorrangregeln des BDSG. Denn danach gebührt der Informationsermittlung und -bereitstellung prinzipiell Vorrang, es sei denn, dass das Betroffeneninteresse offensichtlich überwiegt, sofern die personenbezogenen Daten aus allgemein zugänglichen Quellen (Internet ö.ä.) stammen (vgl. abermals § 28 Abs. 1 Satz 1 Nr. 3, § 29 Abs. 1 Satz 1 Nr. 2 BDSG). Zum anderen wird die grundrechtlich geschützte Informationsfreiheit sowohl der Anbieter als auch der Nutzer entsprechender Suchmaschinen verkannt. Unter den Bedingungen der modernen Kommunikationsordnung nehmen Suchmaschinen die Selektions- und Aufbereitungsfunktionen wahr, die früher im Wesentlichen nur von klassischen Medien ausgeübt wurden. Auch wenn sich die von Suchmaschinen eingesetzten Algorithmen von den inhaltsbezogenen, journalistischen Standards professioneller Medien grundlegend unterscheiden, ändert dies nichts daran, dass die Tätigkeit von Suchmaschinen für die individuelle und öffentliche Meinungsbildung von herausragender Bedeutung ist. Deshalb stemmt sich die Kommunikationsverfassung dagegen, wenn die klassischen Medien aufgrund der ihnen zukommenden Funktion von den Fesseln des Datenschutzrechts im Kern befreit sind, während Intermediäre wie Suchmaschinen in das Fadenkreuz des Datenschutzrechts geraten, obgleich auch sie in der modernen Kommunikationsordnung zentrale Aufgaben erfüllen.

Als weiteres Beispiel für eine Ausblendung der Kommunikationsbedürfnisse lässt sich die Verpflichtung von Dienstanbietern anführen, personenbezogene Daten nach Ablauf der Nutzungszeit zu löschen. Diese Löschungsverpflichtung besteht bereits nach geltendem Datenschutzrecht (vgl. § 13 Abs. 4 Nr. 2 TMG, § 35 Abs. 2 Satz 2 Nr. 2 und 4 BDSG). Nach einem vom Bundesrat eingebrachten Gesetzentwurf soll der Nutzer

24 Gesetzentwurf des BMI zum Schutz vor besonders schweren Eingriffen in das Persönlichkeitsrecht vom 1.12.2010, S. 3.

gegen den Dienstanbieter zusätzlich einen Anspruch auf Löschung erhalten (Bedienfeld „Löschknopf").[25] Im politischen Raum dient das „digitale Radiergummi" als positive Blaupause für die Verwirklichung von Bürgerrechten. So sehr ein solcher Löschknopf seine Berechtigung hat, soweit er sich auf Bestandsdaten (vgl. nochmals § 13 Abs. 4 Nr. 2 TMG) erstreckt, so sehr erweist er sich als verfassungsrechtlich problematisch, wenn es um die auf Kommunikation beruhenden personenbezogenen Daten in sozialen Netzwerken geht. Sofern der Einzelne in Kontakt oder Kommunikation mit anderen tritt (Sozialsphäre) und damit die persönliche Sphäre seiner Mitmenschen oder die Belange der Gemeinschaft berührt, muss er sich – im Interesse umfassender Kommunikation – weitreichende Beschränkungen seines allgemeinen Persönlichkeitsrechts und seines Rechts auf informationelle Selbstbestimmung gefallen lassen. Insbesondere hat er keinen Anspruch darauf, in der Öffentlichkeit nur so dargestellt zu werden, wie er möchte.[26] Wenn etwa ein Politiker oder eine andere Person des öffentlichen Lebens einen Gastbeitrag bei einem Onlineanbieter (Spiegel-Online etc.) oder einen Beitrag in einem Blog (CARTA) veröffentlicht, würde niemand auf den Gedanken kommen, ihm einen gesetzlich verbrieften Anspruch einzuräumen, die von ihm veranlasste Veröffentlichung später löschen zu lassen. Das Gleiche muss für die Kommunikation in sozialen Netzwerken gelten, wenigstens dann, wenn sie nicht mit bestimmten Freunden, sondern mit der breiten Öffentlichkeit erfolgt.

Zum Schluss soll ein Referenzbeispiel für eine gelungene Auflösung des Spannungsverhältnisses zwischen informationeller Selbstbestimmung und Kommunikationsfreiheit genannt werden. Nach einem Gesetzentwurf des Bundesrates soll durch eine Opt-In-Regelung sichergestellt werden, dass vom Nutzer generierte Inhalte grundsätzlich nicht durch externe Suchmaschinen gefunden oder ausgelesen werden können. Diese Zugriffsmöglichkeit bedarf der ausdrücklichen Zustimmung durch den Nutzer. Dies soll aber dann nicht gelten, soweit der Zweck des Telemediendienstes bei objektiver Betrachtung die Auffindbarkeit und Auslesbarkeit von Inhalten mittels externer Suchmaschinen umfasst.[27] Als Beispiele werden Diskussionsforen und Blogs genannt.[28] Auch die Kommu-

25 Vgl. Entwurf eines Gesetzes zur Änderung des Telemediengesetzes, BT-Drs. 17/6765, S. 5, 8 f.

26 Ständige Rechtsprechung des BVerfG, vgl. BVerfGE 99, 185, 194; 101, 361, 380; BVerfG ZUM 2002, 920, 922.

27 BT-Drs. 17/6765, S. 10 f.

28 BT-Drs. 17/6765, S. 11.

nikation in sozialen Netzwerken dürfte hiervon erfasst sein, wenn der Nutzer seine Inhalte nicht an bestimmte Freunde, sondern letztlich an alle adressiert. In allen diesen Fällen liegt Massenkommunikation vor, so dass kein Grund ersichtlich ist, externen Suchmaschinen den Zugriff auf personenbezogene Kommunikationsdaten in sozialen Netzwerken zu verweigern.

C) Fazit

Der Gesetzgeber hat konzeptionell noch nicht hinreichend verarbeitet, dass Datenschutzbelange mit Informations- und Kommunikationsbedürfnissen kollidieren können. Es ist seine Aufgabe, das Spannungsverhältnis zwischen dem Grundrecht der informationellen Selbstbestimmung und den Kommunikationsgrundrechten aufzulösen und den grundrechtlichen Positionen zur bestmöglichen Verwirklichung zu verhelfen. Medien sind nicht die einzigen Akteure im Wirkungsfeld des Art. 5 GG. Das Medienprivileg bedarf einer Fortentwicklung in Richtung eines (Massen-) Kommunikationsprivilegs, um sicherzustellen, dass im Rahmen der Abwägung die schutzwürdigen Belange nicht nur der Medien, sondern auch anderer Träger des Art. 5 Abs. 1 GG Berücksichtigung finden. Umgekehrt bedarf einer genauen Untersuchung, ob die dem Medienprivileg korrespondierenden spezifischen Pflichten des Medienordnungsrechts auf die neuen Akteure des Internet (Intermediäre etc.) zu erstrecken sind. Denkbar wäre etwa die Implementierung eines Anreizsystems, das eine Freistellung von datenschutzrechtlichen Bindungen an die Erfüllung bestimmter medienordnungsrechtlicher Standards (Impressums-, Sorgfaltspflichten etc.) knüpft, soweit hierdurch die Tätigkeit von Intermediären nicht übergebührend eingeengt würde. So erscheint fraglich, ob Plattformbetreiber, die ein Forum für anonyme bzw. pseudonyme Kommunikation bereithalten, in den Genuss der Privilegien von Medien kommen, die der Impressumspflicht unterliegen, welche für die Durchsetzung der (Persönlichkeits-)Rechte der von der Berichterstattung Betroffenen von erheblicher Bedeutung ist. Die von Verfassungs wegen erforderliche Weiterentwicklung des Medienprivilegs zu einem (Massen-) Kommunikationsprivilegs bedarf weiterer, differenzierender Überlegungen. Eine pauschale Einbeziehung sämtlicher Intermediäre in das Medienprivileg verbietet sich ebenso wie ein Beharren auf den status quo.

Rechte und Rechtspositionen an und in virtuellen Räumen – Recht der Adress- und Namensräume

Kai von Lewinski

„Virtueller Raum“ ist eine Metapher vor allem für das Internet, seine Inhalte, Dienste und Kommunikationsmöglichkeiten. Bei näherer und struktureller Betrachtung allerdings sind viele Probleme und rechtliche Fragen, die mit Blick auf den „Cyberspace“ diskutiert werden, allgemeiner Natur und auch schon älteren Datums. Die nachfolgenden Ausführungen sollen eine erste Skizze sein, Fragen des Internets in den weiteren Kontext der künstlichen Namens- und Adressräume einzuordnen. Hierbei treten gemeinsame Ordnungsprinzipien von vorderhand entfernten Regelungsmaterien hervor, die neue oder jedenfalls überraschende Einsichten in neue Rechtsgebiete wie das Internetrecht und in altehrwürdige wie das Recht der Orts- und Personennamen ermöglichen.

A. Internet und virtueller Raum

I. Begriff des virtuellen Raumes

Der „virtuelle Raum“ also steht für das Internet. Das Wortbild des Raumes ist wahrscheinlich vor allem durch den Weltraum („Space“ als Wortteil von „Cyberspace“) inspiriert, insbesondere durch dessen unendliche Weite. Er greift aber mit „Raum“ auch eine philosophische Kategorie auf, für die es u.a. mit *Wittgensteins* „Logischem Raum“[1] auch eine entgegenständlichte Variante gibt. Sieht man von dem um eine vierte Dimension bereicherten *Einstein'schen* Raum-Zeit-Kontinuum ab, können absolute und relationale Raumkonzepte unterschieden werden. Ein absolutes Verständnis von Raum begreift diesen als eine äußere Begrenzung, während eine relationale Betrachtung die Beziehungen zwischen Körpern in den Blick nimmt[2].

1 *Wittgenstein*, Tractatus Logico-Philosophicus, 1. Aufl. 1922, insb. Nr. 1.13: „Die Tatsachen im logischen Raum sind die Welt“. – *Wittgenstein* verstand unter dem „logischen Raum“ das Strukturganze sämtlicher Sachverhalte (*Stenius*, Art. „Raum, logischer“, in: Ritter/Gründer/Gabriel (Hrsg.), Historisches Wörterbuch der Philosophie, Bd. 8, 1992, S. 121).

2 Überblick bei *Mittelstraß/Mainzer*, Art. „Raum“, in: Mittelstraß (Hrsg.), Enzyklopädie Philosophie und Wissenschaftstheorie, Bd. 3, 1995, S, 482, 493.

Beide Raumkonzepte finden sich auch in dem Bild des Internets als „virtuellem Raum" wieder. Zum einen beschreibt die weitgehend unbegrenzte Adressierbarkeit im Internet einen relationalen Raum, der jezugleich im Hinblick auf die Endlichkeit der IP-Nummer (s. II.1.) und jedenfalls in Abgrenzung zur realen Welt begrenzt ist[3].

Die unterschiedlichen Konzepte von absolutem und relationalem Raum finden sich auch in der juristischen Verwendung von „Raum", wo sie allerdings selten in philosophischer Reinform auftreten[4]. So enthält die Raumplanung einerseits die Beziehung unterschiedlicher Gegenstände im Planungsgebiet zueinander und ist andererseits durch die Staatsgrenzen nach außen abgegrenzt[5]. Der im Telekommunikationsgesetz auch ausdrücklich definierte „Nummernraum" (§ 3 Nr. 13c TKG) bezeichnet einen endlichen und damit absoluten Raum, dessen Nummern[6] aber ausschließlich dem Verbindungsaufbau (Kommunikation) untereinander dienen.

Es gibt aber auch noch einen weiteren Aspekt des (virtuellen) Raums im Recht. Er ist nämlich auch ein Instrument, mit der die Vielheit des tatsächlichen, des realen Lebens in eine bürokratisch und administrativ handhabbare Form gebracht werden kann, mit der die Wirklichkeit ein virtuelles Abbild findet. Die Normierung und amtliche Benennung sind die sinnfälligsten Beispiele. Personen und Orte werden durch ihre Benennung im sozialen und damit eben auch Verwaltungskontext im wörtlichen und übertragenen Sinne „adressierbar", ebenso über ihre Nummernschilder unsere Autos und über die Postleitzahl unsere Nachrichten (und zunehmend auch unsere Waren). Mit der sozialen Notwendigkeit, adressierbar zu sein, wächst dann aber auch die Macht, die aus der Herrschaft und Kontrolle über Adress- und Namensräume fließt (IV.).

3 Hierzu *Siehr*, Das Recht am öffentlichen Raum, Habil.-Schrift HU Berlin 2011, § 6 A.IV.2.b).

4 Zur Begriffs- und Wissenschaftsgeschichte des „Raumes" *Cancik*, Verwaltung, Raum, Verwaltungsraum – eine historische Annäherung, in diesem Band, S. 29 ff.

5 Hierbei soll nicht übersehen werden, dass die Raum- und vor allem die einschlägige Fachplanung zunehmend die Grenzen überschreitet, etwa wenn sie europäische Metropolräume einbezieht (s. *Peine*, Baurecht, 4. Aufl. 2003, S. 31 f. m.w.N.; *Kirchberg*, in: Ziekow (Hrsg.), Praxis des Planungsrechts, 2004, S. 5, 9).

6 In mathematischer und arithmetischer Hinsicht ist der Begriff des Nummernraums nicht glücklich, weil er nicht Zahlen und arithmetische Operationen umfasst, sondern Codes (Rufnummern u.ä.). Die Bezeichnung ist aber mit Blick auf die Abkunft des Begriffs von der Gesamtheit der Telefonnummer hinreichend erklärlich.

II. Internet als eine Vielzahl virtueller Räume

Im Zusammenhang mit dem Internet denkt man bei virtuellen Räumen zunächst an bildstarke Spielewelten (z.B. World of Warcraft) und an Second Life. Auch muss man die Sozialen Netzwerke als solche virtuellen Räume begreifen, was allerdings noch wenig beleuchtet ist. Zu den virtuellen Räumen zählen weiter auch die etwas abstrakteren und technischen Namensräume des Domain Name Systems (DNS) und die Nummernräume der IP-Adressen. In einem etwas weiteren Sinne kann man sagen, dass jedes Programm (Software) einen virtuellen Raum schafft. Das Internet ist also nicht *ein* virtueller Raum, sondern eine Vielzahl.[7]

III. Virtuelle Räume diesseits des Internets

„Virtueller Raum" geht aber über den Internetkontext hinaus und umfasst alle Abbilder und Rekonstruktionen der Wirklichkeit ebenso wie das Schaffen künstlicher Wirklichkeiten. „Virtueller Räume" im hiesigen Verständnis sind alle (künstlichen) Ordnungssysteme. Sie sind der Kontext, in dem Daten eine Bedeutung bekommen (und dadurch zu Informationen werden). „Virtueller Raum" kann vorläufig definiert werden als sprachliches, administratives oder programmiertes Bedeutungsraster.

Bei diesem weiten Verständnis finden wir auch außerhalb des Internets eine Vielzahl virtueller Räume, namentlich Namens- und Adressräume:

Schon von alters her besteht in Form der Namen von Personen ein virtueller Namensraum, mit dem Menschen sich bezeichnen. Seit dem Mittelalter ist dieser Namensraum dann in Vor- und Nachnamen ausdifferenziert worden und mit vielerlei geschichtlichen und regionalen Schnörkeln verziert. Stichworte sind die slawischen Vatersnamen, die amerikanischen Zwischennamen (Middle Names), westfälischen Vulgo- und Höfenamen sowie die Doppelnamen von Verheirateten.

Auch die Benennung von Orten und überhaupt politischen Gemeinwesen (Städten, Staaten) bildet ein Bezeichnungssystem, das als virtueller Raum bezeichnet werden kann. Er kommt uns zwar eigentlich sehr real vor, hängt aber doch sehr von der jeweiligen politischen Lage und dem eigenen landsmannschaftlichen und sprachlichen Herkommen ab. Viele heute polnische Orte haben unterschiedliche Namen, je nach dem, ob sie

7 *Spiecker*, Rechtliche Begleitung der Technikentwicklung im Bereich moderner Infrastrukturen und Informationstechnologien, in diesem Band, S. 137 ff.

in einem polnischen (administrativen) Kontext oder einem deutschen (geschichtlichen) verwendet werden. Derselbe geographische Ort findet seine virtuelle Abbildung mal als „Gdansk“, mal als „Danzig“.

Die Reihe der Beispiele für Adressräume jenseits des Internets ließe sich mit technischen und adminstrativen Bezeichnungssystemen fortsetzen: Bankleitzahlen, Postleitzahlen, Kfz-Kennzeichen, Personenkennzeichen sowie Telefonnummern einschließlich der Vorwahlen und Vanity-Nummern. Weniger bekannt sind die v.a. im Bibliothekswesen verbreiteten PND-Nummern (Personennamendatei), EPC-Nummern (Electronic Product Code) in der Logistik und die MAC-Adressen (Media Access Control) von Netzwerkgeräten.

Ferner ist das Zeichensystem der Schrift zu nennen. Eigentlich bildet jede sprachliche oder schriftliche Bezeichnung einen sehr voraussetzungsvollen „virtuellen Raum“. Ja, auch soziale Ordnungen und Rechtssysteme können als virtuelle Systeme verstanden werden, was besonders anschaulich nach gesellschaftlichen Umstürzen und Umbrüchen wird, wenn Knechte plötzlich Herren sind. Auch Währungssysteme sind möglicherweise (nur) virtuelle Räume, was in den Banknoten-Kabinetten der Museen sehr anschaulich wird.

B. Rechtsfragen in virtuellen Räumen

So also sind wird seit jeher, seit der Mensch sprechen kann, von virtuellen Räumen umgeben, ohne es vielleicht schon in dem Umfang realisiert zu haben. Vielleicht ist es erst das Internet, das diese Erkenntnis aus der Nische der Philosophen in das allgemeine Bewusstsein gehoben hat. Und hier stellt sich dann auch die Frage der juristischen Relevanz: Gibt es (allgemeine) Herrschafts-, Gerechtigkeits- und Verfahrensaspekte in Bezug auf virtuelle Räume? Diese soll im folgenden skizziert werden. Dabei werden die virtuellen Räume des Internets im Vordergrund stehen, doch durchaus mit dem einen oder anderen Seitenblick auf „alltägliche“ virtuelle Räume. Hierfür soll vor allem untersucht werden, ob sich bei allen unterschiedlichen Arten von virtuellen Räumen – vom Kfz-Kennzeichen bis zum Internet – gemeinsame strukturellen Fragen stellen. Es geht nicht um Einzelheiten des „Cyberlaw“, sondern um eine erste Skizze der Strukturen der Rechtsfragen von Namens-, Adress- und virtuellen Räumen. Es soll keine rechtliche Theorie des virtuellen Raumes aufgestellt, wohl aber das Angebot gemacht werden, eine Reihe von „typischen Internetrechtsfragen“ in einen größeren Gesamtkontext einzuordnen.

Die Fragenkreise, die angesprochen werden, sind

- das Errichten von virtuellen Räumen (I.),

- ihre Größe und ihre Struktur (II.),
- das Recht am virtuellen Raum (III.),
- die Kontrolle über den virtuellen Raum (IV.),
- die Verortung innerhalb des virtuellen Raumes (V.)
- sowie schließlich die Wechselwirkung von virtuellen Räumen untereinander und mit der Wirklichkeit (VI.).

Es geht also um die Rechte des Errichters des virtuellen Raums (I.–III.), das Verhältnis von Betreiber und Nutzer (IV.–V.) und das Verhältnis unterschiedlicher virtueller Räume (VI.).

I. Errichtung von virtuellen Räumen

Virtuelle Räume können von Privaten (1.) und von der öffentlichen Hand (2.) errichtet werden. Sehr oft entstehen sie aber mit einer gewissen Zufälligkeit und ungeplant (3.).

1. Grundsätzliche und grenzenlose Errichtungsfreiheit Privater

Die Frage nach dem Errichten von virtuellen Räumen ist im Ausgangspunkt sehr einfach zu beantworten: Jeder kann virtuelle Räume errichten. Die Gedanken sind frei. Interessant und relevant sind erst die virtuellen Räume, die eine gewisse gesellschaftliche oder politische Relevanz erlangt haben (privat errichtete öffentliche virtuelle Räume; dazu III.-VI.).

2. Errichtungsbefugnis, Errichtungskompetenz und Errichtungspflicht staatlicher virtueller Räume

In Bezug auf die individuelle Gedankenfreiheit, die ja so selbstverständlich ist, dass sie im Grundgesetz nicht einmal angesprochen wird, ist die Frage nach der Befugnis, einen virtuellen Raum zu errichten, in dieser Form also falsch gestellt. Sie bekommt aber Relevanz, wenn der Staat einen virtuellen Raum errichtet. Hier stellen sich Fragen auf der Kompetenz- und auf der Grundrechtsebene.

Kompetenzrechtlich wird man das Konzipieren eines virtuellen Raums als Verwaltungstätigkeit einordnen müssen (Bsp.: Postleitzahlen), bei legislativem Handeln (schon) aus formellen Gründen als Gesetzgebung. Die jeweilige Erlaubtheit für Bund bzw. Länder bestimmt sich nach den einschlägigen Regeln und Regelungen des Grundgesetzes. So wird es etwa kompetenziell dem Bund verboten sein, ein bundeseinheitliches Matrikelnummernsystem zu entwerfen.

Mit Blick auf die Grundrechte kann man losgelöst vom konkreten Fall nur schwer eine allgemeine Aussage treffen: Auf den ersten Blick handelt es sich bei der Konzeption und Errichtung eines virtuellen Raumes um eine grundrechtsneutrale Handlung und vielleicht sogar zunächst nur um ein Verwaltungsinternum. Wie aber später noch gezeigt wird (V.2.), kann die Einordnung und erst recht die Nicht-Einordnung in einen konkreten virtuellen Raum durchaus auch reale rechtliche und sonstige Interessen der davon Betroffenen beeinträchtigen. Insoweit kann jedenfalls die praktische Verwendung eines virtuellen Raums, eines Nummern- oder Adresssystems, Grundrechtsrelevanz haben.

Darüber hinaus ist von der Warte der objektiven Grundrechtsgehalte und vom (heute etwas altväterlich klingenden) Stichwort der „Verdatung" zu bemerken, dass Namens- und Nummernsysteme, die auf die Erfassung von natürlichen Personen berechnet sind, sich schon in der Phase der Errichtung an den Vorgaben des Bundesverfassungsgerichts in seiner Volkszählungsentscheidung[8] orientieren müssen.

Schließlich kann u.U. auch eine Pflicht des Staates hergeleitet werden, einen virtuellen Raum zu schaffen bzw. zu unterhalten. Es kann einen Anspruch auf öffentlichen virtuellen Raum geben[9]. Aus Art. 87f Abs. 1 GG folgt, dass im Hinblick auf die Sprachtelefonie der Staat eine Gewährleistungsverantwortung auch für den (virtuellen) Nummernraum hat. So man auch das Internet zur angemessenen Telekommunikation zählt[10], muss auch dieser Adressraum gewährleistet werden.

Wie weit auch für andere virtuelle Räume – Personen und Ortsnamen etwa – eine (staatliche) Leistungs- oder Gewährleistungspflicht besteht, soll hier nicht erörtert werden. Es wäre jedenfalls etwas aus der Zeit gefallen, das Personenstandswesen wieder den Kirchen zu überlassen.

3. Tatsächliches Entstehen von virtuellen Räumen

Viele Adress- und Namensräume haben sich allerdings ohne ausdrückliche Entscheidung des Staates oder eines Komitees herausgebildet. Vor allem die Benennung von Personen und Orten steht für einen geschichtlich gewachsenen Namensraum. Das gilt auch für das Internet, dessen Basis

8 BVerfGE 65, S. 1 ff. – Volkszählung.

9 Zum Recht auf öffentlichen Raum allgemein *Siehr*, Das Recht am öffentlichen Raum, Habil. HU Berlin 2011, § 9.

10 *v. Lewinski*, RW 2011, S. 70, 74.

einmal als „rough consensus and running code“ (*David D. Clark*) charakterisiert worden ist.

Und es kommt auch vor, dass der Staat einen vorfindlichen Namens- oder Adressraum als verbindlich anerkennt und damit einen Standard durch Gesetz oder Verwaltungsübung schafft. Dann ist allerdings wieder die Kompetenzgrenze maßgebend (2.).

II. Größe und Zuschnitt

So wie grundsätzliche Freiheit bei der Errichtung virtueller Räume besteht, gibt es für die Größe und den Zuschnitt eines virtuellen Raumes ebenfalls keine rechtlichen Vorgaben; auch hier besteht grundsätzlich Freiheit. Größe und Zuschnitt folgen meist aus der Natur der Sache und werden regelmäßig von Ingenieuren bzw. Informatikern bestimmt. Allerdings haben die Größe (absoluter Raum) und der Zuschnitt bzw. das Design (relativer Raum) durchaus Folgewirkungen, die dann auch für das Rechtliche relevant sein können. Es gilt dann das Wort von *Lawrence Lessig*: „Code is Law“.

1. Größe

So ist die Größe eines virtuellen Raumes zunächst eine rein konzeptionelle Entwurfsentscheidung. Aber die Größe eines virtuellen Raumes ist maßgeblich dafür, ob dort Überfluss oder Knappheit herrscht, was ganz unterschiedliche rechtliche Fragestellungen aufwirft. Über die Adressvergabe muss in einem auf IPv4 basierenden Netz ganz anders gesprochen werden als in einem, dem IPv6 zugrunde liegt. Ein bezeichnender Konflikt entzündete sich auch an dem Vorschlag von *Jon Postel* aus dem Jahre 1994, 500 neue TLDs einzuführen, um der Knappheit von (aussagekräftigen) SLDs ein Ende zu machen. Politisch war dies damals nicht durchsetzbar, weil die wichtigen Registrare (vor allem für „.com“) ein „Inflation“ und eine Gefährdung ihres Geschäfts befürchteten.

2. Zuschnitt

Weil Adress- und Namensräume meist von Ingenieuren und Technikern errichtet werden, geht es um Effektivität. Auch hierbei werden (notwendigerweise) Entwurfsentscheidungen getroffen. Das Design entscheidet insbesondere über die Inklusion in einen und die Exklusion aus einem Namens- und Nummernraum (IV.1.) oder über die Verortung innerhalb des Systems (V.). Weil und wenn virtuelle Räume von Technikern errichtet werden, werden Schnittstellen vornehmlich zu anderen technischen Systemen bedacht, nicht immer aber die Schnittstelle zur realen Welt (VI.3.) und deren rechtlicher Prägung. Die Diskussion um Internet-Governance mit ihren sehr gegensätzlichen Standpunkten[11] illustrierend dies gut.

III. Recht am virtuellen Raum

Wenn also grundsätzliche Freiheit zur Errichtung und Ausgestaltung virtueller Räume besteht, stellt sich die Frage, ob und wie solche geschützt sind. Wenn man über Rechte an virtuellen Räumen spricht, muss man zwischen der Struktur als solcher und dem Raum an sich unterscheiden.

1. Struktur

Die Struktur eines virtuellen Raumes ist eine bloße Idee. Sie kann grundsätzlich von jedermann übernommen und kopiert werden. Jeder kann bei sich daheim z.B. ein IP-basiertes Netzwerk aufbauen und hat ein paralleles Internet, nur mit nicht ganz so vielen Teilnehmern. Teilweise allerdings besteht Immaterialgüterschutz (Datenbankschutz, „Softwarepatente“). Wo ein solcher rechtlicher Schutz nicht besteht, kann ein Schutz nur über eine Geheimhaltung erreicht werden.

2. Konkreter Raum

Daneben gibt es das Recht, die Herrschaft, über einen konkreten Raum, etwa ein soziales Netzwerk oder ein Rechnernetzwerk. Diese Herrschaft wird faktisch dadurch ausgeübt, dass man über die Abbildung eines bestimmten Kontextes in dem virtuellen Raum in einer konkreten Situation entscheidet.

11 Aktuelle Zusammenfassung der unterschiedlichen Ausgangspunkte bei *Greve*, Access-Blocking – Grenzen staatlicher Gefahrenabwehr im Internet, Diss. jur. HU Berlin 2011, Kap. 1, D.II.

Im Internet bedeutet das, dass der virtuelle Raum (Soziales Netzwerk, Spielewelt) auf einem eigenen Rechner oder einer eigenen Server-Farm läuft. Für das Internet selbst ist entscheidend, wer die Kontrolle über den Rootserver A hat. In einem z.B. administrativen Kontext bedeutet das, dass die Verwaltung nach bestimmten Kategorien verfährt.

Jedenfalls ist der rechtliche Schutz am virtuellen Raum weitgehend ein faktischer oder ein indirekter, indem die zugehörigen Betriebsmittel (als dingliches Eigentum oder vertragliches Nutzungsrecht) geschützt werden.

IV. Kontrolle über den virtuellen Raum

Der Zugang und die Zulassung zu einem Namens- oder Adressraum sind begrenzt. Dies liegt einmal in der Entwurfsentscheidung begründet: Nur diejenigen Subjekte, die überhaupt eine Abbildung in dem virtuellen Raum finden, können dort Berücksichtigung finden. Aber auch diejenigen, die diese konzeptionelle Hürde überwinden können, bedürfen u.U. einer Zulassung dessen, der den virtuellen Raum betreibt.

1. Strukturbedingte Inklusion/Exklusion

Die Frage der Inklusion und Exklusion stellt sich bei verschiedenen Arten von virtuellen Räumen in unterschiedlicher Schärfe. So waren bislang Verwender nicht-lateinischer Schrift im Internet auf der Ebene der Domainnamen benachteiligt. Meist wird dies aber durch behelfsmäßiges Verbiegen der Wirklichkeit entschärft. Beispielsweise finden Träger asiatischer Namen im deutschen Personenstandsrecht einen Platz zwar nicht mit ihrem richtigen Namen, sondern nur mit einer Transkription.

Besonders anfällig für ungewollte In- und Exklusionen ist die Zweckänderung von virtuellen Räumen (VI.1.). Dies illustriert ein Beispiel aus Köln: Die alten Kölner Hausnummer waren nicht straßenweise, sondern für die ganze Stadt vergeben worden[12]. Sie hatten vornehmlich und ursprünglich die Funktion von Steuernummern. Das ist auch der Grund dafür, dass der Kölner Dom keine eigene Nummer hat, sondern unter „2583 1/2" als Annex zur Küsterwohnung im Nordturm mit der Nummer „2583" geführt wurde.

12 Die bekannte Marke „4711" für Kölnisch Wasser etwa ist die alte Hausnummer.

2. Zugang

In vielen virtuellen Systemen ist es aber nicht so sehr eine Frage des Designs des Raumes selbst, sondern eine des Willens des Inhabers, wen er zulässt. Wer keine IP-Nummer (von seinem Provider) zugeteilt bekommen hat, kann nicht am Internet teilnehmen, sondern bestenfalls ein IP-basiertes Heimnetz oder LAN aufbauen. Vornehmlich aus nachvollziehbaren und teilweise auch technischen Gründen (Überlast) sind manche Plattformen im Internet in ihrer Startphase nur aufgrund einer Einladung (Invitation Only) zugänglich, zuletzt etwa das Soziale Netzwerk Google+. Während das in der genannten Konstellation unproblematisch und netzwerktechnisch wohl auch unvermeidlich gewesen ist, wären solche Zugangsbeschränkungen bei Essential Facilities gesellschaftlich kaum hinnehmbar. Bemerkenswerterweise gibt es keine ausdrücklichen Vorschriften über den diskriminierungsfreier Zugang zu DE-Mail, obwohl dieser Dienst doch (offiziell) als Eckstein der deutschen IT-Landschaft angesehen wird.

3. Kontrolle der Zugangsentscheidung

Die eigentliche Aufgabe des Rechts beginnt, wenn ein virtueller Raum für andere geöffnet wird, wenn also Konflikte mit Rechtspositionen anderer möglich werden. Hier stellen sich allgemeine Fragen von Vertragsfreiheit und Diskriminierungsfreiheit. Bei virtuellen Räumen von öffentlicher Bedeutung führt dies dann zu der Frage nach der Kontrolle des virtuellen Raums[13], die kartellrechtlich, regulierungsrechtlich oder verwaltungsrechtlich (Widmung) angegangen werden kann. Bei staatlichen virtuellen Räumen stellt sich ganz allgemein die Gleichheitsfrage.

Bei so etwas Beweglichen wie einem virtuellen Raum besteht aber in besonderem Maße die Möglichkeit für den Betreiber, bestimmten Jurisdiktionen auszuweichen.

13 Allgemein zum Recht am öffentlichen Raum *Siehr*, Das Recht am öffentlichen Raum, Habil.-Schrift 2011 HU Berlin, § 8.

V. Verortung

Und wenn man nun „drin“[14] ist, stellt sich die Frage, an welchem Platz man dann steht. Die möglichen Plätze sind einmal durch die technische Entwurfsentscheidung bedingt. Meist aber bestehen gewisse Wahlmöglichkeiten.

1. Art der Verortung

Im virtuellen Raum ist zwischen Selbst- und Fremdverortung zu unterscheiden. Entweder man kann seinen Platz wählen oder man bekommt ihn zugewiesen. Gerade bei virtuellen Räumen mit Ordnungsfunktion ist eine eindeutige Verortung unabdingbar.

Domainnamen sind eigentlich der klassische Fall der Selbstverortung. Diese ist jedoch beschränkt durch das Prioritätsprinzip und den Ordre public. Angesichts verbreiteten Domain-Grabbings entwickelt sich das Domainsystem faktisch zu einer Mischform, in der die Selbstverortung (an attraktiven Plätzen) seinen Preis hat.– IP-Nummern sind ein Mischfall, je nach dem, ob man sie von einem Provider zugeteilt bekommt oder selbst über einen IP-Nummernblock verfügt. Eine starke Beschränkung der Selbstverortung ist die gegenwärtig diskutierte Klarnamenpflicht in Sozialen Netzwerken[15].

Personennamen sind überhaupt und vielleicht überraschenderweise Fälle der Fremdverortung. Menschen haben nur im Rahmen des Künstlernamens und im gesellschaftlichen Verkehr das Recht zur Selbstbenennung und damit zur Selbstverortung im Namensraum. Personenstandsrechtlich gibt es nur eine Fremdbenennung, die aber hinsichtlich der Bestimmung des Familiennamens und des Auswahl des Vornamens nicht vom Staat, sondern von den Eltern wahrgenommen wird. Ebenfalls fremdverortet werden in Deutschland Kommunen, die kein Recht auf Selbstbenennung haben, und Anwohner, denen straßenrechtlich keine Recht auf (Selbst-)Benennung der Straße, in der sie wohnen, zusteht.

Je technischer und je bedeutungsloser in anderen Kontexten eine Verortung, desto weniger problematisch ist eine Fremdverortung. Ansonsten

14 Bekannt gemacht wurde das „Drinsein“ (im Internet) durch den damaligen Tennisspieler *Boris Becker*, dessen „Bin ich schon drin, oder was?“ so verbreitet war, dass auch Konkurrenten (von AOL Deutschland) diesen Werbespruch aufgriffen (vgl. LG München I, ZUM-RD 2000, S. 549 ff.).

15 Dazu *Stadler*, ZD 2011, S. 57 ff.

können die rechtlichen Grenzen des Diskriminierungsverbots greifen. Allerdings werden diese bei von Privaten betriebenen virtuellen Räumen nicht eingreifen, solange die Teilnahme auf freier Entscheidung beruht.

2. Wert virtueller Verortung

Oft ist die virtuelle Verortung nicht nur eine technische Angabe, sondern hat darüber hinaus in einem anderen (benachbarten oder entfernten) Bedeutungssystem einen Wert. Bei Selbstverortungen ist es eine natürlich Folge, dass der selbstgewählte Platz in einem virtuellen Raum einen Wert hat. Dieser Wert kann ein reiner Bequemlichkeitswert sein (schön, leicht zu merken, Gewöhnung), er kann geschäftlich sinnvoll sein (attraktiv für die angesprochenen Verkehrskreise) und er kann u.U. selbst einen Marktwert haben.

Der individuelle oder subjektive Wert einer Verortung im virtuellen Raum kann sich aus der Gewöhnung oder Konvention ergeben. Er variiert von Person zu Person und von Region zu Region. So gibt es schöne Namen, einprägsame oder auch aussagekräftige (Vanity-) Telefonnummern, kurze und aussagekräftige Domainnamen, Schnapszahlen als IP-Nummer (8.8.8.8 für Google) und einfach zu merkende Bankleitzahlen von Großbanken in Großstädten (z.B. 10070000 für die Deutsche Bank in Berlin). In der anderen Richtung kennt man stigmatisierende Vornamen, vermeintlich abwertende Postleitzahlen (ostdeutscher Postleitzahlen mit führender „0“) und verbotene Autokennzeichen (insb. solche mit Anklänge an NS-Organisationen wie „SS“ oder „HJ“).

Der Marktwert einer Verortung hängt nicht nur von den eigenen Präferenzen, sondern von denen eines Dritten bzw. des Markts insgesamt ab. Der geschäftliche Wert einer Verortung im virtuellen Raum steigt insbesondere dann, wenn es Überschneidungen mit anderen virtuellen Räumen oder der realen Welt gibt. Der praktisch wichtigste Fall sind Überschneidungen mit dem Markenrecht. Was im Domain Name System eigentlich nur eine technische Adressierung ist (www.sixt.de), ist in seiner Verknüpfung zur Welt der Autovermietung oder zum virtuellen Raum der Markenrechte von großer Relevanz.

Aber auch unabhängig von Markenrechten können Gattungsbegriffe aus der realen Welt den Ausgangspunkt für die Kanalisierung von Kundenströmen bilden, was dann durch das UWG geregelt wird[16].

16 Allerdings gehen die Rechtsprechung und die h.M. schon seit geraumer Zeit nicht (mehr) davon aus, dass die Nutzung von Gattungsbegriffen als Domainnamen eine unlautere Ka-

3. Rechte an virtuellen Verortungen

Wenn etwas einen Wert hat, dann will man es verteidigen. Juristisch ist das die Frage nach den Ausschließlichkeitsrechten. Grundsätzlich besteht an Positionen in etwas so flüchtigem wie einem virtuellen Raum kein Ausschließlichkeitsrecht. So gibt es kein Recht an der Emailadresse oder an Accounts, etwa in Sozialen Netzwerken. Auch das Kfz-Kennzeichen ist einer Person nicht als eigenes Recht zugewiesen[17]. Allerdings bestehen Quasi-Ausschließlichkeitsrechte an Telefonnummern[18]. Es ist also rechtskonstruktiv durchaus denkbar, dass ein solches (absolutes) Recht durch Gesetz eingeräumt wird. Zu denken ist auch an das Ausschließlichkeitsrecht des bürgerlichen Namens. Allerdings ist es immer abhängig vom, also *relativ* zum Bestehen des virtuellen Raumes als solchem[19].

Aber auch eine relative Rechtsposition will man gegebenenfalls nutzen und gegebenenfalls verwerten, wenn man einen angemessenen Preis geboten bekommt. Das ist juristisch die Frage nach der Handelbarkeit; in der gegenwärtigen Praxis etwa bei „hochgespielten World of Warcraft-Accounts" und „Fanslaves" in Sozialen Netzwerken. Weil aber alle Rechte an virtuellen Verortungen nur relativ sind, obliegt die Entscheidung über Verfügungsmöglichkeiten und deshalb über die Handelbarkeit beim Betreiber.

VI. Wechselwirkungen

Namens- und Adressräume können als virtueller Raum ohne weiteres neben- oder übereinander existieren. Sie rauben sich nicht gegenseitig den

nalisierung von Kundenströmen darstellt (seit BGHZ 148, S. 1 ff – mitwohnzentrale.de; *Köhler*; in: Köhler/Hefermehl, 29. Aufl. 2011, § 4 UWG, Rn. 10.95 m.w.N.

17 VG Saarlouis, Urt. v. 20.12.2010, Az. 10 K 2004/10 (Juris). – Hinzuweisen ist auf einen Modellversuch in Hessen, der die Mitnahme des alten Kfz-Kennzeichens nach einem Umzug möglich macht.

18 in diese Richtung etwa § 20 Abs. 2 S. 3 TKV 1997: „vom Anbieter unabhängiges dauerhaftes Nutzungsrecht"), insb. etwa bei Vanity-Nummer (*Demel/Skorbotz*, MMR 1999, S. 74, 77ff.; vgl. auch den KG, WRP 1980, S. 623, 624 – Jägernummer; vgl. ferner *v. Lewinski*, VerwArch. 2007, S. 473, 477). Heute ist dies als „Rufnummernübertragbarkeit" (§ 46 TKG) ausgestaltet und ist jüngst um eine vertragsunabhängige Rufnummernmitnahme in § 46 Abs. 4 TKG n.F. (vgl. BT-Drucks. 17/7521) erweitert worden. Ein rechtlicher Schutz der Telefonnummer gegenüber Dritten kann sich z.B. auch aus dem Wettbewerbsrecht ergeben (vgl. OLG Frankfurt am Main, GRUR-RR 2009, S. 65, 66f.).

19 In diesem Zusammenhang sind die besonderen Insolvenzverfahren für Signaturstellen (§ 13 Abs. 3 SigG; dazu *v. Lewinski*, Öffentlichrechtliche Insolvenz und Staatsbankrott, 2011, S. 148 Fn. 296) und DE-Mail-Anbieter (§ 11 Abs. 4 De-Mail-G) zu erwähnen.

Platz, sondern sind zu multipler Ko-Existenz fähig. Solange sie nicht jeweils eine Rückkopplung mit der realen Welt haben oder miteinander verknüpft werden, können die unterschiedlichsten Konzeptionen nebeneinander existieren. Wenn sie aber miteinander in Berührung oder sich gar ins Gehege kommen, dann stellen sich Fragen der Kompatibilität und der Interoperabilität.

1. Wechselwirkung mit anderen Räumen

Grundsätzlich aber ist eine solchen Überschneidung oder gar die Parallelität von Nummern- oder Namensräumen unschädlich. So wird insbesondere der geographische Bezug von Conutry Code TLDs (ccTLDs) gerne „zweckentfremdet": .tv (Tuvalu) wird von Fernsehsendern verwendet, .by (Weißrussland) in Bayern, .la (Laos) für Los Angelos und .ca (Kanada) in Kalifornien. In Deutschland wird in manchen Städten auch die Parallelität von ausländischen ccTLDs und deutschen Kfz-Kennzeichen ausgenutzt[20]: So findet sich .ro (Rumänien) häufig in Rosenheim, .ms (Montserrat) in Münster und .li (Liechtenstein) in Lindau am Bodensee. Manchmal wird ein für einen ganz anderen Zweck konzipierter Nummern- oder Namenraum übernommen. Hier sind das bereits erwähnte alte Kölner Steuerkatastersystem als Hausnummern zu nennen oder die Zerlegung der Kapitalertragsteuer nach Postleitzahlen (§ 8 Abs. 1 S. 3 ZerlG).

2. Verhinderung der Wechselwirkungen

Neben dem Fall, dass virtuelle Räume sich überschneiden, ist noch die Konstellation zu bedenken, dass sie sich bewusst gerade *nicht* überschneiden. Dies verhindert dann, dass Nutzer ihre Verortung aus dem einen Raum in einen anderen „umziehen". Softwaretechnisch spricht man von (In-)Kompatibilität. Marktpraktisch versuchen Inhaber virtueller Räume häufig, Schnittstellen zu anderen Räumen zu schaffen, die Schnittstellen anderer Anbieter aber zu behindern[21].

20 Dies hängt sicherlich auch mit der Weigerung der Denic als deutscher Vergabestelle für Second Level Domains zusammen, die den Ortkennzeichen entsprechenden SLDs zu vergeben. Vgl. zur Aufgabe der Vergabesperre für zweistellige .de-Domains OLG Frankfurt am Main, MMR 2008, 609ff. – VW-Domain.

21 Erwähnt werden kann hier etwa die Auseinandersetzung zwischen Facebook und Google über die Durchsuchbarkeit und Indizierung des Datenbestands des jeweils anderen Unternehmens.

Rechtlich ist eine Offenlegung von Schnittstellen etwa im Urheberrecht vorgesehen (vgl. § 69e UrhG für Computerprogramme). Sie kann sich auch aus dem Kartellrecht ergeben. Erwähnt werden kann auch eine geplante Regelung im Rahmen der Novellierung der EG-Datenschutzrichtlinie, nach der die Möglichkeit eines „Umzugs" von Accounts von einem Sozialen Netzwerk zu einem anderen vorgeschrieben werden soll.[22]

3. Wechselwirkung mit „der Wirklichkeit"

Virtuelle Räume können nicht nur untereinander, sondern auch mit der Wirklichkeit interagieren und auch in Konflikt geraten. Genaugenommen ist es aber nicht „die Wirklichkeit", mit der ein virtueller Raum kollidiert, sondern es ist dies ein anderer virtueller Raum mit allerdings einer gewissen sozialen und damit realen Relevanz. Dies gilt insbesondere für die Systeme der Namen und Marken. Es war ein Irrtum der Internet-Pioniere, den „Cyberspace" als einen von den Staaten und ihren Rechtsordnungen losgelösten Raum zu betrachten. Heute ist unter Juristen allgemein anerkannt, dass es sich beim Recht des Internets häufig lediglich um eine mehrschichtige Kollisionsfrage und deshalb um eine vornehmliches Durchsetzungsproblem handelt.

Als Beispiele für die Wechselwirkungen der realen mit der virtuellen Welt lassen sich Fälle nennen, in denen Internet-Landkarten den jeweils anerkannten Grenzverlauf falsch abbildeten. Hier ist es schon zu Konflikten gekommen, die glücklicherweise wegen guter Nachbarschaft[23] oder fehlender Streitmacht[24] zu keinen militärischen Weiterungen führten. Aus der Zeit vor dem Internet kann noch die Konzeption des westdeutschen Kfz-Kennzeichenraums genannt werden, der den Gesamt- und Alleinvertretungsanspruch sowie die Nicht-Anerkennung der Oder-Neiße-Linie in der Einbeziehung auch von Orten in Ost- und Mitteldeutschland zum Ausdruck brachte.

22 In einem Bundesratsentwurf zum TMG v. 3.8.2011 ist allerdings nur eine Löschung vorgesehen (§ 13 Abs. 4 TMG-E; vgl. BT-Drucks. 17/6765, S. 5).

23 So wird die Grenze zwischen Deutschland und den Niederlanden bei Emden von dem Google Maps-Zulieferer TeleAtlas, einer niederländischen Firma, sehr eigenwillig dargestellt.

24 So im Falle des Grenzübertritts nicaraguanischer Streitkräfte nach Costa Rica im November 2010, die sich auf Google Maps verlassen hatten. Eine militärische Eskalation blieb auch deswegen aus, weil Costa Rica keine Armee unterhält.

Allerdings sind allgemeine Regelungsstrukturen für den Fall von Kollisionen von virtuellen Namens- und Adressräumen (noch) nicht erkennbar. Bislang existieren bestenfalls punktuelle und einzelfallgeprägte Normierungen, die manchmal austariert, oft aber auch nur zufällig wirken.

C. Internet als ein virtueller Raum unter anderen

Internet ist nicht nur ein virtueller Raum unter anderen, das Internet ist viele virtuelle Räume. Sie müssen jeweils getrennt von einander betrachtet werden. Die Rechtsfragen haben jeweils strukturelle Gemeinsamkeiten. Vor allem aber scheint es lohnend, sie zu den Namens- und Adressräumen, die wir aus der analogen Welt kennen, in Bezug zu setzen.

Die beschränkte Internettauglichkeit des BDSG

Heinrich-Amadeus Wolff

I. Geltung des BDSG für das Internet

Will man die Tauglichkeit des Bundesdatenschutzgesetzes (BDSG) für das Internet prüfen, ist zunächst zu klären, ob das BDSG in seiner Tragweite auch das Internet erfasst. Schutzzweck des BDSG ist gem. § 1 Abs. 1 BDSG, den Einzelnen vor der Beeinträchtigung seines Persönlichkeitsrechts durch den Umgang mit seinen personenbezogenen Daten zu schützen. Mit seinen zentralen Nutzungsparametern, wie weltweite Zugriffsmöglichkeit, vielfache automatische Kopien, Dezentralität der Server oder Anonymität von Dateneinspeisenden und Datennutzern, verhält sich das Internet diametral zu zentralen Grundsätzen des Datenschutzes, wie dem Grundsatz der Direkterhebung, dem Grundsatz der Datensparsamkeit oder dem Grundsatz der Transparenz.[1] Da die Informationsvorgänge im Internet in vielfältiger Weise geeignet sind, das Persönlichkeitsrecht Einzelner zu beeinträchtigen, und zwar sowohl durch öffentliche als auch durch private Stellen, kann nicht daran gezweifelt werden, dass das Schutzziel des Datenschutzrechts in seiner Reichweite auch das Internet erfasst.[2]

Die Untersuchung der Internettauglichkeit des BDSG setzt weiter die Anwendbarkeit des BDSG auf die Publikation personenbezogener Daten im Internet voraus. Die Normen des BDSG sind gemäß § 1 Abs. 3 S. 1 BDSG subsidiär, u. a. auch gegenüber den §§ 11 ff. Telemediengesetz (TMG). Das TMG gilt für bestimmte elektronische Informations- und Kommunikationsdienste, zu denen auch die Bereitstellung einer Website gehört. Die im TMG enthaltenen Normen zum Datenschutz sind aber inhaltlich beschränkt. Sie beziehen sich nur auf Daten, die im Zusammenhang mit der Durchführung der Telemediendienste erhoben oder verwendet werden und deren Nutzung betreffen. Soweit es um *Inhaltsdaten* geht, d.h. um die auf der Website enthaltenen Daten, und um deren Kenntnisnahme gelten die §§ 12 ff. BDSG bzw. §§ 27 ff. BDSG. Als Inhaltsdaten

1 S. dazu Simitis, in: ders. (Hg.), BDSG, 7. Aufl. 2011, Einl. Rn. 104 – In Zeiten des ubiquitous Computing stelle sich die Frage, welchen Wert der Datenschutz noch habe.

2 Vgl. nur Bayerische Landesbeauftrage für Datenschutz, Tätigkeitsbericht 2009/2010, S. 12.

werden alle Daten bezeichnet, die mit Hilfe eines Telemediendienstes übermittelt werden, um die durch den Teledienst begründeten Leistungs- und Rechtsverhältnisse zu erfüllen.[3] Demnach greifen die Normen des BDSG anstelle jener des TMG, sofern es um den Schutz personenbezogener Daten von Betroffenen geht, die auf Websites enthalten sind, die die Betroffenen nicht selbst nutzen. Betrachtet wird im Folgenden daher der Schutz personenbezogener Daten, die ins Internet gestellt werden. Außer Acht bleiben die Fälle, in denen die verantwortliche Stelle aufgrund des Presseprivilegs des § 41 BDSG aus dem Anwendungsbereich des BDSG herausfällt.[4]

II. Internet als neue Herausforderung für das BDSG

Das BDSG ist in einer Zeit entstanden, in der das Internet in seiner heutigen Dimension nicht bekannt war. Erlassen wurde das BDSG 1977, um das allgemeine Persönlichkeitsrecht vor den Gefahren der elektronischen Datenverarbeitung der Großrechner zu schützen. Es wurde 1991 reformiert, um den Anforderungen des BVerfG im Volkszählungsurteil[5] nach spezifischen Rechtsgrundlagen für die Datenverarbeitung gerecht zu werden.[6] Die zweite Reform im Jahr 2001 erging in einer Zeit, in der das Internet schon allgemein genutzt wurde. Die Reform war aber durch die Umsetzung der europäischen Datenschutzrichtlinie motiviert, die ihrerseits aus dem Jahr 1995 stammte und nicht spezifisch auf die neue Kommunikationssituation reagieren konnte. Die Änderungen im Jahr 2009 bezogen sich auf spezielle Einzelprobleme, insbesondere im Bereich der Werbung, und brachten keine internetspezifische Anpassung.[7]

Rechtsnormen eines modernen Industriestaates müssen oftmals Probleme bewältigen, deren Existenz zum Zeitpunkt des Normenerlasses nicht einmal erahnt werden konnten. Dies ist für eine Rechtsordnung eine Standardsituation. Sie wirft immer dann keine nennenswerten Friktionen auf, wenn die materiellen Wertentscheidungen, die durch die Normen getroffenen sind, auch auf die neuen Fragestellungen passen. So hat sich die

3 Haupt, in: Büchting u. a., Beck´sches Rechtsanwalts-Handbuch, 10. Aufl. 2011, § 41 Internetrecht, Rn. 80; Spindler/Nink, in: ders./Schuster, Recht der elektronischen Medien, 2. Auflage 2011, § 12 TMG, Rn. 11.

4 Vgl. Dix, in: Simitis (Fn. 1), BDSG, § 41, Rn. 9 – Bekanntlich werden die unterstützenden Internetangebote von Presseunternehmen unter § 41 BDSG gefasst.

5 S. dazu Bernd Rüthers, Rechtstheorie, 5. Aufl. 2010, Rn. 988.

6 S. zur Entwicklung des BDSG Tinnefeld/Ehmann/Gerling, Einführung in das Datenschutzrecht, 4. Aufl. 2005, S. 88 f.

7 Gola, in: ders./Schomerung, BDSG, 10 Aufl. 2010, Einl. Rn. 22 ff.

Einordnung des E-Mail-Verkehrs in den Schutzbereich der Telekommunikationsfreiheit des Art. 10 GG unproblematisch vollzogen, obwohl 1949 E-Mails unbekannt waren.[8] In gleicher Form bereitet die Verbreitung von Rundfunksendungen über das Internet bezüglich der Rundfunkfreiheit des Art. 5 GG keine Probleme.[9] Umgekehrt können neu entstandene Interessenskonflikte mit dem bestehenden Regelwerk des BDSG nur schwer bewältigt werden. So ist die grundrechtliche Zuordnung reiner Internetzeitungen zu den einzelnen Schutzbereichen des Art. 5 GG sehr schwierig.[10]

Entscheidend für die Internettauglichkeit des BDSG ist, ob die Wertungen des BDSG auf die Konflikte, die das Phänomen Internet hervorruft, anzuwenden sind oder ob es Neuregelungen bedarf. Um das Ergebnis vorwegzunehmen: Es gibt einige Prinzipien des BDSG, die nicht für das Internet tauglich sind. Dagegen können die tragenden Prinzipien des BDSG zu sachgerechten Lösungen für das Internet führen. Es mangelt allerdings an deren Wahrnehmung.

III. Probleme im Bereich des Internets

Die Schwierigkeiten, die die Publikations- und Kommunikationsmöglichkeiten des Internets für das BDSG hervorrufen, sind nur zu verstehen, wenn man sich zunächst die Besonderheiten des Internets im Vergleich zu sonstigen Publikationsorganen verdeutlicht. Das Internet unterscheidet sich von diesen insbesondere durch,[11]

8 Vgl. dazu Hömig, in: ders. (Hg.), GG, 9. Aufl. 2010, Art. 10, Rn. 6.

9 Antoni, in: Hömig (Fn. 8), GG, Art. 10 Rn. 19.

10 Die Pressefreiheit greift eigentlich nicht, da diese auf ein Trägermedium „Druckerzeugnisse" abstellt (Antoni, in: Hömig (Fn. 8), GG, Art. 10, Rn. 14; Jarass, in: Jarass/Pieroth, GG, 10. Aufl. 2009, Art. 5, Rn. 25; Bethge, in: Sachs, GG, 5. Aufl. 2009, Art. 5, Rn. 68), an dem es bei Internetzzeitungen fehlt. Die Rundfunkfreiheit, auf die oftmals abgestellt wird (Bethge, in: Sachs (HG), 5. Aufl. 2009, GG, Art. 5, Rn. 73a.), passt deshalb nicht, weil die einfach-rechtlich vorgesehene Zulassungspflicht sachlich untragbar ist (Bullinger, in: Löffler, Presserecht, 5. Aufl. 2006, Einl. Rn. 4), so dass sich die Praxis mit der einfach-rechtlichen Qualifizierung als Telemedien hilft (Dörr/Schwartmann, Medienrecht, 2. Aufl. 2008, Rn. 138b), der aber keine verfassungsrechtliche Bedeutung zukommt. Die Zuweisung allein zur Meinungsfreiheit würde die Online-Zeitungen im Vergleich zu den gedruckten Zeitungen unangemessen im Schutzstandard benachteiligen.

11 S. dazu Indra Spiecker gen. Dähmann, Online- und Offline-Nutzung von Daten, in: Briner/Bartsch (Hg.), Internet – Überholt die Wirklichkeit das Recht?, voraussichtlich 2011, S. 37, 41 ff, (zitiert nach Typoskript).

1. die Ermöglichung der räumlichen Verbreitung personenbezogener Daten, die deutlich über das hinausgeht, was anderen Publikationsorganen wie Rundfunk, Presse und Aushängen gemein ist;

2. ein Gestatten der virtuellen Anwesenheit der Daten in Deutschland, ohne dass eine verantwortliche Stelle in Deutschland gelegen sein muss;

3. den Grundsatz der Anonymität im Internet,[12] so dass zwar der von der Veröffentlichung seiner personenbezogenen Daten Betroffene bekannt sein kann, nicht aber jener, der die Daten eingestellt hat;

4. die Tatsache, dass es grundsätzlich nichts vergisst: Daten, einmal ins Internet gestellt, können zwar an jeder einzelnen Stelle gelöscht werden, sind aber nur schwer restlos aus dem Gedächtnis des Internets zu entfernen, da sie in unterschiedlicher Form publiziert, gespiegelt, vervielfältigt und gespeichert werden können;[13]

5. die oftmals schwierige bzw. nicht effektive Verortung der eingestellten Daten, was die Durchsetzung von Schutzansprüchen erschwert.

IV. Frage nach der Erforderlichkeit einer speziellen Rechtsgrundlage

Das BDSG verlangt –in einem seiner zentralen Grundsätze – eine Rechtfertigung für jede seinem Anwendungsbereich unterfallende Datenverarbeitung. Die Rechtfertigung kann gem. § 4 BDSG auf einer Einwilligung des Berechtigten oder auf einer Rechtsnorm beruhen. Das BDSG kennt den Begriff des Übermittelns und den Begriff der allgemein zugänglichen personenbezogenen Daten, aber keine spezifischen Normen für die Zurverfügungstellung personenbezogener Daten im Internet. Es stellt sich die Frage, ob für den Umgang mit personenbezogenen Daten innerhalb des Internets spezielle gesetzliche Bestimmungen erforderlich sind. Dies richtet sich gemäß den Grundsätzen der Wesentlichkeitstheorie danach, ob die ausdrücklichen Bestimmungen des Umgangs mit personenbezogenen Daten eine „wesentliche“ Frage i.S.d. Rechtsstaats- oder Demokratieprinzips sind.[14] Nach zutreffender, aber nicht einhelliger Meinung genügt die rechtliche Rechtfertigung der Bekanntgabe von personenbezogenen Daten noch nicht automatisch für ihre Bekanntgabe im Internet.[15] Ei-

12 BVerfG, Ut. v. 02.03.2010, Az.: 1 BvR 256/08 u.a., Rn. 258; kritisch dazu Heinrich A. Wolff, NVwZ 2010, 751, 752.

13 Dix, in: Simitis (Fn. 1), BDSG, § 35, Rn. 8.

14 Sachs, in: ders. (Fn. 10), Art. 20, Rn. 118.

15 Schild, GewArch 2010, 27, 28; s. a. Dammann, in: Simits, (Fn 1), BDSG, § 16, Rn. 24; Landesdatenschutzbeauftragte Baden-Württemberg, Tätigkeitsbericht 2009, S. 79; die

ne spezifische Formulierung der Rechtsgrundlage für die Bekanntgabe im Internet ist deshalb erforderlich, weil nur so dem Gefährdungspotential des Internets begegnet und den dargelegten Besonderheiten der Kommunikation im Internet Rechnung getragen werden kann. Es muss klar sein, dass der parlamentarische Gesetzgeber mit der jeweils in Rede stehenden Norm eine Rechtsgrundlage für die Publikation personenbezogener Daten im Internet schaffen wollte.

Gleiches gilt strukturell für die Einwilligung durch den Betroffenen (für den Nutzer ist das TMG relevant). Diese muss sich deutlich auf die Veröffentlichung im Internet beziehen. Dies ergibt sich schon aus dem allgemeinen Grundsatz, dass sich die Einwilligung im Fall der Übermittlung auf die Personen bezieht, denen die Daten zugänglich gemacht werden dürfen,[16] im Falle des Internets somit auf die Weltöffentlichkeit. Sollte man, entgegen der hier vertretenen Ansicht, keine spezialgesetzliche Rechtsgrundlage verlangen, muss dennoch die Verbreitung personenbezogener Daten im Internet zumindest bei sehr großzügiger Interpretation von einer Rechtsgrundlage erfasst sein. Daran fehlt es z.B., wenn Videoaufnahmen unmittelbar ins Internet gestellt werden und Personen darauf zu erkennen sind. § 6a BDSG bietet dafür keine Rechtsgrundlage.[17]

V. Begriffliche Friktionen

Die Neuartigkeit der Sachprobleme verdeutlicht, dass die Begrifflichkeit des BDSG nicht auf die Anforderungen des Internets zugeschnitten ist. Das BDSG ist sehr begriffsbetont. Es bemüht sich, durch eine Reihe von Legaldefinitionen Rechtssicherheit zu vermitteln, obgleich die Begriffsbestimmungen im Datenschutzrecht nicht reibungsfrei gelungen sind.[18]

1. Eine Schwierigkeit zeigt sich in der Frage der Einordnung der IP-Adresse. Streitig ist, ob diese ein personenbezogenes Datum ist. Personenbezogene Daten sind gem. § 3 Abs. 1 BDSG Einzelangaben über persönliche oder sachliche Verhältnisse einer bestimmten oder bestimmbaren natürlichen Person (Betroffener). Die IP-Adresse ist für sich genommen keiner Person, sondern nur unter Hinzunahme weiterer Informatio-

Berechtigung zur Publikation in herkömmlicher Form soll nicht zur Befugnis der Einstellung der Daten ins Internet berechtigen; vgl. Landesdatenschutzbeauftragte Baden-Württemberg, Tätigkeitsbericht 1997, S. 97; Gola, in: ders./Schomerus (Fn. 7), BDSG, § 28, Rn. 21.

16 Simitis, in: ders. (Fn. 1), BDSG, § 4a, Rn. 80; OLG Celle, NJW 1980, 348.

17 Scholz, in: Simitis (Fn. 1), BDSG , § 6b, Rn. 57 u. 122.

18 Weichert, in: Däubler/Klebe/Wedde/Weichert, BDSG, 3. Aufl. 2010, § 3, Rn. 28.

nen (des Acces-Providers), zurechenbar und führt nur zu einem Computer und noch nicht zu einer Person.[19] Die rechtliche Frage ist, ob man es für die Erfüllung des Tatbestands des § 3 Abs. 1 BDSG ausreichen lässt, wenn die Zuordnung einer IP-Adresse zu einer Person objektiv in irgendeiner Form möglich ist (objektive Sichtweise),[20] oder ob nach der vorzugswürdigen konkret-individuellen Sichtweise entscheidend ist, dass derjenige, der über die IP-Adresse verfügt, die Zurechnung selbst oder mit ihm tatsächlich verfügbaren Hilfsmitteln vornehmen kann.[21]

2. Die scheinbar klare Grunddefinition der personenbezogenen Daten in § 3 Abs. 1 BDSG bereitet auch bei sonstigen Standardsituationen im Internet Schwierigkeiten. Wird ein Foto einer Person in einem aussagekräftigen Umfeld ins Internet gestellt und ist diese Person nur von wenigen Menschen identifzierbar, stellt sich die Frage, wann ein personenbezogenes Datum vorliegt: mit dem Einstellen, mit der öffentlichen Zugänglichkeit oder erst mit der Wahrnehmung durch einen Bekannten. Zutreffender Ansicht nach ist mit Bereitstellung des Bildes für die Allgemeinheit eine Übermittlung personenbezogener Daten gegeben, da die verantwortliche Stelle es aus der Hand gibt, gleich ob der Betroffene erkannt wird oder mit einem Erkennen sachlich zu rechnen ist. Was aber gilt, wenn nur der Betroffene selbst sich erkennen kann? Hier wird man das Vorliegen personenbezogener Daten verneinen müssen.

3. Ein Problem ergibt sich im Zusammenhang mit der angemessenen Definition der privaten Zwecke. Nach § 1 Abs. 2 Nr. 3 BDSG findet das BDSG bei einer Datenverarbeitung durch Private keine Anwendung, wenn die Erhebung, Verarbeitung oder Nutzung der Daten ausschließlich für persönliche und familiäre Tätigkeiten erfolgt. Um im Bereich der Persönlichkeitsbeeinträchtigungen auf privat betriebenen Homepages Schutz zu bieten, wird angenommen, die Erstellung einer Homepage verlasse immer den Bereich der privaten Datennutzung und eröffne zumindest den Anwendungsbereich des § 28 BDSG.[22] Das ist zweckbezogen, aber schwer mit dem Wortlaut zu vereinbaren.

19 Ausführlich dazu und auch zu der Trennung zwischen statischer Adresse, dynamischer Adresse und dem künftigen Internet-Protokoll IPv6 Dammann, in: Simitis (Fn. 1), BDSG, § 3, Rn. 63; s. a. Weichert, in: Däubler u.a. (Fn. 18), BDSG, § 3, Rn. 14 f.

20 Weichert, in: Däubler u.a. (Fn. 18), BDSG, § 3, Rn. 15.

21 So LG Frankenthal, MMR 2008, 687, 689; vermittelnd Dammann, in: Simitis (Fn. 1), BDSG, § 3, Rn. 63.

22 S. aus Sicht der DSRL EuGH C-101/01 vom 06.11.2003 (Lindquvist/Schweden), s. dazu Roßnagel, MMR 2004, 95 f.; s. aus Sicht des BDSG Dammann, in: Simitis (Fn. 1), BDSG, § 1, Rn. 151.

VI. Zentrale Ausrichtung des BDSG auf die Verwendung personenbezogener Daten durch die verantwortliche Stelle

1. Fixierung auf die verantwortliche Stelle und Bekanntgabe an die Allgemeinheit

Das BDSG ist aufgrund seiner Geschichte auf die Situation ausgerichtet, dass eine bestimmte Stelle Daten über eine Person sammelt. Die Gefahren, die von den Möglichkeiten der Datenverarbeitung ausgingen, sollten beherrscht werden. Deutlich wurde das an der zentralen Rolle, die das alte BDSG dem Begriff „Datei" zuwies (§ 1 BDSG 1970). Heute sieht man diese Ausrichtung auf das Gefährdungspotential des Datenbesitzers an der zentralen Rolle, die der Begriff der „verantwortlichen Stelle" einnimmt. Die verantwortliche Stelle i.S.v. § 3 Abs. 7 BDSG ist jene, an die sich die Pflichten des BDSG richten. Sie hat die Meldepflichten des § 4d BDSG zu erfüllen, sie hat die Anforderungen der technischen Sicherheit (§ 9 BDSG) zu beachten, ihr Interesse ist, dass bei den Rechtsgrundlagen die §§ 28, 29 BDSG im Vordergrund stehen. An sie richten sich die Anordnungen der Aufsichtsbehörden des § 38 Abs. 5 BDSG und die Ordnungswidrigkeitenbescheide i.S.v. §§ 43, 44 BDSG.

Die Vorschriften des BDSG sind auf das Verhältnis von Betroffenem und Datennutzer ausgerichtet. Das BDSG verhindert, dass aus dem Einzelnen ein „gläserner Mensch" wird (§§ 13-15 BDSG). Es schützt vor der unkontrollierten Weitergabe personenbezogener Daten einer Stelle an die andere (§§ 15, 16, § 28 Abs. 2, § 29 Abs. 2 BDSG), vor dem Ausnutzen wirtschaftlicher Macht zur Erlangung von personenbezogenen Daten (§ 4a BDSG), vor der Verwendung personenbezogener Daten zu Werbezwecken (§ 28 Abs. 3 bis. Abs. 9 BDSG), vor dem Handel mit personenbezogenen Daten (§§ 28 Abs. 3, § 29 BDSG) und vor der anonymen Verarbeitung personenbezogener Daten zwecks Feststellung der Kreditwürdigkeit (§§ 28a, 28b BDSG). Der Schutz ist aber nicht final, sondern wirkt nur mittelbar vor der Bekanntgabe personenbezogener Daten an die Allgemeinheit. Das anonyme Herausrufen personenbezogener Daten an die Öffentlichkeit in Form der allgemeinen Zurverfügungstellung ist eine Situation, auf die das BDSG nicht spezifisch zugeschnitten ist. Die Weitergabe eines Datums an einen bestimmten Dritten ist nach dem BDSG genauso „Übermitteln" wie dessen Einstellen ins weltweite Netz. Es ist daher in gewisser Weise systemkonform, wenn die Veröffentlichung von Daten in Druckerzeugnissen, eine der klassischen Formen der Bekanntgabe an die Allgemeinheit, bewusst aus dem BDSG herausgenommen wurde (§ 41 BDSG). Dies geschah zwar auch, um die Gesetzgebungskompetenz der Länder für das Presserecht zu achten, beruht zugleich auf einer Grundstruktur des BDSG.[23] Es wird zu Recht darauf hingewiesen, dass die Fokussierung auf die verantwortliche Stelle bei den Realitäten des Internets nicht mehr angemessen ist.[24]

2. Verantwortliche Stelle außerhalb Europas

Die Konstruktion über die verantwortliche Stelle kann erhebliche praktische Probleme bereiten, wenn die verantwortliche Stelle außerhalb des Geltungsbereichs des BDSG und/ oder außerhalb der EU liegt.

1. So ist in diesen Fällen die Erkennbarkeit der verantwortlichen Stelle nicht gesichert, weil sich die Pflicht, eine Adresse bei dem Betreiben einer Homepage anzugeben (§ 5, 6 TMG), aus einer deutschen Rechtsnorm mit räumlich beschränkter Geltung ergibt.
2. Weiter sind die Sanktionsmechanismen des BDSG bei verantwortlichen Stellen außerhalb von Europa wirkungslos. §§ 42 a, 43, 44 BDSG schlagen bei Anbietern mit Sitz außerhalb Europas fehl.
3. Gleiches gilt für die Verfahrens- und materiellen Schutzrechte des Betroffenen. Diese werden schon bei in Deutschland gelegenen verantwortlichen Stellen oftmals nicht beachtet. So verlangt etwa § 33 Abs. 1 S. 1 BDSG von Betreibern von Bewertungsplattformen, dass diese die bewerteten Personen benachrichtigen, bevor sie erstmals eine Bewertung über sie online verfügbar machen.[25] Jeder Hochschullehrer, der sich bei „MeinProf.de" wiederfindet, weiß, dass die Praxis anders aussieht.[26]

Noch aussichtsloser wird es bei in der Ferne gelegen verantwortlichen Stellen. Deren Verpflichtungen können zwar theoretisch ggf. auch international durchgesetzt werden, faktisch aber kaum.[27] Dabei sind zwei Probleme zu unterscheiden.

Zum einen ist aufgrund der Bedingungen im Internet, die insbesondere eine Kopie der Daten und eine Abspeicherung an anderem Ort leicht ermöglichen, der richtige Anspruchsgegner für Ansprüche schwer zu identifizieren.[28]

23 Vgl. etwa Holznagel/Nolden, in: Hoeren/Sieber, Multimedia-Recht, 28. Lfg. 2011, Teil 5, Rn 149.

24 Zutreffend und ausführlich Dammann, in: Simitis, § 3, Rn. 2; s. a. Schulz, MMR 2010, 75, 78.

25 Dix, in: Simitis (Fn. 1), BDSG, § 33, Rn. 26.

26 Schilde-Stenzel, RDV 2006, 104, 108.

27 Scholz, in: Simitis (Fn. 1), BDSG, § 6b, Rn. 122.

28 Scholz, in: Simitis (Fn. 1), BDSG, § 3a, Rn. 13; Landesdatenschutzbeauftragte Baden-Württemberg, Tätigkeitsbericht 2009, S. 14.

Selbst wenn der richtige Ansprechpartner lokalisiert wurde, ist die Durchsetzung der rechtlich gegebenen Widerrufs- und Widerspruchsrechte, Auskunfts- und Informationsrechte, Löschungs- und Korrekturrechte tatsächlich schwer durchsetzbar.

Die normativen Vorgaben sind für den Persönlichkeitsschutz im Internet daher nicht ausreichend.[29] Daher plädieren die Datenschützer vehement für die Einführung von integrierten Vorkehrungen in den technischen Verarbeitungsprozess.[30] Grundsätzlich gilt: „Einmal ins Netz gestellte unrichtige oder später unrichtig gewordene oder rechtswidrig erhobene personenbezogene Daten sind aufgrund der Struktur und Funktionsweise des Internets schwer wieder zu korrigieren oder vollständig zu löschen".[31] Eine Verschärfung der bisherigen Schutzvorkehrungen wäre denkbar, wie etwa eine Präzisierung der transparenten Kontaktmöglichkeiten und eine verschärfte Protokollpflicht über die Weitergabe von Daten oder über Downloads. Eine weitere Möglichkeit läge darin, die Hürden für den Einzelnen durch die Zulässigkeit einer Verbandsklage auszugleichen, da die professionellen Kläger das Problem der Verstreutheit der verantwortlichen Stellen leichter überwinden können.

3. Schutzlücken bei der Beschränkung auf die verantwortliche Stelle

Die Konzeption der verantwortlichen Stelle führt, bezogen auf das Internet, zumindest zu einer bekannten und erheblichen Schutzlücke. Wird außerhalb Europas eine Internetplattform auf Deutsch betrieben, die Bewertungen über Personen in Deutschland enthält und die Eingabe von personenbezogenen Daten auf der Website außerhalb Europas vorsieht, ist sowohl der Vorgang der Eingabe der personenbezogenen Daten als auch der Vorgang der Einstellung der Daten in die Website vom BDSG nicht erfasst.[32] Die Datenverarbeitung außerhalb von Europa macht das Unternehmen, das den Server bereithält, nicht zu einer verarbeitenden Stelle in Deutschland. Derjenige, der die Daten in Deutschland eingibt, speichert sie nicht. Die Eingabe erfüllt nicht die begrifflichen Voraussetzungen des Übermittelns i.S.v. § 3 Abs. 4 Nr. 3 BDSG, da es sich nicht

29 Simitis, in: ders. (Fn. 1), BDSG, Einl. Rn. 118.

30 Simitis, in: ders. (Fn. 1), BDSG, Einl. Rn. 118.

31 Dix, in: Simitis (Fn. 1), BDSG, § 35, Rn. 8.

32 Ausführlich Dammann, in: Simitis (Fn. 1), BDSG, 6. Aufl. 2006, § 1, Rn. 220; BGH, Verfassungskonforme Auslegung des § 29 BDSG, BGH, Urteil vom 23.06.2009, Az.: VI ZR 196/08, NJW 2009, 2888, 2892 f.

um gespeicherte oder durch Datenverarbeitung gewonnene Daten handelt. Die Eingabe wird man zwar als ein Nutzen i.S.v. § 3 Abs. 5 BDSG ansehen können, was den Dateneinspeisenden dennoch nicht zur verantwortlichen Stelle werden lässt, da er die personenbezogenen Daten nicht für sich selbst nutzt. Erst wenn die Daten in Deutschland heruntergeladen werden, greift der Schutzbereich des BDSG. Die Entscheidung des BGH zum „Spick-mich-Fall" wäre daher nicht möglich gewesen, wenn der Internetbetreiber nicht in Deutschland ansässig gewesen wäre.

Mitunter hilft man sich mit der Konstruktion, dass man die Eingabe eines Internetnutzers am deutschen Computer auf die Website außerhalb Europas als ein Erheben personenbezogener Daten in Europa begreift. Dieser Interpretationsversuch ist vom Schutzzweck her nachvollziehbar, begrifflich aber schwer zu vertreten.[33] Die Lösung läge in der Erweiterung der Schutzanforderungen des BDSG um die Kategorie der Eingabe von Daten.

VII. Schutzstandardabsenkung bei allgemeiner Zugänglichkeit

Mit der Fokussierung auf die Pflichten der verarbeitenden Stelle hängt auch die Absenkung ihrer Pflichten zusammen, wenn es um allgemein zugängliche Daten geht, da sich die individuelle Verantwortung reduziert. Das widerspricht der Schutzrichtung des § 1 BDSG. Gemeint sind nachfolgende Fälle.

1. Ausschluss der Vorgaben des § 10 BDSG bei offenen Systemen

§ 10 BDSG soll den Gefahren bei der Bereitstellung von Daten zum Abruf in einem automatisierten Verfahren begegnen. § 10 Abs. 1 bis 4 BDSG stellen wichtige Verfahrensvorschriften für denjenigen auf, der Daten in einem geschlossenen System zum Abruf bereitstellt. Diese Verfahrensanforderungen gelten gem. § 10 Abs. 5 BDSG dann nicht, wenn die Daten allgemein zugänglich gemacht werden.

Auf das Internet angewandt, müssen bei den Angeboten, die eine Anmeldung im Internet voraussetzen, sofern dort personenbezogene Daten abrufbar sind, die Voraussetzungen des § 10 Abs. 1 bis 4 eingehalten

33 Beispiel für eine großzügige Interpretation des Erhebens, über den Umweg des Setzens sog. „Cookies", Ott, MMR 2009, 158, 160.

werden.[34] Bei Nutzungsportalen, bei denen keine Anmeldung erforderlich ist, entfällt dieses Erfordernis.[35] Dieses Ergebnis ist verwunderlich, weil die Anmeldung, die zu höheren Verfahrensanforderungen und somit zu erhöhten Anforderungen an die verarbeitende Stelle führt, einen höheren Schutz für personenbezogene Daten bedeutet. Mit anderen Worten ist der Betreiber einer Website, der sich überhaupt nicht um Daten- und Persönlichkeitsschutz kümmert, vom BDSG i.S.v. § 10 besser gestellt als der, der eine Anmeldung verlangt. Diese Schlussfolgerung steht im Gegensatz zu dem Grundgedanken des Rechts auf informationelle Selbstbestimmung und ist offenbar auf den Fall bezogen, dass die allgemein zugänglichen Daten nicht direkt in elektronischer Form abrufbar sind. Notwendig ist daher eine Vorschrift, die bei der Anwendung von § 10 Abs. 5 BDSG ein Abrufen aus dem Internet untersagen würde.

2. Angeblich geminderter Schutz der allgemein zugänglichen Daten

Eine ähnliche Schutzstandardabsenkung für offene Systeme findet sich in § 28 und § 29 BDSG. § 28 Abs. 1 Nr. 3 BDSG lässt die Erhebung personenbezogener Daten bei positiver Interessenabwägung zu eigenen Zwecken zu, wenn sie aus allgemein zugänglichen Quellen gewonnen wurden. Gem. § 29 Abs. 1 Nr. 2 BDSG gilt Paralleles bei der Datenverarbeitung zum Zwecke der Übermittlung. Die Norm würde bei wörtlicher Anwendung die Erhebung personenbezogener Daten aus dem Internet zu eigenen Zwecken völlig frei geben.[36] Unterstellt man, das Erfordernis der Anmeldung vor einem Zugang zu einer Plattform würde das Merkmal „allgemein zugänglich" ausschließen, erhielte man das gleiche Ergebnis wie bei § 10 Abs. 5 BDSG. Die Situation, die für das allgemeine Persönlichkeitsrecht ein höheres Verletzungspotential birgt, wird datenschutzrechtlich privilegiert.

Diese Konstruktion ist offensichtlich nicht auf die Gefährdungen durch das Internet zugeschnitten.[37] Dennoch wird sie extensiv ausgelegt. So hat das LG Hamburg unter Berufung auf diese Normen zugelassen, dass Na-

34 Ehmann, in: Simitis (Fn. 1), BDSG, § 10, Rn. 25 f., nicht aber bei offenen Systemen.

35 Gola, in: ders./Schomerus (Fn. 7), BDSG, § 10, Rn. 8a.

36 Gola, in: ders./Schomerus (Fn. 7), BDSG, § 28, Rn. 33a – Internet ist eine öffentlich zugängliche Quelle.

37 Ebenso Spiecker (Fn. 11), S. 37, 49; zu Recht kritisch Simitis, in: ders., (Fn. 1), § 28, Rn. 150.

me, Beruf und Anschrift aus der Homepage einer Klinik in ein Bewertungsportal für Ärzte übernommen wurden.[38]

Nicht nur das Ergebnis befremdet, sondern auch die zugrunde liegende Wertung, die die tatsächliche und die rechtmäßige Veröffentlichung gleichsetzt. Verwunderlich ist ebenso, dass der Entwurf zum Arbeitnehmerdatenschutz eine zwar deutlich verbesserte, aber strukturell ähnliche Regelung in § 32 Abs. 6 BDSG-E[39]enthält.

3. Begriffsorientierte Schutzräume im Datenschutzrecht

Die in §§ 28, 29, § 10 Abs. 5 BDSG zum Ausdruck kommende Inhomogenität ist nicht die einzige Unausgereiftheit, die das Datenschutzrecht angreifbar macht. Es gibt mehrere Weichenstellungen, die über die Reichweite des Datenschutzrechts entscheiden, ohne dass die auf diese Weise erzwungenen Differenzierungen sachlich begründet sind, z.B.:

- Eine kategoriale Grenze bildet das schon genannte Medienprivileg des § 41 BDSG. Presseunternehmen sind von den zentralen Vorschriften des BDSG freigestellt und unterliegen stattdessen einer Selbstkontrolle, die in der Praxis vergleichbare Standards setzt.
- Die zweite Kategorie ist die des Schutzes der personenbezogenen Daten juristischer Personen. Das BDSG ist auf juristische Personen weitgehend nicht anwendbar – obwohl das BVerfG die grundsätzliche Einbeziehung juristischer Personen in den Schutzbereich des informationellen Selbstbestimmungsrechts ausdrücklich bejaht hat (Kontostammdaten).[40] Geschäftsdaten einer GmbH sind daher weitgehend schutzlos, zumindest in Bezug auf das BDSG. Dagegen sind die Geschäftsdaten des Einzelhandelskaufmanns geschützt, wenn sie Personenbezug aufweisen.

VIII. Missachtung der Normen durch die Rechtspraxis

Die Friktionen, die die Fokussierung des BDSG auf die Pflichten der verarbeitenden Stelle hervorruft, werden ergänzt durch ein Ignorieren der

38 LG Hamburg, Ut. v. 20.09.2010, Az.: 325 O 111/10 (juris Rn. 32 ff.); zu öffentlich-rechtlich betriebenen Bewertungsportalen im Gesundheitswesen siehe Martini, DÖV 2010, 573 ff.

39 BT-Drs. 17/4230, S. 6.

40 BVerfG, Beschl. v. 13.06.2007, Az.: 1 BvR 1550/03 u.a. (Kontostammdaten); BVerfGE 118, 168, 202 ff.; vorher schon mit vergleichbarer Begründung Bernhard Magg, Der verfassungsrechtliche Schutz des Bankgeheimnisses, 2008; S. 65 f.

Grundsätze des BDSG, die zwar für das Internet anwendbar wären, seine Nutzbarkeit aber einschränken würden. Das Selbstverständnis der am Internet Beteiligten weist dem Internet eine Funktion zu, die dieses stillschweigend von tragenden Prinzipien des Datenschutzes freistellt. Es liegt ein erschreckendes Auseinanderfallen von Rechtsanspruch und Rechtswirklichkeit vor.

1. Grundsatz der Direkterhebung

Gem. § 4 Abs. 2 BDSG sind personenbezogene Daten grundsätzlich beim Betroffenen zu erheben. Ohne seine Mitwirkung dürfen sie nur erhoben werden, wenn entweder eine Rechtsvorschrift dies vorsieht oder die Verwaltungsaufgabe oder der Geschäftszweck dies erforderlich machen oder die Erhebung beim Betroffenen einen unverhältnismäßigen Aufwand erfordern würde und keine Anhaltspunkte dafür bestehen, dass überwiegende schutzwürdige Interessen des Betroffenen beeinträchtigt werden.

Nimmt man die Norm ernst, wäre jede Eingabe eines Namens in eine Suchmaschine im Internet nur rechtmäßig, wenn es nicht zumutbar wäre, die gewünschten Informationen vorher beim Betroffenen zu erfragen. Die Praxis ist davon weit entfernt.[41] Der Hinweis, der Anbieter der Suchmaschine sei nicht für die Rechtmäßigkeit der Abfrage und des Inhalts der gefundenen Seite verantwortlich, ist zwar formal richtig, belässt aber die Rechtsverletzung des Nutzers und die Notwendigkeit einer Ergänzung der Pflichten. Weshalb soll die Abfrage von personenbezogenen Daten über Suchmaschinen nicht von einer vorherigen Bestätigung abhängig gemacht werden, dass eine Erhebung beim Betroffenen selbst nicht möglich oder unverhältnismäßig wäre? Warum soll es kein Angebot der Suchmaschinenbetreiber geben, dass man mittels einer hinterlegten E-Mail-Adresse benachrichtigt wird, wenn nach dem eigenen Namen gesucht wird? Die Anonymität des Suchenden wird geschützt, des zu Findenden dagegen nicht. Es wird daher zu Recht darauf hingewiesen, dass unser Alltag zu einer Realität vielfältiger Datenerhebungen geführt hat, die selten unter einer den gesetzlichen Anforderungen entsprechenden Mitwirkung der betroffenen Personen stattfinden.[42]

41 S. etwa LG Hamburg, Ut. v. 20.09.2010, Az.: 325 O 111/10 (juris Rn. 32 ff.); OLG Hamburg, Beschl. v. 23.11.2009, Az. 7 W 125/09 (juris).

42 Sokol, in: Simitis (Fn. 1), BDSG, § 4, Rn. 23.

2. Datensparsamkeit

Ähnliche Probleme bestehen im Bereich des Grundsatzes der Datensparsamkeit.[43] Gem. § 3a S. 1 BDSG sind bei der Erhebung, Verarbeitung und Nutzung personenbezogener Daten so wenig personenbezogene Daten wie möglich zu erfassen. Im Internet finden in umfangreichem Maße automatische Kopien von Texten statt. Thematische Plattformen sammeln Beiträge zu bestimmten Themen, die teilweise mit denen an anderer Stelle identisch sind. So kann man etwa die Wertungen, die in einer Pressemitteilung kundgetan werden, kurze Zeit später an anderer Stelle dupliziert nachlesen. Werden Daten dupliziert, die urheberrechtlich geschützt sind, kann man sicher sein, bald Post eines Anwalts zu bekommen. Werden hingegen Daten vervielfältigt, die „nur“ das Persönlichkeitsrecht verletzen, erfährt der Betroffene davon oftmals nichts.

Bei konsequenter Beachtung der Prinzipien des § 3a BDSG wären erhebliche Änderungen erforderlich. So wäre bei der Verbreitung personenbezogener Daten grundsätzlich ein Wechsel auf geschlossene Nutzergruppen zu verlangen,[44] die automatische Festlegung von Verfallsdaten für personenbezogene Daten geboten, ebenso wie die Unterbindung der Ausgabe der Daten durch Abspeichern oder durch Datenausdruck.[45] Keine der drei Vorgehensweisen besitzt in der Praxis eine nennenswerte Relevanz.

IX. Reduktion bestehenden Schutzes zu Lasten des Persönlichkeitsschutzes

Besonders bemerkenswert sind die Fallkonstellationen, in denen das BDSG Schutzbestimmungen vorsieht, die auch im Internet realisierbar wären, die die Rechtsprechung aber nicht durchsetzt. Drei Beispiele:

1. Übertragungskontrolle gem. § 9 BDSG

Gemäß § 9 BDSG sollen die verantwortlichen Stellen die erforderlichen technischen und organisatorischen Maßnahmen treffen, um die Ausführung der Vorschriften des BDSG, insbesondere die in der Anlage zu dem

43 Seifert, in: Simitis (Fn. 1), BDSG, § 3a, Rn. 12.
44 Seifert, in: Simitis (Fn. 1), BDSG, § 3a, Rn. 35.
45 Seifert, in: Simitis (Fn. 1), BDSG, § 3a, Rn. 36.

Gesetz genannten Anforderungen, zu gewährleisten. Eine Anforderung ist die Weitergabekontrolle gem. Anlage Nr. 4 BDSG. Danach ist sicherzustellen, dass personenbezogene Daten bei der elektronischen Übertragung oder während ihres Transports oder ihrer Speicherung auf Datenträger nicht unbefugt gelesen, kopiert, verändert oder entfernt werden können und dass überprüft und festgestellt werden kann, an welche Stellen eine Übermittlung personenbezogener Daten durch Einrichtungen zur Datenübertragung vorgesehen ist (Weitergabekontrolle). Nach dieser Vorgabe hat die verantwortliche Stelle selbst klarzustellen, an welche Stellen eine Übermittlung personenbezogener Daten (bei der elektronischen Übertragung) vorgesehen ist.[46]

Diese Anforderungen sind erkennbar an dem Leitbild eines geschlossenen Systems orientiert. Sie werfen in einem offenen System wie dem Internet erhebliche Probleme auf. Dennoch wären sie zu erfüllen,[47] wenn die verantwortliche Stelle selbst (und nicht nur das jeweilige Telekommunikationsunternehmen) jeden Download speichert. Selbst das Ausschließen des Downloads wäre eine bessere Lösung als der gegenwärtige Zustand. Im Moment gelten die Daten als nur lesbar und Lesen allein ist noch keine elektronische Übertragung i.S.v. § 9 BDSG, auch wenn streng genommen, bei einem reinen Lesevorgang eine Übertragung zum Rechner des Lesers vorliegen dürfte.

Obwohl die Anforderungen zu erfüllen sind, kommt man dieser Aufgabe nicht nach, wie ein Blick ins Internet belegt. Die juristisch gängige Begründung dafür ist, dass § 9 BDSG nur Zielvorgaben enthält und zudem unter dem Vorbehalt des angemessen Aufwandes steht. Der Ausschluss des Downloads erfordert allerdings keinen nicht zu erfüllenden Aufwand.

2. § 29 BDSG

Der zweite Fall, in dem im BDSG vorgesehene Schutzmechanismen wegen angeblich fehlender Internettauglichkeit außer Acht gelassen werden, ist die Relativierung der Zugriffskontrolle des § 29 BDSG. Wer Daten-

46 Dies stellt durchaus ein allgemeines Prinzip dar, das auch auf europäischer Ebene beachtet wird, wie etwa am Vorschlag für eine Verordnung des europäischen Parlaments und des Rates über die Verwaltungszusammenarbeit mithilfe des Binnenmarkt-Informationssystems („IMI-Verordnung“) deutlich wird, KOM(2011) 522, vom 29.8.2011.

47 Zutreffend Ernestus, in: Simitis, BDSG, § 9, Rn. 117, wobei die Praxis bekanntlich diese Anforderung nicht erfüllt.

verarbeitung geschäftsmäßig betreibt, darf die gespeicherten Daten gem. § 29 Abs. 2 BDSG nur dann übermitteln, wenn u. a. der Dritte, dem die Daten übermittelt werden, ein berechtigtes Interesse an ihrer Kenntnis glaubhaft dargelegt hat. Bei Bewertungsportalen hieße das, dass der Betreiber einer solchen Plattform, im Internet einen Sperrmechanismus einzubauen hat, der vom Datennutzer die Darlegung des berechtigten Interesses einholt. Das Erfordernis der Zulassung zum System wäre folglich die Mindestbedingung.

Bekanntlich hat der BGH contra legem[48] unter Berufung auf die Möglichkeit verfassungskonformer Auslegung diese Anforderung des § 29 BDSG in der „Spick-mich-Entscheidung" relativiert.[49] Er hat diese Voraussetzung als internet-sachfremd qualifiziert und daher im Wege der verfassungskonformen Auslegung für irrelevant erklärt. Die Textstelle lautet (Rn. 42):

Von daher könnte nach dem Wortlaut des § 29 BDSG eine Datenübermittlung der vorliegenden Art unzulässig sein, weil sie anonymisiert erfolgt und es schon deshalb an einer solchen Darlegung fehlt. Indessen ist insoweit eine verfassungskonforme Auslegung der Vorschrift geboten, die das Grundrecht der Meinungsfreiheit gebührend berücksichtigt. Hierfür ist zu bedenken, dass ein durch Portalbetreiber organisierter Informationsaustausch im Internet weder technisch möglich war noch dergleichen für denkbar gehalten wurde, als *§ 29 BDSG* am 1. Juni 1991 Eingang in das Bundesdatenschutzgesetz gefunden hat. Vielmehr sollte *§ 29 BDSG* die „klassischen" geschäftlichen Datenverarbeitungen reglementieren, wie etwa den gewerbsmäßigen Handel mit personenbezogenen Daten im Adresshandel oder die Unterhaltung von Wirtschafts- und Handelsauskunftsdateien. Für Datenabfragen aus Bewertungsforen führt mithin die wortgetreue Anwendung der Vorschriften in *§ 29 Abs. 2 Nr. 1 a* und *2 BDSG* zu einem Widerspruch zu dem sich aus *Art. 5 Abs. 1 GG* ergebenden Recht auf uneingeschränkte Kommunikationsfreiheit. Sie ist auch nicht vereinbar mit dem bis 28. Februar 2007 in *§ 4 Abs. 6 Teledienstedatenschutzgesetz* und seit 1. März 2007 in den *§§ 12 ff. TMG* gewährleisteten Recht des Internetnutzers auf Anonymität. Einer verfassungskonformen Auslegung bedarf es auch, soweit *§ 29 Abs. 2 Satz 4 BDSG* die Datenempfänger verpflichtet, die Gründe für das Vorliegen eines berechtigten Interesses aufzuzeichnen und [zu bewerten,] in welcher Art und Weise dieses glaubhaft dargelegt ist.

48 So völlig zu Recht Focke Höhne, jurisPR-ITR 5/2011 Anm. 6; Kaiser, NvwZ 2009, 1474; s. a. Gomille, ZUM 2009, 815; LDA Bayern, 4. TB 2009/10, S. 26-28; das BVerfG hat dies zu Unrecht nicht korrigiert: BVerfG, Beschl. v. 16.08.2010, 1 BvR 1750/09.

49 BGH, Urt. v. 23. 6. 2009 – BGH 23.06.2009, Az.: VI ZR 196/08, NJW 2009, 2888 ff.

Die Einwände gegen die Ansicht des BGH wurden wiederholt vorgebracht und liegen auf der Hand. Es sei erlaubt, sie kurz aufzuführen:[50]

- Verfassungsrechtlich verlangt Art. 5 GG kein Außerachtlassen der Darlegung des berechtigten Interesses. Ein Recht auf Anonymität bei der Meinungsäußerung gewährt Art. 5 GG nicht.
- Verfassungsrechtlich ist auch der Schutzanspruch des Betroffenen aus Art. 2 Abs. 1, Art. 1 Abs. 1 GG notwendig zu beachten. Bei der Konzeption des BGH liegt eine Ausgestaltung des Meinungskampfes vor, die aus verschiedenen Gründen nicht fair erscheint. Die eine Seite darf anonym argumentieren, die andere Partei bleibt ungehört. Geht man davon aus, dass diese Einseitigkeit darauf beruht, dass Schüler der Schulpflicht alternativlos unterstehen, kann dieser Grund keine Rechtfertigung dafür bilden, dass die Äußerungen über den Kreis der Schule hinausreichen. Die Äußerungen erreichen über das Portal auch jene, die die Nachvollziehbarkeit der Wertung und die Richtigkeit der relevanten Tatsachen nicht prüfen können und nicht Schüler des jeweiligen Lehrers sind.
- Die betroffenen Lehrer besitzen keine Richtigstellungsmöglichkeit. Selbst bei Kenntnis der sich im Portal äußernden Schüler fehlt den Lehrern die Möglichkeit, die Entstehung der Bewertung zu erklären, um auf diese Weise deutlich zu machen, dass es sich um Einzelmeinungen handelt.
- Erheblich ist auch, dass die Betroffenen nicht über Äußerungen informiert werden, obwohl das BDSG dies vorsieht (vgl. § 33 BDSG).
- Das Verhältnis von Nutzern und Betreibern bleibt beim Urteil des BGH unklar. Nach dessen Ausführungen müssen die Betreiber nicht sicherstellen, dass Beleidigungen auch strafrechtlich geahndet werden können.
- Die Abwägung, auf die der BGH sich beruft, übersieht den Normtext des § 29 BDSG. Das BDSG kennt unterschiedliche Formen der Interessenabwägung. Bei § 29 BDSG ist die Übermittlung unzulässig, wenn das Interesse des Betroffenen entgegensteht. Der BGH formuliert die Bedingung so um, dass das Interesse des Betroffenen am Ausschluss überwiegen müsste. Davon steht im Normtext nichts.

50 S. dazu Kaiser, NVwZ 2009, 1474 f.

3. Internetpublikation als nicht weltweites Übermitteln

Im BDSG wird bezüglich der Datenweitergabe aufgrund der europarechtlichen Vorgaben unterschieden zwischen dem Raum der EU bzw. dem Raum, dem ein vergleichbarer Schutzstandard beigemessen wird, und dem Bereich außerhalb dieses Raumes.

Übermittlungen außerhalb des EU-Raumes oder des dem diesem gleichgestellten Raumes sind nach § 4b Abs. 2 S. 2 BDSG unzulässig, sofern der Empfänger nicht ein angemessenes Datenschutzniveau gewährleisten kann. Die Folge davon wäre, dass jede dem deutschen Recht unterworfene verarbeitende Stelle bei der Bereitstellung von Daten im Internet die Kenntnisnahme außerhalb des EU-Raumes oder des dem diesem gleichgestellten Raumes unterbinden muss oder die Einhaltung des europäischen Datenschutzstandards beim Empfänger sicher stellen muss. Das wäre nur zu erreichen, wenn alle Websites eine vorherige Anmeldung bei Zugriff außerhalb des EU-Raumes vorsehen würden.

Die Lösung des EuGH, der zu den strukturell vergleichbaren Bestimmungen des EU-Rechts judizierte, ist eine andere. Danach liegt in der Bereitstellung von personenbezogenen Daten auf der Homepage zwar ein Zugänglich-Machen für eine Vielzahl von Personen vor, aber nicht ein Übermitteln außerhalb der EU.[51] Diese Begründung ist sachlich nicht nachvollziehbar, da der Wirkungsgrad von Internetseiten nicht auf Europa beschränkt ist. Diese Lösung ist allein ergebnisorientiert. Die Lösung des BDSG ist eindeutig. Wer personenbezogene Daten auf eine Website ohne Einwilligung des Betroffenen stellt und diese Seite nicht auf einen Benutzerkreis beschränken kann, der einem dem BDSG vergleichbaren Schutzniveau unterworfen ist, darf diese Seite nicht freigeben.

X. Folgerungen

Dem Schutzanspruch, den das BDSG in § 1 Abs. 1 für die personenbezogenen Daten formuliert, wird weder das BDSG selbst noch die Rechts-

51 EuGH C-101/01 vom 06.11.2003 (Lindqvist/Schweden), Rn. 60: Sofern kein automatischer Versand vorgesehen sei, läge kein Übermitteln vor. Zwischen dem Begriff des Übermittelns nach dem EuGH und dem nationalrechtlichen Verständnis soll kein Widerspruch sein: Zutreffender Ansicht nach ist ein Einstellen von Personaldaten eine grenzüberschreitende Übermittlung; s. a. undeutlich Gola, in: ders./Schomerus, (Fn. 7), BDSG, § 3, Rn. 33.

konkretisierung durch die Rechtsprechung gerecht.[52] Die Freude am Internet ist so groß, dass weder bestehende Spannungen im Normtext, noch die Missachtung allgemeiner Prinzipien, noch das Uminterpretieren zentraler Normen stören. Dies ist nicht tragbar. Rechtsfindung darf sich nicht „im Nachvollzug einer von mächtigen Strömungen geschaffenen Wirklichkeit erschöpfen“.[53] Korrekturen sind unabdingbar. Es sind folgende Anpassungen vorzunehmen:

- Die Schutzregeln, die für geschlossene Systeme gelten, dürfen nicht bei offenen Systemen außer Kraft gesetzt werden. Sind sie in offenen Systemen nicht umsetzbar, muss der Website-Betreiber das System schließen.
- Wer personenbezogene Daten ins Internet stellt, ist nicht nur für die Einstellung verantwortlich sondern auch für die Übermittlung. Kann er die Bekanntgabe in einen Raum außerhalb des europäischen Datenschutzraumes nicht verhindern, darf er personenbezogene Daten nur mit ausdrücklicher Einwilligung des Betroffenen im Internet veröffentlichen.

Das Datenschutzrecht befindet sich gegenwärtig auf dem Weg einer Gesamtrevision auf europäischer Grundlage. Ob es zu einer Vollharmonisierung und ggf. zum Erlass einer Verordnung kommen wird, ist noch unklar. Der Schutz im Internet wird dabei sicher Veränderungen erfahren,[54] nach den gegenwärtig bekannten Plänen ist dies aber keineswegs gesichert.

52 Sokol, in: Simitis, (Fn. 1), § 4, Rn. 23; Großzügig gegenüber den angeblich spezifischen Anforderungen des Internets aber Hans-Peter Bull, Persönlichkeitsschutz im Internet: Reformeifer mit neuen Ansätzen, NVwZ 2011, 257.

53 Stürner, AfP 2005, 213, 214.

54 Vgl. Mitteilung der Kommission vom 04.11.2010 – Kom (2101) 609 end. S. 2.

Digitale Atlanten im Spannungsfeld multidimensionaler Verfassungsbeziehungen

Pascal Schumacher

I. Problemstellung

Es ist noch nicht lange her, dass der Geodienst Streetview von Google in Deutschland mit großem Wirbel online ging. Nach langen Protesten von Bürgern, Datenschützern und Politikern räumte Google den Hauseigentümern und -bewohnern schließlich ein Recht zum Widerspruch gegen die unverpixelte Veröffentlichung ihrer Fassade ein. Knapp eine Viertelmillion Menschen ließen ihr Haus unkenntlich machen, bevor Streetview im Internet startete. Die gesellschaftliche Debatte war damit aber keineswegs gütlich beendet. Internet-Aktivisten wie der Berliner Jens Best fotografierten – quasi als digitalen Protest gegen die Anonymisierung – einige Häuser nachträglich und stellten sie über den Zusatzdienst Panoramio wieder in Streetview online. Große Begriffe wie die Vorteile des sog. „Kontrollverlustes"[1] und der „Post Privacy"[2] wurden aus der Netzgemeinde den als übersensibel empfundenen „Daten-Knausern" entgegengehalten.

Nunmehr schickt sich der Konkurrent Microsoft an, mit Streetside einen ganz ähnlichen Dienst zu starten. Die Vorbereitungen laufen auf Hochtouren. Seit einigen Monaten bereits werden die Straßenzüge abgefilmt. Was bei Google die Nation spaltete, lässt allerdings bei Microsoft die meisten kalt. Übermäßig viele Widersprüche oder Proteststürme hat es bislang nicht gegeben. Und das obwohl die Dienste ganz ähnlich aufgebaut sind. Warum also diese Ruhe? Das Argument, man wisse von Microsofts Plänen heute weniger als von denen Googles, überzeugt nicht. Spätestens seit der Streetview-Debatte sind die Menschen sensibilisiert. Wer dem Foto seiner Fassade einen hohen Wert beimisst, wird den Gang der Dinge schon aus Eigeninteresse verfolgt haben. In den Medien wurde

1 Dazu *Seemann*, in: Heinrich-Böll-Stiftung (Hrsg.), public_life. Digitale Intimität, die Privatsphäre und das Netz, Berlin 2011, S. 74 ff.; *ders.*, Kontrollverlust und Privatsphäre, Posting v. 26.4.2011, http://www.ctrl-verlust.net/kontrollverlust-und-privatsphare (07.02.2012).

2 Dazu *Heller*, Post Privacy: Prima leben ohne Privatsphäre, München 2011 (im Erscheinen).

das Thema jedenfalls nicht totgeschwiegen.[3] Die relative Ruhe dürfte daher zum einen auf die erfolgreiche Arbeit der Datenschützer zurückzuführen sein. Sie haben deutlich Position bezogen und so erreicht, dass sich die Gesellschaft auf breiter Front mit dem Thema auseinandersetzt. Sollte die Zahl der Widersprüche bei Streetside tatsächlich deutlich geringer bleiben als bei Streetview, deutet das zum anderen darauf hin, dass ein gewisser Grad an Gewöhnung eingetreten ist. Wer wie Google unbekanntes Terrain betritt, kann immer auf Probleme stoßen. Die Nachfolger wissen dann zumindest, welche Fehler sie vermeiden müssen. Viele Menschen konnten sich überdies mit dem Angebot befassen, etliche dürften es schätzen gelernt haben, wenn sie vor Reisen schon mal den Urlaubsort betrachteten oder vor einem Umzug die neue Nachbarschaft kennenlernten.

Mit dem vorliegenden Beitrag soll ein Blick auf die verfassungsrechtlichen Implikationen von Geodiensten der Kategorie von Streetside und Streetview geworfen werden. Die Brisanz hat zurzeit sicherlich abgenommen. Sie kann aber auch schnell wieder zunehmen, insb. wenn die Dienste nicht so bleiben wie sie sind, sondern mit anderen Services – wie E-Mail-Konten oder Newsdiensten – kombiniert werden.

Leitend ist hierbei die Frage ob der Staat Maßnahmen zur Eingrenzung digitaler Atlanten ergreifen muss, sollte oder kann. Oder gilt es gar, die Rahmenbedingungen für die Benutzung solcher Dienste zu fördern? Nach einer kurzen Beschreibung typischer Beziehungslagen für Grundrechte im Internet (II.) werden hierzu die verfassungsrechtlichen Spannungsverhältnisse aufgezeigt und einander gegenübergestellt (III.). Sodann wird auf Grundlage einer multipolaren Abwägung erörtert, welcher Grad und welche Form staatlichen Handlungsbedarfs daraus resultiert (IV.).

II. Internetsachverhalte als Archetyp multidimensionaler Grundrechtsziehungen

Den Freiheitsgrundrechten kommen neben ihrer prägenden Abwehrfunktion u.a. auch positive Handlungspflichten für den Staat (sog. Schutzpflichten)[4] zu, die zumeist aus den objektiven Grundrechtsgehalten abgeleitet werden.[5]

3 Spiegel-Online v. 28.08.2011, http://bit.ly/oGa24b (07.02.2012); Bild-Online v. 31.07. 2011, http://bit.ly/pZt0Rv (07.02.2012); FAZ-Online v. 23.05.2011, http://bit.ly/rks AQB (07.02.2012).

4 Grundlegend zur Schutzpflichtendimension der Grundrechte *Holznagel*, DVBl. 2001, 1629 ff.; *Isensee*, Das Grundrecht als Abwehrrecht und als staatliche Schutzpflicht, in:

Auf Grundlage dieser verschiedenen Funktionen entstehen bei internetbezogenen Sachverhalten mit großer Regelmäßigkeit multidimensionale Grundrechtsbeziehungen. Diese werden besonders bei staatlichen Maßnahmen deutlich:[6] Die Abwehrfunktion setzt die Freiheit des Bürgers vom Staat voraus und soll ihn vor ungerechtfertigten staatlichen Eingriffen schützen. Bei fehlender Eingriffsbefugnis trifft den Staat somit eine Unterlassungspflicht. Demgegenüber trifft ihn aufgrund der Schutzpflichten die Aufgabe, die Unversehrtheit der grundrechtlichen Güter zwischen Privaten zu schützen. Anders als im Abwehrfall wird hier ein staatliches Handeln gerade gefordert. Diese Schutzdimension ist nicht nur aktiviert, wenn sich drohende Beeinträchtigungen zu einer konkreten Handlungspflicht verdichten (Schutzpflicht im engeren Sinne) – was ohnehin relativ selten der Fall ist[7] –, sondern bereits sobald der Staat aus rechtspolitischen Erwägungen zur Gewährleistung grundrechtlicher Freiheiten einschreitet. Bei der Wahrnehmung dieser Schutzaufgabe kann aber wiederum die grundrechtliche Abwehrdimension dem Staat Grenzen setzen. Dies ist etwa der Fall, wenn ihm Grundrechtsträger mit gegensätzlichen Interessen gegenüberstehen. *Christian Calliess* hat dieses Verhältnis am Beispiel des Umweltrechts entwickelt und als „grundrechtlich determiniertes Dreieck" beschrieben:[8] an der Spitze steht der Staat, am Ende des

Handbuch des Staatsrechts Bd. 5, 2. Aufl. 2000, § 111 Rn. 1 ff.; *Klein*, NJW 1989, 1633 ff.; *Alexy*, Theorie der Grundrechte, 1985, S. 410; *Hesse*, Grundzüge des Verfassungsrechts der Bundesrepublik Deutschland, 16. Aufl. 1988, S. 139 Rn. 349; *Robbers*, Sicherheit als Menschenrecht, 1987, S. 124; *Badura*, Staatsrecht, 1986, S. 79; *Zippelius/Würtenberger*, Deutsches Staatsrecht, 32. Aufl. 2008, § 17 Rn. 29 ff.; *Lerche*, JURA 1995, S. 562 f.; *Schoch*, VVDStRL 57 (1998), S. 206 ff. und 214.

5 *Jarass*, in: ders./Pieroth, GG, 11. Aufl. 2011, Vorb. vor Art. 1 Rn. 6; *ders.*, AöR 1985, 365; *Dreier*, GG, vor Art. 1 Rn. 94 ff.; auch das BVerfG leitet die Schutzpflichten im Wesentlichen aus der objektivrechtlichen Seite der Grundrechte ab, BVerfGE 49, 89 (141 f.); 56, 54 (73); 73, 261 (269); 96, 365 (398).

6 Inwieweit auch ohne staatliche Beteiligung Grundrechtsbindungen Privater untereinander bestehen, bestimmt sich nach überwiegender Auffassung nach der Lehre von der mittelbaren Drittwirkung. Ob diese hergebrachte Dogmatik bei internetbezogenen Sachverhalten aufrechterhalten werden kann, ist weitgehend unerforscht. Interessante Ansätze für eine unmittelbare Wirkung bieten *Karavas/Teubner*, in: Hoffmann-Riem/Ladeur (Hrsg.), Innovationsoffene Regulierung des Internet, 2003, S. 249 ff.

7 Die konkrete Rechtsfolge einer Schutzpflicht lässt sich materiell nur schwer bestimmen. Sie lässt dem Staat und seinen politischen Organen ein weites Ermessen und weite Einschätzungsspielräume, wie er den verfassungsrechtlichen Mindeststandard an Grundrechtsschutz gewährleisten will. Dieser Mindeststandard ist nur durch das Untermaßverbot bestimmt. *Jarass*, in: Merten/Papier (Hrsg.), Handbuch der Grundrechte, Bd. 2, 2006, § 38 Rn. 34 ff.

8 *C. Calliess*, Rechtsstaat und Umweltstaat – Zugleich ein Beitrag zur Grundrechtsdogmatik im Rahmen mehrpoliger Verfassungsrechtsverhältnisse, 2001.

einen Schenkels der Betroffene privaten Handelns und am Ende des anderen Schenkels der Begünstigte, der seine grundrechtliche Freiheit ausübt und sich jeden Eingriff verbittet.

Bei internetbezogenen Sachverhalten muss diese Sichtweise oft noch um mehrere Dimensionen ergänzt werden, da regelmäßig nicht nur zwei Private, sondern Diensteanbieter, Netzbetreiber und Nutzer durch staatliche Maßnahmen berührt sind, die auch in Subgruppen noch verschiedenartige Interessen verfolgen. Hinzu kommt noch das Phänomen sowohl zeitlich als auch räumlich nahezu unbegrenzter (Re-)Kombinierbarkeit von Daten, was die (potentiellen) Konfliktlagen nochmals verkompliziert. Soweit solche Sachverhalte aus (verfassungs-)rechtlicher Sicht zu beurteilen sind, etwa weil der Staat sich anschickt eine Regelung zu erlassen, gilt es dann die Bedeutung der verschiedenen Belange zu ermitteln und miteinander in praktische Konkordanz zu bringen. Dabei verschieben gleichlaufende Belange bekanntermaßen die Gewichtung im Rahmen der Abwägung. Demgemäß können z.B. grundrechtliches Schutzgut und verfassungsrechtliche Gemeinwohlnormen sich in der Abwägung gegenseitig verstärken, sofern sie inhaltlich gleichlaufen.

Wie dies für Internetdienste typisch ist, betreffen auch staatliche Maßnahmen im Bereich digitaler Atlanten gleichzeitig mehrere verfassungsrechtliche Verhältnisse. Zwar ist hier nicht die volle Mulitdimensionalität zu beobachten, da bspw. Netzbetreibern kein substantiiertes Interesse pro oder contra solche Dienste attestiert werden kann. Gleichwohl lässt sich an diesem Beispiel die grundsätzliche Komplexität verfassungs- und grundrechtlicher Beziehungsverhältnisse bei Internetsachverhalten anschaulich begreifen.

III. Verfassungsrechtliche Spannungsfelder

1. Grundrechte der Abgebildeten

Von vielen Seiten der Zivilgesellschaft ist im Vorfeld des Starts von Streetview staatliche Intervention gefordert worden. Dies macht das Begehren deutlich, dass der Staat zum Schutz grundrechtlicher Güter tätig werden sollte (status activus). Auf Seiten der durch die Fotos Betroffenen kommt zunächst ein Eingriff in das Recht auf informationelle Selbstbestimmung und das Recht am eigenen Bild (beide Art. 2 Abs. 1 i.V.m. 1 Abs. 1 GG) in Betracht.[9] Das Recht auf informationelle Selbstbestim-

9 *Caspar*, DÖV 2009, 965 (966 ff.); *Lindner*, ZUM 2010, 292 (295 f.).

mung gewährleistet die Befugnis des Einzelnen, über die Preisgabe und Verwendung seiner persönlichen Daten grundsätzlich selbst zu bestimmen.[10] Das Recht am Bild sichert dem Einzelnen Einfluss- und Entscheidungsmöglichkeiten, soweit es um die Anfertigung und Verwendung von Fotografien seiner Person geht.[11] Das besondere Schutzbedürfnis ergibt sich v.a. aus der Möglichkeit, das Erscheinungsbild eines Menschen von diesem abzulösen, datenmäßig zu fixieren und jederzeit vor einem unüberschaubaren Personenkreis zu reproduzieren.[12] Soweit im Zuge der Aufnahmen Passanten erfasst werden, sind sie in beiden Schutzbereichen betroffen. Denn die frei zugängliche Bildveröffentlichung unter Bezugnahme auf die konkrete Örtlichkeit ermöglicht die Identifizierung durch andere Internet-User.[13]

Auch die Abbildung von Häusern und Auto-Kennzeichen eröffnet den Schutzbereich des Rechts auf informationellen Selbstbestimmung. Denn dieses schützt auch die wirtschaftlichen Verhältnisse des Einzelnen. Hierüber können die Fotos des Hauses oder Pkw ein aussagekräftiges Bild zeichnen.[14] Ein Eingriff in die informationelle Selbstbestimmung ist bereits anzunehmen, wenn die aus öffentlich zugänglichen Quellen stammenden Daten durch ihre systematische Erfassung, Sammlung und Verarbeitung einen zusätzlichen Aussagewert erhalten, aus dem sich die für das Grundrecht auf informationelle Selbstbestimmung spezifische Gefährdungslage für die Freiheitsrechte oder die Privatheit des Betroffenen ergibt.[15] Denn Daten, die für sich genommen keine oder geringe Grundrechtsrelevanz haben, können mit anderen Daten verknüpft und dadurch zu persönlichkeitsrelevanten Informationen werden.

Vereinzelt wird zwar vertreten, dass die Fotos von Gebäuden und Grundstücksansichten keine personenbezogenen Daten seien.[16] Diese Ansicht berücksichtigt allerdings nicht ausreichend, dass die Person nicht zwingend anhand der Straßenbilder allein identifizierbar sein muss. Es reicht aus, wenn sie mittelbar erkennbar und individualisierbar ist. Dies ist bei Streetview und Streetside gegeben. Die Dienste sind so konzipiert,

10 Grundlegend BVerfGE 65, 1 (43); vgl. auch BVerfGE 78, 77 (84); 80, 367 (373).

11 BVerfGE 97, 125 (148 f.); 97, 391 (403); BVerfG NJW 2005, 883 ff.

12 BVerfG NJW 2005, 883, Ls. 1b.

13 Dieser Befund gilt unabhängig von der kontrovers diskutierten Frage, ob und wann personenbezogene Bestimmbarkeit i.S.d. BDSG eröffnet ist. Hierzu *Caspar*, DÖV 2009, 965 (966 ff.); *Lindner*, ZUM 2010, 292 (295 f.); *Spieker gen. Döhmann*, CR 2010, 311 (312 f.).

14 BVerfGE 77, 121 (125).

15 BVerfG v. 10.3.2008, 1 BvR 2388/03, Rn. 64 [juris].

16 *Forgó/Krügel/Müllenbach*, CR 2010, 616 (619).

dass der Nutzer einen Ortsnamen, einen Straßennamen und eine Hausnummer eingeben kann. Sie führen den Nutzer dann in die Straße und an das Haus mit der angegebenen Hausnummer. Wer also wissen will, wie eine natürliche Person wohnt, deren Adresse er aus einem öffentlichen Telefonbuch ermittelt hat, kann dies mit den Geodiensten leicht herausfinden. Die dadurch gewonnenen Informationen über die Modalitäten des Wohnens sind personenbezogene Daten im verfassungsrechtlichen Sinne. Für die bei Streetview erhobenen Daten ist dies im Übrigen schon von mehreren deutschen Gerichten bestätigt worden.[17]

Demgegenüber ist das durch Art. 14 Abs. 1 GG geschützte Eigentum nur in Ausnahmefällen berührt. Da es nur die Zuordnung eines Eigentumsobjekts zu einem Rechtsträger gewährleistet, ist das Eigentumsrecht der Hausbesitzer nicht berührt, wenn die Hausfassade von einer allgemein zugänglichen Stelle aus fotografiert wird.[18] Anders ist dies nur zu beurteilen, wenn die Kameras auf einer Höhe positioniert sind, die nicht mehr als allgemein zugänglich bezeichnet werden kann oder der Blick in das Haus hinein oder den (blickgeschützten) Garten ermöglicht wird.[19] Dagegen sind die wirtschaftlichen Verwertungsrechte eines Urhebers an seinem Werk, wie sie durch das Urheberrecht gewährleistet werden, nach einhelliger Auffassung verfassungsrechtlich durch die Eigentumsgarantie des Art. 14 GG abgesichert.[20] Durch die Abbildung von geistigen Schöpfungen (z.B. Baukunst, Denkmäler, Werbeplakate) ohne Einwilligung des Urhebers, greifen die Dienste daher in das Eigentumsrecht ein.

2. Grundrechte der Diensteanbieter

Die Bereitstellung digitaler Atlanten stellt aber auch die Ausübung grundrechtlicher Freiheiten seitens der Diensteanbieter dar, die einem staatlichen Eingreifen Grenzen setzen (status negativus). Neben der unternehmerischen Betätigungsfreiheit (Art. 12 Abs. 1 GG) stellt ihr Angebot ins-

17 LG Berlin, Beschl. v. 13.09.2010; indirekt: LG Köln, Urteil v. 13.01.2010; kürzlich auch vom Schweizerischen Bundesverwaltungsgericht auf Grundlage des Schweizerischen Datenschutzgesetzes, das im Wesentlichen dem deutschen BDSG entspricht (Urteil vom 30.03.2011).

18 *Ernst*, CR 2010, 178 (183); *Jahn/Striezel*, K&R 2009, 753 (754).

19 Z.B. eine Kamerahöhe über 2 m, vgl. *Spieker gen. Döhmann*, CR 2010, 311 (312 f.).

20 BVerfGE 31, 229 ff.; *Engel*, AöR 118 (1993), 186; *Hubmann*, in: Bettermann/Nipperdey/Scheuner (Hrsg.), Handbuch der Theorie und Praxis der Grundrechte, 1960, Bd. IV/1, 1 (4 f.); *Kreile*, in: FS Lerche, 1993, 251 (252 f.); *Schricker*, in: ders. (Hrsg.), UrhR, 2. Aufl. 1999, Einl. Rn. 12; *Weber*, Medienkonzentration und Meinungspluralismus, 1995, 12 ff.

besondere die Ausübung der Informationsfreiheit dar (Art. 5 Abs. 1 Satz 1 GG).[21] Danach muss es dem Einzelnen grundsätzlich gestattet sein, sich aus allgemein zugänglichen Quellen zu unterrichten. Die Informationsfreiheit umfasst nicht nur ein aktives Handeln des Rezipienten zur Informationsverschaffung, sondern auch die Entgegennahme von Informationen als Voraussetzung, um diese weiterzugeben.[22] Allgemein Zugänglich ist eine Informationsquelle, wenn sie geeignet und bestimmt ist, der Allgemeinheit, d.h. einem individuell nicht bestimmbaren Personenkreis Informationen zu beschaffen.[23] Eine Beschränkung auf bestimmte Arten von Informationen gibt es dabei nicht.[24] Insbesondere werden davon Handlungen erfasst, die in Rechtsgüter Dritter eingreifen können, etwa das Fotografieren und das Abfilmen der Außenwelt.[25] Grundrechtlich geschützt ist daher auch die Sammlung von Straßenansichten zu Dokumentationszwecken, wie sie im Rahmen von Streetview und Streetside durchgeführt wird.

Eine besonders spannende Frage ist, inwieweit die Medienfreiheiten des Art. 5 Abs. 1 Satz 2 GG einschlägig sind. Ihr Träger können grundsätzlich natürlich auch Online-Dienste sein. Nach der hergebrachten Auffassung dürfte aber dennoch weder die Rundfunk- noch die Pressefreiheit greifen.

Die ganz herrschende Meinung grenzt Presse vom Rundfunk anhand der Verbreitungsform ab:[26] Bei der Presse geht es um die Verbreitung von Druckerzeugnissen, beim Rundfunk um die elektronische Übertragung von Hörfunk und TV.[27] Allenfalls bei einer elektronischen Alternativverbreitung von Erzeugnissen der gedruckten Presse (einer elektronischen Kopie) wird unter dem Gesichtspunkt einer entwicklungsoffenen Grundrechtsinterpretation eine Ausnahme vorgesehen.[28] Dies trifft aber auf digitale Atlanten offensichtlich nicht zu, sodass die Pressefreiheit a priori ausscheiden dürfte. Aber auch die Rundfunkfreiheit hilft nicht weiter. Zwar wird ihr die Onlineverbreitung von Kommunikationsinhalten

21 *Simitis*, in: ders. (Hrsg.), BDSG, 7. Aufl. 2011, § 28 Rn. 184.

22 Vgl. BVerfGE 27, 71 (82 f.); *Jarass*, in: ders./Pieroth, GG, 11. Aufl. 2011, Art. 5 Rn. 17; *Wendt*, in: v. Münch/Kunig (Hrsg.), GG, 5. Aufl. 2003, Art. 5 Rn. 26.

23 BVerfGE 33, 52 (65).

24 *Kannengießer*, in: Schmidt-Bleibtreu/Hofmann/Hopfauf, GG, 12. Aufl. 2010, Art. 5 Rn. 9.

25 *Schulze-Fielitz*, in: Dreier (Hrsg.), GG, Bd. 1, 2. Aufl. 2004, Art. 5 Abs. 1, 2 Rn. 85.

26 *Bullinger*, JZ 2006, 1137 (1141).

27 *Jarass*, in: ders./Pieroth, GG, 11. Aufl. 2011, Art. 5 Rn. 24a.

28 *Degenhart*, in: Dolzer/Kahl/Waldhoff (Hrsg.), Bonner Kommentar zum Grundgesetz, 153. Erg.-Lfg. 2011, Art. 5 Abs. 1 und 2 Rn. 377.

überwiegend zugeordnet. Allerdings wird ebenso wie bei der Pressefreiheit eine redaktionelle Aufbereitung der Inhalte gefordert. Erforderlich sei das Vorliegen einer gestalterischen Tätigkeit, die den Zweck hat, Informationen, Meinungen oder Ideen in der Öffentlichkeit zu verbreiten.[29] Erst wenn eine meinungsbildende Wirkung prägender Bestandteil und nicht nur schmückendes Beiwerk des Angebots sei, könne das Angebot den Medienfreiheiten zugeordnet werden.[30] Dies dürfte aber weder bei Streetview noch Streetside gegenwärtig der Fall sein. Die Anbieter beeinflussen nicht die gezeigten Inhalte, sondern bilden die natürliche Umgebung schlicht ab. Noch nicht einmal die Eröffnung eines Meinungsportals im Internet hat der BGH in seinem Spickmich-Urteil aber als Ausübung der Medienfreiheiten anerkannt, selbst wenn die dort geäußerten Ansichten aufbereitet werden.[31] Erst recht dürften dann aber bloße Panorama-Ansichten ausscheiden.

Diese traditionelle Einordnung vermag aber letztendlich nicht mehr zu überzeugen. Zum einen kann sie keinen verlässlichen Rahmen bieten. So dürfte sich die Einordnung schnell ändern, wenn der Geodienst mit einem Newsdienst kombiniert wird. Dies wäre der Fall, wenn etwa eine Nachrichtenmeldung mit konkretem örtlichen Bezug in Streetview oder Streetside eingebunden wird. Den redaktionellen Charakter eines solchen Mischdienstes wird man kaum mehr abstreiten können. Erste Pläne in dieser Richtung hat Microsoft bereits vorgelegt. Zum anderen sprechen auch grundsätzliche Erwägungen dagegen, Internetdienste der Presse- oder Rundfunkfreiheit zuzuordnen. Zu sehr unterscheiden sich die Funktions- und Gründungsbedingungen der öffentlichen Meinungsbildung im Internet von denen der analogen Welt. Es würde den Rahmen sprengen, dies hier in der gebotenen Ausführlichkeit darzulegen. Dies ist bereits an anderer Stelle geschehen.[32] Hier nur das Wesentliche: In der traditionellen Presse und dem klassischen Rundfunk mag ja die Relevanz für die öffentliche Meinungsbildung noch maßgeblich davon abhängen, dass die Publikation oder Sendung selbst gestalterisch so aufbereitet ist, dass eine meinungsbildende Wirkung ihr prägender Bestandteil ist. Dies liegt aber

29 EuGH EuZW 2009, 108 – Satamedia.

30 BGH NJW 2009, 2888 (2890); vgl. *Bergmann/Möhrle/Herb*, Datenschutzrecht, 42. Erg.-Lfg. 2011, § 41 Rn. 34; *Schaffland/Wiltfang*, BDSG, XX. Erg.-Lfg. 2011, § 41 Rn. 4; *Schmittmann*, in: Schwartmann (Hrsg.), Praxishandbuch Medien-, IT- und Urheberrecht, 2. Aufl. 2011, 1. Teil, 10. Kapitel Rn. 30 ff.

31 BGH NJW 2009, 2888 (2890).

32 *Holznagel/Schumacher*, in: Kloepfer (Hrsg.), Netzneutralität in der Informationsgesellschaft, 2011, 47 ff.; *dies.*, MIND – Co:llaboratory Discussion Paper Series No. 1, 2011, 14 ff.; *Holznagel*, NordÖR 2011, 205 ff.; *ders.*, in: FS Eberle, 2011 (im Erschienen); *ders.*, MMR 2011, 1 f.

maßgeblich in der Selbstbezogenheit klassischer Massenmedien begründet. Dem Nutzer ist es nicht ohne Weiteres möglich, Querbezüge mit anderen Informationsquellen herzustellen. Dies ist bei Internetdiensten ganz grundlegend anders. Der Datenbankcharakter und die Hypertextualität erlauben dem Nutzer, in Sekunden Informationen mit anderen Informationen zu verbinden, zu verifizieren oder schlicht Querbezüge herzustellen. Dies bedingt es aber, dass die Relevanz eines Angebots für die öffentliche Meinungsbildung nicht mehr nur isoliert innerhalb eines bestimmten Dienstes beurteilt werden kann. Denn der Nutzer kann (sei es durch Hyperlinks oder auch durch Suchmaschinen) ohne Mühen Informationen miteinander kombinieren und so den Gehalt für seine Meinungsbildung exponentiell steigern.

Als Alternative zur klassischen Sichtweise bietet es sich daher an, eine eigenständige „Freiheit der Internetdienste" im Rahmen der Medienfreiheiten des Art. 5 Abs. 1 Satz 2 GG anzuerkennen.[33] Internetdienste wären bereits geschützt, soweit sie sich an eine unbestimmte Personenmehrheit richten und selbst oder in Verbindung mit anderen Diensten als Voraussetzung für die öffentliche Meinungsbildung dienen können. Der Vorteil einer solchen Einteilung besteht darin, dass die in der Realität vollzogene Ausdifferenzierung bei den Kommunikationsformen nun genauer als bisher im Verfassungsrecht abgebildet werden kann. Auf dieser Basis kann nach neuen Lösungen gesucht werden, die sich an im Presse- oder Rundfunkrecht erprobten Modellen orientieren oder völlig neue Wege gehen. Anknüpfungspunkt wäre natürlich auch hier die Relevanz eines Dienstes für die öffentliche Meinungsbildung, die aber wie gesagt nicht vollkommen deckungsgleich mit Rundfunk- und Pressefreiheit ist. Vielmehr kommt diese im Internet auch Diensten wie dem Bewertungsportal Spickmich oder Geodiensten zu. Ob der Anbieter Nachrichten in seinen Geodienst einbindet, oder sich ein Nutzer selbst die Örtlichkeiten zu einer Meldung parallel einfach in einem neuen Browser-Tab oder -Fenster ansieht, kann im Ergebnis keinen Unterschied machen. Wenn man sich der Idee einer Freiheit der Internetdienste anschließt, genießen Streetview und Streetside damit auch den besonderen Schutz des Art. 5 Abs. 1 Satz 2 GG. Die vergleichsweise geringere Relevanz für die öffentliche Meinungsbildung im Vergleich zu Rundfunk und Presse könnte dann – soweit sie denn besteht – auf der Ebene der Verhältnismäßigkeit, nicht aber bereits auf der grobgliedrigen Schutzbereichsebene, gelöst werden.

33 AaO. sowie in Ansätzen auch bereits *Mecklenburg*, ZUM 1997, 525.

3. Grundrechte der Internetnutzer

Sofern Häuser, Pkw oder Gesichter aufgrund staatlicher Anweisung verpixelt werden müssten, schränkt dies zudem die Internetnutzer bei der Ausübung ihrer Informationsfreiheit ein. Insoweit kann auf die Ausführungen unter III.2. verwiesen werden. Betroffen ist hier der primäre Schutz des Grundrechts auf ungehinderte Entgegennahme von Informationen.

4. Gewährleistung demokratischer Öffentlichkeit als eigenständiger Verfassungswert

Eine ganz grundlegende Facette im Rahmen der Abwägungspositionen stellt schließlich der Aspekt der demokratischen Öffentlichkeit dar.[34] Dieser spiegelt sich in drei Wertentscheidungen des Grundgesetzes wieder:

Erstens ist dem Umstand Rechnung zu tragen, dass die Informationsfreiheit aus Art. 5 Abs. 1 GG nicht nur ein Grundrecht der Diensteanbieter sowie der Internetnutzer darstellt, sondern vielmehr auch ein grundlegendes Interesse der demokratischen Öffentlichkeit positiviert. Da es im Wesen der Demokratie liegt, dass die vom Volke ausgehende Staatsgewalt in Wahlen und Abstimmungen ausgeübt wird,[35] muss der Einzelne verantwortlich an den Entscheidungen für die Gesamtheit mitwirken. Dies setzt voraus, dass der Einzelne sich aus allgemein zugänglichen Quellen ungehindert unterrichten kann, um Gründe und Gegengründe abzuwägen und hiernach seine staatsbürgerlichen Entschlüsse zu treffen. Die Informationsfreiheit dient damit als Voraussetzung für individuelle Entfaltung, Meinungsfreiheit und Demokratie. Dass es dabei eine Beschränkung auf bestimmte Arten von Informationen nicht gibt, wurde bereits dargelegt.

Zu diesem, die freiheitlich-demokratische Staatsordnung konstituierenden Prozess tragen *zweitens* auch Presse und Rundfunk entscheidend bei.[36] Ihr grundrechtlicher Schutz in Art. 5 Abs. 1 GG gewährleistet nicht nur die Freiheit der Verbreitung von Nachrichten und Meinungen; er schützt vielmehr auch den gesamten Bereich der publizistischen Vorbereitungstätigkeit, zu der insb. die Beschaffung von Informationen ohne

34 Ausf. zur Herleitung des verfassungsrechtlichen Prinzips demokratischer Öffentlichkeit *Holznagel*, VVDStRL 68 (2008), 382 (383 ff.).

35 BVerfGE 1, 2 (11).

36 BVerfGE 10, 118 (121); 13, 54 (80).

Rücksicht auf ihre Art gehört.[37] Die Recherchemöglichkeiten von Presse und Rundfunk möglichst umfassend zu gewährleisten, ist daher ein grundlegendes Interesse für das öffentliche, politische und verfassungsrechtliche Leben in Deutschland.[38] Hierzu tragen die technischen Möglichkeiten digitaler Atlanten erheblich bei.

Drittens spiegelt sich der Aspekt der verfassungsrechtlichen Öffentlichkeit schließlich im Verständnis des Grundgesetzes von dem Sozialbezug persönlicher Daten wieder. So geht das Grundgesetz im Rahmen der informationellen Selbstbestimmung nicht von einer absoluten, uneingeschränkten Herrschaft des Einzelnen über seine Daten aus, sondern von einer sozialen, sich in Gemeinschaft entfaltenden und auf Kommunikation angewiesenen Persönlichkeit. Demgemäß hat das *BVerfG* in der Vergangenheit immer wieder hervorgehoben, dass Informationen, auch soweit sie personenbezogen sind, ein Abbild sozialer Realität darstellen, das nicht ausschließlich dem Betroffenen allein zugeordnet werden kann.[39] Der Mensch als soziales Wesen ist zwangsläufig Informationsgeber.[40] Informationen, die ohnehin jedermann zugänglich sind, genießen daher einen geringeren Schutz. Die Einsichten in den Straßenraum, der für Streetview und Streetside abgefilmt wird, kann jedermann durch persönliche Einsichtnahme gewinnen, sie sind öffentlich zugänglich.[41] Dem Ziel des Datenschutzes setzt das Grundgesetz somit immanente Schranken, indem es die Verschaffung solcher Informationen erlaubt, die im öffentlichen Raum grundsätzlich frei zugänglich sind. Dies kann mitunter auch Informationsquellen betreffen, die einen Personenbezug haben und sich auf sachliche Verhältnisse von bestimmbaren Personen beziehen.[42]

IV. Staatlicher Handlungsbedarf

1. Verfassungsrechtliche Anknüpfungspunkte für staatliches Tätigwerden

Anknüpfungspunkte für eine staatliche *Pflicht* zum Tätigwerden können sich aus der Schutzpflichtendogmatik ergeben. Wenn kein ausreichendes Schutzniveau für die Abgebildeten gewährleistet ist, kann dem Staat eine

37 BVerfGE 10, 118 (121); 12, 205 (260).

38 Zu den Zusammenhängen von demokratischer Öffentlichkeit und Medienfreiheit *Holznagel*, VVDStRL 68 (2008), 382 (383 ff.).

39 Vgl. BVerfGE 4, 7 (15); 50, 290 (353); 1 BvR 209/83 vom 15.12.1983, Rn. 150 [juris].

40 BVerfGE 65, 1 (44).

41 Ebenso *Caspar*, DÖV 2009, 965 (971); *Jahn/Striezel*, K&R 2009, 753 (756).

42 *Caspar*, DÖV 2009, 965 (972).

Pflicht obliegen, auf die bestmögliche Verwirklichung der entsprechenden grundrechtlichen Schutzbereiche hinzuwirken.[43] Das BVerfG folgert eine umfassende staatliche Schutzpflicht zur Gewährung grundrechtlicher Freiheiten aus Art. 1 Abs. 1 Satz 2 GG und hat den Anwendungsbereich auf eine Reihe von Grundrechten ausgedehnt.[44] Diese Schutzpflicht gebiete es dem Staat und seinen Organen, sich schützend und fördernd vor die Grundrechte des Einzelnen zu stellen; das heißt v.a., sie auch vor rechtswidrigen An- und Eingriffen Dritter zu bewahren.[45] Im Einzelfall könne die Schutzpflichtendimension eine Ausgestaltung rechtlicher Regelungen gebieten, durch die auch die Gefahr von Grundrechtsverletzungen eingedämmt bleibe. Ob, wann und mit welchem Inhalt eine solche Ausgestaltung von Verfassungs wegen geboten ist, ist weitgehend ungeklärt.[46] Das BVerfG rekurriert diesbezüglich auf die Figur des Untermaßverbots.[47] Die staatliche Erfüllung der grundrechtlichen Schutzpflicht unterliege nur bei Unterschreiten bestimmter Mindestschutzerfordernisse einer gerichtlichen Kontrolle. Die justiziable Grenze hänge von der Art, der Nähe und dem Ausmaß möglicher Gefahren, der Art und dem Rang des verfassungsrechtlich geschützten Rechtsguts sowie von den schon vorhandenen Regelungen ab.[48] Damit verbleibt dem Gesetzgeber hin-

43 Grundlegend zur Schutzpflichtendimension der Grundrechte *Alexy*, Theorie der Grundrechte, 1985, 410; *Badura*, Staatsrecht, 4. Aufl. 2010, Teil C Rn. 1 ff.; *Hesse*, Grundzüge des Verfassungsrechts der Bundesrepublik Deutschland, 16. Aufl. 1988, 139 Rn. 349; *Holznagel*, DVBl. 2001, 1629 ff.; *Isensee*, Das Grundrecht als Abwehrrecht und als staatliche Schutzpflicht, in: ders./Kirchhof (Hrsg.) Handbuch des Staatsrechts, Bd. 5, 3. Aufl. 2007, § 111 Rn. 1 ff.; *Klein*, NJW 1989, 1633 ff; *Lerche*, JURA 1995, 562 f.; *Robbers*, Sicherheit als Menschenrecht, 1987, 124; *Schoch*, VVDStRL 57 (1998), 206 ff. und 214; *Zippelius/Würtenberger*, Deutsches Staatsrecht, 32. Aufl. 2008, § 17 Rn. 29 ff.

44 BVerfGE 39, 1 (41); 46, 160 (164); 49, 89 (141 f.); 53, 30 (52); 115, 118 (145). Das Schrifttum gibt sich mit dieser Begründung nicht zufrieden. Die entscheidende Grundlage der staatlichen Schutzpflichten wird vielmehr in der Etablierung des Staates als Friedensordnung gesehen, die für den Staat das Gewaltmonopol reklamiert und für den einzelnen Gehorsamspflicht und das grundsätzliche Verbot privater Gewaltanwendung bedeutet. *Isensee*, Das Grundrecht auf Sicherheit. Zu den Schutzpflichten des freiheitlichen Verfassungsstaates, 1983, 21 ff.; *ders.*, in: FS Eichenberger, 1982, 23 ff.; *ders.*, in: ders./Kirchhof (Hrsg.), Handbuch des Staatsrechts, Bd. 5, 3. Aufl. 2007, § 111 Rn. 83 ff.; *Klein*, NJW 1989, 1633 (1635 f.); *Murswiek*, Die staatliche Verantwortung für die Risiken der Technik, 1985, 102 ff.

45 Vgl. BVerfGE 39, 1 (42); 46, 160 (164); 56, 54 (73)

46 Vgl. zum Stand der Diskussion *Klein*, JuS 2006, 960 (961 ff.).

47 BVerfGE 88, 203 (254); NJW 1996, 651; *Pieroth/Schlink*, Grundrechte Staatsrecht II, 25. Aufl. 2009, § 6 Rn. 308. Vgl. auch die Sondervoten zu BVerfGE 98, 265 (355) sowie zu BVerfGE 109, 190 (247ff.). Ursprünglich entwickelt wurde der Begriff von *Schuppert*, Funktionell-rechtliche Grenzen der Verfassungsinterpretation, 1980, 15; *ders.*, VVDStRL 39 (1981), 193. Zur Genese des Begriffs vgl. auch *Tzemos*, Das Untermaßverbot, 2004, 4 ff.

48 BVerfG v. 14.1.1981, 1 BvR 612/72, Rn. 60 [juris].

sichtlich der konkreten Ausgestaltung seiner Schutzpflichten eine weite Einschätzungsprärogative. Über die Art und Weise, wie die Schutzpflicht zu erfüllen ist, haben in erster Linie die staatlichen Organe in eigener Verantwortung zu entscheiden.[49] Sie befinden darüber, welche Maßnahmen zweckdienlich und geboten sind, um einen wirksamen Schutz zu gewährleisten. Eine verfassungsrechtliche Pflicht zum Tätigwerden folgt dementsprechend nicht bereits daraus, dass der betroffene Lebenssachverhalt ein Grundrecht bloß in irgendeiner Weise berührt. Eine Schutzpflicht kann jedenfalls nur angenommen werden, wenn durch das zu regelnde Verhalten eine Beeinträchtigung der Grundrechte droht, welche diese in ihrem Kernbereich berührt, und wenn angesichts ihres Ranges im Kontext mit den anderen betroffenen Rechtsgütern ein Zurücktreten vor dem Hintergrund der verfassungsrechtlichen Werteordnung untragbar wäre.[50]

Abseits einer etwaigen (justiziablen) Verpflichtung zum Tätigwerden steht es dem Staat aber innerhalb der allgemeinen Grenzen des Übermaßverbots offen, etwa aus rechtspolitischen Erwägungen Schutzmaßnahmen zu ergreifen. Im Rahmen der für eine politische Entscheidungsfindung notwendigen Güterabwägung ist der status activus der Grundrechte dann ebenfalls aktiviert und als Belang zu würdigen.

2. Belanggewichtung als übergreifende Handlungsvoraussetzung

Wenn der Staat zum Schutz der Fotografierten tätig werden will, sei es zur Ausübung seiner Schutzpflichten oder aus sonstigen rechtspolitischen Erwägungen heraus, ist also sowohl die Frage des Ob als auch des Wie immer am Abwägungsgebot zu messen.[51] Mit anderen Worten: es gilt praktische Konkordanz zwischen den Belangen der Hausbesitzer und der Diensteanbieter herzustellen. Zu einer staatlichen Pflicht zur Vornahme einer konkreten Handlung verdichten sich die betroffenen Belange dabei nur im Ausnahmefall.[52] Auf dieser Grundlage ist die relationale Bedeutung der verschiedenen abzuwägenden Belange zu ermitteln.

49 BVerfG v. 14.1.1981, 1 BvR 612/72, Rn. 66 [juris]; BVerfGE 39, 1 (44); 46, 160 (164).

50 BVerfG v. 14.1.1981, 1 BvR 612/72, Rn. 66 [juris]; *Prechtl*, Privatkopie und Pauschalvergütungssystem der §§ 53 Abs. 1, 54 ff. UrhG im Zeitalter der Digitalisierung. Eine verfassungsrechtliche Untersuchung, München 2006, 131.

51 *Alexy*, Theorie der Grundrechte, 1994, 146.

52 S.o. Nachweise bei Fn. 7.

Dabei spielt *zum einen* die Eingriffstiefe eine gewichtige Rolle. Hier ist sowohl die konkrete Persönlichkeitsrelevanz der erhobenen Daten zu beachten, aber auch ihre weitergehende Verarbeitung und Verknüpfbarkeit.[53] Des Weiteren hat das BVerfG immer wieder betont, dass bei einem Eingriff mit hoher Streubreite, d.h. bei einer hohen Zahl potentiell betroffener Grundrechtsträger,[54] eine veränderte Sichtweise erforderlich ist.[55] Zudem deutet auch eine hohe Rekombinierbarkeit von Daten sowie ihre serielle Erfassbarkeit[56] auf das Vorliegen eines intensiven Eingriffs hin. Im Rahmen der vorliegend betrachteten Konstellation liegt auf der Hand, dass die natürlichen Beschränkungen einer Vor-Ort-Ansicht verändert werden. Die Bilder sind frei abrufbar. Dadurch sind räumliche, zeitliche und ökonomische Barrieren weitgehend aufgehoben. So steigt auch die Anzahl der Personen, die diese Daten nutzen und verarbeiten bei gleichzeitiger Verringerung von Restriktionen bei der Verarbeitung und Nutzung. Hilfsmittel wie Notizen sind nicht mehr erforderlich, vergessene Datenerhebungen nachholbar; gleichzeitige und variable Betrachtungen möglich. Der eine natürliche Barriere schaffende Zeit- und Kostenaufwand für den Datenumgang sinkt drastisch. Außerdem sind die Einsatzmöglichkeiten der Daten vielfältig und unvorhersehbar. Mag es sich gegenwärtig in der überwiegenden Zahl um Fälle mit geringer Eingriffstiefe handeln, so besteht doch eine abstrakte Gefährdungslage für die grundrechtlichen Gewährleistungen, weil die weitere Verwendung der erhobenen Daten bei fortschreitender Technik nur schwer prognostiziert werden kann. Die erhobene Datenmenge ist bereits enorm und sie steigt ständig an. Sie bietet aus dem entstehenden Gesamtbild jenseits der Einzeldaten weitere Informationen. Die Daten können auch extern gespeichert werden, was in hohem und nicht kontrollierbarem Maße eine Rekombinierbarkeit und Vernetzung der Daten ermöglicht. Auf ihren Einsatz haben Google und Microsoft dann keinerlei Einfluss mehr. Es ist nicht auszuschließen, dass sie in die Verfügungsgewalt von Dritten geraten, die keinerlei demokratischen Kontrolle mehr unterliegen.

Andererseits enthalten die Abbildungen aber in der Regel keine besonders sensiblen Daten[57] und die Dienste zeigen auch keine Echtzeit-Darstellungen. Aktualisierungen finden jedenfalls nicht so zeitnah statt, dass echte Persönlichkeitsprofile erstellt werden könnten.[58] Nicht außer-

53 BVerfGE 65, 1 (45 f.); 115, 320 (348); BVerfG NJW 2008, 1505.
54 So BVerfGE 115, 320 (347).
55 Zuletzt BVerfG NJW 2008, 1505 m.w.N. und NVwZ 2007, 688.
56 BVerfG NJW 2008, 1505.
57 Darauf stellt zentral ab LG Köln MMR 2010, 278.
58 *Spieker gen. Döhmann*, CR 2010, 311 (316).

acht zu lassen ist ferner, dass die Dienste durchaus positiven gesellschaftlichen und individuellen Nutzen hervorbringen können[59] – nicht zuletzt deshalb, weil nunmehr der zeitliche und finanzielle Einsatz so deutlich reduziert werden kann. Gesamtwirtschaftlich können sie damit zu einer Reihe von Einsparungen führen und bisher ungenutzte individuelle Betätigungsfelder eröffnen.

Zum anderen verschieben gleichlaufende Belange dabei die Gewichtung im Rahmen der Abwägung. Demgemäß können z.B. grundrechtliches Schutzgut und verfassungsrechtliche Gemeinwohlnormen sich in der Abwägung gegenseitig verstärken. Eine ganz grundlegende Rolle hat hierbei der spezifische Verfassungswert der Öffentlichkeit. Zudem ist natürlich zu beachten, dass die Schutzgehalte des Art. 5 GG (also hier die Informationsfreiheit und die Internetdienstefreiheit) ein grundlegendes Interesse des Gemeinwesens markieren. Die staatsbürgerliche Mitwirkung im demokratischen Prozess setzt voraus, dass sich Privatleute und Medienmacher aus allgemein zugänglichen Quellen informieren können.

Der Wertgehalt des Art. 87f GG lässt sich demgegenüber in der (vorgelagerten) Frage ob und wie es digitale Atlanten geben darf (noch) nicht fruchtbar machen, da der Gewährleistungsauftrag denknotwendig an „zulässige“ Dienste anknüpft. Hieraus können sich demgegenüber *Folgewirkungen* ergeben [siehe unten 3.b)].

3. Konsequenzen und Handlungsoptionen

Die solchermaßen determinierte Abwägung ist rahmenartige Vorgabe für die gesetzgeberische Entwicklung eines konkreten Handlungskonzepts bzw. Maßstab für seine Fortentwicklung.[60]

a) Den Dienst selbst betreffende Aspekte

Im Lichte dieser Aspekte lassen sich für die Frage nach dem politischen Handlungskorridor folgende Schlüsse hinsichtlich der digitalen Atlanten ableiten:

59 Bspw. für Tourismus, individuelle Wegeplanung, Schule und Ausbildung, persönliche und berufliche Mobilität, Wirtschaft, Marketing, Journalismus sowie für Feuerwehr und Polizei.

60 *C. Calliess*, JZ 2006, 321 (330).

Beinahe banal aber im Hinblick auf die Determinierung der Korridorwände gleichwohl der Feststellung wert ist *erstens* die Erkenntnis, dass es (natürlich) digitale Atlanten geben darf. Ein gesetzliches Totalverbot würde die Grenzen des Übermaßverbots verletzen. *Zweitens* ist die Einräumung eines gesetzlichen Widerspruchsrechts zugunsten der Verpixelung von Hausfassaden verfassungsrechtlich nicht zwingend. Jedenfalls ein (bis hin zur Schutzpflicht verdichtetes) Überwiegen der Hausbewohnerinteressen gegenüber den Informationserhebungsinteressen an einer umfassenden bildlichen Darstellung aller öffentlich zugänglichen Straßen lässt sich im Lichte des Art. 5 Abs. 1 GG nicht feststellen. Die Meinungsrelevanz der Dienste spricht m.E. sogar dafür, dass die Interessen pro unwidersprechlicher Datenerhebung überwiegen. Das gilt jedenfalls soweit Straßenzüge, Hausfassaden und Frontansichten abgebildet werden. Hier ist der Persönlichkeitsbezug angesichts fehlender Möglichkeiten zur Profilbildung insgesamt gering. Das Unterlassen eines gesetzlichen Widerspruchsrechts verstößt daher nicht gegen das Untermaßverbot. Zudem ist ja bereits etwas geschehen: Die wichtigsten Geodatenanbieter haben sich einem Kodex des Verbandes Bitkom angeschlossen.[61] Dieser lehnt sich im Wesentlichen an die von Google gemachten Zusagen an (Widerspruchsrecht, Anonymisierung von Gesichtern und Kfz-Kennzeichen etc.). Zudem hat das BMI einen Gesetzentwurf zur Novellierung des BDSG eingebracht (sog. Rote-Linie-Gesetz).[62] Dieser betrifft zwar nicht Streetview oder Streetside, aber Datendienste, die noch schwerere Eingriffe verursachen, wie Gesichtserkennungsdienste, Profilbildungen oder die Erhebung von Standortdaten in Echtzeit. Bei diesen Diensten soll die Veröffentlichung zwingend von einer vorherigen Zustimmung abhängig sein. Der Ansatz jedenfalls, die Lösung der Streetview-Problematik einer Selbstregulierung zu überlassen, und demgegenüber intensivere Eingriffe gesetzlich zu regeln, zeugt durchaus von einer differenzierten Herangehensweise. Diese ist Ausdruck eines Schutzkonzepts, das sich im Rahmen des gesetzgeberischen Einschätzungsspielraums bewegt. Gleichwohl stünde es dem Gesetzgeber im Rahmen seines Optionenkorridors wohl offen, sich für eine Widerspruchslösung auch für Geodatendienste zu entscheiden. Seine Einschätzungsprärogative kann er auch die diese Richtung ausüben, ohne dass hierin eine Verletzung des Übermaßverbots zu erblicken wäre.

61 *Bitkom*, Datenschutz-Kodex für Geodatendienste, 2010, http://www.bitkom.org/files/ documents/Datenschutz_Kodex.pdf (07.02.2012).

62 *BMI*, Datenschutz im Internet – Gesetzentwurf zum Schutz vor besonders schweren Eingriffen in das Persönlichkeitsrecht, 01.12.2010, http://bit.ly/q7nE4s (07.02.2012).

Aus der Drittwirkung der Grundrechte folgt *drittens* auch ohne gesetzgeberisches Einschreiten für Diensteanbieter die Pflicht, Kfz-Kennzeichen und Gesichter bereits vor der Veröffentlichung effektiv zu anonymisieren.[63] Nach §§ 28 Abs. 1 Nr. 3, 29 Abs. 1 Nr. 2 BDSG ist die Aufnahme öffentlich zugänglichen Straßenraums erlaubt, wenn nicht offensichtlich überwiegende Interessen des Betroffenen den Datenumgang hindern. Die Normen lösen das Spannungsverhältnis zwischen Gemeinschaftsbezogenheit und Gemeinschaftsgebundenheit der Person auf, indem sie nach Maßgabe des Verhältnismäßigkeitsgrundsatzes ein „offensichtliches Überwiegen" des Datenschutzinteresses gegenüber dem Verwendungsinteresse fordern.[64] Ein solches offensichtliches Überwiegen ist bei Gesichtern und Kfz-Kennzeichen weitgehend unstreitig anzunehmen.[65] Hier ist der Personenbezug deutlich größer als bei der Abbildung von Häuserfronten.

Viertens offenbart sich aber gerade in diesem letzten Punkt noch ein besonderes Problem: und zwar werden die Rohdaten der Aufnahmen in die USA transferiert. Zwar haben Google und Microsoft öffentlich zugesagt, den Rohdatensatz mit den noch kenntlichen Gesichtern und Kfz-Kennzeichen zu löschen. Von der Weiterexistenz der unbehandelten Bilder würden besondere Gefahren insb. für das Recht auf informationelle Selbstbestimmung ausgehen. In den Rohdaten lauert das Potential für eine erhebliche Breite und Unkontrollierbarkeit der Datenverwendung. Denn es erfolgt ein weltweiter, nicht nachvollziehbarer und nicht rückholbarer Zugriff auf personenbezogene Daten mit erheblicher Aussagekraft. Die Unbeherrschbarkeit des Umgangs mit den Rohdaten, die aus einer Vielzahl von Eingriffen stammen, lässt sich mit den Interessen der Öffentlichkeit an der Verfügbarkeit solcher Daten keinesfalls rechtfertigen. Daher ist eine Löschung der Rohdaten bzw. eine unumkehrbare Unkenntlichmachung im Rohdatenbestand zwingend erforderlich, um dem Schutz des Rechts auf informationelle Selbstbestimmung ausreichend Rechnung zu tragen. Eine Fortexistenz des Rohdatensatzes würde die Belangabwägung zugunsten eines schützenden Eingreifens des Staates verdichten.

Allerdings existieren hierzu gegenwärtig keine hinreichenden Sanktions- und Vollzugsbefugnisse. Das bekannte Safe-Harbor-Abkommen der EU-Kommission mit dem amerikanischen Handelsministerium hält hierzu jedenfalls keine ausreichenden Vorkehrungen bereit. Das Abkommen

63 *Caspar*, DÖV 2009, 965 (969).

64 Kritisch *Simitis*, in: ders. (Hrsg.), BDSG, 7. Aufl. 2011, § 28 Rn. 188.

65 *Holznagel/Schumacher*, JZ 2011, 57 ff.

soll ein angemessenes Datenschutzniveau bei US-amerikanischen Unternehmen sicherstellen, indem sich Unternehmen auf die in der Safe-Harbor-Vereinbarung vorgegebenen Grundsätze verpflichten. Durch die Verpflichtung und eine Meldung an die Federal Trade Commission (FTC) können sich die Unternehmen selbst zertifizieren. So zertifizierte US-Unternehmen schaffen damit grundsätzlich die Voraussetzungen, dass eine Übermittlung personenbezogener Daten aus Europa an sie unter denselben Bedingungen möglich ist, wie Übermittlungen innerhalb des europäischen Wirtschaftsraumes. Die *FTC* veröffentlicht eine Safe-Harbor-Liste aller zertifizierten Unternehmen im Internet. Microsoft und Google sind dort registriert.[66] Eine Studie der Beratungsfirma Galexia[67] hat allerdings beachtliche Vollzugsdefizite aufgezeigt. Lediglich 348 der 1.597 unter Safe Harbor registrierten Unternehmen hatten tatsächlich die Mindestvoraussetzungen erfüllt. Und die Missstände bleiben weitgehend ohne Konsequenzen. Nur ein einziges Unternehmen ist bislang wegen Falschangaben von einem kalifornischen Gericht verurteilt worden, das jedoch keine Sanktionen verhängte.[68] Es fehlt schlicht an einer Rechtsgrundlage. Angesichts der Gefährdungsdimension von Rohdaten liegt es nahe, dass durch die in den USA lagernden Rohdaten eine Beeinträchtigung des Kernbereichs des Rechts auf informationelle Selbstbestimmung droht, bei der ein staatliches Untätigbleiben nicht mehr mit der verfassungsrechtlichen Wertordnung vereinbar ist. Diese Schutzpflichtendimension der Grundrechte bindet nicht nur die deutschen Verfassungsorgane, sondern gilt ebenso auf europäischer Ebene.[69] Auch beim Datentransfer in die USA müssen die europäischen Schutzstandards mitgenommen werden.

b) Folgewirkungen: Gewährleistungsauftrag für Telekommunikationsdienste

Aus dem solchermaßen abgesteckten Handlungskorridor folgt, dass digitale Atlanten – im Rahmen der vorbezeichneten Grenzen – ein verfassungsrechtlich grundsätzlich schützenswertes Diensteangebot darstellen.

66 http://export.gov/safeharbor/ (07.02.2012).

67 http://www.galexia.com/public/research/assets/safe_harbor_fact_or_fiction_2008/safe_harbor_fact_or_fiction-Contents.html (07.02.2012).

68 *Schulzki-Haddouti*, Safe-Harbor-Abkommen: Freibrief für amerikanische Datenschutz-Sünder?, Meldung auf heise online v. 17.2.2010, http://bit.ly/q59eIo (07.02.2012).

69 Vgl. nur *Uerpmann-Wittzack*, in: Ehlers (Hrsg.), Europäische Grundrechte und Grundfreiheiten, § 3 Rn. 26 f.

Dies gilt umso mehr, als der Gesetzgeber seinen Einschätzungsspielraum durch die Differenzierung anlässlich des Rote-Linie-Gesetzes nunmehr selbst pro Panoramadienste vorgeprägt hat. Zu einem politisch konsistenten (freilich kaum justiziablen) Handlungskonzept gehört es aber auch, die verfassungsrechtlich vorgezeichneten Konsequenzen aus einer solchen Festlegung zu ziehen. Ging es bisher in der Debatte stets darum, ob Geodienste verfassungsrechtlich überhaupt zulässig sind, kann daher man die Frage durchaus auch umdrehen: ergeben sich aus dem Grundgesetz vielleicht Aufträge an den Staat, die digitale Teilhabe an solchen Diensten überhaupt zu ermöglichen?

Die Nutzung von Streetside und Streetview ist mit schmalbandingen Internetzugängen, selbst mit UMTS, bereits heute kaum möglich. Die Lage wird sich bald noch verschäfen: Google plant, die Standbilder in Streetview durch Bewegtbilder zu ergänzen, sodass man sich wie in einem Livestream durch die Landschaft bewegt.[70] Ein Breitbandanschluss wird damit zur „conditio sine qua non“, um diese Dienste überhaupt nutzen zu können. Gegenwärtig sind Breitbandzugänge aber nicht flächendeckend verfügbar. Bei realistischer Betrachtung verfügen nur etwas mehr als 50 % der Haushalte in Deutschland über einen Breitbandanschluss. Aus Art. 87f Abs. 1 GG folgt – ausgestaltet als Staatszielbestimmung[71] – ein Gewährleistungsauftrag an den Bund für flächendeckend angemessene und ausreichende Dienstleistungen im Bereich der Telekommunikation zu sorgen.[72] Der Dienstleistungsbegriff wird dabei weit ausgelegt und umfasst den gesamten Netzbereich, d.h. grundsätzlich auch die Zurverfügungstellung eines Breitbandnetzes. Dies muss der Bund natürlich nicht selbst aufbauen, sondern gemäß Art. 87f Abs. 2 GG

70 http://www.20min.ch/digital/dossier/google/story/19558635.

71 *Badura*, in: Dolzer/Kahl/Waldhoff (Hrsg.), Bonner Kommentar zum Grundgesetz, 153. Erg.-Lfg. 2011, Art. 87f Rn. 26 f.; *Freund*, Infrastrukturgewährleistung in der Telekommunikation, 2001, 39 ff.; *Gersdorf*, in: v. Mangoldt/Klein/Starck (Hrsg.), GG, Bd. 3, 6. Aufl. 2010, Art. 87f Rn. 30; *Herdegen*, in: Badura et al. (Hrsg.), Beckscher PostG-Kommentar, 2. Aufl. 2004, VerfGrdl, Rn. 25; *Möstl*, in: Maunz/Dürig (Hrsg.), GG, 61. Erg.-Lfg. 2011, Art. 87f Rn. 62; *Ruge*, in: Schmidt-Bleibtreu/Hofmann/Hopfauf (Hrsg.), GG, 12. Aufl. 2010, Art. 87f Rn. 3; *Stern*, DVBl. 1997, 309 (313); *Windthorst*, in: Sachs (Hrsg.), GG, 5. Aufl. 2009, Art. 87f Rn. 14; *ders.*, Der Universaldienst im Bereich der Telekommunikation, 2000, 339 ff.; *Wipperfürth*, Das Postwesen: Monopolrechte und Infrastrukturgewährleistungsauftrag, 2005, 170 ff.; jeweils mwN.

72 Zum daraus folgenden Gewährleistungsauftrag BVerfGE 108, 370 (392); *Cornils*, in: Beck'scher TKG-Kommentar, 3. Aufl. 2006, 378 (405); *Franzius*, ZG 2010, 66 (67); *Gersdorf*, in: v. Mangoldt/Klein/Starck (Hrsg.), GG, Bd. 3, 6. Aufl. 2010, Art. 87f Rn. 30 ff.; *Windthorst*, in: Sachs (Hrsg.), GG, 5. Aufl. 2009, Art. 87f Rn. 9 ff.

erfolgt dies durch die Privatwirtschaft, auf die der Bund aber hinreichend einwirken muss.

In den Einzelheiten ist umstritten, wie weit der Gewährleistungsauftrag reicht.[73] Richtigerweise wird man ihn zum einen dynamisch und zum anderen vor dem Sozialstaatsprinzip[74] verstehen müssen. Dies bedeutet dann zwar nicht, dass man immer das technische Optimum zu erzielen ist. Dennoch besteht ein ständiges Anpassungs- und Verbesserungsgebot. Und das ist wesentlich von der Frage abhängig, inwieweit die Nutzer zur Realisierung grundrechtlicher Freiheiten auf die jeweilige Dienstleistung angewiesen sind.[75] Je mehr bestimmte Dienstleistungen in den Bereich einer durchschnittlich als unverzichtbar empfundenen Grundleistung hineinwachsen, desto mehr ist der Bund verpflichtet auf einen ausreichenden Versorgungsgrad hinzuwirken. Zur effektiven Teilhabe an den sich rasant entwickelnden Segnungen des Internets, zu denen man mit guten Gründen auch digitale Atlanten zählen darf, wird man dem Bürger daher zunehmend auch einen Anspruch auf gewisse Mindestbandbreiten zugestehen müssen, die mit der dynamischen Entwicklung in diesem Bereich schritthalten können.[76] Außerdem folgt aus dem Sozialstaatsprinzip auch das Gebot der Vermeidung einer digitalen Spaltung und einer sozialen und wirtschaftlichen Abkopplung ländlicher Räume.[77]

73 Für eine Begrenzung auf das unerlässliche Mindestniveau insb. *Gersdorf*, in: v. Mangoldt/Klein/Starck (Hrsg.), GG, Bd. 3, 6. Aufl. 2010, Art. 87f Rn. 33 ff.. Dagegen *Möstl*, in: Maunz/Dürig (Hrsg.), GG, 61. Erg.-Lfg. 2011, Art. 87f Rn. 66; *Uerpmann-Wittzack*, in: v. Münch/Kunig (Hrsg.), GG, 5. Aufl. 2003, Art. 87f Rn. 8 f.

74 *Windthorst*, in: Sachs (Hrsg.), GG, 5. Aufl. 2009, Art. 87f Rn. 13 stellt besonders deutlich heraus, dass es sich bei Art. 87f Abs. 1 GG um eine bereichsspezifische Konkretisierung des Sozialstaatsprinzips aus Art. 20 Abs. 1 GG handelt. Ausf. zum Sozialstaat aus verfassungstheoretischer Sicht *Spieker gen. Döhmann*, in: Depenheuer/Grabenwarter (Hrsg.), Verfassungstheorie, 2010, § 23.

75 Als zentrale Indikatoren dienen die tatsächlichen Nutzerverhältnisse in Deutschland, also Nachfrage, Verbreitungsgrad und -zeitraum. *Gersdorf*, in: v. Mangoldt/Klein/Starck (Hrsg.), GG, Bd. 3, 6. Aufl. 2010, Art. 87f Rn. 33; *Mager*, in: Arndt/Fetzer/Scherer (Hrsg.) Berliner Kommentar TKG, 2008, § 78 Rn. 16; *Möstl*, in: Maunz/Dürig (Hrsg.), GG, 61. Erg.-Lfg. 2011, Art. 87f Rn. 72; *Windthorst*, in: Sachs (Hrsg.), GG, 5. Aufl. 2009, Art. 87f Rn. 19.

76 *Baake/Pavel/Schumacher*, Universaldienstverpflichtung für flächendeckenden Breitbandzugang in Deutschland. Studie im Auftrag der Bundestagsfraktion Bündnis 90/ Die Grünen, 2011, S. 12, http://gruen-digital.de/wp-content/uploads/2011/09/11-09-26-Studie-Breitband_mitDEckblatt.pdf (07.02.2012).

77 Interessante Querbezüge zwischen Freiheistrechten und Sozialstaatsprinzip stellt *Spieker gen. Döhmann*, in: Depenheuer/Grabenwarter (Hrsg.), Verfassungstheorie, 2010, § 23 Rn. 25 f. her: Sozialstaatlichkeit verlangt, „dass die tatsächliche Möglichkeit der Ausübung des Freiheitsgrundrechts durch den Staat gewährleistet wird, soweit sie der Einzelne nicht selbst und aus eigener Kraft sicherstellen kann". Weite Teile Ostdeutschlands, Bayern, aber auch Teile Niedersachsens und NRWs sind praktisch unversorgt; vgl. etwa

Der Bund soll also auf einen beschleunigten Breitbandausbau hinwirken. Ein Anfang ist mit der Breitbandstrategie immerhin getan: 75% aller Haushalte sollen bis 2014 über einen Internetzugang mit 50 MBit/s verfügen.[78] Davon ist man aber noch weit entfernt und es ist zweifelhaft, ob eine flächendeckende Versorgung allein mit den Kräften des Wettbewerbs überhaupt erreicht werden kann. Die aktuellen Zahlen zeigen, dass der Ausbau ins Stocken geraten ist. Gerade in ländlichen Regionen erweist sich der Bau neuer Infrastrukturen als zu investitionsintensiv. Neben kleineren Maßnahmen wie einem Baustellenatlas legt die Branche derzeit große Hoffnungen in die mobile Versorgung mittels LTE. Allerdings bleiben die damit erreichbaren Übertragungsgeschwindigkeiten (insb. im sog. Uplink) vergleichsweise gering (shared medium) und auch nicht konstant.

Als Alternative sollte daher gründlich erwogen werden, den Breitbandzugang zum Universaldienst zu erheben.[79] So könnten der TK-Wirtschaft verbindliche Ausbauziele vorgegeben werden. Auch wenn sich aufgrund großer Einschätzungsspielräume des Gesetzgebers wohl keine justiziable Verpflichtung ableiten lässt, fordert Art. 87f Abs. 1 GG den Bund in Übereinstimmung mit der UDRL 2009[80] immerhin auf, Übertragungsgeschwindigkeiten in der Fläche zu gewährleisten, die die tatsächlichen Nutzungsverhältnisse in Deutschland widerspiegeln. Auf diese Weise könnten die Kosten unter den Anbietern verteilt und teilweise sogar sozialisiert werden. Klar ist, dass man auf Grundlage einer hoheitlichen Universaldienstverpflichtung keine Höchstleistungszugänge von 50 MBit/s oder mehr erreichen kann. Dies würde die Grundentscheidung für eine wettbewerbliche Bereitstellung von TK-Diensten über Gebühr einschrän-

den Breitbandatlas des BMWi, http://bit.ly/duHEDo. Dort ist es den Bürgern rein tatsächlich nicht möglich, aus eigener Kraft Breitbanddienste in Anspruch zu nehmen.

78 *BMWi*, Breitbandstrategie der Bundesregierung, 9, http://bit.ly/oJ3Kam (07.02.2012).

79 Zu den rechtlichen und ökonomischen Rahmenbedingungen ausf. *Baake /Pavel/Schumacher*, Universaldienstverpflichtung für flächendeckenden Breitbandzugang in Deutschland. Studie im Auftrag der Bundestagsfraktion Bündnis 90/ Die Grünen, 2011, http://gruen-digital.de/wp-content/uploads/2011/09/11-09-26-Studie-Breitband _m itDEckblatt.pdf (07.02.2012).

80 Richtlinie 2002/22/EG über den Universaldienst und Nutzerrechte bei elektronischen Kommunikationsnetzen und -diensten (Universaldienstrichtlinie) in der Fassung der Richtlinie 2009/136/EG zur Änderung der Richtlinie 2002/22/EG über den Universaldienst und Nutzerrechte bei elektronischen Kommunikationsnetzen und -diensten, der Richtlinie 2002/58/EG über die Verarbeitung personenbezogener Daten und den Schutz der Privatsphäre in der elektronischen Kommunikation und der Verordnung (EG) Nr. 2006/2004 über die Zusammenarbeit im Verbraucherschutz.

ken.[81] Als Auffangnetz mit Mindestgeschwindigkeiten von 3-6 MBit/s wäre das Instrument aber durchaus geeignet, einer digitalen Spaltung der Gesellschaft entgegenzuwirken. Die Kosten würden sich entgegen anderslautender Befürchtungen mit einem Wirtschaftlichkeitsdefizit von ca. 500 Mio EUR auch im Rahmen halten, zumal die Konsumentenrente (Nutzenzuwachs der Verbraucher) bei einer flächendeckenden Breitbandversorgung auf bis zu 200 Millionen Euro pro Jahr geschätzt wird. Eine Verpflichtung zu breitbandigem Universaldienst als Ergänzung des Gesamtkonzepts erweist sich vor diesem Hintergrund als verfassungspolitisch zumindest wünschenswert.

IV. Fazit

Mit den Ausführungen wurde der staatliche Handlungskorridor beim Umgang mit digitalen Atlanten abgesteckt. Es erweist sich:

- Es darf (natürlich) digitale Atlanten geben.
- Die Einräumung eines Widerspruchsrechts zugunsten der Verpixlung ist verfassungsrechtlich nicht zwingend. Seine Einführung stünde dem Gesetzgeber aber als Ausfluss seiner Einschätzungsprärogative offen.
- Aus der mittelbaren Drittwirkung der Grundrechte folgt auch ohne gesetzgeberisches Einschreiten für Diensteanbieter die Pflicht, Pkw-Kennzeichen und Gesichter effektiv zu anonymisieren.
- Auf Vollzugsseite verdichtet sich die das mulitdimensionale Grundrechtsverhältnis hin zu einer staatlichen Schutzpflicht.

Hier bieten sich drei Lösungsstrategien: Die erste besteht in der Rechtsdurchsetzung auf Basis von Rechtshilfeersuchen und völkerrechtlichen Vereinbarungen (wie dem Safe-Harbour-Abkommen, s.o.). Soweit dies wegen politischer Verwicklungen oder mangels Verhandlungsgeschick an seine Grenzen stößt, liegt eine zweite Möglichkeit in der Verfolgung von Inhalteanbietern, die (oder deren Niederlassungen) sich auf dem nationalstaatlichen Territorium befinden. Das Vermögen der Unternehmen kann beschlagnahmt werden. Das Leitungspersonal kann den Strafbehörden übergeben werden. Für einen großflächigen Einsatz eignen sich solche Maßnahmen allerdings nicht. Sie finden ihre Grenze im Verhältnis-

81 So *Gersdorf*, in: v. Mangoldt/Klein/Starck (Hrsg.), GG, Bd. 3, 6. Aufl. 2010, Art. 87f Rn. 32.

mäßigkeitsgebot und kommen nur als Ultima Ratio in Frage. Zudem sind außenpolitische Verwicklungen zu beachten. Drittens sollten daher informelle Prozesse einer Regulierung durch Herstellung politischer Öffentlichkeit nicht unterschätzt werden. Hier darf man m.E. die größten Hoffnungen hegen. Besondere Durchschlagskraft erhalten solche Maßnahmen, wenn sie mit Mitteln des Rechtssystems verzahnt werden. Das bezeugt die Durchsetzung des Widerspruchsrechts gegenüber Google ebenso wie neuere Bestrebungen zur Einführung eines Hausrechts in sozialen Netzwerken, um gegen Rechtsradikale vorzugehen. Durch gezielte Aufklärungsarbeit können Bürger in die Lage versetzt werden, gemeinsame Werte zu entwickeln und offensiv gegenüber Anbietern zu artikulieren. Auch Internetgiganten wollen es sich nicht ohne Weiteres leisten, die Öffentlichkeit als potentiellen Nutzer dauerhaft gegen sich aufzubringen. Aus dem solchermaßen abgesteckten Handlungskorridor folgt auch, dass digitale Atlanten ein verfassungsrechtlich grundsätzlich schützenswertes Diensteangebot darstellen. Dies gilt umso mehr, als der Gesetzgeber seinen Einschätzungsspielraum durch die Differenzierung anlässlich des Rote-Linie-Gesetzes nunmehr selbst pro Panoramadienste vorgeprägt hat. Zu einem politisch konsistenten Handlungskonzept gehört es daher auch, die verfassungsrechtlich vorgezeichneten Konsequenzen aus einer solchen Festlegung zu ziehen. Diese Feststellung betrifft das aus Art. 87f Abs. 1 GG abgeleitete Staatsziel, dem Bürger gewisse Mindestbandbreiten zuzugestehen, mit denen er an der dynamischen Entwicklung der Internetdienste teilhaben kann. Gleichlaufende Verfassungsaufträge folgen aus dem Gebot der Vermeidung einer digitalen Spaltung und einer sozialen und wirtschaftlichen Abkopplung ländlicher Räume

Unscharfes Recht. Rechtstheoretische Überlegungen zur Vermessung des virtuellen Raums

Volker Boehme-Neßler

Einleitung: Die Digitalisierung der Welt – und des Rechts?

Der Siegeszug der digitalen Technologie ist ungebrochen. Immer mehr Bereiche der Welt werden digitalisiert. Das verändert auf Dauer (fast) alles: menschliches Verhalten und Denken, wirtschaftliche Produktionsweisen, politische Strukturen und Institutionen, kulturelle Prägungen, berufliche Perspektiven. Wohin wird das führen? Das ist – nicht untypisch für die Zukunft – offen.

Inzwischen ist die Einsicht fast banal: Auch das Recht wird sich tief greifend ändern (müssen). Eine völlig neue Erfahrung ist das nicht. Recht ist schon immer durch technologische Entwicklungen herausgefordert und verändert worden. Zwischen Recht und Technik gab und gibt es vielfältige und sehr wirksame Wechselwirkungen. Das Recht hat sich als Reaktion auf die Digitalisierung der Welt auch schon sehr verändert. Vor allem die digitalen Medien haben eine Fülle von neuen Gesetzen und höchstrichterlichen Urteilen provoziert. Die Auswirkungen der Digitalisierung auf das Recht reichen aber viel weiter – oder besser: tiefer. Die digitale Technologie ändert die Grundlagen des Rechts insgesamt. Traditionelle juristische Denkfiguren, Regelungsmechanismen und Institutionen werden grundsätzlich in Frage gestellt.[1]

Das Recht ist sogar in seiner Bedeutung als dominantes Steuerungsmedium der Gesellschaft herausgefordert.[2] Wenn nicht alles täuscht, wird das Recht seinen Charakter ändern: Es wird unschärfer. Und seine Bedeutung für die Gesellschaft wird sich relativieren. Seine Funktionen wird das Recht nur noch in immer engerer Kooperation mit anderen Bereichen der Gesellschaft erfüllen können. Transrechtliche Kooperationen werden das Mittel der Wahl sein (müssen).

1 Ausführlich zur Herausforderung der Verwaltung und des Verwaltungsrechts durch Internet und Digitalisierung *Hill*, Vom Aufbrechen und der Veränderung der Verwaltungsrechtsordnung – verwaltungswissenschaftliche Perspektiven, in: Hill/Schliesky (Hrsg.), Herausforderung E-Government. 2009, S. 349 ff. m.w.N.

2 *Boehme-Neßler*, Unscharfes Recht. Überlegungen zur Relativierung des Rechts im digitalen Zeitalter. 2008, S. 633 ff. m.w.N.

I. Wechselwirkungen. Recht und Technik

Zwischen Technik und Recht existieren vielfältige wechselseitige Beziehungen. Technik wirkt sich natürlich auf das Recht aus. Nicht selten sind mit dem technischen Fortschritt erhebliche Anpassungszwänge für das Recht verbunden. Aber das gilt auch umgekehrt. Selbstverständlich beeinflusst das Recht auch die Technik und den technologischen Fortschritt. Recht ist gleichzeitig Ermöglicher und Begrenzer von Technik. Aber kann das Recht die technische Entwicklung wirklich zielgerichtet und womöglich punktgenau steuern? Das ist eher zweifelhaft.

1. Technik – Anpassungszwänge für das Recht

Technischer Fortschritt verändert das Rechtssystem.[3] Jede größere technische Innovation hinterlässt Spuren im Rechtssystem einer Gesellschaft.[4] Die *direkten* Folgen sind offensichtlich: Neue Technologien werfen neue Rechtsfragen auf und wecken – tatsächlichen oder auch nur angenommenen – Regelungsbedarf.[5] Das führt nicht selten zu neuen Rechtsgebieten. Das technische Sicherheitsrecht etwa hat sich seit 1831 in Preußen entwickelt – als Reaktion auf den Einsatz der Dampfmaschine und die beginnende Industrialisierung.[6] Das Verkehrsrecht ist erst mit dem Aufkommen des Automobils entstanden.[7] Die Ausbreitung des Faxgerätes evozierte höchstrichterliche Entscheidungen und Gesetzesänderungen.[8] Auch das Datenschutzrecht hat sich als Reaktion auf die Entwicklung und die rasanten Fortschritte einer neuen Technologie – der Informations- und Kommunikationstechnik – herausgebildet.[9]

Gleichzeitig weiter reichend und subtiler sind die *indirekten* Auswirkungen technischer Innovationen auf das Recht. Technischer Fortschritt

3 *Friedman*, Changing Times: Technology and Law in the modern Era, in: FS für Manfred Rehbinder 2002, S. 501

4 *Summers*, Technology, Law and Values, in: FS für Jan M. Broekman. 1996, S. 66.

5 Ein brandaktuelles Beispiel dafür ist das Neuro-Imaging, das neue Rechtsprobleme verursacht, die erst in Ansätzen erkennbar werden. Dazu *Hüsing/Jäncke/Tag*, Impact Assessment of Neuro-Imaging. 2006, S. 195 ff.

6 Dazu *Vec*, Kurze Geschichte des Technikrechts, in: Schulte/Schröder (Hrsg.), Handbuch des Technikrechts. 2. Auflage 2011, S. 24 ff.

7 *Friedman* (Fn.3), S. 502.

8 *Schliesky*, Legitimation und Verantwortung im komplexen, arbeitsteiligen Staat – eine Einführung, in: Hill/Schliesky (Hrsg.), Herausforderung E-Government. 2009, S. 11.

9 Abel, Geschichte des Datenschutzrechts, in: Roßnagel (Hrsg.), Handbuch Datenschutzrecht. 2003, Rn. 1 f. m. w. N.

ändert das Denken, die kulturellen Normen und das soziale Verhalten. Das beeinflusst das Rechtsdenken und unterschiedlichste, auf den ersten Blick nicht zusammenhängende Teile des Rechtssystems. Ein Beispiel dafür: Schriftliches Recht ist im Lauf seiner langen Geschichte immer auf materiellen Trägermedien festgehalten worden: Tontafeln, Stein, Bronze, Holz, Papyrus, Pergament oder Papier. Änderungen der „Trägertechnologie" haben immer auch die Schrift beeinflusst und im Zusammenhang damit das Rechtsdenken verändert.[10] Rechtstexte etwa, die in Keilschrift auf Tontafeln notiert wurden, waren zwangsläufig eher kurz und knapp. Für lange Texte waren die schweren und unhandlichen Tafeln nicht geeignet. Die technologische Neuerung des Papyrus ermöglichte längere Texte und damit ein komplexeres Rechtsdenken.

Technische Macht kann eine Bedrohung für Strukturbestimmungen und Grundrechte der Verfassung bedeuten. Die Entwicklung und Anwendung von Techniksystemen kann einen Anpassungsdruck erzeugen, dem das Recht nachgeben muss.[11] In der Demokratie ist das nicht unproblematisch: Denn dort werden wesentliche Entscheidungen nicht von technischen Sachzwängen, sondern von demokratisch legitimierten Parlamenten getroffen.[12] Recht und Politik müssen sich der Problematik technischer Sachzwänge bewusst sein und sich auf ihre Steuerungsaufgaben besinnen. Wenn Recht und Politik es nicht tun, steuert sich die Technik selbst.[13] Aber können Recht und Politik die Technik überhaupt steuern?

2. Recht – Steuerung der technologischen Entwicklung

Das Recht wird nicht nur durch den technologischen Fortschritt beeinflusst – oder sogar getrieben. Es wirkt sich – umgekehrt – auch auf die Entstehung und den Inhalt neuer Technologien aus. Dabei kann es technologiefördernd wirken, andererseits aber auch die Entwicklung neuer Techniken begrenzen und den Fortschritt behindern.

10 Ausführlich dazu *Boehme-Neßler* (Fn. 2), S. 66 ff. m.w.N.

11 So schon *Schelsky*, Auf der Suche nach Wirklichkeit.1965, S. 453 ff., der von Sachzwängen der Technik und Sachgesetzlichkeiten der wissenschaftlich-technischen Zivilisation spricht.

12 BVerfGE 34, 165, 192 f.; 45, 400, 417 f.; 47, 46, 79 f.

13 *Spinner*, Von der wissensgeleiteten Techniksteuerung zum technologischen Wissensregime, in: Kloepfer (Hrsg.), Kommunikation-Technik-Recht. 2002, S. 4, prägt dafür die schöne Formel von der *normativen Kraft des Technischen*.

a) Ermöglichung der Technik durch Recht

Recht schafft nicht selten erst die Voraussetzungen für technischen Fortschritt. Das ist keine neue Dimension des Rechts. Im 19. Jahrhundert etwa hat das Recht gesellschaftliche und ökonomische Kräfte in bisher ungewohntem Maß freigesetzt.[14] 1810 führte Preußen die Gewerbefreiheit ein.[15] Die alten Gewerbeprivilegien wurden seit dem ausgehenden 18. Jahrhundert sukzessive abgeschafft und durch behördliche Erlaubnisse ersetzt.[16] Die Folgen dieser technikrechtlichen Revolution[17] waren weniger Willkür und mehr rechtlicher Bestandsschutz. Das erleichterte das wirtschaftliche Handeln und förderte die beginnende Industrialisierung. So waren die rechtlichen Entfesselungen der Wirtschaft auch eine wichtige Voraussetzung für die rasante Entwicklung der Technik in Deutschland zu dieser Zeit.[18] Insgesamt war die zweite Hälfte des 19. Jahrhunderts in ganz Mitteleuropa von einer rechtlichen Liberalisierung gekennzeichnet, die den Bedürfnissen der sich rasant entwickelnden Industrie entgegenkam.[19] Das Recht machte den Weg frei für die Industrialisierung.

Die Technikförderung durch das Recht erschöpft sich aber nicht in der Liberalisierung und im Abbau von bürokratischen Hemmnissen. Genauso wichtig ist: Das Recht bietet verlässliche Rahmenbedingungen und garantiert Planungssicherheit.[20] Es schützt die Technik und verhilft ihr zu gesellschaftlicher Akzeptanz.[21] Das lässt sich auf die plakative Formel bringen: Ohne Stabilität des Rechts keine Investition, ohne Investition keine Technik.[22]

Technikförderung heißt für das moderne Recht auch, aktiv Anreize für kreatives und innovatives Handeln zu setzen. Zwei grundsätzliche Strategien wendet das Recht dabei an. Einerseits schafft es Freiräume für Kreativität und Forschungsinitiative. Ein Ausdruck dessen sind etwa die Grundrechte der Forschungsfreiheit, der Berufsfreiheit und der Eigen-

14 Grundlegend und ausführlich dazu *Landes*, The unbound Prometheus.1969), S. 197 ff. m. w. N.

15 *Kloepfer*, Technik und Recht im wechselseitigen Werden. 2002, S. 57 m. w. N.

16 *Kloepfer* (Fn.15), S. 18 f. m. w. N.

17 So die Einschätzung von *Kloepfer* (Fn.15), S. 18.

18 *Kloepfer* (Fn.15), S. 17.

19 Einzelheiten dazu bei *Landes* (Fn. 14), S. 197 ff., der, a. a. O., S. 199, bilanzierend von „reciprocal adjustment of law and industrial capitalism“ spricht.

20 *Schmidt-Preuß*, Technikermöglichung durch Recht, in: *Kloepfer*, Kommunikation-Technik-Recht. 2002, S. 178 m. w. N.

21 *Schmidt-Preuß* (Fn. 20), S. 180.

22 *Schmidt-Preuß* (Fn. 20), S. 180

tumsfreiheit.[23] Nicht selten schafft das Recht – darüber hinausgehend – auch einen Markt, der die Entwicklung von Innovationen erst ökonomisch ermöglicht. Aktuelle Beispiele dafür sind das Telekommunikationsrecht und das Umweltrecht.[24]

b) Steuerung der Technik durch das Recht?

Technik existiert im modernen Verfassungsstaat nicht im rechtlichen Vakuum. Sie muss verfassungsverträglich[25] und sozialverträglich[26] sein. Vom Recht wird also verlangt, die Technik zu steuern. Es muss helfen, die Risiken und Folgen technischer Innovationen zu bewältigen.[27] Dazu gehört auch, Technik im konkreten Fall zu begrenzen. Ist das Recht dazu überhaupt in der Lage?

Im Bereich der Technik muss das Recht mit zwei elementaren Schwierigkeiten kämpfen. Recht wird in der Gegenwart geschaffen. Es soll aber nicht nur in der Gegenwart, sondern auch in der Zukunft wirken.[28] Es muss prinzipiell mit Unsicherheit und Nichtwissen umgehen. Denn technologische Entwicklungen und ihre Folgen lassen sich nur schwer abschätzen. Ein Rest an Unsicherheit bleibt also immer, auf dessen Grundlage das Recht Regelungen entwickeln muss. Das zweite Problem ist das Tempo technischer Innovationen. Technische Innovationen entstehen viel schneller als rechtliche Regeln.[29] Der Gesetzgeber hinkt dem technischen Erfinder und Entwickler (fast) immer hinterher. Es muss deshalb Formen und Instrumente entwickeln, die es befähigen, mit der Technikentwicklung Schritt zu halten.

23 *Roßnagel*, Innovation als Gegenstand der Rechtswissenschaft, in: Hof u.a. (Hrsg.), Innovationsforschung. 2007, S. 13.

24 *Roßnagel* (Fn.23), S. 14, der von einer „Marktbildung durch Administration" spricht.

25 Den Begriff der Verfassungsverträglichkeit von Technik hat *Roßnagel*, Radioaktiver Zerfall der Grundrechte? 1984, S. 14 geprägt und in zahlreichen Publikationen näher konturiert.

26 Zur Sozialverträglichkeit neuer Technologien *von Alemann*, Sozialverträglichkeit neuer technologien: Grundrecht oder Grundwert?, in: Roßnagel (Hrsg.), Freiheit im Griff. 1989, S. 24 ff. m. w. N.

27 *Roßnagel* (Fn. 23), S. 16.

28 Zu dieser Problematik *Appel*, Methodik des Umgangs mit Ungewissheit, in: Hoffmann-Riem u.a.(Hrsg.), Methoden der Verwaltungsrechtswissenschaft. 2004, S. 329 m. w. N., der, a. a. O., S. 352 f. prägnant von einer *Futurisierung des Rechts* spricht.

29 *Spinner* (Fn.13), S. 15, betont die „höchst dynamische, sich selber beschleunigende Entwicklung, die unaufhaltsam zu sein scheint."

Dass das Recht die technologische Entwicklung nicht klassisch-kybernetisch determinieren kann, ist offensichtlich.[30] Technologie entsteht in einem hoch komplexen Prozess, an dem nicht nur Wissenschaft und Wirtschaft, sondern auch politische Kräfte und heterogene gesellschaftliche Gruppen beteiligt sind. Solche Entwicklungen sind zu vielschichtig und komplex, als dass sie von einem so begrenzten Mechanismus wie dem Recht zielorientiert gelenkt und umfassend kontrolliert und beherrscht werden könnten.[31] Was aber möglich ist, sind Technikauswahl und Technikgestaltung.[32]

Der Extremfall von Techniksteuerung ist das Verbot. Recht kann die Entwicklung neuer Technologien tatsächlich auch ganz massiv behindern.[33] Ein aktuelles und eindrückliches Beispiel dafür ist das Klonverbot.[34] In der Praxis sind vollständige Verbote einer bestimmten Technologie aber sehr selten.[35] Ob sich neue Technologien durch Verbote ganz unterdrücken lassen, ist eher zweifelhaft. In der Wissenschaftsgeschichte lässt sich – von zeitlich begrenzten Einzelfällen abgesehen – kein Beispiel für eine langfristige und dauerhafte Verhinderung technologischen Fortschritts finden.[36]

II. Digitalisierung und Vernetzung. Die Veränderung der Welt

Digitalisierung und Vernetzung sind zunächst technologische Phänomene. Sie sind allgegenwärtig und prägen – wenn nicht sogar: dominieren – die (post)moderne Welt. Digitalisierung und Internet sind Techniken, die die Welt verändern.

Digitalisierung hat Einfluss auf das Verhalten, das Denken und die Psyche der Menschen.[37] Das Internet wird zu einer Änderung der Denkgewohnheiten führen, die in ihren Konsequenzen bisher noch kaum abge-

30 *Roßnagel* Rechtswissenschaftliche Technikfolgenforschung. 1993, S. 27 m. w. N. Ähnlich auch *Spinner* (Fn. 13), S. 40.

31 *Roßnagel* (Fn. 30), S. 27 m. w. N.

32 *Roßnagel* (Fn. 30), S. 27, der das, a. a. O., S. 256 ff. m. w. N., im Einzelnen ausführt.

33 *Roßnagel* (Fn. 30), S. 245 f. spricht in diesem Zusammenhang von *restriktiver Techniksteuerung.*

34 Zu den Einzelheiten *Kloepfer*, Umweltrecht. 3. Aufl. 2004, S. 1590 m. w. N.

35 *Kloepfer* (Fn. 15), S. 96.

36 Ähnlich *Roßnagel* (Fn. 30), S. 245.

37 Bahnbrechend dazu die amerikanischen Psychologinnen *Turkle*, Leben im Netz. 1999 und *Wallace*, The Psychology of the Internet. 2001.

schätzt werden kann.[38] Internet und Digitalisierung lassen sich deshalb auch als ein eng verbundenes Phänomen verstehen, das die Welt und die Wahrnehmung der Welt verändert. Genau deshalb sind Digitalisierung und Vernetzung nicht nur technologische Erscheinungen, sondern – weit darüber hinaus – auch kulturelle Phänomene.[39]

Digitalisierung als kulturelles Phänomen – das hat – so ist anzunehmen – weitreichende Auswirkungen auf das Recht. Denn Recht ist ein wichtiger Teil der Kultur. Wie wird sich das Recht verändern, wenn und weil es auf die Digitalisierung trifft? Um näher zu analysieren, welche Folgen die Digitalisierung für das Recht hat, bietet es sich an, den kulturellen Kern der Digitalisierung herauszuarbeiten. *Technologisch* ist Binarität der Kern der digitalen Technologie. *Kulturell* wirksam wird aber erst das, was auf dieser technischen Grundlage entsteht.

Ein herausragendes Merkmal digitaler Kultur ist die *Grenzenlosigkeit.* Digitaltechnologie macht die Überschreitung unterschiedlichster Grenzen einfach. Grenzen verlieren deshalb an Bedeutung. Ein Blick auf die menschliche Geschichte zeigt, dass Grenzen immer eine große Rolle gespielt haben. Die digitale Entgrenzung ist also eine kulturelle Revolution, die kaum überschätzt werden kann.

Beinahe banal ist die Feststellung, dass *Multimedialität* zum Kern der digitalen Kultur gehört. Es ist die digitale Technologie, die eine Verbindung unterschiedlichster Medien ermöglicht, die früher kaum denkbar war. Natürlich ist Multimedialität kein neues Phänomen. Schon die frühen Opern waren multimedial und sprachen mehrere Sinne an. Neu ist aber die technische Leichtigkeit, mit der Multimedialität dank der digitalen Technologie erreicht werden kann. Vor allem die Flut an Bildern, die die moderne Welt prägt, hat hier ihre Ursache.[40]

Ein wichtiges Charakteristikum der digitalen Kultur ist ihre *Virtualität.* Sie setzt zwei große Konstanten der Lebenswelt unter Druck: die Materie und die Zeit. Digitale Technologie arbeitet mit flüchtigen Impulsen und schafft dabei eigene Welten, die für die Menschen im Alltag wichtig sind. Das relativiert die Bedeutung materieller Dinge. Ähnliches gilt für die Zeit. Digitale Technologien erlauben eine weit gehende Asynchronizität des Lebens und der Arbeit. Das hat Einfluss auf die Bedeutung der Zeit und ihre Rolle als Taktgeber des sozialen Lebens.

38 *Boehme-Neßler*, Cyber-Law. 2001), S. 4 f. m. w. N. Ähnlich *Hill* (Fn.1), S. 350 zum Einfluß der neuen Medien auf die Verwaltung.

39 *Boehme-Neßler* (Fn.2), S. 99 ff.

40 Im Einzelnen dazu *Boehme-Neßler*, BilderRecht. Die Macht der Bilder und die Ohnmacht des Rechts. 2009, S. 56.

Auch *Vernetzung* ist kein neues Phänomen. Ganz im Gegenteil: Wie die Naturwissenschaften herausgearbeitet haben, ist Vernetzung ein Prinzip, das die Entwicklung der Welt und ihren aktuellen Zustand prägt.[41] Die Geistesgeschichte kennt Vernetzung ebenfalls schon lange als wichtige Gesetzmäßigkeit, die viele Entwicklungen erklären kann. Durch die Digitaltechnologie wird Vernetzung aber ganz erheblich erleichtert. Das illustriert die Hypertext-Technik exemplarisch: Sie ermöglicht vielfältiges Vernetzen unterschiedlicher Inhalte und schafft dadurch nicht nur eine neue Quantität vernetzter Inhalte, sondern auch eine neue Qualität von Texten und Medien.

III. Unschärfe. Das Recht und der virtuelle Raum

Der Einfluss der Digitalisierung wird das Recht tief greifend verändern. Die Fülle kleiner Änderungen im Detail und in der Struktur macht das Recht in der Summe unscharf. Unscharfes Recht – das ist ein Bruch mit rechtlichen Traditionen, der kaum überbewertet werden kann. Denn bisher ist das Recht beinahe ein Synonym für Klarheit, Eindeutigkeit, Entschiedenheit – also Schärfe gewesen. Der Traditionsbruch birgt nicht nur Risiken, sondern auch Chancen. Denn das traditionelle – das scharfe – Recht ist im Zeitalter der Digitalisierung immer weniger in der Lage, seine herkömmlichen Funktionen zu erfüllen. Möglicherweise ist das neue – das unscharfe – Recht ja leistungsfähiger.

1. Unschärfe durch Digitalisierung

Die Digitalisierung ist ein großer Antreiber für das Recht auf seinem Weg zur Unschärfe. Anders formuliert: Digitalisierung macht das Recht unscharf.

a) Ubiquität. Unschärfe durch Entgrenzung und Vernetzung

Grenzen sind – das zeigt ein Blick auf die (Stammes-)Geschichte der Menschheit – eine anthropologische Konstante. Das Recht hat schon sehr früh Grenzen als Instrument genutzt. Das Paradebeispiel dafür sind die Staatsgrenzen, mit denen u. a. die Staatsbürgerschaft und eine Fülle von

41 *Boehme-Neßler*, (Fn. 2), S. 500 ff.

Rechten und Pflichten verbunden sind. Ein anderes Beispiel: Begriffliche Abgrenzungen sind ein unverzichtbares Instrument des Rechts, um Rechte und Pflichten zu verteilen und Rechtsfolgen zu steuern.

Die lange rechtliche Tradition der Grenzziehungen kollidiert mit der Logik der Entgrenzung und Grenzenlosigkeit, von der die Digitalisierung dominiert wird. Ubiquität und Vernetzung – und damit eine weitgehende Entgrenzung – sind unübersehbare Merkmale der Digitalisierung.[42] Gerade im virtuellen Raum verlieren Grenzen ihre – bisher typische – Funktion und Fähigkeit, für deutliche Trennungen und klare Abgrenzungen zu sorgen. Stattdessen wird ihre – ebenfalls latent vorhandene – Verbindungsfunktion wichtiger: Sie werden zu Zonen diffuser und vielschichtiger Wechselwirkungen und Verbindungen.[43] Diese Tendenz wird auch vor dem Recht nicht haltmachen.

Das gilt selbstverständlich nicht nur für geografische Entgrenzungen. Auch Begriffe und Konzepte werden unscharf. Ein prägnantes Beispiel dafür ist die Regulierung. Entweder staatliche Regulierung oder private Selbstregulierung – diese scharfe Dichotomie entspricht der Wirklichkeit längst nicht mehr. Zwischen beiden Extremen existieren vielfältige Mischformen, die Elemente beider Konzepte verbinden.[44] Regulierungskonzepte lassen sich nicht mehr trennscharf, sondern nur noch mit diffusen Skalierungsmodellen beschreiben.[45]

b) Multimedia. Unschärfe durch Synästhetisierung und Emotionalisierung

Nicht nur der virtuelle Raum ist multimedial. Die Digitalisierung macht Multimedialität zum Alltagsphänomen. Alle Formen von Informationen – Texte, (bewegte) Bilder, Töne und Daten – können auf derselben technologischen, digitalen Basis dargestellt und gespeichert werden. Deshalb lassen sie sich ohne technische Schwierigkeiten in unterschiedlichen Kombinationen integrieren. Diese Möglichkeiten werden zunehmend genutzt. Vor allem Web-Auftritte sind geradezu archetypische Beispiele für

42 Ausführlich dazu *Boehme-Neßler* (Fn. 2), S. 102 ff.; 505 ff.

43 *Bös*, Zur Kongruenz sozialer Grenzen, in: Bach (Hrsg.), Die Europäisierung nationaler Gesellschaften. 2000, S. 432 prägt dafür das treffende Bild der *Grenze als Membran*.

44 Mischformen sind etwa die staatliche Regulierung unter Einbau selbstregulativer Elemente oder die staatlich regulierte Selbstregulierung.

45 Ausführlich dazu *Hoffmann-Riem*, Öffentliches Recht und Privatrecht als wechselseitige Auffangordnungen, in: ders. u.a. (Hrsg.), Öffentliches Recht und Privatrecht als wechselseitige Auffangordnungen. 1996, S. 263 ff.

Multimedia. Multimediadienste finden sich in einer stürmischen Entwicklung. Multimedialität wird – wenn nicht alles täuscht – die Gesellschaft, die Bildung, die Wirtschaft und die Kultur in Zukunft prägen.[46]

Multimedialität heißt bisher in der Praxis vor allem (Audio)Visualisierung. Die aktuelle Entwicklung der Computertechnologie und des Internets[47] führen zu einer immer stärkeren Dominanz der Bilder. Dem Ansturm der digitalen Bilder wird sich auch das moderne Recht, das bisher eher bilderskeptisch ist, kaum entziehen können.[48] Was bedeutet das für das Recht? Die Visualisierung wird das Recht potenziell unschärfer machen. Denn Bilder sind synästhetisch und emotional. Sie sprechen unterschiedliche menschliche Sinne gleichzeitig an und provozieren Emotionen. Emotionen lassen sich kaum punktgenau steuern. Visuelle Kommunikation ist deshalb verhältnismäßig unsicher und führt nicht selten zu überraschenden Ergebnissen und unvorhersehbaren Reaktionen. Dem modernen Recht dagegen ist beides – Synästhetizismus und Emotionalität – eher fremd. Jedenfalls das zeitgenössische westliche Recht ist – mit guten Gründen – eher der unsinnlichen, aber möglichst scharfen Rationalität verpflichtet. Je stärker sich das Recht auf die Visualisierung einlässt – oder einlassen muss –, desto synästhetischer, emotionaler, subjektiver und überraschender – also unschärfer – wird es.

c) Virtualität. Unschärfe durch elektronische Flüchtigkeit und Zeitlosigkeit

Ein hervorstechendes Charakteristikum der Digitalisierung ist Virtualität. Was Virtualität bedeutet, ist im Einzelnen umstritten.[49] Zwei Merkmale von Virtualität lassen sich aber in jedem Fall identifizieren: Immaterialität und Zeitlosigkeit. In der digitalisierten Welt kommt es auf flüchtige, elektronische Impulse an. Die tatsächliche, materielle Verkörperung in der „realen Welt" wird unwichtiger. Die mit dieser Immaterialisierung verbundene Flüchtigkeit macht das Recht unscharf. Denn Materialisierung erleichtert Abgrenzungen und Differenzierungen und kann Klarheit schaffen. Sehr deutlich wird das am Beispiel des Vertrauens. Eine mate-

46 *Stephan*, Multimedia, in: Schildhauer (Hrsg.), Lexikon Electronic Business. 2003, S. 219.
47 Zur „Bildlichkeit des Internet" *Heidenreich*, Neue Medien, in: Sachs-Hombach (Hrsg.), Bildwissenschaft. 2005, S. 387 f. m. w. N.
48 Zur Visualisierung des Rechts ausführlich *Boehme-Neßler* (Fn. 40), S. 55 ff. und pass.
49 Zur Geschichte und zum Inhalt des Virtualitätsbegriffs *Boehme-Neßler* (Fn. 2), S. 370 ff. m.w.N.

rielle Verkörperung hilft, Vertrauen zu schaffen.[50] Das scheint ein stammesgeschichtliches Erbe des Menschen zu sein. Das Recht hat das erkannt und schon seit jeher darauf reagiert: Der Rechtsschein, den das Recht mit dem Besitz verbindet, ist ein eindrückliches Beispiel dafür. Die Immaterialität des Internet ist einer der Gründe dafür, dass sich im E-Commerce Vertrauen nur schwer bildet.

Auch das zweite Merkmal der Virtualität – die Zeitlosigkeit – ist ein Faktor, der das Recht unschärfer macht.[51] Zeit ist ein wichtiges – und scharfes – Instrument, um die soziale Lebenswelt zu strukturieren. Sie synchronisiert das Leben in der hochspezialisierten Industriegesellschaft und verringert dadurch das gesellschaftliche Chaos.

Die digitale Technologie führt zu potenziell unbegrenzten Speichermöglichkeiten und gleichzeitig zu – räumlich und zeitlich – unbeschränkten Zugriffsmöglichkeiten auf die gespeicherten Güter. Das verringert die zeitlichen Zwänge für die Produzenten und die Konsumenten. Das macht die Produktion und den Konsum digitaler Güter viel flexibler. Weil zeitliche Beschränkungen verringert werden oder sogar wegfallen, wird das Alltagsleben zeitlich entstandardisiert. Es kommt zu einer *Pluralisierung der Zeit*[52]: Unterschiedlichste zeitliche Schemata oder Zeitrhythmen können parallel realisiert werden.

Das hat auch Auswirkungen auf das Leben des Einzelnen und auf Organisationsstrukturen in Wirtschaft und Gesellschaft. Jedenfalls potenziell verringert sich durch die digitalen Umwälzungen die Bedeutung von Zeit als Faktor zur Synchronisierung des gesellschaftlichen Lebens. Digitalisierung führt also – mit anderen Worten – zu *multitemporalen Gesellschaften* mit asynchronen Lebensrhythmen. Soziale Interaktionen werden weniger stark als bisher durch Zeitpunkte, zeitliche Dauer oder zeitliche Rhythmen strukturiert, koordiniert oder unterschieden. Die Folge sind erhebliche Interferenzen in allen Bereichen der Lebenswelt. Die zeitlichen Grenzen zwischen sozialen Interaktionen verschwimmen. Die zeitlose Lebenswelt wird unschärfer.

2. Schärfe im Recht

Die Unschärfe der digitalen Welt wirkt sich auch auf das Recht aus: Es wird selbst unschärfer. Das ist allerdings eine kaum zu überschätzende

50 *Boehme-Neßler*, MMR 2009, 439 (441 f.).
51 Einzelheiten dazu bei *Boehme-Neßler*, (Fn.2), S. 482 ff.
52 *Nowotny*, Eigenzeit. 1989, S. 61.

Umwälzung. Warum? Recht will eindeutig sein. Begriffliche und argumentative Schärfe ist ein Ideal des Rechts. Unschärfe wird im Rechtssystem bestenfalls als Ausnahme geduldet, nach Möglichkeit aber vermieden.

a) Schärfe als Ideal

Schärfe – also vor allem Ab- und Eingrenzung, Eindeutigkeit, Klarheit und Formalität – ist ein Ideal des modernen westlichen Rechts.[53] Das zeigt sich nicht nur in der rechtlichen Begrifflichkeit, sondern auch in den juristischen Argumentationsmustern und im Ergebnis juristischer Prozesse. Das Recht ist oft von einer strengen Entweder-oder-Logik geprägt. Im Rechtsdenken wimmelt es von scharfen Dichotomien: Es geht um rechtmäßig oder rechtswidrig, um staatlich oder privat, um hierarchisch oder konsensual, um Norm oder Vertrag. Insgesamt prägen Dogmatisierungsprozesse die Entwicklung des Rechts, in denen sich Ordnungsvorstellungen und Deutungsmuster verfestigen.[54] Verbindliches Wissen soll stabilisiert werden. Und das ist natürlich kein Zufall. Es geht dem Recht von Anfang an um Verbindlichkeit, Eindeutigkeit, Autorität, kurz: Schärfe.. Warum ist das so?

Der Grund dürfte vor allem in der Aufgabe zu suchen sein, die das Recht für die Gesellschaft erfüllt.[55] Rechtliche Regeln sollen die komplexe Lebenswirklichkeit strukturieren. Sie sollen Konflikte verhüten. Im äußersten Fall sollen sie Konflikte entscheiden. Das Mittel der Wahl dazu ist Schärfe und Eindeutigkeit. Denn dadurch entsteht Rechtssicherheit. Mit anderen Worten: Schärfe führt zu Sicherheit – und Sicherheit zu generieren ist Aufgabe des Rechts.

In der rechtsstaatlichen Demokratie ist aber noch ein weiterer Gesichtspunkt wichtig: der Schutz des Bürgers vor der Willkür des Staates. Weil das Recht die Handlungsmöglichkeiten des Staates scharf definiert und begrenzt, schützt es die Freiheit des Bürgers. Hier liegt eine modernere, rechtsstaatliche Ursache für die Schärfe als Ziel des Rechts. Eindeutigkeit, Klarheit, Bestimmtheit, also Schärfe, begrenzen die Eingriffe des Staates in Freiheitsrechte seiner Bürger. Freiheit durch Klarheit und

53 Möglicherweise ist die Schärfe des Rechts und des Rechtsdenkens aber immer nur eine Fiktion gewesen. Ausführlich dazu *Boehme-Neßler*, (Fn.2), S. 661 f.

54 *Jansen*, Dogmatisierungsprozesse in Recht und Religion, in: Essen/Jansen (Hrsg.), Dogmatisierungsprozesse in Recht und Religion. 2011, S. 6 f. m.w.N.

55 Ausführlich zu den Funktionen des Rechts *Rehbinder*, Rechtssoziologie. 7. Aufl. 2007, Rn. 96 ff. m.w.N.

scharfe Abgrenzung – auf dieser Überlegung basieren etwa der Bestimmtheitsgrundsatz oder der Grundsatz der Formenklarheit in der Finanzverfassung des Grundgesetzes[56] und im Steuer- und Abgabenwesen.[57] Ein weiteres Beispiel ist der bundesstaatliche, aber rechtsstaatlich begründete Trennungsgrundsatz: der Versuch des Grundgesetzes, möglichst klar und trennscharf die Aufgabenverteilung zwischen Bund und Ländern im Bundesstaat zu regeln.[58]

b) Unschärfe als Ausnahme

Die Schärfe des Rechts hat einen großen Vorteil: Sie sorgt für Klarheit, Eindeutigkeit und damit Ordnung. Die damit verbundene Sicherheit ist eine wichtige Leistung, die das Recht für die Gesellschaft erbringt. Die scholastisch geprägte Schärfe des Rechts ist aber gleichzeitig eine große Schwäche. Sie führt nicht selten zur Abgrenzung und Trennung. Sie ist starr und inflexibel. In vielen Fällen ist diese scharfe Logik nicht in der Lage, die Wirklichkeit zu erfassen und adäquate Problemlösungen zur Verfügung zu stellen. Das Recht hat – unter anderen – auch eine Integrationsfunktion[59], die es mit seiner ab- und ausgrenzenden Schärfe allein kaum erfüllen kann. Vor allem die dynamischen Rechtsgebiete Arbeitsrecht, Wirtschaftsrecht und Wettbewerbsrecht erfordern Lösungen, die weniger der Entweder-oder-Logik als vielmehr dem Mehr-oder-weniger-Denken entsprechen müssen.[60] Ein anderes Beispiel: Der Dualismus von staatlicher Regulierung oder privater Selbstregulierung ist überholt. Zunehmend gibt es Mischformen, die in unterschiedlicher Kombination Elemente beider Regulierungstypen enthalten – etwa die regulierte Selbstregulierung.[61]

56 Zur Notwendigkeit und Funktion der Formenklarheit der Finanzverfassung BVerfGE 67, 256, 274 ff.

57 Zur Formenklarheit im Steuerrecht grundsätzlich BVerfGE 13, 153, 160.

58 Zum Trennungsgrundsatz im Föderalismus des Grundgesetzes BVerfGE 11, 105 (124); 119, 331 (365f.).

59 Dazu *Rehbinder*, (Fn. 55), Rn. 96.

60 *Krimphove*, Rechtstheorie 30 (1999), 540 (541)

61 Grundsätzlich dazu *Hoffmann-Riem* (Fn.45), S. 263 ff., und *Schuppert*, Governance im Spiegel der Wissenschaftsdisziplinen, in: ders. (Hrsg.), Governance-Forschung. 2. Aufl. 2006, S. 401 ff.

Dem Recht ist dieses Defizit bewusst. Es kennt auch unscharfe Rechtsinstitute, die diese Schwäche ausgleichen sollen.[62] In nahezu allen Rechtsgebieten gibt es deshalb Generalklauseln und unbestimmte, offene Rechtsbegriffe. Vor allem im Verwaltungsrecht werden der Verwaltung darüber hinaus Beurteilungsspielräume[63] und Ermessen[64] eingeräumt. Im Umweltrecht hat das Konzept der Vorsorge in den letzten Jahrzehnten Bedeutung erlangt.[65] Es ist deutlich offener und unschärfer als das klassische Prinzip der Gefahrenabwehr, das ursprünglich das Umweltrecht dominierte. Die Liste der Beispiele für unscharfe Rechtsregeln ließe sich fortführen. Bei allen großen Unterschieden im Detail ist diesen Normen und Konzepten eines gemeinsam: Sie eröffnen Entscheidungs- und Handlungsspielräume für die Rechtsanwender in der Praxis.[66] Das macht das Recht flexibler und effektiver. Das führt aber auch zu Unschärfe. Generalklauseln, unbestimmte Rechtsbegriffe, Beurteilungsspielräume und Ermessen arbeiten auf der Grundlage der Wahrscheinlichkeitsrechnung[67] und machen rechtliche Entscheidungen potenziell weniger eindeutig – scharf – voraussehbar. Gleichzeitig wird die Unschärfe noch durch einen weiteren Faktor gesteigert: Bei diesen Normen ist die Kontrolldichte der Gerichte deutlich geringer.[68] Das nimmt dem Recht in diesem Bereich ebenfalls Schärfe. Denn die grundsätzliche Klarheit und Schärfe gerichtlicher Entscheidungen kann hier weniger zum Tragen kommen.

Unschärfe ist dem Recht also keineswegs unbekannt. Sie ist aber grundsätzlich als Ausnahme konstruiert. Das zeigt sich, wenn man die *Unschärfe-Normen* näher betrachtet. Generalklauseln und unbestimmte Rechtsbegriffe sind zwar potenziell unscharf. Sie werden aber durch teilweise langjährige und ständige Rechtsprechung der Gerichte konkretisiert und geschärft.[69] Beurteilungsspielräume werden von der Rechtsprechung

62 Nicht zuletzt spielen in vielen Bereichen des Rechts auch die unscharfe Wahrscheinlichkeitsrechnung und Statistik eine Rolle. Instruktiv dazu *Scholl*, JZ 1992, 122 (123 ff.) m. w. N. und vielen Beispielen.

63 Ausführlich dazu *Jestaedt*, Maßstäbe des Verwaltungshandelns, in: Erichsen/Ehlers (Hrsg.), Allgemeines Verwaltungsrecht. 13.Aufl. 2006, Rn. 44 ff. m. w. N.

64 Dazu *Jestaedt* (Fn.63), Rn. 55 ff. m. w. N.

65 *Kloepfer* (Fn. 34), § 4 Rn. 8 ff. m.w.N. Sehr kritisch zum Vorsorgeprinzip *Sunstein* Gesetze der Angst. 2007, S. 44 ff.

66 *Jestaedt* (Fn.63), Rn. 27.

67 Bahnbrechend für diese Erkenntnis *Scholl* (Fn. 62), S. 124 ff.

68 Zur Kontrolldichte von Gerichten bei Generalklausen, unbestimmten Rechtsbegriffen, Beurteilungsermächtigungen und Ermessen ausführlich *Jestaedt* (Fn.63), Rn. 38 ff. m. w. N.

69 Nicht zuletzt die Konkretisierung und Schärfung durch die Rechtsprechung ist es, die die rechtsstaatlichen Bedenken gegen Generalklauseln beseitigt.

nur in eng umgrenzten Ausnahmefällen akzeptiert.[70] Auch das Ermessen – ein weiterer Unschärfefaktor im Recht – wird deutlich von anderen Normen wieder begrenzt. Es gibt kein freies, sondern nur ein gebundenes Ermessen.[71] Also auch der Unschärfefaktor Ermessen wird deutlich begrenzt – im Interesse der Schärfe des Rechts.

IV. Relativierung. Das Recht im digitalisierten Zeitalter

In der digitalisierten Welt wird die Bedeutung des Rechts relativiert. Angesichts der wichtigen Funktionen, die das Recht für die Gesellschaft erfüllt, ist das nicht unproblematisch. Wie reagiert das Recht auf seine Relativierung?

1. Neue Unübersichtlichkeit

Die moderne Welt wird – nicht nur, aber auch durch Globalisierung und Digitalisierung – immer unübersichtlicher. Fragmentierung und Polyzentrizität sind die Phänomene, die sich beobachten lassen, wenn Gesellschaften analysiert werden. Diese Tendenzen gehen auch am Recht nicht spurlos vorbei. Auch das Recht wird zunehmend fragmentiert. Es entstehen polyzentrische Strukturen in den Rechtsordnungen.

a) Fragmentierung. Wirklichkeit und Recht

In einem historischen Prozess hat sich die moderne Welt-Gesellschaft stark heterogenisiert und in viele selbstständige Sektoren ausdifferenziert.[72] Zwar hat die Globalisierung starke vereinheitlichende Wirkungen: Sie treibt eine Entwicklung zur Weltgesellschaft[73], zur Weltökonomie und zur Weltkultur[74] voran.[75] Gleichzeitig – und nur scheinbar paradox –

70 *Jestaedt* (Fn.63), Rn. 46 m. w. N.

71 *Jestaedt* (Fn.63), Rn. 60 ff. m. w. N.

72 Einen Überblick über die Entwicklung gibt *Adloff*, Zivilgesellschaft. 2005, S. 108 ff.

73 Zur Geschichte der Weltgesellschaft *Stichweh*, Die Weltgesellschaft. 2000, S. 246 ff. m. w. N., der betont, dass die Geschichte der Weltgesellschaft nicht erst mit dem Ende des Kalten Krieges und der Globalisierung beginnt.

74 Das Paradebeispiel für eine Globalisierung der Weltkultur ist Hollywood, das mit seinen Filmen globale kulturelle Standards setzt und weltweite Muster etabliert.

75 Ähnlich auch *Stichweh* (Fn.73), S. 254 f. m. w. N.

lassen sich aber auch gegenteilige Tendenzen beobachten. In weiten Teilen der Welt gibt es eine Renaissance der Nationalismen, eine staatliche Zersplitterung, Retribalisierungen und Ethnoprotektionismus[76] – also eine starke Fragmentierung der Welt. Die unterschiedlichen Bereiche der fragmentierten Weltgesellschaft stehen oft unverbunden nebeneinander, nicht selten konkurrieren sie aber oder versuchen, miteinander – mehr oder weniger erfolgreich – zu kommunizieren. Die Situation lässt sich mit dem prägnanten Begriff der *Neuen Unübersichtlichkeit* charakterisieren.[77]

Diese immer stärkere Zersplitterung der Lebenswelt spiegelt sich im Recht wider. Auch das Recht wird immer stärker fragmentiert. Das ist keine ganz neue Erscheinung. Die Rechtsanthropologie hat schon früh herausgearbeitet, dass es nicht ungewöhnlich ist, wenn das Recht einer Gesellschaft mehr oder weniger fragmentiert ist. In ein und derselben Gesellschaft können sogar unterschiedliche Rechtssysteme nebeneinander existieren.[78] Untergruppen einer Gesellschaft verfügen nicht selten über funktionierende Rechtssysteme, die sich von den Rechtsordnungen anderer Untergruppen unterscheiden.[79] Wenn nicht alles täuscht, ist das Maß der Fragmentierung inzwischen größer – und die Zersplitterung nimmt weiter zu.[80] Nur ein Beispiel unter vielen ist die fortschreitende Fragmentierung des Privatrechts in immer neue Erscheinungsformen von Sonderprivatrechten: etwa das Arbeitsrecht, das Verbraucherschutzrecht, das Urheberrecht und das private Umweltrecht.[81] Ähnliches gilt für das Verwaltungsrecht: Es differenziert sich aus in immer stärker spezialisierte, nach eigenen Logiken funktionierende Sonderverwaltungsrechte. Selbstverständlich ist die Fragmentierung des Rechts aber nicht auf die nationale Ebene beschränkt. Das internationale Recht ist wenig konsistent; es ist im Gegenteil eher eine verwirrende Vielfalt von autonomen, politisch gesetzten und sachlich eng begrenzten Bereichsrechten, die – wenn überhaupt – von hoch spezialisierten Tribunalen durchgesetzt werden.[82]

76 *Menzel*, Globalisierung versus Fragmentierung. 1998, S. 46 m. w. N.

77 *Habermas*, Die Neue Unübersichtlichkeit. 1985, S. 139 ff.

78 Ausführlich dazu *Pospisil*, Anthropologie des Rechts. 1982, S. 139 ff. m. w. N.

79 *Pospisil* (Fn. 78), S. 148.

80 *Günther*, Rechtspluralismus und universaler Code der Legalität: Globalisierung als rechtstheoretisches Problem, in: FS für Habermas. 2001, S. 555.

81 Ausführlich dazu *Teubner*, ZfRSoz 1998, 8 (26 f.).

82 Ähnlich *Fischer-Lescano/Teubner*, Regime-Kollisionen. 2006, S. 10. Im Detail belegt *Hafner*, Michigan J of IntL 25 (2004), 849 ff. eine zunehmende Fragmentierung des Völkerrechts.

b) Polyzentrizität. Das Recht in der Postmoderne

Die Fragmentierung des (nationalen und internationalen) Rechts lässt sich auf mehrere Ursachen zurückführen.[83] Letztlich ausschlaggebend ist, dass das Recht – national und international – immer stärker polyzentrisch strukturiert wird. Es gibt immer mehr unterschiedliche Organisationen und Instituionen, die Recht setzen, das in identischen Sachbereichen und geografischen Räumen Anwendung verlangt.[84] Für das Völkerrecht ist das keine neue Erkenntnis. Dort gibt es seit jeher unterschiedliche Machtzentren, die – nicht selten konkurrierendes, widersprüchliches oder sich überschneidendes – Recht setzen. Traditionell ist die Rechtsetzung innerhalb der Nationalstaaten dagegen eher monozentrisch: Es gibt ein Zentrum[85], das die Rechtsetzung dominiert und ein monistisches Rechtssystem schafft. Allerdings nimmt die Tendenz zur Polyzentrizität im nationalen Recht rapide zu. Auch im nationalen Recht gibt es viele unterschiedliche, konkurrierende Rechtsmaterien, die von heterogenen Rechtsetzern geschaffen werden.[86]

Woran liegt das? Die Bedeutung der nationalen Staaten als Rechtsetzer nimmt insgesamt tendenziell ab.[87] Stattdessen wird relevantes Recht zunehmend von internationalen Organisationen, von supranationalen Institutionen und transnationalen Netzwerken staatlicher und privater Akteure gesetzt.[88] In der Folge ist das Rechtssystem nicht mehr von einem einheitlichen, monistischen Recht geprägt, das ein souveräner Staat unabhängig gesetzt hat. Stattdessen entwickelt sich ein zunehmend unüberschaubares Geflecht unterschiedlicher Regeln und Standards, die von zahllosen kooperierenden und vernetzten, nicht selten aber auch konkurrierenden

83 Ausführlich dazu *Hafner* (Fn.82), S. 854 f. m. w. N.

84 *Günther* (Fn.80), S. 554 ff. m. w. N.

85 Schon in föderalen Staaten ist die Gesetzgebungskompetenz zwischen mehreren Rechtsetzern verteilt. Dennoch ist das Recht auch in föderalen Staaten traditionell eher monistisch, nicht polyzentrisch.

86 Wie die Forschungen zum Rechtspluralismus zeigen, ist das keine ganz neue Entwicklung. Selbst in modernen Staaten ist der Staat zwar immer schon der dominante, aber nicht der einzige Rechtsetzer gewesen. Das gilt noch viel mehr für außereuropäische und frühere Rechtsordnungen. Ausführlich zum Rechtspluralismus *Pospisil* (Fn. 78), S. 139 ff. m.w.N. und *Günther* (Fn.80), S. 551 ff. m. w. N.

87 Ausführlich dazu *Boehme-Neßler* (Fn. 2), S. 140 ff. m.w.N.

88 Ausführlich dazu *Jayasuriya*, Global Legal Studies Journal 1999, 425 (441 ff.) m. w. N.

Rechtsetzern verabschiedet werden.[89] Das Ergebnis ist eine polyzentristische, pluralistische Rechtsordnung, die hoch fragmentiert ist.[90]

2. Digitalisierung. Potenzierung von Fragmentierung und Polyzentrizität

Die Digitalisierung wirkt als starker – unter diesem Aspekt bisher kaum beachteter[91] – Treiber für die Tendenz zu weiterer Fragmentierung und Polyzentrizität der Welt und des Rechts. Digitalisierung führt zu Entgrenzung, Visualisierung, Virtualisierung und Vernetzung. So unterschiedlich diese Phänomene im Einzelnen sind, eines ist ihnen gemeinsam: Sie erodieren klar abgegrenzte, zentral geordnete Strukturen und schaffen stattdessen unklare, dezentrale, konkurrierende Akteure, Institutionen und Zusammenhänge.

Digitale Technologien erleichtern das Speichern und Verbreiten von Informationen ganz enorm. Das führt dazu, dass unterschiedlichste Rechtsinformationen und juristische Materialien potenziell unbegrenzt und ubiquitär zur Verfügung stehen.[92] Das Internet etwa lässt sich auch als riesige Rechtsbibliothek ansehen.[93] Juristisches Wissen ist damit – jedenfalls tendenziell – kein Herrschaftswissen mehr.[94] Mehr und unterschiedlichere Personen, Institutionen, Gruppen können leichter rechtliche Regelungen recherchieren, rezipieren, anwenden, diskutieren und damit langfristig und potenziell auch ergänzen und modifizieren. Kurz: Rechtswissen wird vom Herrschaftswissen zunehmend zum Allgemeinwissen. Damit erhöht sich die Zahl möglicher Rechtsquellen und potenzieller Rechtsetzer und Rechtsanwender sehr. Digitalisierung begünstigt so ganz direkt eine polyzentristische Rechtsstruktur.

Das hat Folgen für die Bedeutung des Rechts. Andere Bereiche der Gesellschaft konkurrieren mit dem Recht und stellen seine ureigene Rolle als normative Instanz der Gesellschaft in Frage. Sie ordnen sich dem Recht nicht mehr wie selbstverständlich unter. Ein Beispiel für diese Konkurrenz ist das Verhältnis des Rechts zur Technik. Gerade im Bereich der digitalen Technologien ist das Recht – trotz einer umfangreichen und

89 *Teubner*, Rechtshistorisches Journal 1996, 255 (256).

90 *Teubner* (Fn.89), S. 256; *Jayasuriya* (Fn. 86), S. 441. Ähnlich auch *Günther* (Fn.78), S. 555 f.

91 *Hafner* (Fn.82), S. 854 f., der grundlegend die Ursachen der Fragmentierung herausarbeitet, geht beispielsweise auf die Rolle der digitalen Technologie überhaupt nicht ein.

92 *Katsh*, Law in an digital World. 1995, S. 86, hebt allerdings zu Recht hervor, dass auch inhaltliche Barrieren den Zugang von Laien zum rechtlichen Wissen begrenzen.

93 Ähnlich *Katsh* (Fn.92), S. 83 ff

94 Ähnlich *Hill* (Fn. 1), S. 356 f. m.w.N.

innovativen Gesetzgebung – inzwischen nur noch eingeschränkt der Normgeber. Nicht mehr das Gesetz ist die entscheidende, das Verhalten steuernde Norm, sondern der von den Programmierern geschaffene Software-Code.[95] Pointiert zugespitzt: *Code is law.*[96] Ähnlich herausgefordert wird das Recht durch die (digitalen) Medien. Sie prägen und verändern kulturelle Muster und setzen dadurch eigene Regeln, die dem Recht nicht selten widersprechen. Das verschärft die Tendenz zur Polyzentrizität ganz erheblich. Nicht nur innerhalb des Rechts entstehen viele Zentren. Auch in anderen Sphären der Gesellschaft entwickeln sich konkurrierende Zentren, die normsetzend und verhaltenssteuernd wirken (wollen). Zur *intrarechtlichen* Polyzentrizität kommt die *transrechtliche* Polyzentrizität.

3. Relatives Recht. Grenzen des Rechts in der digitalen Bukowina

Fragmentierung und Polyzentrizität führen das Recht an seine Grenzen. Die moderne, globalisierte und digitalisierte, stark fragmentierte und hoch vernetzte Welt ist viel zu komplex, als dass man sie mit staatlichem Recht vollständig durchdringen und durch staatliches Recht punktgenau steuern könnte.[97] Es wäre illusorisch anzunehmen, dass man etwa jeden Winkel des Cyberspace mit staatlichem Recht regulieren könnte.

Recht entwickelt Wirkung nur dort, wo es auch akzeptiert und durchgesetzt wird.[98] Die Wirksamkeit des (staatlichen) Rechts schwächt sich immer mehr ab, je weiter man sich vom Zentrum entfernt und sich der sozialen Peripherie nähert.[99] Um es in einem historischen Bild auszudrücken: In der *Bukowina* ist das staatliche Recht nicht mehr wirksam.[100] Dieses Denkmuster lässt sich auch auf die Situation des Rechts im virtu-

95 Ausführlich dazu *Boehme-Neßler,* ZG 2009, 74 (77 ff.).

96 Geprägt wird dieser Begriff von *W.J.T. Mitchell*, City of Bits. 1996, S. 111: „... code is the law. „ *Lessig*, Code and other laws of Cyberspace. 1999, hat diese Vorstellung aufgenommen und verbreitet. Skeptisch dazu aber *Dommering*, Regulating Technology, in: ders. u.a. (Hrsg.), Coding Regulation. 2006, S. 13 ff., der die Dominanz des Rechts betont und den Software-Code nur als „a hand of law“ ansieht.

97 Ausführlich dazu *Teubner* (Fn.89), S. 255 ff. m. w. N.

98 Ausführlich dazu *Rehbinder* (Fn. 55), Rn. 111 ff. m. w. N.

99 Grundsätzlich dazu *Teubner*, Global Bukowina: Legal Pluralism in the World Society, in: ders. (Hrsg.), Global Law without a State. 1997, S. 7.

100 Der Rechtssoziologe *Eugen Ehrlich* hatte gezeigt, dass in der Bukowina, einem Gebiet an der äußersten Peripherie im Südosten der Habsburger Monarchie österreichisches Recht praktisch nicht galt, obwohl es de jure anwendbar war. Ausführlich dazu *Ehrlich*, Grundlegung der Soziologie des Rechts. 4. Aufl. 1989, S. 314 ff.

ellen Raum übertragen. Hier wird sich – jedenfalls als plausible Hypothese, die aber noch empirisch belegt werden müsste – das Denkmuster *Zentrum – Peripherie* ebenfalls anwenden lassen. Das scheint auf den ersten Blick gewagt. Denn der Cyberspace ist grundsätzlich dezentral, fragmentiert und segmentiert. Insofern gibt es im eigentlichen Sinn kein Zentrum und keine Peripherie des digitalen Raums. Als These lässt sich aber formulieren: Je stärker ein Bereich der digitalisierten Welt im Zentrum des öffentlichen Interesses steht, desto eher wird dort staatliches, supranationales oder internationales Recht gesetzt und durchgesetzt werden. Und umgekehrt: Je weiter an der Peripherie des sozialen und politischen Interesses ein Bereich angesiedelt ist, desto weniger wird er vom Recht erfasst werden (können). Es gibt also auch eine *digitale Bukowina*, in der das Recht faktisch gar nicht oder nur rudimentär wirksam wird.

V. Transrechtliche Kooperationen. Zur Effektivität des Rechts im virtuellen Raum

Das Recht wird durch die Digitalisierung also relativiert. Dieser Befund wirft brisante, nco weitgehend unbeantwortete Fragen auf. Was bedeutet eine Relativierung des Rechts für die Gesellschaft? Wer kann in Zukunft die Leistungen für die Gesellschaft erbringen, die typischerweise Aufgabe des Rechts sind? Welche Konsequenzen hat der Bedeutungsverlust für das Recht selbst? Eine Strategie für das Recht, den Bedeutungsverlust aufzufangen, ist die Suche nach Kooperationspartnern in anderen Bereichen der Gesellschaft. Inzwischen wird diese Strategie auch schon praktiziert. *Transrechtliche Kooperationen* sind in der Praxis bereits unübersehbar und werden in Zukunft noch zunehmen.

1. Transrechtliche Kooperationen als Zukunftsmodell

Die Relativierung des Rechts ist – jedenfalls für die westliche Zivilisation – keine unproblematische Entwicklung. Denn das Recht erfüllt – seit Jahrhunderten, wenn nicht Jahrtausenden – wichtige, für die Gesellschaft unverzichtbare Funktionen. Wer soll an Stelle des Rechts diese Aufgaben übernehmen? Wie kann verhindert werden, dass die Relativierung des Rechts ein Vakuum hinterlässt – mit fatalen Folgen? Die Antwort auf diese Frage kann von zwei Prämissen ausgehen. Einerseits ist klar: Das Recht allein wird seine traditionellen Aufgaben in Zukunft immer weniger erfüllen können. Dafür ist die Relativierung des Rechts durch den Siegeszug der Digitalisierung zu stark. Ebenso eindeutig ist andererseits aber auch: Ohne das Recht werden die westlichen Gesellschaften nicht auskommen können. Dazu ist die gewachsene Bedeutung des Rechts für die Stabilität der Gesellschaft immer noch viel zu groß.

Die Lösung, die sich deshalb anbietet, sind transrechtliche Kooperationen. Das Recht muss sich „Verbündete" oder „Kooperationspartner" aus anderen Bereichen der Gesellschaft suchen, um seine Aufgaben weiter erfüllen zu können. Wer käme als Bündnispartner für solche transrechtlichen Kooperationen in Frage? Ein genauer Blick auf neuere Entwicklungen im modernen Recht zeigt, dass das Recht – jedenfalls in ersten Ansätzen – bereits begonnen hat, diese Strategie zu verfolgen.

2. Transrechtliche Kooperationen. Beispiele

Es gibt keinen *numerus clausus der Kooperationspartner* für das Recht. Das Recht kann grundsätzlich mit allen denkbaren Bereichen der Gesellschaft zusammenwirken.[101] In manchen Bereichen finden schon erste Kooperationen statt. Zwei Beispiele dafür sollen hier näher beleuchtet werden. Andere Kooperationen erscheinen weniger naheliegend, sogar eher exotisch.[102]

a) Recht plus Technik

Die Bedeutung des Rechts als Autorität und exklusiver Normgeber nimmt ab. Das lässt sich besonders deutlich in den Bereichen der Lebenswelt beobachten, die stark von Technik beeinflusst sind. Es ist deshalb nur folgerichtig, dass sich in diesen Bereichen eine neue und besonders enge Zusammenarbeit zwischen Recht und Technologie entwickelt – eine transrechtliche Kooperation zwischen Recht und Technik.[103] Recht und Technik verfolgen dabei in einem integrierten und koordinierten, arbeitsteiligen Zusammenwirken die Ziele, die das Recht allein nicht (mehr) verwirklichen kann.

101 Viele Beispiele skizziert *Boehme-Neßler*, (Fn. 2), S. 642 ff.

102 Ein Beispiel dafür ist etwa die Kooperation des Rechts mit den Theater- oder Medienwissenschaften, die hier nicht näher analysiert werden kann. Ausführlich dazu *Boehme-Neßler*, (Fn. 2), S. 339 ff., 653 f.

103 Die Idee, dass das Recht mit der Technik kooperieren muss, um seine Ziele zu erreichen, geht zurück auf *Roßnagel* (Fn. 30), S. 26 ff. und pass.

Besonders deutlich lässt sich das am entstehenden neuen Datenschutzrecht beobachten.[104] Schon bisher stößt der rein rechtliche Datenschutz an seine Grenzen. Völlig überfordert wird er sein, wenn sich das Ubiquitous Computing flächendeckend etabliert hat.[105] Ohne Kooperation mit der Technik wird sich Datenschutz nicht mehr realisieren lassen.[106] Deshalb werden erste Konzepte für eine transrechtliche Kooperation im Bereich der RFID-Anwendungen entwickelt, die das vermeiden wollen.[107] Entscheidend ist dabei: Der Datenschutz muss von Anfang an bei der Entwicklung der Technik, bei ihrer Gestaltung, Markteinführung und Anwendungsvorbereitung berücksichtigt werden.[108] Das sicherzustellen ist die Aufgabe des Rechts in der Kooperation mit der Technik.[109] In der transrechtlichen Kooperation mit der Technik bleibt das Recht der normative Akteur, der die Zielsetzungen definiert. Die Technik hat den Part, die Vorgaben des Rechts von der ersten Entwicklungsstufe an umzusetzen.

Das Urheberrecht und der gewerbliche Rechtsschutz reagieren ebenfalls auf den zunehmenden Innovationsdruck, der von den Digitalisierungsprozessen ausgeht, und setzen technische Mittel ein. Ein Beispiel dafür ist das Digital Rights Management (DRM).[110] Durch die §§ 95 a-d UrhG akzeptiert das Recht technische Schutzmaßnahmen und kooperiert ausdrücklich mit der Technik. Die transrechtliche Kooperation des Urheberrechts ist die Konsequenz aus einer Erkenntnis, die sich immer stärker durchsetzt: Das Urheberrecht allein kann seine – immer noch aktuellen – Zielsetzungen in der digitalen Welt immer weniger erreichen. Und umgekehrt: Auch das DRM allein kann nicht schützen. Dazu ist es zu leicht zu umgehen.[111] Effektiv wird erst die transrechtliche Kooperation von Recht und DRM.

Ein anderes Beispiel, in dem die Kooperation von Recht und Technik gerade erst beginnt, ist das Verbraucherschutzrecht. Die grundsätzliche Transparenz, die durch das Internet geschaffen werden kann, bietet potenziell wirkungsvolle Ansatzmöglichkeiten für einen effektiven Verbraucherschutz. Die schiere Überfülle von Informationen führt in der

104 Ausführlich dazu *Roßnagel*, ZRP 1997, 26 ff.

105 Bahnbrechend *Roßnagel*, APUZ 2006, 9 (11) ff. m. w. N.

106 Interessant, aber nicht unproblematisch ist die Idee von *Mayer-Schönberger*, Denver University Law Review 84 (2006), 181 ff., die Privatsphäre durch ein Digital Rights Management-System zu schützen.

107 Grundlegend *Roßnagel*, Datenschutz in einem informatisierten Alltag. 2007, S. 158 ff. m. w. N

108 *Roßnagel* (Fn. 107), S. 172 f.

109 Das hebt *Roßnagel* (Fn. 107), S. 173 hervor.

110 Die Geschichte des DRM skizziert *Mayer-Schönberger* (Fn. 106), S. 182 ff. m. w. N.

111 *Mayer-Schönberger* (Fn. 106), S. 184 m. w. N.

Praxis des Electronic Commerce allerdings eher zu einer Überforderung der Verbraucher und – nur scheinbar paradox – zu einer weit gehenden Intransparenz. Die Technologie der Software-Agenten ist eine Möglichkeit, den Verbraucherschutz im Internet wieder zu verbessern.[112] Entsprechend programmierte *search* und *watch agents* filtern die relevanten Informationen aus dem Informationsüberangebot heraus.[113] *Decision agents* können helfen, (Kauf- oder Verkaufs-)Entscheidungen möglichst rational zu treffen.[114] *Kaufagenten* unterschiedlicher Komplexitätsstufen[115] und agentenbasierte *Marktplätze*[116] sind weitere Tools, um im Electronic Commerce effektiv und verbraucherfreundlich agieren zu können. Agenten können die „Waffengleichheit" zwischen Anbietern und Verbrauchern im Electronic Commerce wiederherstellen. Rechtliche Regeln allein reichen dafür nicht aus. Rechtliche Regeln sind aber dafür relevant, wie Agenten programmiert werden und was sie können (dürfen oder müssen).

Die Entwicklung weitreichender transrechtlicher Kooperationen zwischen Recht und Technik steht erst am Anfang. Wenn nicht alles täuscht, wird die zunehmende Digitalisierung der Lebenswelt transrechtliche Kooperationen zwischen Recht und Technik aber vorantreiben. Der „Leidensdruck" des Rechts nimmt zu: Immer stärker wird es von der digitalen Technologie an seine Grenzen geführt. Die Notwendigkeit von Kooperationen mit der Technik wird stärker, wenn es nicht resignieren will.

b) Recht plus Individuum

Weil Staat und Recht durch die Digitalisierung an ihre Grenzen stoßen, müssen sie verstärkt das Individuum, die Bürgerin und den Bürger, als Kooperationspartner entdecken. In der Praxis lassen sich erste Anzeichen dafür ausmachen, dass das Recht seine Rollenverteilung im Verhältnis zum Individuum überdenkt. Transrechtliche Kooperationen mit dem Individuum nehmen zu. Dabei lassen sich zwei unterschiedliche Ansätze unterscheiden.

112 Zur Bedeutung von Softwareagenten für den Verbraucherschutz im Internet *Feliu*, Int J of L and IT 9 (2001), 235 (237) ff.

113 Zu dieser Kategorie von Softwareagenten *Gonzalo*, Int J of L and IT 9 (2001), 189 (191) und *Brenner* u. a., Intelligente Softwareagenten. 1998, S. 225 ff.

114 Dazu *Feliu* (Fn. 112), S. 245 ff. und *Brenner* u. a. (Fn. 113), S. 273 ff.

115 Ausführlich zu unterschiedlichen Typen von Verkaufsagenten *Brenner* u. a. (Fn. 113), S. 310 ff.

116 Dazu *Brenner* u. a. (Fn. 113), S. 328 ff. mit Beispielen aus der Praxis.

Das Recht kann im Zeitalter der Digitalisierung seine Schutzfunktion gegenüber dem Individuum nicht mehr vollständig erfüllen.[117] Besonders deutlich wird das am Datenschutzrecht.[118] In globalen, grenzüberschreitenden Netzen ist das nationale Datenschutzrecht nicht mehr in der Lage, die informationelle Selbstbestimmung der Einzelnen vollständig sicherzustellen. An einer stärkeren Einbeziehung der Bürger in ihren eigenen Schutz führt kein Weg vorbei. Staat und Recht dürfen den Bürger allerdings nicht damit im Stich lassen. Sie müssen weiter tun, was sie können, um eine entsprechende Infrastruktur zu schaffen, die einen Selbstschutz des Bürgers ermöglicht. Aus dem umfassend schützenden Recht wird deshalb – nolens volens – ein Recht, das Strukturen zur Grundsicherung schafft und unterhält. Um einen umfassenden Schutz zu gewährleisten, muss das Recht mit dem Bürger kooperieren. Der Bürger nutzt die Infrastruktur, die ihm das Recht zur Verfügung stellt, zum Selbstschutz.[119] Das charakterisiert also diesen neuen Ansatz im Datenschutzrecht: Das Recht verliert sein Schutzmonopol und wird zum Kooperationspartner des Individuums, um mit ihm gemeinsam Schutz zu gewährleisten. Die Aufgabe, die ursprünglich das Recht allein erfüllt hat, wird weiter erfüllt – durch eine transrechtliche Kooperation.

Ein anderes Modell einer transrechtlichen Kooperation lässt sich in der Praxis ebenfalls finden. Zunehmend geht der Staat dazu über, mit den Bürgern zu kooperieren, um seine Defizite bei der Kontrolle und Durchsetzung des Rechts zu kompensieren. Der Bürger wird als Anwalt für Gemeinwohlbelange mobilisiert.[120] Transrechtliche Kooperationen mit dem Individuum sind ein Mittel geworden, um das Vollzugsdefizit zu verringern. Besonders deutlich lässt sich dieses Modell im Umweltschutzrecht beobachten.[121] Schon früh hat das Recht dort für vielfältige Beteiligungsmöglichkeiten der Bürger gesorgt und Transparenz geschaffen. Das sollte Bürger in die Lage versetzen, Umweltverwaltungen zu unterstützen und Verwaltungsentscheidungen zu optimieren.[122] Deshalb ist es kein Zufall, dass der freie Zugang zu Informationen zunächst im Um-

117 Zur abnehmenden Fähigkeit des Staates, Schutz und Sicherheit seiner Bürger zu garantieren, *Eichenberger*, Selbstsicherheit des Staates, in: FS für Martin Lendi. 1998, S. 68 ff. m. w. N.

118 *Roßnagel* (Fn. 104), S. 26 ff.

119 Diesen Gedanken entwickelt *Roßnagel* (Fn. 104), S. 29, am Beispiel des Datenschutzrechts. Die Idee lässt sich über den Bereich des Datenschutzes hinaus verallgemeinern.

120 So ganz plastisch *Schuppert* (Fn.61), S. 442 m. w. N. Schon früher *Neßler*, Europäisches Richtlinienrecht wandelt deutsches Verwaltungsrecht. 1994, S. 73 ff. m. w. N.

121 *Kloepfer* (Fn. 34), S. 23 betont, dass Umweltschutz nicht allein Sache des Staates sein kann.

122 Ausführlich dazu *Kloepfer* (Fn. 34), S. 359 ff. m. w. N.

weltrecht eingeführt wurde.[123] Besonders weit auf diesem Weg geht inzwischen das Informationsfreiheits-Gesetz (IFG).[124] Dieses Gesetz räumt den Bürgern in § 1 Abs. 1 grundsätzlich[125] einen freien Zugang zu allen Informationen ein, die von Bundesverwaltungen gespeichert werden. Das ist kaum weniger als ein Kulturbruch. Denn jahrhundertelang wurden die nationalen europäischen Verwaltungsrechte von der Idee des Amts- und Verwaltungsgeheimnisses dominiert.[126] Wenn es dem Recht aber um die Etablierung transrechtlicher Kooperation mit dem Bürger geht, ist die Informationsfreiheit nur folgerichtig. Denn letztlich kann nur der Bürger, der potenziell den gleichen Kenntnisstand wie die Behörde hat, mit ihr sinnvoll und effektiv kooperieren.

Eine weitere, noch kaum betrachtete Ursache dafür ist die Entgrenzung und Vernetzung, die die Digitalisierung der Welt und des Denkens nach sich zieht. Hypertexte sind ein prägnantes und konkretes Beispiel dafür. Nicht zuletzt durch die Hypertext-Technologie entwickelt sich das Internet zunehmend zu einer umfassenden *virtuellen Rechtsbibliothek.*127 Immer mehr juristische Informationen werden im Internet gespeichert und damit für alle zugänglich.128 Rechtliches Wissen und rechtliche Informationen bleiben dadurch nicht mehr Spezialisten vorbehalten. Juristische Informationen, Wissen und Kategorien werden viel stärker als bisher Allgemeingut. Dadurch wird die für moderne Rechtssysteme typische starke Trennung von Recht und Gesellschaft aufgehoben. Jedenfalls verringert sich die Distanz zwischen dem Rechtssystem und anderen Teilen der Gesellschaft. Die transrechtliche Kooperation wird dadurch leichter.

VI. Unschärfe – eine kopernikanische Wende für das Recht

Dass Recht unschärfer wird, lässt sich kaum vermeiden. Denn die Digitalisierung fördert Unschärfe. Diese Entwicklung ist eine nicht ungefährli-

123 Ausführlich zum Umweltinformations-Gesetz *Kloepfer* (Fn. 34), S. 366 ff. m. w. N.

124 Gesetz zur Regelung des Zugangs zu Informationen des Bundes vom 5. September 2005, BGBl. I, 2722.

125 Ausnahmeregelungen enthalten die §§ 3-6 IFG.

126 Instruktiv dazu *Max Weber*, Wirtschaft und Gesellschaft. 5. Aufl. 1972, S. 129, der den Zusammenhang zwischen Amtsgeheimnis und bürokratischer Macht herausstellt. Das Amtsgeheimnis lässt sich so als Verwaltungspraxis des berühmten *scientia est potenzia* ansehen, das 1597 *Francis Bacon* zugeschrieben wird.

127 Bahnbrechend zu diesem Gedanken *Katsh* (Fn.92), S. 65 ff.

128 Einen Überblick über kommerzielle Rechtsdatenbanken im Internet geben *Schulz/Klugmann*, CR 2006, 568 (569 ff.) m. w. N.

che Herausforderung für das Recht. Gleichzeitig sind mit ihr aber auch Chancen verbunden, das Recht mit dem digitalen Zeitalter kompatibel zu machen.

1. Unschärfe als Herausforderung

Durch die Digitalisierung wandeln sich die Aufgaben des Rechts ebenso wie seine Instrumente. Dieser Veränderungsprozess, der gerade erst beginnt, muss theoretisch und dogmatisch erfasst und für die Praxis operationabel gemacht werden.[129] Die deutliche Tendenz zur *digitalen Unschärfe* in der Lebenswelt und im Recht ist eine dreifache Herausforderung – für die Rechtstheorie, für die Rechtsdogmatik und für die Rechtspolitik.

Das juristische Denken ist bisher stark von scharfer Abgrenzung und punktgenauer Steuerung geprägt. Die Logik der Unschärfe, die von der Digitalisierung verbreitet wird, steht in deutlichem Kontrast dazu. Das ist eine – wichtige und schwierige – Aufgabe für die Rechtstheorie und die Rechtsdogmatik: Sie müssen die Unschärfe-Logik in das Recht integrieren und in neue Rechtsbegriffe, Rechtsinstitute, Konzeptionen und Ideen umsetzen.

Exemplarisch sichtbar wird diese Herausforderung bereits bei der Digitalisierung der Verwaltung.[130] Zentrale Prinzipien des Verwaltungsrechtsdenkens sind kaum mit der digitalen Logik kompatibel. Das Konzept der Internetportale etwa steht in krassem Gegensatz zur strikten Zuständigkeitsverteilung, die Verwaltung und Verwaltungsrecht bisher prägt. Das gilt in ähnlicher Weise für die hierarchische Gliederung der Verwaltung mit ihren weitreichenden Folgen für das Verwaltungsrecht. Ein anderes Beispiel ist der Einfluss der Digitalisierung auf das zentrale Rechtsinstitut des Vertrags. Wenn nicht alles täuscht, entwickelt sich der Vertrag von der festen Geschäftsgrundlage zum flexiblen Instrument des Beziehungsmanagements.[131] Das ist ein Paradigmenwechsel, den die (Zivil-)Rechtstheorie bewältigen muss. Ein weiteres Beispiel: Aus gutem Grund legt das Recht bisher viel Wert auf klare Formen und verbietet einen Formenmißbrauch. Der Numerus clausus der Gesellschaftsformen im Gesellschaftsrecht ist nur ein Muster dafür. Die Digitalisierung führt aber zwangsläufig zu Interferenzen unterschiedlicher Rechtsmaterien und –

129 Grundsätzlich zur Reaktion des Rechts auf veränderte Verhältnisse *Hill*, (Fn. 1), S. 349 ff. m.w.N.

130 Von unscharfer Verwaltung spricht *Boehme-Neßler*, NVwZ 2007, 650 (654).

131 *Boehme-Neßler*, (Fn.2), S. 393 f.

darüber weit hinausgehend – zu transrechtlichen Kooperationen. Dabei entstehen neue, hybride Formen von Recht, die mit der traditionellen Formenlehre der Rechtstheorie nichts mehr zu tun haben.

2. Unschärfe als Chance

Unschärfe birgt ein großes Risiko für das Recht. Es könnte seine Stärken einbüßen, die gerade in Schärfe, Eindeutigkeit und Klarheit liegen. Dann wäre es ihm nicht mehr möglich, seine wichtigen Funktionen für die Gesellschaft zu erfüllen. Andere Bereiche der Gesellschaft müssten – und würden – seine Aufgaben übernehmen. Das Recht würde als normative Basis und verbindlicher Rahmen der sozialen Lebenswelt mehr oder weniger irrelevant. Die Gefahr ist keineswegs irreal. Das hat ein Blick auf die Relativierungen des Rechts gezeigt, die schon bisher mit der fortschreitenden Digitalisierung verbunden sind.

Der Weg in die Irrelevanz ist aber nicht zwangsläufig vorgezeichnet. Es gibt eine Alternative. Das Recht könnte sich auch bewusst auf die Unschärfetendenzen einlassen und sie konstruktiv aufnehmen und verarbeiten. Dann hätte es die Chance, seine Bedeutung auch in der digitalisierten Kultur zu behalten. Denn Unschärfe als Methode birgt auch ein erhebliches Potenzial[132], das sich das Recht zunutze machen könnte. Worin liegt dieses Potenzial?

Wie die Untersuchung gezeigt hat, relativiert sich die Bedeutung des Rechts schleichend, aber dennoch deutlich sichtbar. Das Recht gerät in der digitalisierten Welt immer öfter und immer heftiger an seine Grenzen. Der Grund dafür ist letztlich beinahe banal: Die Logik des Rechts, seine Grundkonzepte und seine Lösungsvorschläge passen immer weniger zur realen Welt und ihren Anforderungen an ein normatives System. Die traditionelle – die scharfe – Logik des Rechts ist detailfixiert[133], konditional orientiert und auf Abgrenzung bedacht. In der digitalisierten Lebenswelt werden Details dagegen immer unwichtiger. Das Innovationstempo der Technik und die Geschwindigkeit der sozialen Veränderungen haben derart zugenommen, dass sich Details permanent ändern. Der Gesetzgeber,

132 *Boehm*, Wie Bilder Sinn erzeugen. Die Macht des Zeigens. 2007, S. 199 ff. befasst sich grundsätzlich mit dem produktiven Potenzial der Unbestimmtheit und Unschärfe aus bildwissenschaftlicher Perspektive.

133 Instruktiv dazu der kunstgeschichtliche Blick auf das Phänomen der Unschärfe: Unschärfetendenzen in der Malerei und der Fotografie gegen Ende des 19. Jahrhunderts lassen sich auch als Rebellion gegen die Detailfixiertheit scharfer Darstellungen begreifen. Dazu *Ullrich*, Die Geschichte der Unschärfe. 2002, S. 19 ff. m. w. N.

der jedes Detail regeln will, gerät deshalb hoffnungslos ins Hintertreffen. Die modernen Industriegesellschaften differenzieren sich immer weiter aus; sie werden fragmentierter und komplexer. Das macht konditionale Steuerungsmodelle weitgehend unwirksam.[134] Wenn sich das Recht nicht von seiner simplen Wenn-dann-Logik löst, wird es als Steuerungsmedium in der digitalisierten Gesellschaft abgelöst werden. Die kompromisslose Schärfe des Rechts wird auch der Ausdifferenzierung und Fragmentierung der modernen Lebenswelt nicht mehr gerecht. Das Ideal der Schärfe-Logik ist eher die formelle Gerechtigkeit und eine strikt formale Gleichbehandlung von Individuen und Sachverhalten. In fragmentierten Gesellschaften ist das nicht angemessen und vielfach nicht praktikabel. Ab einem gewissen Grad an Zersplitterung ist eine formale Gleichbehandlung dysfunktional, wenn nicht schlicht unmöglich.

Eine Kernaufgabe des Rechts ist die Integration von Gesellschaften. Wenn das Recht das Auseinanderbrechen von Gesellschaften durch Hyper-Fragmentierung verhindern will, muss es in höchstem Maße integrierend wirken. Eine wenig differenzierte, sehr formale – mit anderen Worten: scharfe – Logik wird das nicht leisten können. Unschärfe dagegen ist grundsätzlich geeignet, auch Unvereinbares zu integrieren. Ein spektakuläres Beispiel dafür ist der *Formelkompromiss*, der völlig Konträres verbinden kann und dadurch Konflikte entschärft – jedenfalls für eine begrenzte Zeit.[135] Unschärfe kann – anders als Schärfe – mit Entgrenzungen, Konvergenzen, Widersprüchen und Interferenzen umgehen und Regelungsmodelle für hybride Phänomene entwickeln. Hier liegt das Potenzial, das eine Erschließung der Unschärfe-Logik für das Recht in der digitalisierten Welt hat. Unscharfes Recht kann Integrationsfunktionen in der hoch fragmentierten digitalisierten Welt erfüllen. Das herkömmliche, an der „scharfen" Logik orientierte Recht kann das dagegen immer weniger.

134 Zur Komplexität von Verwaltungen instruktiv *Schliesky* (Fn. 8), S. 14 ff. m.w.N.

135 Zur „Kunst des Formelkompromisses" *Greiffenhagen*, Kulturen des Kompromisses. 1999, S. 206.

Die „Datenautobahn“ als Infrastruktur: Gewährleistungs- und Verkehrssicherungspflichten des Staates

Sönke E. Schulz

I. Einführung

Die Metapher von der „Datenautobahn“ ist wohl schon so alt wie das Internet selbst[1]. Zutreffend bringt sie die Eigenschaft des Internets als „Infrastruktur“ zum Ausdruck (II.) – ohne dass aus dieser Zuordnung allein rechtliche Implikationen resultieren[2]. Sie verdeutlicht jedoch zutreffend die besondere Bedeutung, die dem Internet für Staat, Wirtschaft, Gesellschaft und jeden Einzelnen zukommt (III.). Die Charakterisierung des Internets als eine (wenn auch nicht lebensnotwendige[3]) aber doch essentiale Infrastruktur sowie der Vergleich mit der realen „Autobahn“ legen nahe, dass gewisse Parallelitäten auch hinsichtlich der maßgeblichen Rechtsregime und Handlungsinstrumentarien existieren bzw. zumindest existieren könnten. Angesprochen sind damit u. a. eine Infrastruktur- bzw. Gewährleistungsverantwortung des Staates (IV.), zugleich aber auch eine Verkehrssicherungspflicht, die das Ziel verfolgt, die von Betrieb und Nutzung der Infrastrukturen ausgehenden Gefahren für Dritte (sowie die Nutzer selbst[4]) zu minimieren (V.).

Beiden Aspekten soll im Folgenden nachgegangen werden, wobei sich zeigen wird, dass eine Diskussion der derzeit defizitären rechtlichen Erfassung des Phänomens „Internet“ bzw. in seinen potenzierten Erscheinungsformen des „Web 2.0“[5] oder des „Cloud Computing“[6] durch einen

1 Exemplarisch Focus Nr. 37/1996, S. 152: „Stau auf der Datenautobahn“.

2 Vgl. zur fehlenden Einordnung der „Infrastruktur“ als Rechtsbegriff *Schliesky/Schulz*, in: Rave/Schlie/Schliesky (Hrsg.), Erdgas, Strom, Breitband – Netzinfrastrukturen in Schleswig-Holstein im Wandel, 2010, S. 1 (15 f.).

3 Vgl. *Becker/Ambrock*, Die Gemeinde SH 2011, 3 (3).

4 Dies wird deutlich an Maßnahmen, die (nicht ausschließlich, aber) primär die Interessen des Nutzers selbst betreffen, so hinsichtlich der Gefahren des Straßenverkehrs die Helm- und Gurtpflicht.

5 Unter den Begriff „Web 2.0“ fallen zugleich eine Reihe miteinander verbundene Entwicklungen: Er bezeichnet die Interaktion der Nutzer, welche auf digitalen Plattformen zu neuen Formen der Zusammenarbeit und des Datenaustauschs zusammen finden. Das soziale Netz bezieht seine Nutzer aktiv in lebendige Wertschöpfungsprozesse ein – sei es durch die erleichterte Produktion eigener Inhalte, Kommentare, Tags oder auch nur durch die virtuelle Präsenz der Nutzer. Das Web 2.0 erlaubt es einem zuvor auf passiven Konsum beschränkten Publikum, zum Schöpfer vielfältiger multimedialer Inhalte zu werden

Rückgriff auf Regelungsinstrumente aus der analogen „Infrastrukturwelt" neue Impulse erhalten kann. Die diskussionswürdigen und naheliegenden Vergleiche erheben dabei keinesfalls den Anspruch auf Vollständigkeit und darauf, durch eine unmittelbare Übertragung alle Probleme lösen zu können; der Hinweis auf Parallelen aus der analogen Welt ist vielmehr darauf gerichtet, den Blick „über den Tellerrand" zu ermöglichen und nicht länger ausschließlich die – zwar thematisch näher liegenden, ggf. aber untauglichen[7] – Lösungsansätze des Telekommunikations-, Telemedien- und Datenschutzrechts zu fokussieren. Die zum Teil sehr technikorientierte Sichtweise des Internets und des „Internetrechts"[8] wird oftmals ohne intensivere Auseinandersetzung gegen „einfache" Lösungen instrumentalisiert, die angesichts der Besonderheiten des Netzes nicht übertragbar wären. Sich dieser (technischen) Besonderheiten bewusst, wird daher auch keine „Eins-zu-eins-Übertragung" gefordert, sondern vielmehr lediglich eine Vergewisserung über den Steuerungsanspruch des Rechts und seiner (überkommenen) Handlungsinstrumente.

Angesichts der Eigenschaft von IT und Internet als sog. „Querschnittsmaterie", als „Meta-Thema" muss sowohl bezogen auf die Gewährleistungs- als auch die Verkehrssicherungspflichten eine thematische Schwerpunktsetzung erfolgen – daher werden zahlreiche Aspekte lediglich gestreift, während einerseits der staatlichen Verantwortung für die Netzneutralität, andererseits der Verkehrssicherungspflicht hinsichtlich

– und stellt die Plattformen wie beispielsweise Blogs, Wikis und soziale Netzwerke für deren Verbreitung zur Verfügung; grundlegend *O'Reilly*, What is Web 2.0. Design Patterns and Business Models for the next Generation Software, 2005; *ders.*, Web 2.0 Compact Definition: Trying again, 2006; abrufbar unter http://oreilly.com; zum Einsatz in der öffentlichen Verwaltung *Schulz/Hoffmann*, innovative Verwaltung 1-2/2011, 33 ff.; Habbel/Huber (Hrsg.), Web 2.0 für Kommunen und Kommunalpolitik, 2008.

6 Unter Cloud Computing versteht man die gemeinsame Nutzung von Hard- und Softwaresowie Rechenkapazitäten, die nicht mehr lokalisierbar, sondern weltweit auf verschiedenen Servern nachfrage- und einzelfallabhängig zur Verfügung gestellt werden, durch verschiedene Organisationseinheiten; s. *Weiss*, netWorker 11 (2007), 16 ff.; *Krcmar*, Informationsmanagement, 5. Aufl. 2010, S. 692 ff. Das Cloud Computing baut dabei auf dem Konzept der Virtualisierung (*Baun/Kunze/Ludwig*, Informatik Spektrum 32 [2009], 197 ff.) auf, bei dem spezielle systemnahe Software genutzt wird, um Hardware (als virtuelle Maschine) und deren Systemsoftware (das Gastbetriebssystem) nachzubilden. Damit wird die technische IT-Infrastruktur virtuell und vollständig immateriell; zum Einsatz des Cloud Computing in der öffentlichen Verwaltung *Schulz*, MMR 2010, 75 ff.; *ders.*, VM 2010, 36 ff.

7 Dies zeigt sich insbesondere an der längst überfälligen Reform des deutschen Datenschutzrechts, welches nicht mehr zeitgemäß erscheint; exemplarisch *Bull*, NVwZ 2011, 257 ff.

8 Zur Einordnung des Internetrechts als Querschnittsmaterie statt Vieler *Leupold/Glossner*, in: dies. (Hrsg.), Münchener Anwaltshandbuch IT-Recht, 2. Aufl. 2011, Vorwort.

der individuellen Infrastrukturen (also der Zugangsgeräte des Einzelnen) näher nachgegangen wird.

II. Das Internet als „Infrastruktur"

Insbesondere unter dem Aspekt der Gewährleistungsverantwortung ähnelt das Internet anderen Einrichtungen, die klassischerweise der sog. „Daseinsvorsorge"[9] bzw. deren Fortentwicklung zur „E-Daseinsvorsorge"[10] zugeordnet werden. Obwohl eine enge Beziehung zwischen der (staatlichen) Daseinsvorsorge und (staatlichen) Infrastrukturen besteht, sind beide Begriffe nicht gleichbedeutend. Vielmehr können zahlreiche Infrastrukturen, aber gerade nicht alle, der Daseinsvorsorge zugeordnet werden; andersherum existieren auch Elemente der Daseinsvorsorge, die nicht, oder nur bei einem sehr weiten Verständnis der Infrastruktur zugehörig sind[11].

Ursprünglich bezeichnete der Begriff der „Infrastruktur" erdgebundene Anlagen, die der Mobilität dienen, bspw. Bahnhöfe und Brücken[12], im englischen Sprachraum wurde er zunächst vorrangig militärisch, bspw. für Kasernen und Radarstationen, verwendet[13]. Später setzte sich ein erweitertes Begriffsverständnis durch, das Infrastruktur definiert als die Gesamtheit der materiellen, institutionellen und personalen Anlagen, Einrichtungen und Gegebenheiten, die den Wirtschaftseinheiten im Rahmen einer arbeitsteiligen Wirtschaft zur Verfügung stehen[14]. Materiell erfasst werden bspw. Anlagen und Ausrüstungen der Energieversorgung und des Verkehrs, institutionell die Gesamtheit der gesetzlichen Normen, Einrichtungen und Verfahrensweisen sowie personell die Anzahl von Menschen

9 Zum Begriff statt Vieler *Ringwald*, Daseinsvorsorge als Rechtsbegriff, 2008.

10 *Luch/Schulz*, MMR 2009, 19 ff.; *dies.*, in: Hill/Schliesky (Hrsg.), Herausforderung e-Government, 2009, S. 305 ff.

11 Ausführlich *Hermes*, Staatliche Infrastrukturverantwortung, 1998, S. 340 ff.; am Beispiel des Wissensmanagements als Infrastruktur *Schulz*, in: Schliesky/Schulz (Hrsg.), Die Erneuerung des arbeitenden Staates, 2012, i. E.

12 Dieses Verständnis entstand im französischen Sprachraum um 1875; vgl. *Patig*, IT-Infrastruktur, in: Kurbel u. a. (Hrsg.), Enzyklopädie der Wirtschaftsinformatik, Online-Lexikon; abrufbar unter www.enzyklopaedie-der-wirtschaftsinformatik.de.

13 *Frey*, in: Handwörterbuch der Wirtschaftswissenschaft, Bd. 4, 1988, S. 200 ff.; *v. Laak*, Archiv für Begriffsgeschichte 41 (1999), 280 ff.

14 *Jochimsen*, Theorie der Infrastruktur, 1966, S. 145; vgl. auch *Jochimsen/Gustafsson*, in: Simonis (Hrsg.), Infrastruktur, 1977, S. 38 ff.; *Schulze*, Infrastruktur als politische Aufgabe, 1993, S. 40 ff.; *Scheele*, Privatisierung von Infrastruktur, 1993, S. 18 ff.; s. auch *Wilke*, Systemtheorie II, 1994, S. 240: „öffentliche Komplementär- und Supporteinrichtungen".

und deren Fähigkeiten[15]. Gemeinsam ist diesen Begriffsverständnissen, dass es sich bei der Infrastruktur um langlebige Güter handelt, die eine Vielzahl von Nutzungen ermöglichen[16]. Zu einem Rechtsbegriff konnte sich die Infrastruktur – trotz Verwendung in Rechtsnormen – bisher nicht verdichten[17].

Unter IT-Infrastrukturen versteht man Hardware[18], einschließlich der Netzanbindungen, Software und bauliche Einrichtungen für die Nutzung von Diensten im Internet und den Betrieb von (Anwendungs-)Software. Das Internet verfügt über alle Eigenschaften einer Infrastruktur, wird zum Teil gar als sog. „kritische Infrastruktur" eingeordnet[19]. Das Internet dient Staat, Wirtschaft und Gesellschaft systemübergreifend als Handlungsplattform, zudem erscheint es als Prototyp einer Einrichtung, die eine Vielzahl unterschiedlicher Nutzungen ermöglicht – angesichts der Entwicklungen z. B. zum Smart Life[20], zum Internet der Dinge[21] und des mobilen Internets[22] werden die Nutzungsmöglichkeiten in den nächsten Jahren weitergehend ansteigen. Vielleicht handelt es sich beim Internet (bzw. den Infrastrukturen, auf denen dieses basiert[23]) um *die* entscheidende Infrastruktur der nächsten Jahrzehnte[24].

15 Ausführlich zum Begriff auch *Hermes* (Fn. 11), S. 164 ff.

16 *Patig* (Fn. 12).

17 Dieses Urteil von *Hermes* (Fn. 11), S. 170 ff., ist wohl weiterhin berechtigt.

18 Hierzu gehören bspw. Rechentechnik (Computer, Storage-Systeme), Netzwerktechnik (Switches, Kabel), Peripheriegeräte (Tastatur, Belegleser, Bildschirm, Drucker, Scanner) sowie Geräte zum Betrieb der Hardware (Racks, unterbrechungsfreie Stromversorgungen).

19 Dazu Kloepfer (Hrsg.), Schutz kritischer Infrastrukturen: IT und Energie, 2010.

20 Aus juristischer Perspektive *Heckmann*, K&R 2011, 1 ff.

21 *Mattern/Flörkemeier*, Informatik-Spektrum 33 (2010), 107 ff.; Bullinger/ten Hompel (Hrsg.), Internet der Dinge, 2007; Fleisch/Mattern (Hrsg.), Das Internet der Dinge – Ubiquitous Computing und RFID in der Praxis, 2005.

22 Zum M-Government *Roßnagel/Knopp*, DÖV 2006, 982 ff.; *Schönhölzer/Schaible*, eGov Präsenz 1/2007, 18 f.; zum M-Commerce *Werner*, in: Roßnagel (Hrsg.), Mobilität und Kontext, S. 25 ff.; *Bremer*, CR 2009, 12 ff.; *Jandt*, Mobile Commerce, 2008.

23 Das Internet besteht aus Netzwerken unterschiedlicher administrativer Verwaltung, welche zusammengeschaltet werden. Dazu zählen vor allem Providernetzwerke, an die die Rechner der Kunden eines Internetproviders angeschlossen sind, Firmennetzwerke (Intranets), über welche die Computer einer Firma verbunden sind, sowie Universitäts-, Forschungs- und auch Verwaltungsnetzwerke. Physikalisch besteht das Internet im Kernbereich (in den Backbone-Netzwerken) sowohl kontinental als auch interkontinental hauptsächlich aus Glasfaserkabeln, die durch Router zu einem Netz verbunden sind. Auf der sogenannten letzten Meile, also bei den Hausanschlüssen, werden die Daten oft auf Kupferleitungen von Telefon- oder Fernsehanschlüssen und vermehrt auch über Funk, mittels WLAN oder UMTS, übertragen An Internet-Knoten werden viele verschiedene Backbone-Netzwerke über leistungsstarke Verbindungen und Geräte (Router und Switches) miteinander verbunden. Darauf wird der Austausch von Erreichbarkeitsinfor-

III. „IT changes“ – Die Bedeutung des Internets für Staat, Verwaltung und Gesellschaft

Die Bedeutung des Internets für Staat, Verwaltung und Gesellschaft ist aufs engste mit den Veränderungen und (bisher kaum abschließend bewertbaren) soziologischen Konsequenzen für das menschliche Miteinander verbunden, die grundsätzlich mit dem vermehrten IT-Einsatz in allen Lebensbereichen einhergehen[25]. Während im Jahre 2001 lediglich 37 % der über 14-jährigen Bevölkerung das Internet nutzten, sind es im Jahre 2011 bereits 75 %, wobei von diesen ein immer weiter steigender Anteil auf einen Breitband-Internetanschluss zugreifen kann. In der Altersgruppe der 14- bis 29-Jährigen beträgt der Anteil der „Nonliner“ gerade noch 2,7 %[26]. Grund hierfür ist das Web 2.0-Angebot mit Communities, Chats, Blogs und Foren, die speziell bei dieser Altersgruppe starken Anklang finden. Nach einer Studie ist bis 2012 gegenüber dem Jahr 2008 eine Vervierfachung des über das Internet bewegten Datenvolumens zu erwarten – wobei vor allem Video- und Livestream-Funktionalitäten sowie der zunehmende Breitbandzugang als Treiber fungieren. „Das Internet“ sei damit 75-mal so „groß“ wie im Jahr 2002[27]. Ob diese Berechnungen auch schon die Entwicklungen des mobilen Internets, insbesondere die aus der Verbindung mit modernen Möglichkeiten der Satellitenortung entstandenen „Location based Services“[28], zutreffend berücksichtigen konnten, erscheint angesichts des rasanten Wachstums und der kurzen Innovationszyklen in diesem Bereich fraglich. Um 50 Millionen Nutzer zu erreichen,

mationen zwischen jeweils zwei Netzen vertraglich und technisch als Peering, also auf der Basis von Gegenseitigkeit organisiert und somit der Datenaustausch ermöglicht.

24 Was sich auch daran zeigt, dass es zunehmend als strategisch relevant angesehen wird, auf die Regulationsinstrumente und -organisationen des Internets Einfluss ausüben zu können; zur Internet-Governance *Voegeli-Wenzl*, GRUR Int 2007, 807 ff.; s. auch *Gernroth*, Die Internet Corporation for Assigned Names and Numbers (ICANN) und die Verwaltung des Internets, 2008.

25 Früh *Schwalm*, Globale Kommunikation – Der Wandel sozialer Beziehungen durch die Kommunikation in Computernetzwerken, 1998; unter Berücksichtigung der Neuropsychologie *Carr*, Wer bin ich, wenn ich online bin ... und was macht mein Gehirn solange? wie das Internet unser Denken verändert, 2010.

26 Zahlen nach dem (N)onliner-Atlas der Initiative D21; s. http://www.initiatived21.de/.

27 CISCO Whitepaper „Approaching the Zettabyte Era“, 2008.

28 Dazu *Schnabel*, Datenschutz bei profilbasierten Location Based Services, 2009; *Butchereit*, Rechtliche Aspekte von Entertainmentangeboten und Zusatzdiensten im Mobilfunk, S. 71 ff.; *Steidle*, MMR 2009, 167 ff.; *Jandt/Schnabel*, K&R 2008, 723 ff.; *Jandt*, MMR 2007, 74 ff.

benötigte das Radio noch 38 Jahre, das Fernsehen immerhin 13 Jahre, das Internet hat diese Schwelle bereits nach vier Jahren überschritten[29].

Das Internet ermöglicht nicht nur eine globale Kommunikation, sondern wird zunehmend zum virtuellen Marktplatz für Waren und Dienstleistungen, insbesondere auch im Bereich des Groß- und Zwischenhandels. Große Teile des Wirtschafts-, Verwaltungs- und gesellschaftlichen Lebens verlagern sich in das Internet. Dies zeigt sich nicht nur am fortschreitenden Volumen des internetbasierten Handels und Onlinebankings, sondern auch (und viel mehr) am Erfolg und der stetig weiteren Verbreitung von Social Networking Sites wie Facebook, MySpace und Xing. Sowohl im E-Commerce als auch im E-Government wird eine weitere Steigerung der Nutzung elektronischer Angebote perspektivisch auch zum Abbau von (analogen) Doppelstrukturen führen können. Angesichts der zum Teil noch vorhandenen Skepsis wird der elektronische (und mobile) Zugangskanal zwar noch nicht in den nächsten Jahren, aber spätestens, wenn die Generation der „Digital Natives“ in der Überzahl ist, zum Normalfall der Kommunikation werden. Meldungen, nach denen Jugendliche täglich das Internet nutzen[30], zeigen die Entwicklung deutlich.

1. Individuelle Bedeutung: Sicherung der „Online-Handlungsfreiheit“

Die zunehmende Verlagerung zahlreicher banaler und persönlichkeitsrelevanter Verhaltensweisen in die Virtualität zeigt, dass es in die staatliche Gewährleistungsverantwortung fällt, die tatsächlichen – nicht nur finanziellen – Grundlagen auch der „Online-Grundrechte“ bzw. einer allgemeinen „Online- oder E-Handlungsfreiheit“ zu sichern, die vorrangig aus Art. 2 Abs. 1 GG, durchaus aber auch der digitalen Dimension spezieller Freiheitsverbürgungen abgeleitet werden kann[31].

Art. 2 Abs. 1 GG will eine umfassende Persönlichkeitsentfaltung grundrechtlich garantieren. Welche Entfaltungswege, ob medial, kommunikativ oder ähnliches, genutzt werden, bleibt unerheblich. Vielmehr ist jede Form der aktiven Entfaltung vom Schutzbereich der Allgemeinen Handlungsfreiheit umfasst. Die digitale Handlungsfreiheit ist ein nicht wegzudenkender Bestandteil der aus Art. 2 Abs. 1 GG erwachsenden Grundrechtsgarantie. Das Internet wird zur Pflege zwischenmenschlicher Beziehungen eingesetzt, ebenso bildet es Teilbereiche des gesellschaftli-

29 Vgl. www.un.org/cyberschoolbus/briefing/technology/tech.pdf.

30 http://www.welt.de/print/die_welt/politik/article12356014/Fast-jeder-Teenager-im-Internet.html

31 *Luch*, MMR 2011, 75 ff.

chen, kulturellen und politischen Lebens ab, von dem derjenige, der die technischen, wirtschaftlichen, körperlichen oder intellektuellen Fähigkeiten zur Nutzung des Internets nicht besitzt, ausgeschlossen wird. Das Internet bzw. der Zugang zu diesem bestimmt das Leben des Durchschnittsbürgers in der gegenwärtigen Gesellschaft insofern, als es die infrastrukturellen Voraussetzungen einer zeitgemäßen, dem Stand der Zivilisation entsprechenden Persönlichkeitsentfaltung sicherstellt. Keine Teilhabe am „Netz" bedeutet unter Umständen Ausschluss aus sozialen Gruppen, aus Diskussionen, aus der Vielfalt der nicht von einzelnen Medien oder Presseorganen vorgefilterten Informationen bis hin zum Ausschluss aus kommerziellen Plattformen. Mangelnde Teilhabe an solchen Möglichkeiten des Internets mag zwar nicht in jedem Fall zum schützenden sozio-kulturellen Existenzminimum an gesellschaftlichen Teilhabemöglichkeiten gehören, zur „Online-Handlungsfreiheit" hingegen zählen grundsätzlich sämtliche denkbare Handlungsoptionen in der digitalen Welt.

2. Gesellschaftliche Bedeutung: Eintrittskarte zur „digitalen Agora"

Das Internet wird, da gerade auch „demokratische" Grundrechte „im Internet" ausgeübt werden können, darüber hinaus auch zu einem entscheidenden Faktor für Meinungs-, Willensbildungs- und Beteiligungsprozesse, sowohl im Sinne einer Einwirkung auf staatliche als auch auf nichtstaatliche Akteure. Bei dem in diesem Kontext oft verwendeten Begriff des „Open Government"[32] liegt der inhaltliche Schwerpunkt zunächst auf dem Handeln von Politik und Verwaltung. Es ist jedoch zu erwarten, dass sich um die Ansätze des Open Government herum ein umfangreiches Geflecht von weiteren Aktivitäten entwickeln wird. Neben Politik und Verwaltung werden auch und vermutlich sogar in wesentlich stärkerem Maße Bürger, die Privatwirtschaft, die Wissenschaft, Verbände und Interessenvertretungen Akteure in diesem Geflecht sein. Die Öffnung von Politik und Verwaltung im Sinne eines Open Government wird nur dann erfolgreich sein, wenn die Entstehung dieses Geflechts unterstützt und gefördert wird. Im Sinne einer im 21. Jahrhundert beheimateten Version der Markt- und Versammlungsplätze in den Städten des antiken Griechenlands, die das Zentrum von Politik, Rechtsprechung, Handel und sozialer Interaktion bildeten, kann dieses Geflecht als „digitale Agora" bezeichnet

32 *Graudenz u. a.*, Vom Open Government zur Digitalen Agora, ISPRAT Whitepaper, 2011.

werden. Kennzeichen der digitalen Agora ist eine institutionen- und systemübergreifende Arbeitsteilung, keine oder zumindest eine eingeschränkte Hierarchie der Akteure sowie die Nutzung von (auch staatlichen) Informationen auf Basis von Angebot und Nachfrage – sodass gerade das sog. „Web 2.0“ prädestiniert erscheint, diesen Entwicklungen als Katalysator zu dienen. Das Internet sowie die „Online-Handlungsfreiheit“ sind die „Eintrittskarte“ des Einzelnen zu diesen Möglichkeiten der Teilhabe[33].

3. *Auswirkungen auf die Wirtschaft: internetunterstützte Wertschöpfungskette*

Die Auswirkungen, die IT und das Internet auf die Wirtschaftunternehmen haben, können hier nur skizziert werden. Sie stehen in einem engen Zusammenhang mit dem Übergang von einer Industrie- zu einer (wissensbasierten) Dienstleistungsgesellschaft – vom Bundesverfassungsgericht auch als „technisierte Informationsgesellschaft“ beschrieben[34]. Sowohl in der Privatwirtschaft als auch in der öffentlichen Verwaltung lassen sich eine wachsende Wissensintensität der angebotenen Leistungen, die schnelle Neuentwicklung von Produkten und Dienstleistungen, die zunehmende geografische Verteilung von wissensintensiven Prozessen sowie schnellere Veränderungen der Humanressourcen feststellen[35]. Es existieren eine systemübergreifende Wissensabhängigkeit und ein quantitativ und qualitativ stark zunehmender, zudem durch moderne Medien nahezu überall und jederzeit zugänglicher – ubiquitärer – Datenbestand[36]. Der weltweite Zugriff auf gemeinsame Datenbestände hat nicht nur ganz neue Formen der Arbeitsteilung ermöglicht, sondern verdeutlicht gerade auch das Angewiesensein auf eine allzeit verfügbare, möglichst breitbandige Internet-Verbindung zwischen allen Unternehmensstandorten, zu Zulieferern, externen Dienstleistern, Zwischenhändlern, Kunden und zahlreichen weiteren Akteuren.

Betrachtet man eine generische Wertschöpfungskette zeigt sich recht schnell, das IT und Internet auf allen Ebenen mittlerweile entscheidende Funktionen wahrnehmen[37]. Zieht man exemplarisch die Primäraktivitä-

33 *Luch/Schulz*, VM 2011, 104 ff.

34 BVerfGE 125, 175 (224); dazu *Schulz*, DuD 2010, 689 ff.; *ders.*, SGb 2010, 201 ff.

35 *Krcmar* (Fn. 6), S. 624.

36 *Augsberg*, DVBl 2007, 733 (733).

37 *Cronin*, Doing More Business on the Internet, 1995, S. 55 ff.; *Alpar*, Kommerzielle Nutzung des Internet – Unterstützung von Marketing, Produktion, Logistik und Querschnitts-

ten, die den eigentlichen Wertschöpfungsprozess beschreiben, sowie die Unterstützungsaktivitäten, die den Wertschöpfungsprozess ergänzen, nach *Porter* heran[38], ergibt sich folgendes Bild: interne und externe Logistikprozesse vollziehen sich zunehmend automatisiert und weltweit vernetzt; der Produktionsprozess kann auf neue Arbeitsformen zurückgreifen, durch das Internet können neue Produkte und Dienstleistungen geschaffen werden und zugleich wird die bisherige Produktion durch moderne Technologien, die in der Regel auch auf dem Internet basieren, erleichtert; Marketing und Werbung nutzen zunehmend das Internet, z. B. auch die sozialen Medien; das Internet ist zudem in vielen Bereichen zum Hauptvertriebs- und -distributionskanal geworden. Forschung und Entwicklung, Unternehmens-Infrastruktur und Beschaffungsprozesse sind ebenfalls kaum noch „klassisch" realisierbar, so sind z. B. „just-in-time"-Geschäfte und -Lieferketten nur mittels einer zielführenden IT-Unterstützung und einem Datenaustausch der Beteiligten abzubilden. Hinsichtlich des „Human Resource Management" ist ebenfalls ein erheblicher Wandel feststellbar: einerseits sind neue Arbeitsformen möglich geworden (Telearbeit, Videokonferenzen, Sharepoints etc.), andererseits stellt die zunehmende Durchdringung der Arbeitswelt mit IT neue Anforderungen an die Beschäftigten, die ihrerseits aber auch neue Erwartungen an den Arbeitgeber formulieren.

Besonders augenfällig wird die „Internetabhängigkeit" der Wirtschaft bei anderen kritischen Infrastrukturen, z. B. Energie- und Wasserversorgung, Abwasserentsorgung, Verkehrsinfrastrukturen, aber auch Finanztransaktionen, die oftmals auf Steuerungsprozesse angewiesen sind, die zeit- und ortsunabhängige Reaktionen ermöglichen und – selbst wenn weitgehend abgetrennte, „eigene" und sichere Kanäle genutzt werden – oft dennoch über Schnittstellen zu „allgemein zugänglichen" Telekommunikationsinfrastrukturen oder individuellen Komponenten (USB-Sticks etc.) verfügen, die ein enormes Sicherheitsrisiko darstellen können.

funktionen durch Internet, Intranet und kommerzielle Online-Dienste, 2. Aufl. 1998, S. 217 ff.

38 *Porter*, Wettbewerbsvorteile (Competitive Advantage) – Spitzenleistungen erreichen und behaupten, 3. Aufl. 1992, S. 59 ff.

4. Staatliche Aufgabenerfüllung ohne IT? Unmöglich!

Zwar verfügt die öffentliche Verwaltung in Deutschland in Teilbereichen über eigene Landes-, Kommunal- und Koppelnetze[39], dennoch ist die „Internetabhängigkeit“ nicht weniger ausgeprägt als bei Wirtschaftsunternehmen. Nicht nur, weil der Staat das Internet zunehmend als Erkenntnis- und Informationsquelle nutzt[40], Informationen im Netz veröffentlicht, sich im Internet darstellt und kritische Infrastrukturen in eigener Regie betreibt. Zahlreiche Verwaltungsprozesse, insbesondere sobald die behördeninterne Kommunikation verlassen wird, vollziehen sich ebenfalls unter Rückgriff auf Internet-Infrastrukturen. Dies gilt bspw. für die E-Mail- (perspektivisch: De-Mail-[41]) Kommunikation, aber auch die Sprachtelefonie, die zunehmend (in Form von Internet-Telefonie) über die gleichen Infrastrukturen abgewickelt wird[42]. Somit betreffen die genannten Auswirkungen des Internets auf die Wirtschaft die Behörden in gleicher Weise – auch Verwaltungsprozesse unterliegen einer Wertschöpfungskette, die auf allen Ebenen mittlerweile Berührungspunkte zum Internet aufweist bzw. auf dieses essentiell angewiesen ist.

Hinzu kommt aber, dass sich der Staat einerseits mit neuen „internetspezifischen“ Aufgaben (z. B. den hier beschriebenen Gewährleistung- und Verkehrssicherungspflichten) konfrontiert sieht, andererseits aber auch zahlreiche überkommene Staatsaufgaben einem den neuen Technologien geschuldeten Wandel unterliegen (Stichworte: E-Learning und E-Health[43]).

39 S. zum TESTA-D-Netz *Sichel*, DVBl 2009, 1014 (1015, Fn. 11; 1018); mittlerweile wurde die Verantwortung für das Koppelnetz nach dem IT-NetzG (BGBl I 2009, 2702) auf den IT-Planungsrat überführt.

40 Dazu *Schulz/Hoffmann*, DuD 2011, i. E.

41 Auch diese basiert auf den allgemeinen Internet- (TCP) und E-Mail- (SMTP) Protokollen und kann nicht unabhängig von einer allgemeinen Internet-Infrastruktur betrieben werden.

42 Dazu *Henkel*, Voice over IP – rechtliche und regulatorische Aspekte der Internettelefonie, 2008; *Bonnekoh*, Voice over IP: Rechtsprobleme der Konvergenz von Internet und Telefonie, 2007.

43 *Krüger-Brand*, DÄ 2010, A 1686 ff.; *Wirtz/Ullrich/Mory,* e-Health – Akzeptanz der elektronischen Gesundheitskarte, 2008, S. 16 ff.; Jähn/Nagel (Hrsg.), e-Health, 2004; s. auch *Pitschas,* NZS 2009, 177 ff.

5. Fazit

Diese Überlegungen zeigen vor allem Eines: Während für den Bürger der Ausfall seiner IT-Infrastruktur bzw. des Internets für wenige Stunden (wenn auch schwer, so dennoch) verkraftbar sein mag, sieht dies bei Unternehmen, aber auch bei staatlichen Akteuren anders aus. Eine funktionsfähige Infrastruktur (gesichert durch das Grundrecht auf Integrität informationstechnischer Systeme[44]) ist nicht ausschließlich für den Freiheitsgebrauch der Bürger erforderlich, sondern der Staat hat selbst ein originäres Interesse daran, zumal staatliche Aufgabenerfüllung und zahlreiche wirtschaftliche Prozesse ohne Informations- und Kommunikationstechnologien heutzutage undenkbar erscheinen. Die „Internetabhängigkeit" von Wirtschaft, Staat und Privatpersonen dürfte in den nächsten Jahren noch erheblich zunehmen.

IV. Infrastruktur- und Gewährleistungsverantwortung des Staates

Geht man ausgehend von dieser Charakterisierung des Internets nun der Rolle des Staates nach, rückt damit – zutreffend durch *von Lewinski* auf den Punkt gebracht – die Frage nach der Existenz eines „Rechts auf Internet" in den Mittelpunkt der Diskussion[45]. Insofern ist eine Differenzierung zwischen inhaltlicher und technischer Ebene angezeigt, bei der sich eine Gewährleistungsverantwortung primär – schon ausgehend von einer staatlichen Neutralitätspflicht[46] – nicht auf die Inhalte, sondern auf den inhaltsneutralen (technischen) Zugang beziehen wird[47]. Diese Zugangsebene lässt sich weitergehend in die Bereitstellung einer übergreifenden (Telekommunikations-) Infrastruktur, individuelle Infrastrukturkomponenten sowie einen individuellen Zugang unterteilen. Nachfolgend sollen daher jeweils die konkrete Reichweite, die besondere Bedeutung für den

44 BVerfGE 120, 274 ff.; dazu *Volkmann*, DVBl 2008, 590 ff.; *Kutscha*, NJW 2008, 1042 ff.; *Britz*, DÖV 2008, 411 ff.; *Böckenförde*, JZ 2008, 925 ff.; *Hornung*, CR 2008, 299 ff.; *Bartsch*, CR 2008, 613 ff.; *Stögmüller*, CR 2008, 435 ff.; *Heckmann*, in: Kluth u. a. (Hrsg.), Festschrift für Rolf Stober, 2008, S. 615 ff.; umfassend Roggan (Hrsg.), Online-Durchsuchung, 2008; *Bäcker*, in: Rensen/Brink (Hrsg.), Linien der Rechtsprechung des Bundesverfassungsgerichts, 2009, S. 99 ff.

45 *V. Lewinski*, RW 2011, 70 ff.; dazu demnächst auch *Luch/Schulz*, in: Schliesky/Schulz (Hrsg.), E-Daseinsvorsorge, 2012, S. 1 ff.

46 Siehe dazu insbesondere im Kontext der Subventionierung von Presseerzeugnissen BVerfG, NJW 1989, 2877 ff.

47 Zu inhaltsbezogenen Gewährleistungspflichten *v. Lewinski*, RW 2011, 70 (78 ff.).

Einzelnen, bereits vorhandene Realisierungsstrategien des Staates dargestellt und zusätzlich Vergleiche aus der „analogen" Welt angeführt werden. Der Vergleich mit Verkehrsinfrastrukturen kommt hinsichtlich aller drei Bestandteile in Betracht, wobei darauf hinzuweisen ist, dass aus der besonderen Bedeutung und der daraus resultierenden „Handlungsverpflichtung" des Staates in der Regel keine konkreten Maßnahmen (im Sinne eines subjektiven Anspruchs) ableitbar sind, zumal ein weiter Einschätzungsspielraum besteht – wie er insbesondere im Wandel von einer staatlichen Erfüllungs- hin zu einer Gewährleistungsverantwortung zum Ausdruck kommt[48]. Insofern stellt die Verkehrsinfrastruktur mittlerweile eine singuläre Erscheinung dar, vollzieht sich der Aufbau und Unterhalt der übergreifenden Infrastruktur weitgehend noch in unmittelbarer staatlicher Verantwortung.

1. Bereitstellung einer übergreifenden Infrastruktur

Ohne eine übergreifende Telekommunikationsinfrastruktur – und dies sei hier technikneutral verstanden – ist eine Internet-Nutzung von vornherein ausgeschlossen. Die Versorgung mit leitungsgebundenen oder Funknetzen ist also Teilelement des Rechts auf Internet – die Breitbanddebatte der letzen Jahre hat dies deutlich gezeigt[49]. Sie illustriert auch, dass in diesem Bereich die staatliche oder staatlich initiierte Bereitstellung durch Private den Schwerpunkt bilden muss – niemand kann selbst für diese Infrastrukturen sorgen. Insofern bestehen weitgehende Parallelitäten zur analogen Verkehrsinfrastruktur, bei der Bau und Unterhalt der Autobahnen, Bundes-, Landes- und kommunalen Straßen zwar das Vorhandensein einer übergreifenden Infrastruktur sichern, die jedoch zunächst für den Endnutzer wenig Funktionalitäten bietet und ihre besondere Funktion nicht erfüllen kann. Die übergreifende Infrastruktur verfügt ihrerseits daher über zwei zu differenzierende Komponenten, nämlich einerseits die Erbringung von Diensten auf den Netzen, andererseits vorgelagert Aufbau, Pflege und Betrieb der Netzinfrastrukturen als solches. Neben Bau und Unterhalt des Straßennetzes ist somit auch der Vergleich mit der Schaffung des öffentlichen Personennahverkehrs in seiner Gesamtheit angebracht – er entspricht dem Angebot von Diensten „auf den Netzen",

48 Exemplarisch *Franzius*, ZG 2010, 66 ff.

49 Aus juristischer Perspektive *Ritgen*, NdsVBl 2011, 97 ff.; *Koenig*, N&R 2011, 168 ff.; *Kühling*, WiVerw 2010, 135 ff.; *Holznagel/Deckers*, DVBl 2009, 482 ff.; *Holznagel/Deckers/Schramm*, NVwZ 2010, 1059 ff.

die auch bei der Telekommunikation erst die Nutzung für den Einzelnen ermöglichen.

a. Begründung einer Gewährleistungspflicht

Während die bereits dargestellten Ansätze eine individual-, wirtschafts- und staatszentrierte Sichtweise zu Grunde legen – die besondere Bedeutung des Internets also ausgehend von den Bedürfnissen einer bestimmten Nutzergruppe begründen, kann das Erfordernis einer übergreifenden Struktur, die ohnehin Basis aller individuellen Zugänge und Nutzungen ist, jedoch auch auf einen weitergehenden übergreifenden Ansatz zurückgeführt werden, der wiederum Parallelen zwar nicht zur klassischen Verkehrsinfrastruktur aber zu den „öffentlichen Räumen" aufweist. Dies bringt auch die Metapher des „Cyber*space*"[50] zum Ausdruck. Eine Analogie zu den konventionellen „öffentlichen Räumen" – Straßen, Plätze, Einkaufszentren bzw. ganz allgemein Orte des menschlichen Zusammenkommens aber auch des Aufeinandertreffens unterschiedlicher Lebensentwürfe und -ansichten – kann nämlich auch staatliche Gewährleistungsansprüche zu begründen. Dieser Ansatz basiert partiell auf den vorgenannten Überlegungen, ergänzt diese jedoch durch eine besondere Qualifizierung der gemeinsamen Plattform, auf der demokratischer Diskurs, individuelle Entfaltung und wirtschaftliche Aktivitäten stattfinden – sei es im herkömmlichen öffentlichen Raum oder dessen virtuellem Äquivalent.

Die räumlich-gegenständliche Dimension der Grundrechte[51] ist bisher nicht als eigenständige Funktion anerkannt, vielmehr handelt es sich um einen Teilaspekt der objektiven Grundrechtsfunktion[52], die die Aufgabe besitzt, die tatsächlichen Voraussetzungen einer effektiven Grundrechtsausübung bzw. Grundrechtsausübungsmöglichkeit zu garantieren. Zu diesen tatsächlichen Voraussetzungen zählt bei vielen, insbesondere den „demokratischen" sowie den auf (auch banale) Kommunikation angelegten Grundrechten ein räumliches Substrat, welches das Zusammentreffen mit Anderen ermöglicht. Hintergrund der räumlichen Komponente

50 *Ellrich*, in: Maresch/Werber (Hrsg.), Raum Wissen Macht, 2002, S. 92 ff.
51 Ausführlich *Ernst*, in: Schliesky/Ernst/Schulz (Hrsg.), Die Freiheit des Menschen, Festschrift für Edzard Schmidt-Jortzig, 2011, S. 79 ff.
52 *Ernst* (Fn. 51), S. 79 (89), vergleicht sie daher zutreffend mit der „verfahrens- oder organisationsrechtlichen Dimension" der Grundrechte.

der Grundrechte ist die Idee der griechischen Agora[53]. Die Agora „fand ihren Ursprung im zentralen Platz eines Dorfes und mit dem Zusammenschluss mehrerer Dörfer zu einer Polis bildete sie einen abgegrenzten, aber frei zugänglichen Platz im Stadtgebiet. Dabei wanderte die Agora immer mehr in den politischen, gesellschaftlichen, wirtschaftlichen und zum Teil auch geografischen Mittelpunkt der sich neu herausbildenden Städtegemeinschaft hinein“[54]. „Nach *Homer* war die Agora so bedeutsam für das gesellschaftliche Leben, dass ihr Fehlen als Sinnbild für einen unkultivierten und gesetzlosen Zustand galt“[55]. Unter demokratischer Perspektive ist es also erst die Öffentlichkeit, die dem Einzelnen und dem Volk die Möglichkeit gibt, eine Position einzunehmen, durch die eine Auseinandersetzung mit staatlichem Handeln und dessen Beeinflussung möglich wird[56]. Im Mittelpunkt steht dabei weniger das Ergebnis der Meinungsbildung, als die Freiheit des Meinungsbildungsprozesses und der entsprechenden Verfahren[57], „bildhaft also die Abfolge von Rede und Replik, wie sie auch schon die griechische Agora beherrscht hat“[58]. Der öffentliche Raum wird so zu dem Ort, an dem eine Legitimationsrückkoppelung, ein „systemtheoretisches Feedback“[59], erfolgt[60]. Neben die demokratische Komponente tritt gleichberechtigt jedoch auch eine für die Persönlichkeitsbildung und -entfaltung unabdingbare Funktion. Der öffentliche Raum ist wie kein anderer gesellschaftlicher Faktor darauf ausgerichtet, das Zusammentreffen mit anderen Menschen zu ermöglichen, er dient seit jeher der menschlichen Selbstdarstellung[61]. Dies zeigt sich nicht nur in den vielfältigen Entfaltungsmöglichkeiten durch Grundrechtsausübung im öffentlichen Raum und in der gleichgerichteten, übereinstimmenden Inanspruchnahme, sondern auch daran, dass der öffentli-

53 *Ernst* (Fn. 51), S. 79 (85 ff.).

54 *Huning*, Politisches Handeln in öffentlichen Räumen, S. 26 f.

55 *Höcker*, Metzler Lexikon antiker Architektur, 2004, S. 2; *Kenzler*, Studien zur Entwicklung und Struktur der griechischen Agora in archaischer und klassischer Zeit, 1999, S. 31, unter Verweis auf *Homer*, Od. 9, 112.

56 Vgl. *Ernst* (Fn. 51), S. 79 (87); *Kugelmann*, Die informatorische Rechtsstellung des Bürgers, 2001, S. 8.

57 *Kloepfer*, in: Isensee/Kirchhof (Hrsg.), Handbuch Staatsrecht, Bd. 3, 3. Aufl. 2005, § 42 Rn. 12.

58 *Ernst* (Fn. 51), S. 79 (87 f.).

59 Vgl. hierzu *Thiery*, in: Mols/Lauth/Wagner (Hrsg.), Politikwissenschaft, 4. Aufl. 2003, S. 220; *Naßmacher*, Politikwissenschaft, 5. Aufl. 2004, S. 126; *Waschkuhn*, in: Nohlen (Hrsg.), Wörterbuch Staat und Politik, 3. Aufl. 1995, S. 761.

60 Vgl. *Ernst* (Fn. 51), S. 79 (88).

61 *Ernst* (Fn. 51), S. 79 (90).

che Raum ein Ort ist, „an dem man lernen muss, sich auf andere Menschen einzulassen und mit ihnen umzugehen“[62].

Vor diesem Hintergrund lassen sich für den – klassischen – öffentlichen Raum verschiedene Aufträge für das staatliche Handeln formulieren. „Erstens darf der öffentliche Raum, der sowohl eine formelle und eine materielle Komponente aufweist und damit nicht nur materiell der Allgemeinheit zur Nutzung zur Verfügung steht, sondern dabei auch formell einem öffentlich-rechtlichen Nutzungsregime unterfällt, nicht vollständig abgeschafft werden … Zweitens muss ungeachtet dessen, je mehr dieser … öffentliche Raum durch einen lediglich materiell geprägten öffentlichen Raum ersetzt wird, die Ausstrahlungswirkung der Grundrechte stärker auf etwaige private Nutzungsverhältnisse einwirken. Die grundrechtsverpflichtete Staatsgewalt trifft insofern eine Gewährleistungsverantwortung“[63].

Überträgt man diese Betrachtung der räumlich-gegenständlichen Dimension der Grundrechte auf die „Online-Grundrechte“[64] werden die Parallelen zur klassischen Grundrechtsausübung deutlich. Nicht nur einzelne der Online-Grundrechte sind auf einen „virtuellen“ öffentlichen Raum angewiesen, vielmehr ist die Existenz eines solchen Raums sowie der individuelle Zugang zu diesem Raum unabdingbare Entstehensvoraussetzung der Online-Grundrechte. Ohne „virtuellen“ Raum keine „virtuellen Grundrechte“. Je mehr sich also das Internet zu einem System entwickelt, in und mithilfe dessen sich gesellschaftliche Teilhabe vollzieht, sich zunehmend auch Partizipations-, Meinungsbildungs-, Wirtschafts- und Verwaltungsprozesse ins Netz verlagern, das Internet also zur „Digitalen Agora“ im umfassenden Sinn wird, umso bedeutsamer wird es also, staatlicherseits die Existenz und den Zugang zu sichern. Wie der öffentliche Raum seit jeher, ist der virtuelle Raum aber ebenfalls ein Ort des Aufeinandertreffens, der Kommunikation mit Anderen sowie – insbesondere im Kontext des Web 2.0 und der beständigen Zunahme „nutzergenerierter Inhalte“[65] – der Selbstdarstellung und damit der Entfaltung individueller Persönlichkeit.

Aufgrund des Gleichlaufs der Bedeutung der „analogen“ und digitalen Agora für das demokratische Gemeinwesen, die Entfaltung des Einzelnen und wirtschaftliche Abläufe entsprechen sich auch die daraus ableitbaren

62 *Huning* (Fn. 54), S. 12; *Zöller*, in: Wiegandt (Hrsg.), Öffentliche Räume – öffentliche Träume, 2006, S. 73 (75).

63 *Ernst* (Fn. 51), S. 79 (89).

64 *Luch*, MMR 2011, 75 ff.

65 Zu deren besonderen urheberrechtlichen Problematik *Berberich*, MMR 2010, 736 ff.

Verpflichtungen des Staates. Es geht also einerseits um Abwehrrechte (gegenüber staatlichen Maßnahmen, die den Zugang zu diesen öffentlichen Räumen beeinträchtigen) und andererseits um die Gewährleistung des öffentlichen Raums, wobei das beim klassischen Raum bestehende Verbot der „Vollprivatisierung" aufgrund des von Anfang nichtstaatlichen, sondern ausschließlich privaten Charakters des Internets keine Entsprechung findet. Da der virtuelle öffentliche Raum also überwiegend ein lediglich materiell geprägter öffentlicher Raum ist, steht die Ausstrahlungswirkung der Grundrechte auf etwaige private Nutzungsverhältnisse im Mittelpunkt bzw. muss vom Staat (z. B. durch Regulierungsmaßnahmen in Form eines Kontrahierungszwanges zur Sicherung des Zugangs) aktiviert und unterstützt werden. Auch geht es – anders als bei den „realen" Räumen – weniger darum, die Grundrechtsbetätigung in „fremden" privaten Räumen, wie z. B. Flughäfen[66], Einkaufspassagen etc., zu ermöglichen, als vielmehr den Zugang im Sinne der drei genannten Komponenten zu ermöglichen, da aufgrund der Vielfalt der Angebote und Dienste eigentlich jeder einen „virtuellen fremden Raum", dessen Eigentümer („Betreiber") ihn zulässt, für seine Grundrechtsentfaltung finden dürfte. Insbesondere stehen ausreichend nicht (im klassischen Sinn) kommerzialisierte Angebote zur Verfügung[67].

b. Realisierungsoptionen und Vergleiche aus der „analogen" Welt

Welche Möglichkeiten stehen dem Staat also zur Verfügung, diese Verpflichtung zu erfüllen und eine dieser Bedeutung gerecht werdende Infrastruktur zu sichern. Aufgrund der ausdrücklichen verfassungsrechtlichen Anordnung in Art. 87f GG sind Gesetzgebung und Verwaltung hinsichtlich der Telekommunikation auf eine Gewährleistungsfunktion begrenzt, die staatliche Erfüllung ist hier – anders als in anderen Bereichen, wie bspw. hinsichtlich von Verkehrsinfrastrukturen und im öffentlichen Personennahverkehr – de constitutione lata ausgeschlossen. Allerdings ist diese verfassungsrechtliche Vorgabe ihrerseits nicht zum unantastbaren Essential der grundgesetzlichen Ordnung (vgl. Art. 79 Abs. 3 GG[68]) zu zählen; sollte das erforderliche Versorgungsniveau nicht gesichert werden können, entstünde ein verfassungsimmanenter Konflikt zwischen den

66 Grundlegend BVerfG, NJW 2011, 1201 ff.; dazu *Enders*, JZ 2011, 577 ff.

67 Gleichwohl erhalten die Diensteanbieter in der Regel eine Gegenleistung, bspw. in Form personenbezogener Daten, die dann auf andere Weise kommerzialisiert werden.

68 Ausführlich *Schulz*, Änderungsfeste Grundrechte, 2008.

grundrechtlich oder sozialstaatlich begründeten Pflichten auf der einen und dem Privatisierungsgebot des Art. 87f GG auf der anderen Seite.

Art. 87f GG enthält aber nicht nur Vorgaben zu den Modalitäten der Sicherstellung einer hinreichenden Versorgung – unabhängig von den genannten weiteren Begründungsansätzen, darüber hinaus auch eine unmittelbare Gewährleistungsverpflichtung des Bundes[69]. Sowohl Infrastrukturauftrag als auch Privatwirtschaftlichkeitsgebot beziehen sich nicht allein auf ausreichende Dienstleistungen auf bereits vorhandenen Netzen, sondern – gleichsam reflexartig – auch auf die logisch vorgelagerte Frage der staatlichen Gewährleistung des ausreichenden Vorhandenseins und nötigenfalls Aus- und Aufbaus von Netzinfrastrukturen, wie sie für ein ausreichendes Dienstleistungsniveau notwendig sind[70]. Die Gewährleistungsverpflichtung des Art. 87f GG bezieht sich allerdings nur auf die explizit genannte „Minimalgarantie" flächendeckender, angemessener und ausreichender Dienstleistungen im Bereich der Telekommunikation. Was insoweit im Einzelnen erforderlich ist, unterliegt der Einschätzungsprärogative des Gesetzgebers[71]; Art. 87f GG dürfte – in verfassungsgemäßer Weise – insofern von der Universaldienstverpflichtung der §§ 78 ff. TKG ausgefüllt sein. Diese schließt jedoch nur einen „funktionalen", d. h. nicht zwingend breitbandigen Internetzugang ein[72]. Eine weitergehende Infrastrukturverantwortung des Staates ausgehend vom objektiven Gehalt der (Online-) Grundrechte oder über das Sozialstaatsprinzip, die bspw. auch breitbandiges Internet oder perspektivisch bestimmte mobile Dienstleistungen erfasst, wird von Art. 87f GG nicht ausgeschlossen[73]; allerdings dürfte die Vorschrift hinsichtlich der Erfüllungsmodalitäten ebenfalls Anwendung finden.

Die Vorgabe des Art. 87f GG ist aus mehreren Gründen aber auch ambivalent zu bewerten: Einerseits betont sie durch die unmittelbar und explizit formulierte Gewährleistungsverpflichtung die besondere Bedeutung der Telekommunikation, zugleich verhindert diese ausdrückliche Normie-

69 Zu Kompetenzfragen beim Aufbau auch *v. Lewinski*, RW 2011, 70 (71, Fn. 12); *Windthorst*, in: Sachs (Hrsg.), GG, 5. Aufl. 2009, Art. 87f Rn. 28a; zur Rolle der kommunalen Selbstverwaltung bei der Realisierung der „E-Daseinsvorsorge" auch *Schulz*, in: Schliesky (Hrsg.), Selbstverwaltung im Staat der Informationsgesellschaft, 2010, S. 101 ff.

70 *Lepsius,* in: Fehling/Ruffert (Hrsg.), Regulierungsrecht, 2009, § 4 Rn. 95; *Kugelmann*, VerwArch 95 (2004), 515 (521).

71 *Remmert*, in: Epping/Hillgruber (Hrsg.), Beck'scher Online-Kommentar GG, Ed. 11 (Stand: 01. 07. 2011), Art. 87f Rn. 8.

72 *Schliesky*, Öffentliches Wirtschaftsrecht, 3. Aufl. 2008, S. 308; *Holznagel/Enaux/Nienhaus*, Telekommunikationsrecht, 2. Aufl. 2006, § 15 Rn. 610.

73 So ausdrücklich auch *v. Lewinski*, RW 2011, 70 (73 f.).

rung den Blick auf andere, ggf. weitergehende Begründungsansätze. Andererseits ist das Privatwirtschaftlichkeitsgebot grundsätzlich zu begrüßen, sinnvolle staatliche Maßnahmen neben dem definitiv unzulässigen „verwaltungsmäßigen, unmittelbar daseinsvorsorgerisch motivierten Netzbetrieb durch den Staat oder Kommunen selbst“[74] sind aufgrund dessen jedoch einer erhöhten Rechtfertigungsbedürftigkeit ausgesetzt.

In erster Linie wird Art. 87f GG also durch gesetzliche Regelungen zur Regulierung des Marktes und zu seiner Beaufsichtigung realisiert[75]; dennoch geht es nicht ausschließlich um hoheitliche Eingriffsverwaltung[76]. Statthaft sind vielmehr auch Formen der indirekten (externen) Steuerung durch finanzielle Förderung[77]. Als eine zulässige (d. h. vom Gebot privatwirtschaftlicher Leistungserbringung nicht erfasste, aber am EU-Beihilfenregime zu messende) Form eines verwaltungsmäßigen Netzausbaus wird man es daher ansehen können, wenn der Staat oder eine Kommune Übertragungswege, die der Markt nicht bereitstellt, in Eigenregie errichtet, nicht um diese dann selbst technisch zu betreiben und auf ihnen Telekommunikationsdienstleistungen anzubieten, sondern um diese (im Wege der Vermietung, Veräußerung oder auf sonstige Weise) einem Betreiber und Anbieter zur Verfügung zu stellen, der seinerseits dem Privatwirtschaftlichkeitsgebot genügt[78]. Hinzu kommen vormals eher als randständig betrachtete Regulierungsinstrumente, etwa die Frequenzordnung; so wurde die Versteigerung des aus der „Digitalen Dividende“ hervorgegangenen Frequenzspektrums ausdrücklich an Versorgungsauflagen in Bezug auf den bislang unterversorgten ländlichen Raum geknüpft[79]. Auch die EU drängt die Mitgliedstaaten, ihre Breitbandstrategien und Förderaktivitäten zu einer regelrechten „Breitbandplanung“ auszubauen[80]. Auf diese Weise halten Elemente der staatlichen Planung und Bezuschussung Eingang ins Telekommunikationsrecht, die in anderen Regulie-

74 *Möstl*, in: Maunz/Dürig, Grundgesetz, Loseblatt (61. Erg.-Lieferung 2011), Art. 87f Rn. 33.

75 Remmert (Fn. 71), Art. 87f Rn. 9.

76 Möstl (Fn. 74), Art. 87f Rn. 77.

77 Cornils, AöR 131 (2006), 377 (411 ff.).

78 Stephan, Die wirtschaftliche Betätigung der Gemeinden auf dem privatisierten Telekommunikationsmarkt, 2009, S. 107 f.

79 *Möstl* (Fn. 74), Art. 87f Rn. 80; s. auch *Böhm,* Konzeptionelle Frequenzplanung im Telekommunikationsrecht, 2010.

80 Mitteilung der Kommission „European Broadband: investing in digitally driven growth“, COM (2010) 472, S. 6 ff.; siehe auch bereits „Digitale Agenda“, KOM (2010) 245 endg/2, S. 25. Die EU selbst trifft lediglich eine Verpflichtung, „zum Auf- und Ausbau transeuropäischer Netze“ beizutragen; vgl. Art. 170 Abs. 1 AEUV. Zur konkreten Reichweite *Calliess*, in: ders./Ruffert (Hrsg.), EUV/AEUV, 4. Aufl. 2011, Art. 170 AEUV Rn. 11 f.

rungssektoren (z. B. Schienenwegeausbauplanung) üblich sind, während der (einer Netzzugangsregulierung logisch vorgelagerte) Gesamtkomplex der Netzausbau- und Netzinfrastrukturregulierung im TKG bislang nur unzureichend ausgeprägt ist[81].

Je mehr weitere Dienstleistungen (Breitband, mobile Dienste etc.) zu einer als unverzichtbar empfundenen Grundversorgung werden[82], desto mehr besteht ausgehend von Art. 87f GG eine Verpflichtung, durch geeignete Maßnahmen – und sei es auch außerhalb des Universaldienstkonzepts – auf einen ausreichenden Versorgungsgrad hinzuwirken. Aber auch jenseits dieses Bereichs folgt aus Art. 87f GG eine Direktive, in einer zukunftsgerichteten Weise neue Technologien, die vielleicht erst in einigen Jahren zum Standard werden (z. B. Next Generation Networks[83]), bereits in der Gegenwart entsprechend zu fördern und einer geeigneten Regulierung zuzuführen (Optimierungsgebot)[84].

2. Individueller Zugang zum Internet

Zumal weder Verkehrs- noch Telekommunikationsinfrastruktur für sich genommen geeignet sind, ihre spezifische (gesellschaftliche) Funktion zu erfüllen, bedarf der Einzelne auch noch eines individuellen Zugangs zum Netz. Der individuelle Zugang zum Internet setzt dabei die grundsätzliche Möglichkeit voraus, einen entsprechenden Dienstleistungsvertrag (Provider-Vertrag[85]) über den Zugang mit einem Anbieter abzuschließen. Dies vollzieht sich in der Regel nach marktwirtschaftlichen Grundsätzen – fraglich ist lediglich, ob der Staat hinsichtlich des als Minimum erkannten „Universaldienstes" nicht auch einen allgemeinen Kontrahierungszwang statuieren muss. Ein solcher sichert den gleichberechtigten Zugang zu diesem Minimum[86]. Neben einer vertraglichen Abrede setzt der individuelle Zugang jedoch auch – in der Regel – finanzielle Mittel voraus, zumal der Provider ein Entgelt für seine Dienstleistungen einfor-

81 *Möstl* (Fn. 74), Art. 87f Rn. 80; *Höppner,* Die Regulierung der Netzstruktur, 2009, S. 396.

82 *Möstl* (Fn. 74), Art. 87f Rn. 72.

83 *Kühling*, WiVerw 2010, 135 ff.; *Fetzer*, WiVerw 2010, 145 ff.

84 *Möstl* (Fn. 74), Art. 87f Rn. 72.

85 Zur Rechtsnatur des Provider-Vertrages *Redeker*, IT-Recht, 4. Aufl. 2007, Rn. 921 ff.

86 Der individuelle Zugang und die Breitband-Debatte beziehen sich vorrangig auf die sog. „letzte Meile", die das schwächste (langsamste) Glied der Infrastruktur darstellt. Dass der Zugang nicht durch Maßnahmen des Netzwerkmanagements „im Netz" konterkariert wird, muss demgegenüber über die Netzneutralität gesichert werden.

dern wird. Vertragsschluss und regelmäßige Zahlung der Vergütung sichern im Zusammenspiel den individuellen Zugang. Auch hier bietet sich wiederum ein Vergleich mit den Verkehrsinfrastrukturen und dem individuellen Zugang zu deren Diensten an: die Nutzung des ÖPNV erfordert einerseits den Abschluss eines entsprechenden Beförderungsvertrages, zugleich aber auch die Zahlung eines entsprechenden Entgelts. Soweit einzelne Streckenabschnitte auch für die Pkw-Nutzung „bemautet" sind, ist die Situation ebenfalls vergleichbar – hinzu kommt die Notwendigkeit, die eigene individuelle Infrastruktur vorzuhalten.

a. Begründung einer Gewährleistungspflicht

Die dargestellte Bedeutung des Internets zeigt, dass auch der individuelle Zugang erfasst sein muss. Allerdings ist „Zugang" nicht gleich „Zugang", „Breitband" nicht gleich „Breitband"; daher besteht insbesondere Klärungsbedarf, wie weit die Gewährleistungspflicht konkret reicht[87]. Die übergreifenden Infrastrukturen sichern nämlich grundsätzlich ein deutlich höheres Versorgungsniveau ab, als dem Einzelnutzer für eine der gesellschaftlichen Funktion gerecht werdende Teilhabe zur Verfügung stehen muss. Welche Dienstequalität der Einzelne nutzen kann, richtet sich vorrangig nach der vertraglichen Absprache mit seinem Anbieter, darüber hinaus aber auch nach der Universaldienstverpflichtung. Die Breitband-Debatte hat gezeigt, dass das – auch für die gesellschaftliche Teilhabe – erforderliche und gewünschte Breitbandniveau einem rapiden zeitlichen und technischen Wandel unterworfen ist. Umso schwerer wird die Bestimmung des gesellschaftlichen Minimums. Es bestehen jedoch berechtigte Zweifel, ob der „funktionale Zugang", der von den §§ 78 ff. TKG gesichert wird und gerade nur „schmalbandiges" Internet erfasst, dieses Minimum hinreichend sichert. Wo innerhalb der Breitbandangebote derzeit die Grenze liegt, die die staatliche Gewährleistung auslöst, lässt sich nur schwer näher eingrenzen. Vergegenwärtigt man sich aber die mit neuartigen Funktionen (z. B. Online-Video- und -Bibliotheken sowie Geoinformationsdiensten wie Google Streetview[88]) verbundenen Up- und Download-Raten, ist in nächster Zeit ein erheblicher Anstieg zu erwarten.

87 Vgl. dazu insbesondere die Debatte um eine Erweiterung des Universaldienstes im Zuge einer Novelle des TKG; exemplarisch *Gerpott*, CR 2011, 568 ff.; *Kirchner*, CR 2011, 365 ff.

88 Dazu exemplarisch: *Spiecker gen. Döhmann*, CR 2010, 311 ff.; *Jüngel/Fandrey*, NVwZ 2010, 683 ff.; *Jahn/Striezel*, K&R 2009, 753 ff.; *Meyer*, K&R 2009, 217 ff.; zum Ausle-

b. Realisierungsoptionen und Vergleiche aus der „analogen" Welt

Der individuelle Zugang (besser: die individuelle Zugangs*möglichkeit*) ist, unabhängig davon, welches Qualitätsniveau man für notwendig erachtet, aufgrund dieser Bedeutung staatlicherseits abzusichern. Die Gewährleistungsverantwortung bezieht sich jedoch ausschließlich auf das gesellschaftliche Minimum, darüber hinaus ist der Staat (aus verfassungsrechtlichen Gründen) nicht gehindert, den Markt sich vollständig frei entfalten und regulieren zu lassen[89]. Aufgrund des Subsidiaritätsprinzips[90] ist eine Aktivierung der Gewährleistungsverantwortung zusätzlich davon abhängig, dass der Markt das erforderliche Minimum – für alle und zu angemessenen Preisen – nicht von sich aus zur Verfügung stellt, wie auch das Instrument des Universaldienstes der §§ 78 ff. TKG seine disziplinierende Wirkung weitgehend aus dem ihm innewohnenden „Drohpotential" entfalten konnte[91]. Welche Optionen stehen also bereit, den individuellen Zugang effektiv abzusichern:

- zunächst die Verpflichtung (marktmächtiger) Unternehmen, diese Minimaldienste jedermann zu angemessenen Preisen anzubieten (vgl. §§ 78 ff. TKG), da angesichts des Privatisierungsgebotes dem Staat die Möglichkeit der „Selbsterbringung", wie z. B. beim ÖPNV, untersagt ist.
- die Absicherung des Zugangs zu diesen Diensten über einen Kontrahierungszwang (marktmächtiger Unternehmen), wie er sich sowohl im TKG (§ 84 Abs. 1 TKG[92]) als auch hinsichtlich des ÖPNV (§ 22 PBefG) finden lässt (und im Übrigen auch auf bemauteten Strecken sicherzustellen ist, soweit diese – anders als bei der LKW-Maut[93] – über privatrechtliche Entgelte realisiert werden[94]).

sen offener W-LAN-Netzwerke während des Erhebungsprozesses *Hoffmann*, CR 2011, 514 ff.

89 Soweit nicht ausnahmsweise seitens eines Unternehmens eine marktbeherrschende Stellung ausgenutzt wird und daher das einfachgesetzliche Kartell- und Wettbewerbsrecht entsprechend zur Anwendung kommt.

90 Allgemein zum Prinzip der Subsidiarität *Isensee*, Subsidiaritätsprinzip und Verfassung, 1968, S. 278 f.

91 So auch *Schneider*, in: Fehling/Ruffert (Fn. 70), § 8 Rn. 67.

92 Diese Norm enthält einen Rechtsanspruch des „Endnutzers" auf Zugang zum Sprachtelefondienst und den anderen Universaldienstleistungen i. S. d. §§ 78 f. „im Rahmen der Gesetze und der allgemeinen Geschäftsbedingungen"; ausführlich dazu *Cornils*, in: Geppert u. a. (Hrsg.), Beck'scher TGK-Kommentar, 2006, § 84 Rn. 8 ff.

93 Die in Form einer hoheitlichen Gebühr erhoben wird; vgl. statt Vieler *Uechtritz/Deutsch*, DVBl 2003, 575 ff.; *Neumann/Müller*, NVwZ 2002, 1295 ff.; *Stein*, DVBl 2008, 1545 ff.

94 Bei derartigen Strecken findet sich der Kontrahierungszwang in der Regel lediglich in den Verträgen zwischen Betreiber und öffentlicher Verwaltung (oft als sog. Dienstleistungskonzession ausgestaltet), wobei diese Vorgaben auch unmittelbar zugunsten Dritter

Zumal der Markt bei einer entsprechenden Gewinnaussicht bereit ist, derartige Angebote, auch an Jedermann, zur Verfügung zu stellen, dürfte sich die Finanzierbarkeit des individuellen Zugangs als relevanterer Aspekt erweisen. Die „diskriminierungsfreie telekommunikative Zugangsmöglichkeit“ ist keine hinreichende Bedingung für einen tatsächlichen Zugang zum Internet[95]. Auch diesbezüglich stehen dem Staat unterschiedliche Realisierungsvarianten zur Verfügung:

- die Subventionierung von Telekommunikationsanbietern, einerseits um deren Kosten zu senken und so einen preiswerteren Endkundenpreis zu ermöglichen (eine im öffentlichen Personennahverkehr verbreitete Praxis[96]) Andererseits erscheint es denkbar, die Förderung mit einer Auflage zu verbinden, (bestimmten Bevölkerungsgruppen) bestimmte Konditionen zu gewähren.
- Die Verpflichtung der Anbieter[97], bestimmten Bevölkerungsgruppen sogenannte „Sozialtarife“ zur Verfügung zu stellen, soweit der Markt diese nicht von sich aus anbietet[98].
- Die Einbeziehung in staatliche Sozialleistungen, wie z. B. in § 5 Abs. 1 Abt. 8 RBEG, der für den Aspekt der „Nachrichtenübermittlung“ einen Betrag von 31,96 € ansetzt[99] und mithin aufgrund der derzeitigen Marktpreise auch eine (Breitband-) „Flatrate“ absichert[100]
- Sowie schließlich die Bereitstellung alternativer Zugangsmöglichkeiten.

3. Individuelle Infrastruktur (Hard- und Software)

Hinzu kommt die Notwendigkeit, bestimmte individuelle Infrastrukturkomponenten vorzuhalten bzw. zu beschaffen[101]. Zunächst ist die Er-

wirken dürften. Problematisch kann sich das Fehlen eines (gesetzlichen) Kontrahierungszwangs ohnehin nur bei solchen Strecken auswirken, deren Befahren eine solche gesellschaftliche Bedeutung besitzt, dass ein Ausschluss von der Nutzung diese unverhältnismäßig beeinträchtigt. Dies wird angesichts der Möglichkeit, auf Alternativstrecken oder den ÖPNV auszuweichen, regelmäßig nicht der Fall sein.

95 *V. Lewinski*, RW 2011, 70 (74).

96 In Form sog. Ausgleichzahlungen; dazu *Queisner*, IR 2008, 109 ff.

97 Im Bereich des ÖPNV kann der Staat als Betreiber dies ohne weiteres selbst realisieren.

98 Vgl. zum „Sozialtarif“ der Deutschen Telekom AG *v. Lewinski*, RW 2011, 70 (74, Fn. 21).

99 Für den klassischen Verkehr werden 22,78 € angesetzt; vgl. § 5 Abs. 1 Abt. 7 RBEG.

100 *V. Lewinski*, RW 2011, 70 (75).

101 Ausgeblendet bleibt hier der Aspekt, dass die Nutzer auch über ein entsprechendes „Know-how“ verfügen müssen (*v. Lewinski*, RW 2011, 70 [75]); dabei handelt es sich aber nicht um einen „internetspezifischen“ Gesichtspunkt, vielmehr ist die Möglichkeit,

schließung von Wohngebäuden mit Telekommunikationsleitungen erforderlich („letzte Meile“)[102]; der individuelle Nutzer benötigt zudem Hard- und Softwarekomponenten – sei es in Form eines klassischen PCs oder zunehmend anderer, auch mobiler, Datenendgeräte. Selbst bei einer weitergehenden Verbreitung von Cloud-Technologien, die die Anforderungen an die individuelle Vorhaltung von Soft- und Hardwarekomponenten deutlich reduzieren, kommt auch diese Technik nicht völlig ohne individuelle Infrastrukturkomponenten aus. Neben einem breitbandigen Zugang zum Internet werden weiterhin Zwischenspeichermedien und Anzeige- sowie Bedienvorrichtungen benötigt.

Die Bedeutung des Internets und damit auch der individuellen Infrastrukturkomponenten für eine Absicherung der gesellschaftlichen Teilhabe wurden bereits hinreichend begründet. Nachfolgend soll daher neben den denkbaren Realisierungsvarianten insbesondere näher analysiert werden, ob es tatsächlich *individueller* Infrastrukturkomponenten bedarf oder nicht die allgemein zugängliche staatliche Bereitstellung ein taugliches Äquivalent ist. Dieser Aspekt zwingt wiederum zu einem Vergleich mit dem Zugang zu klassischen Verkehrsinfrastrukturen – die Vorhaltung einer individuellen Infrastruktur in Form eines Kraftfahrzeugs ist angesichts des bestehenden ÖPNV nicht erforderlich[103] und wird daher zutreffend auch nicht (nicht einmal durch Ansparen) in den Regelbedarf einbezogen.

Die Verfügbarkeit eines ausreichenden Angebots von (auch „sicherer“) Hard- und Software wird vom Markt gesichert, jedoch kann die erforderliche Infrastruktur nur beschafft und unterhalten werden, soweit entsprechende finanzielle Mittel zur Verfügung stehen. Die soziale Grundsicherung soll einen PC bisher nicht umfassen[104], sodass dieser für „Leistungsempfänger“ nur durch Ansparen[105] aus den im Regelsatz enthaltenen Mitteln für „Freizeit, Unterhaltung, Kultur“, „Bildung“, „Innenausstattung, Haushaltsgeräte und -gegenstände“ sowie „andere Waren und Dienstleis-

zu kommunizieren bzw. Inhalte zu verbreiten oder einzuholen, immer (auch) durch die intellektuellen Fähigkeiten des Einzelnen begrenzt; so zutreffend zur Meinungs- und Informationsfreiheit *Schmidt-Jortzig*, in: Isensee/Kirchhof (Hrsg.), Handbuch des Staatsrechts, Bd. 7, 3. Aufl. 2009, § 162 Rn. 43.

102 Die BNetzA hat am 31. 03. 2011 ihren Entgeltvorschlag für die Teilnehmeranschlussleitung (TAL), die sog. letzte Meile, veröffentlicht; s. MMR-Aktuell 2011, 316334.

103 Vgl. bspw. LSG München, Beschl. v. 29. 01. 2010, L 7 AS 41/10 B ER, juris: „Auch Winterreifen und Reparaturen für den Pkw sind kein unabweisbarer Existenzbedarf, zumal der Beschwerdeführer im Bereich des Personennahverkehrs wohnt“.

104 *V. Lewinski*, RW 2011, 70 (71) mit weiteren Nachweisen.

105 LSG München, Beschl. v. 29. 01. 2010, L 7 AS 41/10 B ER, juris.

tungen"[106] finanziert werden kann. Ob diese von der Sozialgerichtsbarkeit vertretene Ansicht allerdings lange Bestand haben wird, erscheint angesichts des rasanten Wachstums und der kurzen Innovationszyklen im IT-Bereich fraglich. Zutreffend ist, dass „nicht allein die Verbreitung bestimme, ob ein Einrichtungsgegenstand für einen Empfänger von Leistungen nach dem SGB II als Erstausstattungsgegenstand erforderlich sei", es vielmehr „wesentlich sei, ob ein PC für eine geordnete Haushaltsführung notwendig sei und der Leistungsempfänger ihn für ein an den herrschenden Lebensgewohnheiten orientiertes Leben benötige"[107]. Zwar lässt sich „ein Haushalt ohne Probleme ohne einen PC führen", ob er tatsächlich aber auch „für die Grundversorgung mit Informationen" entbehrlich ist, „da diese durch Fernseh- und Rundfunkgeräte sichergestellt werden könnte"[108], erscheint mittlerweile fraglich, zumal sich immer mehr Lebensbereiche ins Internet verlagern. Ein an den „herrschenden Lebensgewohnheiten orientiertes Leben" erfordert einen PC mit Internetzugang allemal.

Eine weitere Maßnahme, mit der der Staat seiner auf die individuelle Infrastruktur bezogenen Gewährleistungsverantwortung nachkommen kann, ist die Option, diese von der Zwangsvollstreckung auszunehmen[109]. Da dies zum Teil unter Berufung auf § 811 Abs. 1 Nr. 1 oder 5 ZPO erfolgt, ist der Schutz desjenigen, der bereits „besitzt", weitergehend als desjenigen, der auf staatliche Leistungen angewiesen ist[110]. Jedenfalls dürfte eine – 2004 schon zweifelhafte – Ansicht, nach der „ein Computer mit Monitor und Drucker auch dann pfändbar ist, wenn der Schuldner als Jura-Student geltend macht, diesen zur Erstellung von Hausarbeiten während seines Studiums zu benötigen, weil Hausarbeiten auch mit einer Schreibmaschine geschrieben werden können und in dieser Form auch akzeptiert werden"[111], mittlerweile überholt sein. Ob die Differenzierung

106 § 5 Abs. 1 Abt. 9, 10 und 12 RBEG.

107 LSG Essen, Beschl. v. 23. 04. 2010, L 6 AS 297/10 B, juris.

108 LSG Essen, Beschl. v. 23. 04. 2010, L 6 AS 297/10 B, juris.

109 Insofern dürfte es sich eher um die abwehrrechtliche, auf Art. 14 GG rückführbare, Komponente eines Rechts auf Gewährleistung des Existenzminimums handeln; zur Einbeziehung von abwehrrechtlichen Gehalten in den Schutz des Existenzminimums *Schulz*, in: Schliesky/Ernst/Schulz (Fn. 51), S. 17 ff.

110 Auf diese Diskrepanz weist *v. Lewinski*, RW 2011, 70 (75) zutreffend hin.

111 So das AG Kiel, JurBüro 2004, 334 f.; geradezu fortschrittlich das AG Bersenbrück (DGVZ 1990, 78) bereits vor über 20 Jahren: „Betreibt der Schuldner als Versicherungskaufmann eine Versicherungsagentur, so ist eine bei seiner Arbeitstätigkeit eingesetzte Computeranlage nicht pfändbar. Zwar hat der Schuldner die Möglichkeit, sich die gespeicherten Daten ausdrucken zu lassen oder auf Diskette zu übertragen, und mit einer manuellen Kartei oder einer sogenannten Bestandsliste zu arbeiten, doch wäre dann eine rationelle Arbeitsweise nicht mehr möglich, da dadurch ein Zeit- und Kostenaufwand

zwischen Anspruch und Abwehrrecht mit der Bedeutung des Internets, des Zugangs zu diesem und damit auch der Zugangsinfrastruktur, vereinbar ist erscheint zumindest zweifelhaft.

Auch die Argumentation der herrschenden Meinung zu einer weiteren – oftmals angeführten, auch vom BVerfG in der Hartz-IV-Entscheidung angedeuteten[112] – Möglichkeit, den staatlichen Gewährleistungspflichten nachzukommen, ist zumindest perspektivisch nicht zwingend. Anstatt individuelle Leistungen zuzuweisen, könne der Staat seine Verpflichtungen auch in Form von Sach- und Dienstleistungen erfüllen: „der Zugang zum Internet muss nicht zwingend von daheim und mit eigenem Rechner hergestellt werden können, sondern der Betroffene kann auch auf den Besuch eines Internet-Cafés verwiesen werden“[113]. Im Grundsatz ist anzuerkennen, dass der Staat den Verpflichtungen aus Art. 20 Abs. 1 GG und Art. 1 Abs. 1 GG zur Schaffung menschenwürdiger Lebensbedingungen sowohl durch materielle Leistungen als auch durch die Schaffung einer Infrastruktur und von Daseinsvorsorgeeinrichtungen nachkommen kann, auf die er die Bürger auch vorrangig verweisen darf. So kann ein subjektives Leistungsrecht auf materielle Unterstützung geringer ausfallen, wenn zusätzlich ein gewisses Maß an kostenlosen oder kostengünstigen Angeboten bereitsteht; demgegenüber steigt der Bedarf, je mehr Angebote der sozio-kulturellen Teilhabe kommerzialisiert sind[114]. Insofern müssen diese Vorkehrungen des Staates auch bei der zeit- und realitätsgerechten Ermittlung des Umfangs eines subjektiven Rechts auf Gewährung und Achtung des menschenwürdigen Existenzminimums Berücksichtigung finden. Dieser Zusammenhang lässt sich an zahlreichen Beispielen belegen: Sozio-kulturelle Teilhabe lässt sich einerseits durch eine bessere individuelle finanzielle Ausstattung der Grundrechtsträger sichern, andererseits aber auch durch kostenfreie oder kostengünstige Bildungsangebote (Nachhilfe, Volkshochschule), durch öffentliche Bibliotheken, die auch Tageszeitungen und Internetzugänge zur Verfügung stellen, durch einen subventionierten öffentlichen Nahverkehr oder durch Aktionsprogramme, die eine Teilhabe von Kindern aus benachteiligten Familien in Sport- und Musikvereinen ermöglichen. Allerdings ist der Wandel der Internet-Kommunikation zu berücksichtigen. Während diese zunächst primär ei-

entstehen würde, der nicht mehr zumutbar wäre. Bei der Erforderlichkeit ist nämlich darauf abzustellen, ob der Schuldner unter Berücksichtigung der Brancheneigenart, der Konkurrenz und der technischen Entwicklung auf den Gegenstand angewiesen ist“.

112 BVerfGE 125, 175 (222).

113 *V. Lewinski*, RW 2011, 70 (76).

114 S. bereits *Schulz*, SGb 2010, 201 (204 f.), *ders.*, DuD 2010, 698 (701); *Luch/Schulz*, VM 2011, 104 (104).

ner Informationsbeschaffung diente (sodass der Vergleich mit der Auslage von Zeitungen in Bibliotheken tatsächlich angebracht erschien), hat der Übergang zum Web 2.0 zahlreiche andere – auch höchstpersönliche – Interaktionen ins Internet überführt und neue Kommunikationsformen (Video-Telefonie, Echtzeit-Chat etc.) ermöglicht. Insofern kommen Internet-Cafés und andere frei zugängliche Einrichtungen weit weniger als taugliches Äquivalent zum „eigenen PC“ in Betracht, zumal diese Art der Internet-Kommunikation auch einen räumlichen Rückzugsraum erfordert. So wurde auch der „Anspruch“ auf einen eigenen Telefonanschluss nicht mit der Begründung, es stünden auch Telefonzellen in ausreichender Anzahl zur Verfügung infrage gestellt. In jedem Fall ist aufgrund der Entwicklungsoffenheit ein kontinuierlicher Abgleich mit den veränderten Realbedingungen und ggf. eine Anpassung des Rechtsrahmens erforderlich.

4. Netzneutralität

Der derzeit viel und kontrovers diskutierte Aspekt der sog. „Netzneutralität“[115] kann keiner der vorgenannten Ebenen exklusiv und thematisch passend zugeordnet werden – er ist zwar eng mit dem individuellen Zugang verknüpft, da er diesen letztlich „im Netz“ absichern soll, jedoch wirkt er zugleich auf der übergreifenden Infrastrukturebene, da Netzneutralität hier ggf. zu realisieren wäre. Hinsichtlich der Netzneutralität finden sich Rufe nach einer gesetzlichen Festschreibung des „Best-Effort-Prinzips“[116], nach dem sich die Datenübermittlung im Internet derzeit vollzieht. Da Einschränkungen seitens privater Netzbetreiber drohen[117],

115 Statt vieler *Spies/Ufer*, MMR 2011, 13 ff.; *Koenig/Fechtner*, K&R 2011, 73 ff.; *Gersdorf*, AfP 2011, 209 ff.; *Kloepfer*, AfP 2010, 120 ff.; *Ufer*, CR 2010, 634 ff.; *Holznagel*, K&R 2010, 95 ff.

116 Dieses besagt, dass eingehende Übermittlungsanfragen vom Anbieter schnellstmöglich und im Rahmen der ihm zur Verfügung stehenden Ressourcen nach besten Möglichkeiten bedient werden; in paketvermittelnden Netzen (wie dem Internet) bedeutet best effort, alle eintreffenden Pakete weiterzuleiten, solange im Netz noch freie Übertragungskapazität vorhanden ist. Eine fehlerfreie und vollständige Übermittlung ist dabei nicht garantiert. Ist die Kapazität an einer bestimmten Stelle des Übertragungspfads ausgelastet, kommt es unweigerlich zu einem Stau (*congestion*). Es bleibt dem Benutzer bzw. übergeordneten Protokollen (TCP) überlassen, dafür zu sorgen, nach einer zeitweiligen Unterbrechung der Übertragung die Kommunikation wieder aufzunehmen.

117 Eine akute Bedrohung ist derzeit, soweit ersichtlich, nicht feststellbar; Einschränkungen der Netzneutralität sind bisher nicht vorgekommen. Das Problem der Netzneutralität wird sich auch weiterhin im „Drei-Personen-Verhältnis“ stellen und damit allenfalls eine

wird letztlich also eine Aktivierung der staatlichen Gewährleistungspflicht eingefordert, ohne dass man sich über Begriff, Reichweite, denkbare staatliche Maßnahmen und deren Sinnhaftigkeit überhaupt im Klaren wäre. Auch hier wird oftmals entweder neutral zur Verdeutlichung der Problematik oder zur Rechtfertigung der fehlenden Netzneutralität bzw. zur Begründung einer staatlichen Handlungsverpflichtung auf Beispiele aus der analogen Welt verwiesen:

„Stellen Sie sich vor, auf den Schienen des deutschen Bahnnetzes dürften die Konkurrenten der Bundesbahn ab heute nur noch mit halber Geschwindigkeit fahren. Dann wäre jeder faire Wettbewerb beim Bahntransport unterdrückt und die Bundesbahn wieder uneingeschränkter Monopolist. Oder wie wäre es, wenn auf unseren Autobahnen nur solche Unternehmen und Privatfahrer die Überholspur benutzen dürften, die dafür auch bezahlen? Das gäbe wohl einen großen Aufschrei. Dabei sind die Gefahren, die von einem Internet der zwei Geschwindigkeiten ausgehen, noch viel größer, weil sie nicht nur Transportunternehmen betreffen, sondern jeden, der seine Dienstleistung via Netz anbieten möchte.[118]

Diese Vergleiche können die Folgen von Einschränkungen der Netzneutralität zwar veranschaulichen, zur Begründung staatlicher Handlungspflichten erweisen sie sich aber als irreführend, wenn nicht sogar – aus Sicht derjenigen, die eine gesetzliche Fixierung fordern – kontraproduktiv. Während im Bereich der Verkehrs- und Schieneninfrastruktur hinsichtlich des Netzes tatsächlich eine Monopolstruktur vorliegen dürfte, ist im Bereich der Telekommunikation und insbesondere hinsichtlich der hier relevanten Internet-Server und Knotenpunkte und bei Berücksichtigung der weltweiten Vernetzung ein Oligopol gegeben; monopolitische Strukturen lassen sich allenfalls hinsichtlich der sog. „letzten Meile“ feststellen[119], für die die Zugangsregulierung ohnehin ein sachgerechtes Handlungsinstrumentarium zur Verfügung stellt[120]. Wichtiger erscheint jedoch Folgendes: die Einführung von Vorzugsspuren auf bestimmten Strecken würde zwar einen Aufschrei bewirken, damit ist aber nicht zugleich ausgesprochen, dass sie auch (verfassungs-) rechtlich unzulässig ist. Wie noch zu zeigen sein wird, beziehen sich individuelle Zugangsansprüche sowie Diskriminierungsverbote immer nur auf ein Minimum, auf

Schutzpflicht des Staates betreffen, weil dem Staat aufgrund des Privatwirtschaftlichkeitsgebots des Art. 87f GG der Netzbetrieb untersagt ist.

118 Exemplarisch *Woelk*, Das unverzichtbare Prinzip der Netzneutralität, abrufbar unter http://www.dradio.de/dkultur/sendungen/politischesfeuilleton/1519841/.

119 *Koenig/Fechtner*, K&R 2011, 73 (76).

120 Ausführlich *Schreiber*, Das Zusammenspiel der Regulierungsinstrumente in den Netzwirtschaften Telekommunikation, Energie und Eisenbahnen, 2009.

das Essential einer bestimmten (staatlich zur Verfügung gestellten oder gewährleisteten) Infrastruktur. Zudem existieren sowohl was den individuellen Zugang zu Telekommunikationsnetzen (bezogen auf die „letzte Meile“), als auch zu Verkehrsinfrastrukturen betrifft, ausgehend von der Leistungsfähigkeit des Nutzers, ohnehin erhebliche Unterschiede, die bisher staatliche Maßnahmen nicht auf den Plan gerufen haben. Ein staatliches Einschreiten gegenüber der „Ungerechtigkeit“, dass sich einige Verkehrsteilnehmer einen Porsche und den ICE, andere nur die Regionalbahn und den Kleinwagen leisten können, wurde soweit ersichtlich nicht gefordert. Derartige Ungleichheiten sind (allgemein und auch hinsichtlich essentialer Infrastrukturen) unschädlich, soweit allen Nutzern und (potenziellen) Nutzern ein gleichberechtigter Zugang zu dem für eine gesellschaftliche Teilhabe erforderlichen Minimum gesichert bleibt.

Die Darstellung der Bedeutung des Internets hat aber auch gezeigt, dass der Staat die aus einer Beeinträchtigung der Netzneutralität resultierenden Gefahren nicht vollständig ignorieren kann, ihn vielmehr unter dem Blickwinkel seiner Gewährleistungspflicht für einen Internetzugang im Sinne der drei genannten Komponenten eine Beobachtungspflicht trifft.

An dieser Stelle sollen insofern ausschließlich diejenigen Begründungsansätze für eine Forderung nach „Netzneutralität“ näher analysiert werden, die ohnehin im Kontext des Zugangs zum Internet Relevanz besitzen, also eine grundrechtliche oder demokratische Schutzpflicht, die objektiven Gehalte der „Online-Grundrechte“ oder die Rückführung auf das Sozialstaatsprinzip[121]. Weitere Gesichtspunkte, vor allem das einfachgesetzliche Kartell- und Wettbewerbsrechts[122], bleiben ausgeblendet[123]. Wie ganz allgemein bei der Formulierung rechtlich zwingender „Ansprüche“ des Bürgers bzw. bei der Bestimmung der Reichweite staatlicher Gewährleistungspflichten muss auch hinsichtlich der Netzneutralität strikt auf die Abgrenzung zwischen verfassungsrechtlich zwingenden und wünschenswerten weitergehenden Inhalten geachtet werden.

121 Ausführlich zu den verfassungsrechtlichen Grundlagen der „E-Daseinsvorsorge“ *Luch/Schulz*, in: Hill/Schliesky (Fn. 10), S. 305 ff.

122 Siehe *Beckmann/Müller*, in: Hoeren/Sieber (Hrsg.), Multimedia-Recht, Loseblatt-Sammlung (Stand: 28. Ergänzungslieferung 2011), Teil 10 Kartellrecht, Rn. 26 ff.

123 Auch eine Argumentation mit der Meinungs- und Informationsfreiheit führt nicht weiter, da es nicht um konkrete Inhalte (und damit deren Diskriminierung), sondern sog. Diensteklassen geht, die im Vorfeld zwischen Anbieter und Endnutzer (oder Anbieter) definiert wurden. Damit stellt sich auch die befürchtete datenschutzrechtliche Problematik der sog. „deep packet inspection“ nicht; dazu *Bedner*, CR 2010, 339 ff.

a. Begriff und Stand der Diskussion

Die Netzneutralität ist eine Bezeichnung für die wertneutrale Datenübertragung im Internet, was bedeutet, dass alle Datenpakete gleichberechtigt übertragen werden, unabhängig davon, woher sie stammen, welchen Inhalt sie haben oder welche Anwendungen die Pakete generiert haben[124]. Sie wird beeinträchtigt durch ein sog. „Netzwerkmanagement", für dessen Notwendigkeit sich anführen lässt, dass nur so ein „Datenstau" verhindert werden kann und dass bestimmte Angebote (bspw. E-Health-Anwendungen, Internet-Telefonie oder Video-Konferenzen[125]) nur angemessen betrieben werden können, wenn eine beständige und möglichst störungsfreie Datenübertragung abgesichert ist[126]. Gleichzeitig werden durch das weiter steigende Datenaufkommen große Investitionen in den Netzausbau nötig[127], weshalb auch neue Preismodelle für Kunden oder aber Gebühren von Anbietern erwogen werden müssten.

Während der „individuelle Zugang" im oben beschriebenen Verständnis also die Herstellung einer Verbindung *zum* Internet beschreibt, geht es bei der Netzneutralität um die „Bewegungsfreiheit" des Einzelnen in Form seiner Daten, Anwendungen und Kommunikationsbeziehungen *im* Netz. Der individuelle Zugang zum Netz wäre allerdings „wertlos" und seiner besonderen Bedeutung beraubt, wenn die Datenübertragung im Netz eingeschränkt werden könnte. Auch hier bietet sich wieder der Vergleich mit klassischen Verkehrsinfrastrukturen an: selbst wenn der Staat einen Zugang zum ÖPNV in Form eines Sozialtickets gewährleistet, die Züge und Busse in diesem Fall aber nur Schrittgeschwindigkeit führen,

124 *Koenig/Fechtner*, K&R 2011, 73 (73).

125 *Koenig/Fechtner*, K&R 2011, 73 (74 f.).

126 S. zur Funktionsweise der Datenübermittlung im Internet *Brenner*, Internet, in: Kurbel u. a. (Hrsg.), Enzyklopädie der Wirtschaftsinformatik, Online-Lexikon; abrufbar unter www.enzyklopaedie-der-wirtschaftsinformatik.de: „Eine wesentliche Eigenschaft des Internet ist, dass Daten in Paketen versandt werden. Anders als z. B. bei einem Telefonat wird hierfür keine feste Verbindung mit garantierter Bandbreite zwischen zwei Endpunkten reserviert, sondern der Sender schickt ein Datenpaket mit der Zieladresse versehen ins Netz und die Knoten des Netzes entscheiden, auf welchem Weg sie das Paket weiterleiten. Während so die vorhandene Kapazität der Netzknoten optimal genutzt wird, hat dieses Verhalten auch Nachteile. Ein Telefonat kann, wenn es zustande kommt, immer mit der gleichen Qualität geführt werden. Im Internet ist es dagegen nicht möglich, Qualitätsparameter wie Übertragungsverzögerung (*Latenz*), Anzahl verlorene Pakete (*Loss*) und Schwankung der Latenz (*Jitter*) zu garantieren".

127 Vgl. *Koenig/Fechtner*, K&R 2011, 73 (74).

wäre die gesellschaftliche Funktion der Teilhabe an dieser Infrastruktureinrichtung erheblich eingeschränkt.

b. Verfassungsrechtliche Bezüge der Netzneutralität

Zur Absicherung ihrer Position verweisen die Verfechter strikter Netzneutralität und einer gesetzlichen Reglementierung oft auf den Gleichbehandlungsgrundsatz und damit Art. 3 Abs. 1 GG. Dabei ist zunächst darauf hinzuweisen, dass dieser zumindest nicht als unmittelbarer Maßstab herangezogen werden kann, zumal das Verhältnis der Internet-Nutzer und -Anbieter betroffen ist[128]; erst wenn man staatliche Schutzpflichten aktiviert, kann auf den verfassungsrechtlichen Gleichheitssatz verwiesen werden. Erkennt man also die Bedeutung des Internets (besser: seiner Dienste) für den Einzelnen, Gesellschaft, Wirtschaft und Staat an, zeigt sich, dass der gleichheitsrechtliche Begründungsansatz nicht erforderlich ist: Das staatlicherseits zu sichernde Minimum an Zugang zu den Diensten des Internets, wozu neben den drei genannten Komponenten auch die Wahrung einer (minimalen) Netzneutralität zählt, steht nämlich jedem in gleicher Weise zu. Letzlich geht es um die Absicherung von Mindestanforderungen an die Dienstequalität, die bereits von Art. 22 Abs. 3 der Universaldienstrichtlinie legitimiert werden und daher seitens des Staates verbindlich von den Anbietern eingefordert werden können.

Insofern sind Ungleichbehandlungen in diesem (sei es nun gesetzlich definierten oder aus den Schutzpflichten unmittelbar ableitbaren) Essentialbereich ohnehin ausgeschlossen. Zugleich ist damit aber auch eine Einschränkung verbunden – trotz aller Schwierigkeiten, die zur gesellschaftlichen Teilhabe erforderliche „Minimalgeschwindigkeit" des Internetzugangs zu bestimmen, bleibt die staatliche Gewährleistungspflicht auf dieses Minimum begrenzt. Es geht also quasi um die Absicherung eines Universaldienstes „im Netz". Angesichts der Funktionsweise des Internets und der absehbaren Entwicklung ist auch für die Zukunft das Nicht-Erreichen dieses minimalen Diensteniveaus nicht absehbar – vielmehr ist es realistisch, dass sich der überwiegende Teil der Internet-Kommunikation nach dem Best-effort-Prinzip vollzieht, während einzelne Diensteanbieter und Nutzer für einen anderen Qualitätsstandard eine separate Vergütung zu zahlen bereit sind. Die Geschwindigkeit „im Netz" geht weit über die des Zugangs zum Netz hinaus, sodass auch weiterhin die letzte Meile relevanter Anknüpfungspunkt für eine Absicherung des

128 Darauf weisen *Koenig/Fechtner*, K&R 2011, 73 (75) zutreffend hin.

Rechts auf Internet sein dürfte. Im Bereich eines weiterreichenden Schutzniveaus ist nicht mehr das Verfassungsrecht, sondern vor allem das Kartell- und Wettbewerbsrecht relevanter Maßstab: Preis- und Qualitätsdifferenzierungen sowie Priorisierungen sind zumindest dann erlaubt, sofern sie auf sachlichen Kriterien beruhen. Auch die Pflichten, den Nutzer über die Maßnahmen des Netzwerkmanagements zu informieren[129], sind ausschließlich dieser Ebene zuzuordnen.

V. Verkehrssicherungspflichten

Hinsichtlich der auf eine (staatliche) Infrastruktur bezogenen Verkehrssicherungspflichten sollen ebenfalls die zuvor gewählte Differenzierung zwischen übergreifender Infrastruktur, individuellem Zugang und individueller Infrastruktur sowie der Vergleich mit der Verkehrsinfrastruktur herangezogen werden. Dabei liegt der Schwerpunkt auf der individuellen Infrastruktur des einzelnen Nutzers, die in der Vergangenheit kaum Gegenstand der Diskussion war, aber angesichts der zunehmenden „Cyber-Bedrohungen“, die oftmals auf einer Vielzahl infizierter Endgeräte basieren, eine maßgebliche Rolle spielen dürfte. Diesbezügliche staatliche Maßnahmen – Computer-TÜV, Internet-Führerschein u. Ä. – mögen auf den ersten Blick verwundern und utopisch erscheinen; dies verwundert jedoch, zumal die vergleichbaren Einschränkungen im Straßenverkehr seit jeher ohne größere Einwände rechtlich, wie auch in der Bevölkerung, akzeptiert werden.

1. Übergreifende Infrastruktur: Straßenbaulast, Verkehrsregelung und -sicherung

Bei den Verantwortlichkeiten staatlicher Stellen für die übergreifende Verkehrsinfrastruktur wird seit jeher zwischen der Straßenbaulast sowie einer Verkehrsregelungs- und -sicherungspflicht differenziert. Entsprechende Äquivalente lassen sich auch in der digitalen Welt, allerdings mit abweichender Schwerpunktsetzung, finden.

Die sog. „Straßenbaulast“, die streng genommen eher dem Bereich der Gewährleistung zugeordnet werden kann, da im Mittelpunkt die bauliche Unterhaltung der Straßen bzw. „Datenautobahn“ durch den jeweiligen

129 *Koenig/Fechtner*, K&R 2011, 73 (74).

Baulastträger bzw. Anbieter steht, ist aufgrund der verfassungsrechtlichen Vorgabe in Art. 87f GG ausschließlich durch die Regulierung der privaten Betreiber, der Eigentümer der „Datenautobahn“, zu verwirklichen, eine eigene staatliche Erfüllung scheidet aus[130].

Der Verkehrsregelungspflicht kommt der Staat sowohl bei klassischen Verkehrsinfrastrukturen wie auch in der digitalen Welt in Form von gesetzlichen Vorgaben und von Einzelmaßnahmen der Verwaltung nach. Für das Verhalten von Betreibern, Anbietern und Nutzern im Internet gelten selbstverständlich die allgemeinen, darüber hinaus auch internetspezifische, gesetzliche Regelungen – das Internet ist keineswegs ein „rechtsfreier Raum“. Polizei- und Ordnungsrecht müssen zwar ggf. internetspezifisch fortentwickelt werden[131], jedoch sind konkrete Einzelmaßnahmen schon nach geltendem Recht möglich – die Diskussion um das „Stoppschild“ im Internet[132] hat erneut die Parallelen zwischen herkömmlichen Straßen und „Datenautobahn“ anschaulich illustriert. Der Staat muss die Einhaltung dieser Regelwerke aber auch effektiv absichern, sodass damit ein Problem in den Fokus rückt, welches in vielen Bereichen existiert, im Internet aber sehr augenfällig wird: das Bestehen eines Vollzugsdefizits. Insofern muss der Rechtsrahmen von Online-Streifen[133] und anderen Informationsbeschaffungsmaßnahmen des Staates im Internet, speziell in sozialen Netzwerken[134], konkretisiert werden. Auch hier kann eine Anlehnung an (anlassunabhängige) Kontrollen im Straßenverkehr oder im öffentlichen Raum, „reine Streifenfahrten“ sowie die gezielte Beobachtung des öffentlichen Raums erfolgen.

Hinzu kommt die sog. Verkehrssicherungspflicht, die sich sowohl auf die übergreifenden Infrastrukturen selbst bezieht, aber auch durch Maßnahmen, die den Zugang einzelner Nutzer oder „problematischer“ individueller Infrastrukturen begrenzen, realisiert werden kann. Für die übergreifende Infrastruktur stellen sich damit – angesichts der fehlenden Möglichkeit, diese staatlich zu betreiben – die gleichen Fragen wie hinsichtlich einzelner Nutzer, nämlich ob die Betreiber und Anbieter im Interesse der Funktionsfähigkeit des Gesamtsystems zu bestimmten Sicherheitsmaßnahmen verpflichtet werden können. Insofern wird auf die Ausführungen zur individuellen Infrastruktur verwiesen, die weitgehend

130 Was aber anderen staatlichen Maßnahmen nicht per se entgegensteht; so kommt bspw. die Subventionierung von Infrastrukturen auch unter Geltung des Art. 87f GG in Betracht.

131 *Schulz/Hoffmann*, CR 2010, 131 (136).

132 *Tinnefeld*, DuD 2010, 15 ff.; s. auch *Kahl*, SächsVBl 2010, 180 ff.

133 Ausführlich *Schulz/Hoffmann*, CR 2010, 131 ff.

134 *Schulz/Hoffmann*, DuD 2011, i. E.

übertragbar sind. Zu berücksichtigen ist jedoch einerseits, dass die besondere Sensibilität und die größere Streubreite von Störungen der übergreifenden Infrastrukturen[135] weitergehende Sicherheitsmaßnahmen rechtfertigen können, diese andererseits zusätzlich aber an Art. 12 GG zu messen sein werden.

2. Individueller Zugang: Ein „Internet-Führerschein“ und Zugangssperren?

Betrachtet man die Ebene des individuellen Zugangs bleibt zunächst festzuhalten, dass dieser derzeit weder rechtlich eingeschränkt ist, noch tatsächlich einschränkbar erscheint. Jeder der über die erforderliche Infrastruktur, einen Provider-Vertrag und die erforderlichen finanziellen Mittel verfügt bzw. diese vom Staat zur Verfügung gestellt bekommt, kann die Dienste im Internet nutzen. Es findet weder eine präventive Kontrolle statt, noch bestehen Sanktionen, die repressiv, bspw. bei Straftaten im Internet[136], bestimmte Personen vom Netz ausschließen könnten. Äquivalente der analogen Verkehrsinfrastruktur wären die (präventive) Fahrerlaubnis sowie der (repressive) Entzug derselben.

Das Stichwort „Internet-Führerschein“ (eigentlich geht es um das Äquivalent der Fahrerlaubnis) steht derzeit vor allem als Synonym für die (fehlende) Medienkompetenz von Jugendlichen und für Maßnahmen, die sich zum Ziel gesetzt haben, hier Abhilfe zu schaffen[137]. Beklagt wird vor allem der leichtfertige Umgang mit personenbezogenen Daten in sozialen Netzwerken. Weitergehende politische Forderungen beziehen sich vor allem auf Urheberrechtsverstöße im Internet und in neuerer Zeit auf die Ge-

135 Weswegen die übergreifenden IT-Infrastrukturen einerseits selbst als „kritische Infrastruktur“ eingestuft werden. Andererseits haben sie mittlerweile eine enorme Bedeutung auch für andere kritische Infrastrukturen, z. B. die Energieversorgung; umfassend zu den kritischen Infrastrukturen und deren rechtlichen Aspekten Kloepfer (Fn. 19).

136 Jüngst *Krumm*, ZRP 2011, 152 ff.; insbesondere diskutiert im Kontext von Urheberrechtsverletzungen; zum französischen „Hadopi“-Gesetz *Pritzkow*, MR-Int 2010, 51 ff.; *Geiger*, IIC 2011, 457 ff.; *Solmecke/Sebastian/Sahuc*, MMR-Aktuell 2011, 316298; s. auch *Greve/Schärdel*, ZRP 2009, 54 ff.; die Forderung nach dem sog. „Three-Strikes-Verfahren“ wurde zuletzt prominent von MdB *Siegfried Kauder* (CDU) erhoben; vgl. http://www.zeit.de/digital/internet/2011-09/kauder-three-strikes-netzsperre

137 S. dazu bspw. http://netzpolitik.org/2010/mit-test-internet-enquete-tagt-zu-medienkompetenz. In einem Bericht des wissenschaftlichen Dienst des Bundestages an die Internet-Enquete wurde zum Thema Medienkompetenz ein Verweis auf einen Bericht zum sog. „Internet-Führerschein“ aufgenommen, bei dem es sich allerdings um einen Aprilscherz handelte.

fahren, die von den sog. „Facebook-Parties“[138] ausgehen. Diese Aspekte sollen hier vollständig ausgeblendet bleiben, vielmehr soll der Fokus auf die Gefährdungen der Gesamtinfrastruktur „Internet“, der Nutzer selbst sowie dritter Personen gelegt werden, die daraus resultieren, dass (viele) Nutzer nicht die erforderlichen Gegenmaßnahmen gegen Hackerangriffe, Viren, Trojaner und Ähnliches ergreifen. Insofern bestehen nämlich Parallelen zum Erfordernis, eine Fahrerlaubnis zu besitzen, um am öffentlichen Straßenverkehr teilzunehmen. Diese Einschränkung der allgemeinen Handlungsfreiheit – in deren Schutzbereich auch der Zugang zum Internet fällt[139] – wird vorrangig mit Sicherheitsgefahren, die von „ungeeigneten“[140] Verkehrsteilnehmern ausgehen, gerechtfertigt und wurde in der Vergangenheit nie ernsthaft in Frage gestellt[141]. § 2 Abs. 1 Satz 1 StVG verlangt eine Fahrerlaubnis, die nur zu erteilen ist, wenn Befähigung und Eignung vorliegen, wobei dies „alle körperlichen, geistigen und charakterlichen Umstände“ betrifft, „die vorhanden sein müssen, um eine Gefährdung der Allgemeinheit soweit als möglich auszuschließen“[142]. Überträgt man dies auf die Internet-Nutzung zeigt sich, dass dem Nutzer tatsächlich neben der Infrastruktur eine entscheidende Bedeutung zukommt, wie auch im Straßenverkehr erst das Zusammenspiel von Fahrerlaubnis und technischer Sicherheit (TÜV) das erforderliche Sicherheitsniveau sicherstellen können. Selbst wenn zertifizierte Hard- und Software, ausgestattet mit den modernsten Sicherheitsanwendungen wie Firewall und Antivirus-Programmen, zum Einsatz kommen, kann ein ungeeigneter, unvorsichtiger oder vorsätzlich handelnder Nutzer wiederum Sicherheitsrisiken bewirken. Dass eine entsprechende Diskussion bisher nicht geführt wird, ist vor allem auf den Umstand rückführbar, dass die drohenden „Cyber-Gefahren“ kaum greifbar sind und größere Unglücksfälle, insbe-

138 Dazu aus juristischer Perspektive *Klas/Bauer*, K&R 2011, 533 ff.; *Söllner/Wecker*, ZRP 2011, 179 ff.

139 Zutreffend *v. Lewinski*, RW 2011, 70 (90).

140 So der Begriff in § 69 StGB; dazu statt Vieler *Kühl*, in: Lackner/Kühl (Hrsg.), StGB, 27. Aufl. 2011, § 69 Rn. 6.

141 S. BVerfG, NJW 1979, 1981 (1981): „Wer im öffentlichen Straßenverkehr ein Kraftfahrzeug führen will, bedarf seit jeher grundsätzlich einer behördlichen Erlaubnis, deren Erteilung von der Feststellung der erforderlichen Eignung und Befähigung abhängt (vgl. § 14 der „Grundzüge, betreffend den Verkehr mit Kraftfahrzeugen" des Bundesrats vom 3. 5. 1906 [Drucks, zu den Verh. des Bundesrats des Deutschen Reichs, 1906, Nr. 66; Prot. über Verh. des Bundesrats des Deutschen Reichs, 1906, § 320]; § 2 des Gesetzes über den Verkehr mit Kraftfahrzeugen vom 3.5. 1909 [RGBl S. 437]). Eine solche Regelung enthält auch § 2 StVG vom 19. 2. 1952. Dagegen ist von Verfassungs wegen offensichtlich nichts zu erinnern“.

142 BVerfG, NJW 1967, 29 (30).

sondere solche, die auch Menschenleben gefährdet haben, bisher ausgeblieben sind[143].

Gleiches gilt für das – nicht zwingend mit einer präventiven Prüfpflicht verbundene – repressive Vorgehen gegen den individuellen Nutzer, z. B. weil er (fahrlässig oder vorsätzlich) keine Sicherheitsvorkehrungen hinsichtlich seiner Infrastruktur ergriffen hat oder gar „Cyber-Angriffe" initiiert hat[144]. Eine Zugangssperre ggf. sogar ohne „Verschulden" und strafrechtliche Verantwortlichkeit weist ebenfalls Parallelen zum Fahrerlaubnisentzug auf, zumal allein auf das Vorliegen bzw. Fehlen einer objektiven Eignung abgestellt werden könnte.

Erscheinen „Internet-Führerschein" und „Internet-Entzug" nunmehr auf den ersten Blick als taugliche Instrumente, die Sicherheit des Internets zu erhöhen und Gefahren auszuschließen, bleiben dennoch folgende Aspekte zu berücksichtigen:

- Weit mehr als bei Kraftfahrzeugen dürfte es die individuelle Infrastruktur sein, die ein erhöhtes Gefahrenpotenzial birgt, sodass ein Ansetzen auf dieser technischen Ebene zielführender erscheint als beim „Nutzer" und seiner Fähigkeit und Eignung.
- Der Nachweis konkreter Gefahren, die aus der fehlenden Befähigung einiger Nutzer resultieren, ist bisher nicht erbracht worden. Er ist jedoch erforderlich, um weitgehende Einschränkungen der Grundrechte zu rechtfertigen.
- Derzeit fehlt es an technischen Möglichkeiten, den Zugang zum Internet effektiv zu beschränken bzw. das Vorhandensein einer präventiven Erlaubnis zu überprüfen. Hinzu kommt, dass anders als für den Straßenverkehr Kriterien, nach denen die körperlichen, geistigen und

143 Dennoch haben sich die Gefahren auch heute schon realisiert; neben den „Angriffen" auf den Staat Estland (zu den Hintergründen „Wer steckt hinter dem Cyberangriff auf Estland?", Der Spiegel 21/2007, S. 134; vergleichbare Attacken auf Deutschland sollen gar als „bewaffneter Angriff" im Sinne des Art. 115a GG anzusehen sein; vgl. *Schmitt*, NZWehrR 1999, 177 [194]; *Stein/Marauhn*, ZaöRV 2000, 1 [8]; *Schmidt-Radefeldt*, in: Epping/Hillgruber [Fn. XX], Art. 115a Rn. 4) sowie iranische Atomanlagen mittels des Wurms „stuxnet" (*Gaycken/Karger*, MMR 2011, 3 ff.) sind vor allem die stark ansteigenden Fälle der Wirtschaftsspionage über das Internet zu nennen; vgl. dazu exemplarisch bereits eine Meldung aus dem Jahr 2007: „ Fast tägliche Cyber-Attacken aus China", SpiegelOnline vom 22. 10. 2007, abrufbar unter http://www.spiegel.de/netzwelt/web/0,1518,512914,00.html.

144 Andere derzeit diskutierte Anlässe (Urheberrechtsverletzungen oder ganz allgemein Straftaten) bleiben ausgeblendet; bei der hier diskutierten Variante wäre der Bezug zwischen Vorwurf und Sanktion weitestgehend gegeben, während dies bei anderen Delikten nicht der Fall sein dürfte; insofern besteht auch hier wieder eine Parallele zum Fahrerlaubnisentzug, zumal dieser immer wieder auch als Sanktion für Straftaten ohne Verkehrsbezug diskutiert wird; dazu bereits *Kulemeier*, NVZ 1993, 212 ff.

charakterlichen Umstände, von deren Vorliegen eine Erlaubnis abhängig gemacht werden sollte, überhaupt nicht definiert sind. Bereits das „Einstiegsalter“ erscheint fraglich[145].

- Schließlich ist auf die besondere gesellschaftliche Bedeutung des Internets hinzuweisen, die einem Ausschluss bestimmter Personen entgegenstehen dürfte. Die Online-Grundrechte haben persönlichkeitsrelevante Bedeutung, zahlreiche gesellschaftliche, demokratische und wirtschaftliche Aktivitäten verlagern sich ins Netz, sodass die „Streubreite“ einer Sperre oder der Beschränkung des Zugangs enorm ist und solche Maßnahmen kaum zu rechtfertigen sind, soweit nicht technische Optionen zur Verfügung stehen, gezielte und abgestufte Zugangssperren zu verwirklichen.

Dies bedeutet aber nicht, dass der Staat den zunehmenden „Cyber-Gefahren“ machtlos gegenübersteht, vielmehr kann er zahlreiche andere Maßnahmen ergreifen: bspw. eine bessere Aufklärung, die Subventionierung von sicheren Infrastrukturen, ein kostenloses Angebot von Sicherheitsprogrammen, ggf. aber auch „mildere Mittel“ im Vergleich zum „Internet-Führerschein“, die ebenfalls die Nutzer in die Pflicht nehmen („Computer-TÜV“, Haftungsregeln o. Ä.).

3. Individuelle Infrastruktur

Damit rückt die individuelle Infrastruktur des Nutzers in den Mittelpunkt, die aufgrund der Funktionsweise des Internets als „Netzwerk“ und damit auch für „Cyber-Attacken“, die Verbreitung sog. „Malware“ oder andere Formen der Internet-Kriminalität, eine besondere Bedeutung besitzt. So wird die Infrastruktur der Nutzer oftmals, von diesen unbemerkt, eingesetzt, um kriminelle, schädigende Handlungen gegenüber anderen Nutzern, dem Nutzer selbst oder dem Gesamtsystem „Internet“ auszuführen. Insbesondere die sog. „Botnetze“, die auf vernetzten Rechnern laufen und auf deren Netzwerkanbindung sowie lokale Ressourcen und Daten zurückgreifen[146], funktionieren nach diesem Prinzip. Dabei ist es möglich, die Bots ohne Wissen der Inhaber auf Computern zu installieren und für

145 So ist eine Anmeldung bei Faceboook nach den Nutzungsbedingungen seitens des Diensteanbieters erst ab 14 Jahren zugelassen; effektive Überprüfungsmechanismen existieren aber nicht.

146 In Deutschland sollen über 470.000 solcher Bots existieren, von denen im Durchschnitt etwa 2.000 pro Tag aktiv sind (Stand: 2010); Quelle: Symantec Sicherheitsbericht 2011; abrufbar unter http://www.symantec.com/de/de/about/news/release/articlejsp?prid= 2011 0405_01.

beliebige Zwecke zu verwenden. Es lassen sich vor allem folgende Funktionsweisen finden:

- das Nachladen und Ausführen weiterer Programme, was durchaus auch für „legale" Funktionsweisen, wie eine Fernwartung, genutzt werden kann,
- die Nutzung des anderen PCs als Proxy, was die Möglichkeit bietet, eine Verbindung zu einem dritten Computer aufzubauen und dabei die eigentliche Ursprungs-Adresse zu verbergen,
- den Versand von Spam- oder Phishing-Mails,
- zum Ausführen von DDoS-Attacken[147],
- den Zugriff auf lokal gespeicherte Daten sowie
- die Nutzung als Speichermedium für die Verbreitung illegaler Inhalte.

Die Relevanz der sog. Bot-Netze zeigt sich daran, dass deren Existenz dem PC-Inhaber oftmals egal sein und er daher von sich aus keine Abwehrmaßnahmen ergreifen wird, da einerseits keine oder nur minimale Leistungsänderung feststellbar sind, andererseits die Ziele der Angriffe, die mittels des Bot-Netzes ausgeführt werden, „weit weg" erscheinen.

Die Bezeichnung der Bot-Netze und anderer Bedrohungen der Sicherheit der Infrastruktur „Internet" als „Computerviren"[148] führt neben dem Vergleich mit Verkehrsinfrastrukturen unmittelbar zu einer anderen „Vergleichsthematik", die ebenfalls ein Handeln des Staates verlangt – nämlich die „Seuchenbekämpfung"[149]. Das Aufkommen dieser staatlichen Aufgabe war nämlich auf die Überlegung zurückzuführen, die in

147 Als Denial of Service (kurz DoS, englisch für: Dienstablehnung) wird in der digitalen Datenverarbeitung die Folge einer Überlastung von Infrastruktursystemen bezeichnet. Dies kann durch unbeabsichtigte Überlastungen verursacht werden oder durch einen mutwilligen Angriff auf einen Host (Server), einen Rechner oder sonstige Komponenten in einem Datennetz; zur juristischen Einordnung LG Düsseldorf, MMR 2011, 624 f.; *Bär*, MMR 2011, 625 f.; *Gercke*, ZUM 2011, 609 ff.

148 Ein Computervirus ist ein sich selbst verbreitendes Computerprogramm, welches sich in andere Computerprogramme einschleust und sich damit reproduziert. Die Klassifizierung als Virus bezieht sich hierbei auf die Verbreitungs- und Infektionsfunktion. Einmal gestartet, kann es vom Anwender nicht kontrollierbare Veränderungen am Status der Hardware (zum Beispiel Netzwerkverbindungen), am Betriebssystem oder an der Software vornehmen (Schadfunktion). Computerviren können durch vom Ersteller gewünschte oder nicht gewünschte Funktionen die Computersicherheit beeinträchtigen und zählen zur Malware. Der Ausdruck Computervirus wird umgangssprachlich auch für Computerwürmer und Trojanische Pferde genutzt, da es oft Mischformen gibt und für Anwender der Unterschied kaum zu erkennen ist.

149 Früher geregelt im Bundesseuchengesetz; mittlerweile bildet das Gesetz zur Verhütung und Bekämpfung von Infektionskrankheiten beim Menschen (Infektionsschutzgesetz – IfSG) die Grundlage.

vergleichbarer Weise auch für die Internet-Sicherheit Geltung beansprucht, dass wenn der Einzelne keine Maßnahmen gegen die Krankheit und deren Weiterverbreitung ergreift, er sich nicht nur selbst gefährdet (was als eigenverantwortliche Selbstgefährdung unter Geltung des Grundgesetzes als solche zu tolerieren wäre), sondern gerade auch die Gesamtgesellschaft (und damit die sog. „Volksgesundheit")[150]. Diese Ausstrahlungswirkung des Handelns bzw. Nicht-Handelns des Einzelnen rechtfertigt es gerade, ihn zu reglementieren, um weitergehende Gefahren, in diesem Fall für die übergreifende Infrastruktur, Dritte oder (ungewollt) den Nutzer selbst abzuwehren. Verfassungsrechtliche Rechtfertigung der „Seuchenpolizei" ist die Schutzpflicht des Staates aus Art. 2 Abs. 2 GG, im Kontext der Internet-Sicherheit diejenige der demokratischen, Wirtschafts- und Online-Grundrechte. Insofern stellt sich die Frage, welche staatlichen Maßnahmen zielführend sind, den Einsatz „sicherer" Infrastrukturen durch die Nutzer zu fördern oder zu erzwingen.

a) Computer-TÜV

Denkbar wäre zunächst die Einführung eines sog. „Computer-TÜVs" in Anlehnung an die Vorgaben der StVZO (vor allem § 29 StVZO), der sich weitergehend auf alle Hardware-Komponenten, die einen Zugang zum Internet vermitteln, sowie die auf diesen installierte Software beziehen müsste. Anhaltspunkt für den Einsatz „sicherer" Soft- und Hardware könnte dabei die Zertifizierung durch das BSI oder eine andere fachkundige Stelle sein – jedoch erscheint es zweifelhaft, ob eine vollständige Erfassung aller auf dem Markt befindlichen Komponenten sichergestellt werden könnte. Aufwand und Nutzen stünden voraussichtlich außer Verhältnis. Der Vergleich mit dem Kfz zeigt aber auch, dass dies nicht vollständig ausgeschlossen wäre, wenn gezielt mit „Typengenehmigungen" (§ 20 StVZO) und Ähnlichem gearbeitet würde.

b) Verpflichtung zu Einzelmaßnahmen

Wenn eine umfassende Überprüfung der eingesetzten Infrastrukturen rechtlich oder tatsächlich ausgeschlossen ist, bleibt dennoch die Option, bestimmte Einzelmaßnahmen gesetzlich verpflichtend einzuführen, wie

150 Exemplarisch wird diese Entwicklung beschrieben von *Lorenz von Stein*, Handbuch der Verwaltungslehre und des Verwaltungsrechts, 1870, S. 85 ff.

auch im Straßenverkehr einzelne Sicherheitsmaßnahmen (neben der allgemeinen Verpflichtung, sichere Komponenten einzusetzen) gesetzlich vorgegeben und deren Nichtbeachtung sanktioniert sind, z. B. die Gurt- und Helmpflicht[151]. So ließen sich Eigentümer von bestimmten Infrastrukturkomponenten dazu verpflichten, eine aktuelle Antiviren-Software, eine Firewall oder ähnliches auf ihren Systemen zu installieren. Ein derartiges Vorgehen des Staates lässt sich – zwar nicht allgemein, aber für bestimmte Teilbereiche – bereits heute finden. So verpflichtet § 27 Abs. 3 Satz 1 PAuswG den Ausweisinhaber durch technische und organisatorische Maßnahmen zu gewährleisten, dass der elektronische Identitätsnachweis gemäß § 18 PAuswG nur in einer Umgebung eingesetzt wird, die nach dem jeweiligen Stand der Technik als sicher anzusehen ist[152]. Dies ist nach Maßgabe des Satz 2 insbesondere bei technischen Systemen und Bestandteilen der Fall, die vom BSI als für diesen Einsatzzweck sicher bewertet wurden. Vielversprechend erscheint es zudem, den Herstellern eine Verpflichtung aufzuerlegen, solche Hard- und Software standardmäßig zu installieren – ggf. mit Unterstützung des Staates.

c) Subventionierung

Die Subventionierung sicherer Infrastrukturen kann nämlich entweder unmittelbar beim Nutzer ansetzen, indem bestimmte Hard- oder Softwarekomponenten verbilligt oder kostenlos zur Verfügung gestellt werden, oder durch eine Kooperation mit den Herstellern erfolgen, indem diese bestimmte finanzielle Mittel erhalten, sich im Gegenzug aber zur Ergänzung ihrer Systeme mit bestimmten Funktionen verpflichten. Derartige Ansätze lassen sich ebenfalls bereits vereinzelt finden: so wurde die Einführung des neuen Personalausweises dazu genutzt, Kartenlesegeräte an die Nutzer auszugeben, die auch für andere Einsatzoptionen zur Verfügung stehen und einen Teil einer sicheren Infrastruktur darstellen. Zur Bekämpfung der sog. Bot-Netze haben sich Anbieter und Regierung zusammengeschlossen und stellen über das Internet[153] eine Software zur

151 Zur Verfassungsmäßigkeit der bußgeldbewehrten Anschnallpflicht OLG Hamm, NJW 1985, 1790 ff.; Rechtsgrundlage ist § 21a StVO.

152 Dazu *Neidert*, in: Schliesky (Hrsg.), Gesetz über Personalausweise und den elektronischen Identitätsnachweis – Kommentar, 2009, § 27 Rn. 12; *Möller*, in: Hornung/Möller (Hrsg.), PassG/PAuswG, 2011, § 27 PAuswG Rn. 9 f.

153 www.botfrei.de.

Prüfung des eigenen Rechners und Beseitigung etwaiger Bot-Netze zur Verfügung.

d) Aufklärungsmaßnahmen

Letztgenannte Maßnahme dient auch der Aufklärung, die angesichts der Bedrohungen, die von infizierten Systemkomponenten privater Nutzer ausgehen können, intensiviert werden müssen. Gerade die Generation der sog. „Digital Natives" muss nicht nur für persönlichkeitsgefährdende und datenschutzrechtliche Aspekte des Internets sensibilisiert werden, wie im Kontext der Debatte um eine (fehlende) Medienkompetenz zunehmend gefordert, sondern gerade auch für die von Viren und anderer Malware ausgehenden Gefahren.

e) Haftungsregeln

Schließlich erscheint ein ebenfalls aus anderen Bereichen – auch der Verkehrsinfrastruktur – bewährtes Konzept zielführend, den beschriebenen Gefahren entgegen zu wirken: die Etablierung und Konkretisierung eines Haftungsregimes. Stuft man die von „unsicheren" Infrastrukturen ausgehenden Gefahren ähnlich bedeutsam ein wie die des Straßenverkehrs, käme ein Anlehnung an das Modell einer pflichtigen Haftpflichtversicherung (§ 1 PflVG) in Betracht. Aber auch unterhalb dieses Eingriffs dürfte der Hinweis auf eine bestehende Haftung, wenn die eigene Infrastruktur aufgrund (fahrlässig oder vorsätzlich) unterlassener Sicherungsmaßnahmen für einen „Cyber-Angriff" eingesetzt wurde, zahlreiche Nutzer zu erhöhter Achtsamkeit anhalten können. Ein Unterschied zu der Konstellation, in der ein nicht gesichertes WLAN-Netz für illegale Zwecke eingesetzt wurde[154], ist jedenfalls nicht ersichtlich, zumal bspw. hinsichtlich der sog. Bot-Netze mittlerweile kostengünstige (-freie) und leicht nutzbare Anwendungen zur „Abwehr" zur Verfügung stehen.

154 Und in der eine Haftung bejaht wurde; grundlegend BGHZ 185, 330 ff.; dazu *Hornung*, CR 2010, 461 ff.; *Spindler*, CR 2010, 592 ff.; *Knopp*, DuD 2010, 653 ff.; *Volkmann*, K&R 2011, 361 ff.; *Mantz*, MMR 2010, 568 ff.

VI. Fazit

Die vorstehende Analyse konnte zeigen, dass das Internet sich zwar vielfältig als große und neue Herausforderung für das Rechts- und Verwaltungssystem darstellt – es einer E-Volution bedarf, zugleich aber auch, dass der Rückgriff auf bestehende Handlungsinstrumentarien durchaus zielführend erscheint. Eine „Eins-zu-eins-Übertragung“ muss dabei zwar ausscheiden, dennoch bietet der Vergleich mit vorhandenen Infrastrukturen und deren rechtlichen Reglementierung Ansatzpunkte für die hinsichtlich des Internets zum Teil überfällige (netzpolitische) Diskussion.

Verwaltungsrechtliche Instrumente zur Ordnung des virtuellen Raums – auf den Spuren des E-Governments

Martin Kment

I. Einführung

Seit seiner Geburtsstunde im Jahr 1989 hat das world wide web seinen weltweiten Erfolgskurs eingeschlagen. Als großräumige Hypermedia-Initiative zur Informationsbeschaffung konzipiert, ist es heute die Informationsquelle schlechthin geworden, Basis vieler sozialer Netzwerke und nicht mehr hinweg zu denken aus dem Leben der modernen Gesellschaften. Das world wide web ist fester Bestandteil unserer Kultur geworden – auch wenn dies nicht von jedem gern gesehen wird.[1]

Aber nicht nur die Gesellschaft erfährt durch den scheinbar unbegrenzten Informations- und Kommunikationsfluss im virtuellen Raum Veränderungen. Auch die klassischen Verwaltungsstrukturen, die noch immer in die hierarchische Pyramide ministerieller Ressorts eingewoben sind,[2] werden zusehends herausgefordert.

Mit diesen Herausforderungen will sich dieser Beitrag im Folgenden beschäftigen und das Bild einer Verwaltung nachzeichnen, die auf die Potenziale und Chancen des virtuellen Raums zurückgreifen will (II.-IV.). Ist dieses Feld bestellt, ist zugleich die Grundlage gelegt, um danach über verwaltungsrechtliche Instrumente zu sprechen, die zur Ordnung des virtuellen Raums beitragen können (V.). Dabei werden die verwaltungsrechtlichen Handlungsformen des Planungsrechts in den Blick genommen werden. Dies legt zum einen das Bild vom „virtuellen Raum“ Nahe, zum anderen gibt es – dies wird die Untersuchung noch zeigen –[3] zum Teil verblüffende Ähnlichkeiten zwischen den Anforderungen an die planerische Steuerung von räumbezogenen Nutzungsansprüchen und den Steuerungsbedürfnissen in der virtuellen Welt.

1 Kritisch etwa *Carr*, The Big Switch – Der große Wandel, 2009; *Keen*, Die Stunde der Stümper – Wie wir im Internet unsere Kultur zerstören, 2008.

2 *Hill*, in: ders./Schliesky (Hrsg.), Herausforderung eGovernment – E-Volution des Rechts- und Verwaltungssystems, 2009, 349 (352).

3 Siehe die nachfolgenden Ausführungen unter V., 1., b.

II. Veränderungen der Verwaltungstätigkeiten unter dem Eindruck neuer elektronischer Medien

Kommen wir zunächst zurück zu unserem Ausgangspunkt: dem Veränderungsprozess, dem Verwaltung unter dem Einfluss neuster elektronsicher Medien unterliegt. Die Konzentration von Zuständigkeiten und Entscheidungsbefugnissen bei einer bestimmten Verwaltungsstelle wird mit Blick auf die Potenziale der medialen Welt zunehmend in Frage gestellt.[4] Dabei weckt zunächst die Wahrnehmung der technischen Möglichkeiten und ihre Projektion auf den Verwaltungsapparat neue Ansprüche an Service und veränderte Verwaltungsabläufe. Hierzu gehört etwa eine elektronische Verfahrensabwicklung – einschließlich virtueller Beteiligungsverfahren –[5] wie auch die Einrichtung einheitlicher Ansprechpartner, welche die Zuständigkeitsintransparenz entwirren sollen. Beides wird ungeachtet eines gesellschaftlichen Anspruchs ja ohnehin europarechtlich durch Art.6, 8 und 10 Dienstleistungs-RL gefordert.[6]

Ungeachtet dessen gibt es aber noch weitere Aspekte, die den Veränderungsprozess beschleunigen: die Informationsfülle und die modernen Möglichkeiten der Informationsverknüpfung, die der virtuelle Raum bietet. Beide fördern mitunter eine Komplexität der tatsächlichen Wirkungszusammenhänge in verwaltungsrechtlichen Tätigkeitsfeldern zu Tage, wie sie vor der flächendeckenden Ausbreitung des virtuellen Netzes nicht bekannt war.[7] Die Welt ist eben schwieriger geworden – auch für Verwaltungsbeamte!

Aus diesem Grund sieht sich die Verwaltung aktuell verstärkt komplexen Planungs- und Entwicklungsentscheidungen gegenüber, in denen kumulativ wirkende Prozesse zusammenlaufen und die mit vielfältigen Unsicherheiten bzw. unvermittelt eintretenden Veränderungen belastet sind; so etwa in den Bereichen Umwelt, Energie, Gesundheit oder innere

4 Vgl. etwa *Lenk*, Abschied vom Zuständigkeitsdenken, Verwaltung und Management 2007, 253; *Schliesky*, in: Schimanke (Hrsg.), Verwaltung und Raum, 2010, S. 49 (53 ff.).

5 *Leggewie/Bieber*, Interaktive Demokratie, Aus Politik und Zeitgeschichte, 41-42/2001, S. 37; *Ladeur*, in: Hoffmann-Riem/Schmidt-Aßmann/Vosskuhle (Hrsg.), Grundlagen des Verwaltungsrechts, Bd. II, 2008, § 21 Rn. 103.

6 Vgl. zur Dienstleistungsrichtlinie etwa *Eisenmenger*, Das Öffentliche Wirtschaftsrecht im Umbruch – Drei Jahre Dienstleistungsrichtlinie in Deutschland, NVwZ 2010, 337.

7 Siehe *Snowden/Boone*, Entscheiden in chaotischen Zeiten, Harvard Business Manager, 12/2007, S. 28; *Schridde*, in: Behrens (Hrsg.), Ausblicke auf den aktivierenden Staat, 2005, S. 289 (294).

Sicherheit.[8] Hier ist die Verknüpfung von Informationsquellen bei der Aufgabenbewältigung hilfreich, wenn nicht gar unumgänglich. Sie fordert aber zugleich ein mehr an Aufmerksamkeit von den Verantwortlichen ein, beispielsweise bei der Ermittlung und dem Abgleich möglicher Entscheidungsalternativen.[9]

III. Der virtuelle Raum als Ort der Informationsverarbeitung

1. Arbeit mit Modulen

Am Ende der aufgezeigten Entwicklung steht eine Verwaltung, die mit Segen und Fluch des virtuellen Raums umzugehen hat. Zunächst soll der „Segen" betrachtet sein: Der virtuelle Raum fungiert mit seinen technischen Möglichkeiten als Medium der Informationsverarbeitung.[10] Ohne länger an Ordner, Bücher oder Karteien gebunden zu sein, ist der Zugriff auf Datensätze theoretisch von jeder beliebigen Stelle, von jedem Zugangspunkt ins world wide web aus möglich.[11] Dabei werden die Daten üblicherweise in Modulen gebündelt.[12] D. h., dass die jeweiligen Inhalte systematisch in Sinnabschnitte unterteilt werden. Hierdurch soll eine Verknüpfung und Vernetzung der einzelnen Elemente erleichtert und das Auffinden der jeweiligen Information beschleunigt bzw. im „Datendschungel" erst ermöglicht werden. [13]

2. Kostenreduktion und Entscheidungstransparenz

Neben der flexibleren Informationsverarbeitung liegt der offensichtliche Vorteil dieses Vorgehens außerdem in der Kostenreduktion auf Verwal-

8 Siehe etwa *Kment*, Anpassung an den Klimawandel – Internationaler Rahmen, europäische Strategische Adaptionsprüfung und Fortentwicklung des nationalen Verwaltungsrechts, JZ 2010, 62 (63).

9 Siehe zur Alternativenprüfung im Umweltrecht *Kment*, Suche nach Alternativen in der Strategischen Umweltprüfung, DVBl. 2008, 364.

10 *Hill*, in: ders./Schliesky (Hrsg.), Herausforderung eGovernment – E-Volution des Rechts- und Verwaltungssystems, 2009, 349 (355 ff.).

11 *Weinberger*, Das Ende der Schublade: Die Macht der neuen digitalen Unordnung, 2007; *Ladeur*, in: Hoffmann-Riem/Schmidt-Aßmann/Vosskuhle (Hrsg.), Grundlagen des Verwaltungsrechts, Bd. II, 2008, § 21 Rn. 105.

12 *Schliesky*, in: Schimanke (Hrsg.), Verwaltung und Raum, 2010, S. 49 (54).

13 *Hill*, in: ders./Schliesky (Hrsg.), Herausforderung eGovernment – E-Volution des Rechts- und Verwaltungssystems, 2009, 349 (356).

tungsseite, da die interadministrative Kommunikation vergünstigt wird.[14] Hinzu kommt, dass der virtuelle Raum das Potenzial aufweist, behördliche Entscheidungsabläufe im elektronischen Verkehr transparent zu gestalten. So ist es etwa denkbar, den Betroffenen von solchen Entscheidungsverfahren, die unterschiedliche Stadien durchlaufen, Informationen über den aktuellen Stand der Bearbeitung zu geben.[15]

3. Gefahr des Datenmissbrauchs

Wie so häufig bringt die Analyse jedoch nicht nur Positives ans Licht. Wir kommen jetzt – um im Bild zu bleiben – vom „Segen" in die Nähe des bereits angesprochenen „Fluchs" des virtuellen Raums: Unzureichender Datenschutz wie auch Datenmissbrauch sind sicherlich wesentliche Problemfelder, welche das Vertrauen der Bürger in die Entwicklung und Umsetzung neuer zukunftsweisender E-Government-Lösungen belasten.[16] Die bald schon in regelmäßigen Abständen auf dem Markt angebotenen Schweizer Bankdaten,[17] welche potenzielle Steuersünder aufzuspüren versprechen, belegen, wie leicht eine Vielzahl von Daten per „Mausklick" entwendet werden kann. Hierzu hätte man früher noch kistenweise Dokumentenordner verladen müssen. Digitale Daten sind folglich einer höheren Fluktuation ausgesetzt als ihre auf Papier verschriftlichten Vorgänger.

4. Vorläufigkeit der Informationsbasis

Ein weiterer Nachteil einer Verwaltung, die ihre Informationen auch aus dem Internet entnimmt, liegt darin, dass mit der Anbindung an das Internet die Tatsachenermittlung bzw. Wissensgenerierung letztlich keinen Endpunkt erreichen kann.[18] Die potenzielle Vorläufigkeit der vorgehalte-

14 *Friebe/Ramge*, Marke Eigenbau, 2008, S. 49 u. 160 ff.

15 Plastisch *Hill*, in: ders./Schliesky (Hrsg.), Herausforderung eGovernment – E-Volution des Rechts- und Verwaltungssystems, 2009, 349 (357), der in diesem Zusammenhang die Parallele zur elektronsichen Prozessverfolgung bei Paketsendungen zieht.

16 Siehe hierzu auch *Masing*, Transparente Verwaltung, VVDStRL 63 (2004), S. 379 (399 ff.); *Hill*, in: Bundesministerium für Wirtschaft und Technologie (Hrsg.), Szenarien für die Zukunft, 2008, S. 54 (55 f.).

17 Siehe etwa „Bankkundendaten an Wikileaks weitergereicht", FAZ v. 17.1.2011.

18 *Javis*, Was würde Google tun?, 2009, S.184; *Meckel*, Aus Vielen wird das Eins gefunden – Wie Web 2.0 unsere Kommunikation verändert, Aus Politik und Zeitgeschichte 39/2008, 17 (19).

nen Information ist dem Internet gerade immanent. Außerdem ist nicht sichergestellt, dass die üblichen Suchmaschinen die jeweils richtige bzw. aktuelle Information zum gewünschten Stichwort bereithalten. Die ihnen zugrunde liegenden Algorithmen operieren auf der Basis von relativen Häufigkeiten und sortieren das virtuelle Angebot gerade nicht nach qualitativen Gesichtspunkten.[19] Welche sollten dies aber auch sein?

IV. Der virtuelle Raum als Kommunikationsplattform

1. Aufgabenerfüllung im Kollektiv

Ungeachtet der Informationsverarbeitung – einschließlich ihrer Vorzüge und Nachteile –[20] besitzt der virtuelle Raum noch eine andere Entwicklungsebene, die ihn für die Verwaltung der Zukunft so interessant macht. Er bietet eine einzigartige Kommunikationsplattform, die schon jetzt Ausgangspunkt vieler sozialer Netzwerke ist.[21] Für die öffentliche Verwaltung liefert der virtuelle Raum damit die Grundlage für ganz neue Handlungsweisen. Gestützt auf das Internet können Verwaltungsträger unterschiedlicher Ebenen und in voller horizontaler Breite kommunikativ miteinander verbunden werden.[22] Dies bietet die Chance, Informationen und Erkenntnisse untereinander auszutauschen, sie kollektiv zu ergänzen und zu verbessern und eine einheitliche, konvergente Verwaltungspraxis bei schwierigen Entscheidungsprozessen herauszubilden.[23] Gegebenenfalls können sogar die Entscheidungsbetroffenen – also der einzelne Bürger – die Breite Masse oder Sachkundige anderer Disziplinen über Kommunikationsportale in den Entscheidungsprozess eingebunden werden,

19 Kritisch hierzu *Dammler*, Verloren im Netz, 2009; *Soboczynski*, Das Netz als Feind, Die Zeit 22/2009.

20 Siehe dazu die obigen Ausführungen unter III.

21 Das wohl bekannteste soziale Netzwerk ist Facebook.

22 *Hill*, Qualitätsmanagement im 21. Jahrhundert, DÖV 2008, 789 (792); *ders.*, in: Bundesministerium für Wirtschaft und Technologie (Hrsg.), Szenarien für die Zukunft, 2008, S. 54 (57).

23 *Holznagel/Grünewald/Hanssmann* (Hrsg.), Elektronische Demokratie – Bürgerbeteiligung per Internet zwischen Wissenschaft und Praxis, 2001; *Ruffert*, in: Bär u. a. (Hrsg.), Rechtskonformes eGovernment – eGovernmentkonformes Recht, 2005, S. 53; *Ladeur*, in: Hoffmann-Riem/Schmidt-Aßmann/Vosskuhle (Hrsg.), Grundlagen des Verwaltungsrechts, Bd. II, 2008, § 21 Rn. 104.

um die „im Außen“ liegenden Erfahrungen und Weisheiten mit in die Problemlösung einfließen zu lassen.[24]

2. Ausrichtung des Arbeitsprozesses auf einen Zielpunkt

Allerdings darf die Verwaltung nicht orientierungslos den Problemlösungen entgegensteuern. Stets notwendig ist bei der Interaktion im virtuellen Raum die Ausrichtung der involvierten Akteure auf einen Zielpunkt bzw. Zielkorridor.[25] Der jeweils in den Entscheidungsprozess Eingebundene muss also wissen, welches kollektive Ergebnisfenster angestrebt wird.[26] Zumindest aber muss er von einer steuernden Stelle mit einer entsprechenden Ausrichtung in den Entscheidungsablauf eingesetzt werden.

3. Standardisierung von Verwaltungsaufgaben

Abgesehen von der Ausrichtung des Verwaltungshandelns auf einen Zielpunkt ist es verwaltungsökonomisch sinnvoll, wiederkehrende Arbeitsleistungen zu standardisieren und gegebenenfalls in Teilabschnitte zu untergliedern. Die so entstehenden Bausteine können dann funktionsorientiert verteilt, personenunabhängig bearbeitet, gegebenenfalls verknüpft oder nach außen verlagert werden.[27] Neben Kosteneinsparungen und Beschleunigungseffekten wird dadurch die Abhängigkeit der Verwaltung von individuellen Wissensträgern deutlich gesenkt.[28]

Einschränkend muss man jedoch attestieren, dass die Standardisierung einzelner Verwaltungsaufgaben bestimmten Voraussetzungen unterliegt und nicht bedingungslos zur Anwendung gebracht werden kann. Sie darf nur dort eingesetzt werden, wo die Arbeitsabläufe einer bestimmten Routine folgen, also zumindest in Teilabschnitten einheitlich und wiederkeh-

24 *Ladeur*, in: Hoffmann-Riem/Schmidt-Aßmann/Vosskuhle (Hrsg.), Grundlagen des Verwaltungsrechts, Bd. II, 2008, § 21 Rn. 108; *D'Adderio*, Configuring Software, Reconfiguring Memories, Industrial and Corporate Change 2003, S. 321 (324). Siehe zur „Weisheit der Massen“ auch *Libert/Spector*, We are smarter than me, 2008.

25 *Hill*, in: ders./Schliesky (Hrsg.), Herausforderung eGovernment – E-Volution des Rechts- und Verwaltungssystems, 2009, 349 (362 f.).

26 Siehe hierzu auch *Blanke/Schridde*, Wissensmanagement an den Schnittstellen öffentlicher Leistungsprozesse, Verwaltung und Management 2004, 264.

27 *Brügger u. a.*, Organisatorische Gestaltungspotenziale durch Electronic Government, 2006; *Schliesky*, in: Schimanke (Hrsg.), Verwaltung und Raum, 2010, S. 49 (56).

28 *Ladeur*, in: Hoffmann-Riem/Schmidt-Aßmann/Vosskuhle (Hrsg.), Grundlagen des Verwaltungsrechts, Bd. II, 2008, § 21 Rn. 101.

renden sind.[29] Sie müssen folglich unabhängig von den Besonderheiten des Einzelfall einer sinnvollen Behandlung zugeführt werden können.[30] Große Ermessens- oder Prognosespielräume sind hier schädlich.

4. Eigenständige Neuausrichtung der Verwaltungseinheiten bei komplexen Problemlagen (Selbstsynchronisation)

Aber auch losgelöst von Rationalisierungsbemühungen durch Standardisierung ermöglicht die Vernetzung administrativer Einheiten Synergieeffekte.[31] Bei komplexeren Problemlagen liefert die virtuelle Vernetzung die Grundlage, das best verfügbare Wissen im virtuellen Raum zu erlangen oder durch die gemeinsame Interaktion (in der Art eines Brainstormings) das kollektive Erkenntnisniveau anzuheben.[32] Zudem kann die Aufgabe von demjenigen übernommen werden, der hierfür am besten geeignet ist und noch freie Arbeitskapazitäten besitzt. Dies könnte – will man das Potenzial des virtuellen Raums voll ausschöpfen – so weit gehen, dass sogar die Zuständigkeit für die Aufgabenerfüllung dynamisch variieren würde.[33] Ebenfalls denkbar wäre es, dass Aufgaben nach Themenfeldern geordnet und gebündelt verteilt werden. Im Idealfall reagiert das vernetzte System dabei eigenständig und ergebnisorientiert, um selbstständig auftretende Probleme zu lösen.[34] Die Akteure richten sich stets neu aus (man spricht hier von einer „Selbstsynchronisation“), versorgen sich mit den gesamten, im virtuellen Raum vorhandenen Informationen und lernen in jedem Verfahrensabschnitt aktiv mit.[35] Nur die

29 *Hill*, in: ders./Schliesky (Hrsg.), Herausforderung eGovernment – E-Volution des Rechts- und Verwaltungssystems, 2009, 349 (364).

30 Vgl. auch *Hall/Johnson*, Wie standardisiert müssen Prozesse sein?, Harvard Business Manager, 5/2009, S. 78; *North/Güldenberg*, Produktive Wissensarbeit(er), 2008, S. 29.

31 Siehe *Eifert*, in: ders./Hoffmann-Riem (Hrsg.), Innovation und rechtliche Regulierung, 2002, S.88 ff.

32 Das virtuelle Netz führt nicht nur zu einem Bürokratieabbau. Es kann auch neue Bürokratien erzeugen. Vgl. dazu *Hill*, in: Bundesministerium für Wirtschaft und Technologie (Hrsg.), Szenarien für die Zukunft, 2008, S. 54 (57).

33 *Ladeur*, in: Hoffmann-Riem/Schmidt-Aßmann/Vosskuhle (Hrsg.), Grundlagen des Verwaltungsrechts, Bd. II, 2008, § 21 Rn. 107; *Fountain*, Building the Virtual State, 2001, S. 70 ff; *Hill*, in: ders./Schliesky (Hrsg.), Herausforderung eGovernment – E-Volution des Rechts- und Verwaltungssystems, 2009, 349 (365).

34 Vgl. *Schliesky*, in: Mann/Püttner (Hrsg.), Handbuch der kommunalen Praxis, Bd. I, 2007, § 30 Rn. 38.

35 Siehe auch *Nonaka/Toyoma*, A Firm as a Dialectical Being, Indistrie and Corporate Change 2002, S. 995 (997); *Hill*, in: ders./Schliesky (Hrsg.), Herausforderung eGovernment – E-Volution des Rechts- und Verwaltungssystems, 2009, 349 (365).

Rahmenbedingungen der Interaktion werden von höherer Stelle vorgegeben. Interventionen von dort bleiben aber der Ausnahmefall.

5. Anforderungen an das E-Government

Diese Konzeption des E-Governments der Zukunft basiert wesentlich auf der Einhaltung gemeinsamer Standards, die eine Austauschbarkeit der jeweiligen Verwaltungseinheiten erlauben und dem Absinken des Bearbeitungsniveaus entgegenwirken. Dies fordert bereits Art. 8 Dienstleistungs-RL, der auf nationaler Ebene eine Entsprechung in § 6 E-Government-Gesetzes SH findet.[36] Darüber hinaus müssen die zusammengefassten verwaltungsrechtlichen Arbeitseinheiten nach außen – gegenüber dem Bürger – einheitlich auftreten. Der Bürger ist letztlich indifferent, welchem Verwaltungsträger er sich gegenübersieht.[37] Der Staat ist für viele ein als Einheit wahrgenommenes Ganzes. Allerdings muss es dem belasteten Bürger möglich sein, unabhängig vom Vernetzungsgrad der Verwaltungsakteure effektiven Rechtsschutz erlangen zu können. Die jeweiligen Verwaltungseinheiten sollten sich daher ihre Verwaltungshandlungen gegenseitig zurechnen lassen, um hier keine unnötigen rechtlichen Hindernisse aufzubauen.[38] Zudem ist der Entscheidungsprozess offen zu legen und die Entscheidungsfindung zu begründen; Letztgenanntes erhöht überdies das Legitimationsniveau des E-Governments.

V. Planerische Instrumente als Orientierungspunkte für die zukünftige Ordnung des virtuellen Raums

Nachdem ein – zugegebenermaßen grobes – Bild von der Verwaltungstätigkeit im virtuellen Raum gezeichnet wurde,[39] schließt sich die Frage an, mit welchen Instrumenten die beschriebenen administrativen Aktionen geordnet werden können. Bezugspunkt der Steuerung soll dabei nicht primär die eine Interaktion im Internet voraussetzende, technische Infra-

36 Siehe zum E-Government-Gesetz SH *Schulz*, Ein eGovernment-Gesetz für Schleswig-Holstein, Die Gemeinde SH 2008, 272.

37 *Hilf/Hörmann*, Dupuy u.a. (Hrsg.), Festschr. Tomuschat, 2006, S. 913 (934); *Hill*, in: ders./Schliesky (Hrsg.), Herausforderung eGovernment – E-Volution des Rechts- und Verwaltungssystems, 2009, 349 (366).

38 *Schliesky*, in: Schimanke (Hrsg.), Verwaltung und Raum, 2010, S. 49 (59 f.).

39 Siehe die obigen Ausführungen unter II.-IV.

struktur sein.[40] Im Zentrum steht vielmehr die Verwaltungstätigkeit selbst, d. h. die Aktion der Verwaltungseinheiten.

Es wurde bereits angedeutet, dass der Fokus dieses Beitrags auf den planerischen Steuerungsinstrumenten liegen soll, um deren Funktionstauglichkeit im vorliegenden Kontext zu untersuchen. Dabei wird bewusst das Raumordnungsrecht gewählt, da es im Planungsprozess hierarchisch an höchster Stelle ansetzt und seinen Adressaten die größten Entwicklungs- und Gestaltungsräume im deutschen Planungsrecht belässt. Andere administrative Handlungsformen will ich aussparen. Dies gilt insbesondere für den Verwaltungsakt, da er – ungeachtet seiner unbestritten weiter bestehenden, großen praktischen Relevanz –[41] Repräsentant der linearen, überkommenen Verwaltungskultur ist. Von Letztgenannter will sich das E-Government bei der Ausrichtung der Verwaltungsabläufe gerade lossagen.[42]

1. Ziele und Grundsätze der Raumordnung als wesentliche Steuerungsinstrumente des hochstufigen Planungsrechts

Das Raumordnungsrecht kennt in seinem Kern zwei wesentliche Steuerungselemente: die sog. Ziele der Raumordnung im Sinne des § 3 Nr. 2 ROG, sowie die als Grundsätze der Raumordnung bezeichnete, weitere Aussageform des Raumordnungsrechts, wie sie in § 3 Nr. 3 ROG definiert ist.

a. Bindungswirkung von Zielen und Grundsätzen der Raumordnung

Beide Instrumente unterscheiden sich im Wesentlichen durch ihre Bindungswirkung gegenüber ihren Adressaten.[43] So ordnet § 4 Abs. 1 S. 1 ROG an, dass die Ziele der Raumordnung von öffentlichen Stellen bei nachfolgenden Planungen oder Entscheidungen strikt zu beachten sind. Anders als der Name „Ziele der Raumordnung“ vermuten lässt, umschreiben sie also Fixpunkte bzw. Determinanten, die von ihren Adressa-

40 Vgl. unter dem Aspekt des demographischen Wandels etwa *Kersten*, DVBl. 2006, 942 (943 ff.).

41 *Ruffert*, in: Erichsen/Ehlers (Hrsg.), Allgemeines Verwaltungsrecht, 2010, § 21 Rn. 1.

42 *Hill*, in: ders./Schliesky (Hrsg.), Herausforderung eGovernment – E-Volution des Rechts- und Verwaltungssystems, 2009, 349 (352 f.).

43 *Kment/Grüner*, Ausnahmen von Zielen der Raumordnung – zur Neufassung des Raumordnungsgesetzes, UPR 2009, 93 (95).

ten nicht hinter andere Belange zurückgestellt werden können.[44] Ziele der Raumordnung sind also gerade nicht als Synonyme für programmatische oder visionäre Orientierungspunkte zu verstehen.

Demgegenüber finden Grundsätze der Raumordnung lediglich im Rahmen von Abwägungs- und Ermessensentscheidungen Berücksichtigung. Grundsätze sind zwingend in die relevante Abwägungs- und Ermessensentscheidungen einzustellen.[45] Dort können sie unter Berufung auf bedeutsamere Belange überwunden werden. Sie fungieren mithin lediglich als Leitlinien oder Direktiven der Abwägung bzw. Ermessensentscheidung.[46]

b. Parallelen zu den Steuerungsbedürfnissen im virtuellen Raum

Strukturell passen diese beiden Instrumente (Ziele und Grundsätze der Raumordnung) recht gut zu den Steuerungsbedürfnissen der virtuellen Verwaltungsinteraktion – ohne dass darüber hinweg getäuscht werden soll, dass beide gleichwohl dem Planungsrecht verhaftet bleiben und somit Kriterien aufweisen, die gerade nicht zum E-Government passen. Nichtsdestotrotz ging es beim idealtypischen E-Government darum, eine offene Steuerungskonzeption zu erschaffen. Diese sollte lediglich einen verbindlichen Rahmen vorgeben – also einen Zielkorridor definieren –, innerhalb dessen sich die Verwaltungsaktivität verbindlich zu bewegen hat.[47] Außerdem sollte von Vorgaben für die konkrete Aktivität innerhalb des gesetzten Rahmens – also von der Einwirkung auf seine Ausgestaltung – abgesehen werden. Hier setzt man vielmehr auf einen Selbstsynchronisierungsprozess.[48] Mit einem zu definierenden Zielkorridor sollen übrigens nicht grundsätzliche Verhaltensstandards gemeint sein, die den allgemeinen Umgang im virtuellen Raum ordnen. Diese Standardsetzung gehört ohnehin nicht in den Verfügungsbereich der Verwaltung, sondern

44 BVerwGE 90, 329 (333 f.); *Runkel*, in: Bielenberg/Runkel/Spannowsky (Hrsg.), Raumordnungs- und Landesplanungsrecht des Bundes und der Länder, 2011, § 4 Rn. 64 ff; *Kment*, Rechtsschutz im Hinblick auf Raumordnungspläne, 2002, S. 71 ff. u. 83 ff.

45 *Kment*, Bindungswirkungen der Grundsätze der Raumordnung gegenüber Personen des Privatrechts, NVwZ 2004, 155 (156); *Heemeyer*, Zur Abgrenzung von Zielen und Grundsätzen der Raumordnung, UPR 2007, 10 (11).

46 *Goppel*, Grundsätze der Raumordnung in Raumordnungsplänen, BayVBl. 1999, 331 (332); *Finkelnburg/Ortloff/Kment*, Öffentliches Baurecht, 2011, § 20 Rn. 37; *Hoppe*, Zur Abgrenzung der Ziele der Raumordnung (§ 3 Nr. 2 ROG) von Grundsätzen der Raumordnung (§ 3 Nr. 3 ROG) durch § 7 Abs. 1 Satz 3 ROG, DVBl. 1999, 1457 (1458).

47 Siehe hierzu die obigen Ausführungen unter IV., 4.

48 Siehe bereits oben unter IV., 4.

solle normativ – wenn auch nur per Rechtsverordnung – und damit allgemeingültig definiert werden.[49]

Gehen wir demgemäß von der Definition eines Zielkorridors aus, der die Aktionen im virtuellen Raum auf ein zu erreichendes Ergebnis ausrichten soll,[50] entspricht die gewünschte, offene Steuerungsmethode des virtuellen Raums gerade den Zielen der Raumordnung, die Entwicklungsgrenzen definieren, jedoch stets ausgestaltungsbedürftig und damit innerhalb des festgeschriebenen Rahmens entwicklungsoffen bleiben.

Bei der Ausfüllung des durch Ziele der Raumordnung gesetzten Rahmens helfen nun die Grundsätze. Sie können Gesichtspunkte transportieren, die bei den jeweiligen Verwaltungsentscheidungen oder Verwaltungsinteraktionen zu berücksichtigen sind.[51] Übertragen auf den Bereich des E-Governments könnten dies inhaltliche Vorgaben sein wie „die Anpassungsfähigkeit an den Klimawandel“ oder „die Sicherstellung der elektrischen Grundversorgung“, „die Anhebung des sozialen Standards“ oder die „Förderung der heimatlichen Volksmusik“. Denkbar sind aber auch methodische Leitlinien wie die „besondere Berücksichtigung flexibler, anpassungsfähiger Zustände bei der Entscheidungsfindung“.[52]

c. Mehrwert der Gegenüberstellung von Verwaltungstätigkeit im virtuellen Raum und planerischen Gestaltungsinstrumenten für das E-Government

Doch worin liegt letztlich der Mehrwert, wenn man Planungsinstrumente als Richtgröße den Bedürfnissen des E-Governments gegenüberstellt? Man könnte den Bedürfnissen des E-Governments entsprechend auch eigene Instrumente entwickeln und diese in ein E-Governmentgesetz aufnehmen. Schleswig-Hostein beispielsweise hat schon ein E-Governmentgesetz erfolgreich auf den Weg gebracht.[53] Die Plattform, um

49 Eine Definition von Standards per Rechtsverorndung sieht etwa § 5 Abs. 3 E-Government-Gesetz SH vor.

50 Siehe die obigen Ausführungen unter IV., 2.

51 *Runkel*, in: Spannowsky/Runkel/Goppel, ROG, 2010, § 3 Rn. 65; *Hoppe*, „Ziele der Raumordnung und Landesplanung“ und „Grundsätze der Raumordnung“ in normtheoretischer Sicht, DVBl. 1993, 681 (683).

52 Vgl. dazu auch *Kment*, Anpassung an den Klimawandel – Internationaler Rahmen, europäische Strategische Adaptionsprüfung und Fortentwicklung des nationalen Verwaltungsrechts, JZ 2010, 62 (70 f.).

53 Siehe hierzu *Schulz*, Ein eGovernment-Gesetz für Schleswig-Holstein, Die Gemeinde SH 2008, 272.

ein Handlungsinstrumentarium zu normieren, wäre damit gegeben. Worin liegt also der Gewinn dieser Methode?

Der Gewinn der Gegenüberstellung liegt in den Erfahrungen und Erkenntnissen, die über die Jahre im Planungsrecht gereift sind und die das Raumordnungsrecht auf Grundlage seiner langen Planungshistorie liefert.

d. Bestimmtheit von Zielen der Raumordnung

Zu den Erfahrungen und Erkenntnissen, die das Raumordnungsrecht beisteuern kann, gehört zunächst das Ringen um die konkrete Bedeutung des Anforderungsprofils, das an Ziele der Raumordnung – also an verbindliche Determinanten – gestellt wird. Entsprechend der Definition des § 3 Nr. 2 ROG müssen die Ziele der Raumordnung insbesondere räumlich und sachlich hinreichend bestimmt wie auch abschließend abgewogen sein. Die erst genannte Voraussetzung – die Bestimmtheit – hält die Raumordnungsrechtler bis heute in Atem.[54] Für sich genommen ist das Bestimmtheitsgebot zwar juristisch in den Griff zu bekommen. Das Bundesverfassungsgericht hat hierzu ausreichende Hinweise gegeben.[55] Welche Schwierigkeiten in der Umsetzung dieser Vorgaben letztlich verborgen sind, legt jedoch die Planungspraxis offen, wenn es um die Festlegung von Zielen der Raumordnung geht: Das Erzielen einer hinreichenden Klarheit bei der Formulierung eines verbindlichen Beachtungsauftrags fällt nämlich dann besonders schwer, wenn der Zieladressat konkret erfahren soll, welcher Rahmen ihm gesteckt wird, er aber nur derart stark gebunden werden darf, dass ein sachgerechter Ausgestaltungsspielraum erhalten bleibt.[56] Wie also formuliert man möglichst präzise und gleichzeitig ausreichend offen?

Die Komplexität der Problematik nimmt zusätzlich noch zu, wenn die Zahl der Planungsebenen steigt, die im Prozess der Ausrichtung der Planung durchlaufen werden. Wird also auf Landesebene ein Ziel der Raumordnung erlassen, schafft es einen Rahmen, der auf der Ebene der Regionalplanung durch eine weitere Zielfestlegung konkretisiert wird, bevor noch weitere, verbindliche Festlegungen – jetzt nicht mehr Ziele der Raumordnung genannt – auf Ebene der Bauleitplanung folgen. Hält man

54 Siehe hierzu etwa *Kment*, Ziele der Raumordnung – Anforderungen an ihre Bestimmtheit, DVBl. 2006, 1336.

55 BVerfGE 58, 257 (277); BVerfGE 80, 1 (21). Vgl. auch BVerfGE 8, 274 (312); BVerfGE 26, 228 (241).

56 *Spiecker*, Raumordnung und Private, 1999, S. 74; *Kment*, Ziele der Raumordnung – Anforderungen an ihre Bestimmtheit, DVBl. 2006, 1336 (1338).

sich vor Augen, dass im Bereich des E-Governments nach Steuerungsansätzen gesucht wird, die bereits auf der Europäischen Ebene ansetzen, bevor sie das nationale Ebenensystem durchlaufen,[57] wird offenkundig, welche Schwierigkeiten auf den Prozess der Zielpunktsetzung warten, wenn diese von Ebene zu Ebene bis hin zum kommunalen Bereich tatsächlich nur als Rahmenordnung gedacht wird. Raumordnungsrechtlich ist jedenfalls abstrakt geklärt, dass Bestimmtheit nicht ein Höchstmaß an Konkretisierung bedeutet.[58] Der Adressat eines Ziels muss jedoch zumindest auf Grundlage des Zielinhalts und durch Auslegung für sich feststellen können, welche verbindlichen Vorgaben er zu beachten hat.[59] Erreicht ein Ziel der Raumordnung diese Qualität nicht, ist nur noch eine Umdeutung in einen Grundsatz der Raumordnung denkbar, um den Festsetzungsinhalt zumindest partiell zu retten.

e. Anbindung der Zieldefinition an eine abschließende Abwägung

Weitere Voraussetzung des § 3 Nr. 2 ROG ist das abschließende Abgewogensein eines Ziels der Raumordnung. Zu betonen ist, dass § 3 Nr. 2 ROG (nach seinem Wortlaut) lediglich verlangt, dass ein Ziel *abschließend* abgewogen, nicht aber *rechtmäßig* abgewogen sein muss! Natürlich muss es auch rechtmäßig abgewogen sein, dies gebietet § 7 Abs. 2 ROG. Aber welchen Zweck verfolgt nun die Betonung des „abschließenden Abgewogenseins“?

Gemeint ist damit, dass aus der Sicht eines objektiven Adressaten das Ziel der Raumordnung eine endgültige, abschließende Entscheidung über bestimmte Rahmenfaktoren beinhaltet, die nicht mehr in Frage gestellt werden sollen.[60]

Das heißt übersetzt für die Steuerung des Verwaltungsverhaltens im Rahmen des E-Governments, dass wage und offene Formulierungen, wie „hier dürfte...“ oder „hier kann in Erwägung gezogen werden ...“ usw. ungeeignet sind, um verbindliche Rahmenvorgaben zu liefern.

57 *Schliesky*, in: Schimanke (Hrsg.), Verwaltung und Raum, 2010, S. 49 (60).

58 *Schmidt-Aßmann*, Grundfragen des Städtebaurechts, 1972, S. 158 f.; *Kment*, Ziele der Raumordnung – Anforderungen an ihre Bestimmtheit, DVBl. 2006, 1336 (1338).

59 *Appold*, Freiraumschutz – Möglichkeiten der zielförmigen Ausgestaltung durch die Landesplanung, DVBl. 1989, 178 (181); *Brohm*, Öffentliches Baurecht, 2002, § 12 Rn. 11.

60 Undeutlich *Runkel*, in: Spannowsky/Runkel/Goppel, ROG, 2010, § 3 Rn. 44.

2. Gebote bei Planungshierarchien

Nun zu einem weiteren Aspekt: Zu Beginn der Abhandlung wurde bereits die hierarchische Struktur des Planungsrechts mit dem Raumordnungsrecht an seiner Spitze angesprochen.[61] Diese Anordnung der Steuerungsebenen eignet sich ebenfalls, um auf den virtuellen Raum übertragen zu werden. Obschon sich noch herausstellen muss, wie viele Lenkungsebenen es mit der Befugnis zur Festsetzung verbindlicher Ziele unter Effizienzgesichtspunkten geben sollte. Dies wird sicherlich auch davon abhängen, wie viel Steuerungskompetenzen gerade höhere Verwaltungsebenen aufzugeben bereit sind. Legt man eine mehrschichtige Struktur zugrunde, so könnten Verwaltungsaufgaben – unter Verzicht auf Weisungsrechte und zu enge Kontrolle – stufenweise auf gewünschte Ergebnisbereiche bzw. Zielkorridore ausgerichtet werden. Auch in diesem Zusammenhang darf man von den Erfahrungen des Planungsrechts profitieren.

a. Kommunale Selbstverwaltungsgarantie und ebenenspezifische Planung

Zum Erfahrungsschatz der Raumordnung gehört, dass die kommunale Selbstverwaltungsgarantie grundsätzlich einen signifikanten Rest an Entscheidungsbefugnissen bzw. Handlungsspielräumen für sich beanspruchen darf.[62] Eine zu starke Verengung der Verwaltungskompetenzen ist in diesem Bereich besonders rechtfertigungsbedürftig.[63] Hinzu kommt, dass die jeweiligen Steuerungsebenen nur das regeln sollten, was sachgerechterweise von ihnen einer Ordnung zuzuführen ist. Im Planungsrecht hat sich hierfür der Begriff der „ebenenspezifischen Planung“ herausgebildet.[64] Es muss also auf jeder Steuerungsebene aufmerksam geprüft werden, ob der gesetzte Steuerungsimpuls tatsächlich notwendig ist oder ob überflüssige Verengungen des gewollt offenen Entscheidungsprozesses im virtuellen Raum hervorgerufen werden. Anders gewendet: Keine Steuerungsebene soll in „fremden Gewässern“ fischen!

61 Siehe die obigen Ausführungen unter V. (zu Beginn).

62 *OVG Münster*, DVBl. 2001, 657 (660); *Hendler*, Raumordnungsziele als landesplanerische Letztentscheidungen, UPR 2003, 256 (257).

63 Siehe BVerfGE 76, 107 (118 ff.); BVerwGE 90, 329 (336); BVerwGE 118, 181 (186).

64 Vgl. BVerwGE 119, 25; siehe zudem *Heemeyer*, in: Bundesamt für Bauwesen und Raumordnung (Hrsg.), Festlegungen zum Verkehr in Regionalplänen, 2007, S. 9 (9).

b. Grundsatz der Konfliktbewältigung

Umgekehrt muss jede Steuerungsebene aber auch ihre Lenkungsverantwortung wahrnehmen. Erkennbare Konflikte und Problemlagen, dürfen grundsätzlich nicht auf nachfolgende Ebenen verschoben werden.[65] Allerdings dürfen die Anforderungen dieses als Grundsatz der Konfliktbewältigung im Planungsrecht bekannten Gebots nicht überdehnt werden. Ist die Konfliktbewältigung auf nachfolgenden Ebenen zumindest wahrscheinlich, wird man eine Zurückhaltung nicht beanstanden können.[66]

3. Zielabweichungsverfahren

Abschließend ist noch der Frage nachgehen, ob bestimmte, im Raumordnungsrecht vorgesehene, planerische Regelungsstrukturen sowie dort verortete Instrumente der Sicherung und Verwirklichung der Raumordnungsplanung Inhalte aufweisen, die für das Verwaltungshandeln im virtuellen Raum fruchtbar gemacht werden können. Zunächst soll insofern die Aufmerksamkeit auf das Zielabweichungsverfahren im Sinne des § 6 Abs. 2 ROG gerichtet sein. Dieses dient im Raumordnungsrecht dazu, im Einzelfall eine Befreiung von der strikten Zielbindung zu erreichen.[67] In seinem Bestand wird das Ziel hierbei nicht berührt; für alle übrigen Fälle bleibt seine generelle Bindungskraft erhalten.[68]

Zu beachten ist, dass eine Zielabweichung nur zulässig ist, wenn das Entlassen aus der Zielbindung raumordnerisch vertretbar ist und die Grundzüge der Planung nicht berührt werden.[69] Die weitaus wichtigere, letztgenannte Voraussetzung (Grundzüge der Planung) verlangt, dass aus planungsrechtlicher Sicht die planerische Grundkonzeption nicht in Frage gestellt werden darf.[70] Bedeutsam ist im vorliegenden Zusammenhang noch, dass die Entscheidung über die Zielabweichung von derjenigen

65 *BVerwG*, NVwZ 1988, 351 (353); *BVerwG*, NVwZ 1989, 960 (960); *BVerwG*, NVwZ-RR 1995, 130 (130 f.); *Pfeifer*, Der Grundsatz der Konfliktbewältigung in der Bauleitplanung, 1988; *Finkelnburg/Ortloff/Kment*, Öffentliches Baurecht, 2011, § 5 Rn. 69.

66 *BVerwG*, NVwZ-RR 1995, 130 (130 f.); *BVerwG*, NVwZ 2010, 1246 (1249); *OVG Münster*, BauR 2010, 1034 (1036); *OVG Hamburg*, BauR 2010, 1040 (1042).

67 *Schmitz*, in: Bielenberg/Runkel/Spannowsky (Hrsg.), Raumordnungs- und Landesplanungsrecht des Bundes und der Länder, 2011, L § 6 Rn. 127.

68 *Goppel*, in: Spannowsky/Runkel/Goppel, ROG, 2010, § 6 Rn. 16.

69 *Finkelnburg/Ortloff/Kment*, Öffentliches Baurecht, 2011, § 20 Rn. 36; *Goppel*, in: Spannowsky/Runkel/Goppel, ROG, 2010, § 6 Rn. 20 ff.

70 *BVerwG*, ZfBR 2011, 255 (259); *Goppel*, in: Spannowsky/Runkel/Goppel, ROG, 2010, § 6 Rn. 27 ff.

Stelle zu treffen ist, welche für die Zielaufstellung Verantwortung trägt. Es wäre schließlich befremdlich, dem Adressaten des Ziels die Entscheidung über die Zielabweichung zu überlassen.

Überträgt man diese Grundlinien der Zielabweichung auf die Steuerung der Verwaltungsaktivitäten im virtuellen Raum, sollte auch dort eine Abweichung von strikten Zielpunktausrichtungen nur dann erfolgen, wenn hierdurch die eingeschlagene Grundausrichtung nicht tangiert wird. Ändern sich die Gegebenheiten derart stark, dass eine völlige Neubestimmung der administrativen Ausrichtung notwenig ist, muss dies durch eine Aufhebung der alten Zielpunktfestlegung und eine neue Zieldefinition erfolgen, nicht aber durch eine für den Einzelfall vorgesehene Abweichungsmöglichkeit.[71] Die Entscheidung über die Abweichung bleibt bei derjenigen Stelle, die für den Zielerlass verantwortlich ist und hiermit die Ausrichtung des weiteren Verfahrensablaufs in gewisse Bahnen gelenkt hat.

4. „Soll-Ziele"

Das soeben beschriebene,[72] grundlegende Zusammenspiel zwischen strikter Zielaussage und Abweichung im Einzelfall sollte nicht unnötig durch sog. „weiche Zielfestlegungen" gestört werden. Im Raumordnungsrecht belastet dieser Missstand, der unter dem Schlagwort der „Soll-Ziele" bekannt ist, immer noch die Systematik des Gesetzes.[73] Soll-Ziele sollen nach Ansicht ihrer Befürworter die Möglichkeit eröffnen, dass Adressaten in atypischen Ausnahmefällen von einer Zielfestlegung abweichen können.[74] Diese Fehlentwicklung des Raumordnungsrechts sollte möglichst nicht im Schlepptau der hier versuchten Projektion von Rechtsfiguren des Raumordnungsrechts auf das virtuelle Verwaltungshandeln als Denkfigur für das E-Government übernommen werden. Es gibt für Soll-Ziele nämlich kein Bedürfnis, weder praktisch noch rechtlich. Lediglich rechtssystematische Brüche werden hervorgerufen.[75]

71 Vgl. zur Parallelwertung im Raumordnungrecht *Goppel*, in: Spannowsky/Runkel/Goppel, ROG, 2010, § 6 Rn. 14 f.

72 Siehe die obigen Ausführungen unter V., 3.

73 Vgl. zum hier ausgetragenen Streit um die „Soll-Ziele" *Kment/Grüner*, Ausnahmen von Zielen der Raumordnung – zur Neufassung des Raumordnungsgesetzes, UPR 2009, 93 (95 ff.)

74 *Goppel*, Ziele der Raumordnung, BayVBl. 1998, 289 (292).

75 *Heemeyer*, Flexibilisierung der Erfordernisse der Raumordnung, 2006, S. 289 ff.; *Hoppe*, Ziele der Raumordnung (§ 3 Nr. 2 ROG 1998) in Soll-Formulierungen als „durchgängiges Prinzip der Raumordnung in Bayern", BayVBl. 2002, 129 (130).

5. Raumordnungsrechtliche Untersagung

Eine Rechtsfigur die letztlich auch noch zum E-Government passen könnte, ist die raumordnungsrechtliche Untersagung nach § 14 ROG,[76] die einer baurechtlichen Zurückstellung von Baugesuchen (§ 15 BauGB) entspricht.[77] Sie erlaubt im Planungsrecht raumbedeutsame Planungen zu verhindern, wenn diese einem Ziel oder einem in Aufstellung befindlichen Ziel der Raumordnung entgegenstehen.[78] Übertragen auf die Verwaltungstätigkeit im virtuellen Raum würde sich für dieses Instrument ein Anwendungsbereich eröffnen, wenn keine Weisungsbefugnisse im Verhältnis der durch den virtuellen Raum miteinander verbundenen Behörden besteht. Im Kontakt der Behörde zu außenstehenden Dritten dürfte die Untersagung jedoch nicht in Ansatz gebracht werden können. Die Nutzung des virtuellen Raums sollte nämlich nicht dazu führen, dass die involvierten Behörden allein durch das Betreten einer neuen Kommunikationsebene zusätzliche Befugnisse im Außenverhältnis erlangen.

VI. Resümee

Resümierend darf festgestellt werden, dass die Behörden unaufhaltsam auf eine verstärkte Verwaltungsaktivität im virtuellen Raum zusteuern. Die konkrete Gestalt des einsetzenden E-Governments ist noch nicht abschließend umrissen. Jedenfalls wird die Nutzung des Internets in seiner Funktion als Informationsbearbeitungsplattform und neuartiger Kommunikationsbasis eine bedeutsame Rolle spielen. Es ist zu wünschen, dass die Potenziale des virtuellen Raums durch offene Verwaltungsstrukturen möglichst optimal ausgenutzt werden. Eine Ausrichtung der Verwaltungsaktivitäten auf bestimmte Zielpunkte kann dabei durch Steuerungsinstrumente geschehen, die sich an die planerischen Instrumente des Raumordnungsrechts anlehnen. Jedenfalls sollte man sich bei ihrer Entwicklung nicht den Erfahrungen des Raumordnungsrechts verschließen.

76 Vgl. dazu *Schoen*, Landesplanerische Untersagung, 1999.

77 Siehe insofern *Finkelnburg/Ortloff/Kment*, Öffentliches Baurecht, 2011, § 15 Rn. 3 ff.

78 *Finkelnburg/Ortloff/Kment*, Öffentliches Baurecht, 2011, § 21 Rn. 4 ff.

Open Government, Liquid Democracy, e-Democracy und Legitimation: Zur politischen Willensbildung im Zeichen des Web 2.0

Margrit Seckelmann/Christian Bauer

I. Problemstellung

Politik und Verwaltung stehen in demokratischen Staaten unter einem ständigen Rechtfertigungsdruck. Staatshandeln bedarf einer Legitimation, wobei das Konzept der Legitimation sowohl eine rechtsnormative als auch eine rechtstatsächliche Dimension aufweist.[1]

Die rechtsnormative Dimension leitet sich aus den fundamentalen rechtlichen und sozialen Normen eines Staates zur Rechtfertigung staatlichen Handelns ab. So geht nach Art. 20 Abs. 2 S. 1 GG alle Staatsgewalt vom Volke aus. Deshalb muss Staatshandeln – so die klassische Theorie, der unter anderem das Bundesverfassungsgericht grundsätzlich folgt[2] – in einer ununterbrochenen Legitimationskette auf das Parlament und damit auf das Staatsvolk als Souverän rückführbar sein, und zwar in funktioneller, organisatorisch-personeller wie sachlich-inhaltlicher Hinsicht.[3] Ausnahmen hiervon sind nur unter sehr engen Voraussetzungen zulässig.[4]

Die rechtstatsächliche Dimension bezieht sich hingegen auf die gesellschaftliche Akzeptanz bestimmter Verfahren, Institutionen, Entscheidungen und Maßnahmen. Sie kann in eine Input- und eine Output-Legitimation unterteilt werden.[5] Die Input-Legitimation ergibt sich – nach

1 Vgl. hierzu u. a. *Bohne, Eberhard/Bauer, Christian*: Ansätze einer verhaltens- und vollzugsorientierten Regulierungstheorie unter besonderer Berücksichtigung der Energiemarktliberalisierung, Jahrbuch des Umwelt- und Technikrechts 2011 (UTR 110), Berlin 2011, S. 209-317, 302.

2 BVerfGE 38, 25; 47, 253 (275); 52, 95 (130); 77, 1 (40); 83, 60 (72 f.); 93, 37 (66). Zu Ausnahmen im Bereich der funktionalen Selbstverwaltung vgl. BVerfGE 107, 59.

3 *Böckenförde, Ernst-Wolfgang*: Demokratische Willensbildung und Repräsentation, in: Josef Isensee/Paul Kirchhof (Hrsg.): Handbuch des Staatsrechts der Bundesrepublik Deutschland, Bd. II, 1. Auflage, Heidelberg 1987, S. 29-48, Rn. 15; *ders.*: Demokratie als Verfassungsprinzip, in: Josef Isensee/Paul Kirchhof (Hrsg.): Handbuch des Staatsrechts der Bundesrepublik Deutschland, Bd. I, 1. Auflage, Heidelberg 1987, S. 887-952, insbes. Rn. 11-25; *Herzog, Roman*: Allgemeine Staatslehre, Frankfurt am Main 1971, S. 210.

4 Bezüglich der funktionalen Selbstverwaltung vgl. BVerfGE 107, 59.

5 Zur Unterscheidung von Input- und Output-Legitimation vgl. statt vieler *Scharpf, Fritz W.*: Demokratietheorie zwischen Utopie und Anpassung, Kronberg/Ts. 1975, S. 21 ff. sowie *Mehde, Veith*: Von der Input-Legitimation zur Output-Legitimation – Problemlö-

Wolfgang Hoffmann-Riem – beispielsweise aus der Interessenberücksichtigung, Betroffenenbeteiligung und Aktivierung der Öffentlichkeit; die Output-Legitimation umfasst die Ergebnisrichtigkeit, Qualitätssicherung und einen Wirkungsnachweis.[6] Andere verstehen unter Input-Legitimation hingegen (rechtsnormativ) die gesetzliche Präformierung administrativer Entscheidungsbildung.[7] Ein so verstandenes Konzept von Input- und Output-Legitimation ist eng verbunden mit der von Niklas Luhmann entwickelten Unterscheidung von Konditional- und Final-/Zweckprogrammen.[8]

Die Proteste gegen „Stuttgart 21"[9] haben gezeigt, welche Folgen es für den Staat haben kann, wenn die gesellschaftliche Akzeptanz für politische Entscheidungen verloren geht. Gleiches gilt für den Wahlerfolg der Piraten-Partei in Berlin, die eine größere Transparenz staatlichen Handelns und eine stärkere Einbindung des Bürgers in staatliche Entscheidungsprozesse fordert.

Als eine Möglichkeit zur Verbesserung der Legitimation staatlichen Handelns wird zunehmend auf das Potenzial des Web 2.0 verwiesen.[10] Im Rahmen dieses Aufsatzes sollen drei Ansätze zur Steigerung jener Legitimation vorgestellt werden, die auf den technischen Möglichkeiten des

sung und öffentliche Wertschöpfung (Public Value) als Zielbilder, in: Hermann Hill/Utz Schliesky (Hrsg.), Herausforderung e-Government. E-Volution des Rechts- und Verwaltungssystems, Baden-Baden 2009, S. 213-229.

6 *Hoffmann-Riem, Wolfgang*: Das Recht des Gewährleistungsstaates, in: Gunnar Folke Schuppert (Hrsg.), Der Gewährleistungsstaat – ein Leitbild auf dem Prüfstand, Baden-Baden 2005, S. 89-108, 106 f.

7 Vgl. hierzu die in Fußnote 2 genannten Entscheidungen des Bundesverfassungsgerichts sowie die Aufsätze von *Böckenförde* (Fußn. 3), a.a.O. sowie den Beitrag von *Mehde* (Fußn. 5), S. 214 f.

8 *Luhmann, Niklas*: Lob der Routine, VerwArch 1964, S. 1-33; *ders.*: Positives Recht und Ideologie, in: ders., Soziologische Aufklärung, Band 1 (Aufsätze zur Theorie sozialer Systeme), Opladen 1970, S. 113-136.

9 Dazu vgl. *Groß, Thomas*: Stuttgart 21: Folgerungen für Demokratie und Verwaltungsverfahren, DÖV 2011, S. 510-515; *Schmehl, Arndt*: „Mitsprache 21" als Lehre aus „Stuttgart 21"? Zu den rechtspolitischen Folgen veränderter Legitimitätsbedingungen, in: Veith Mehde/Ulrich Ramsauer/Margrit Seckelmann (Hrsg.), Staat – Verwaltung – Information, Festschrift für Hans Peter Bull zum 75. Geburtstag, Berlin 2011, S. 347-364; *Ramsauer, Ulrich*: Data Mediation: Ein Weg zu Transparenz und Akzeptanz im Verwaltungsverfahren, in: Veith Mehde/ders./Margrit Seckelmann (Hrsg.), Staat – Verwaltung – Information, Festschrift für Hans Peter Bull zum 75. Geburtstag, Berlin 2011, S. 1029-1040. Zu den finanzverfassungsrechtlichen Aspekten von „Stuttgart 21" vgl. *Meyer, Hans*: Der Stuttgarter Bahnkonflikt aus der Sicht der Finanzverfassung, DVBl 2011, S. 449-458.

10 Vgl. hierzu das Regierungsprogramm „Vernetzte und transparente Verwaltung" der deutschen Bundesregierung vom 18.10.2010; abrufbar unter: http://www.bmi.bund.de/SharedDocs/Downloads/DE/Themen/OED_Verwaltung/ModerneVerwaltung/regierungsprogramm_verwaltung.pdf?__blob=publicationFile [4.11.2011].

Internets aufbauen: die „Open Government Initiative“ des US-amerikanischen Präsidenten Obama, das Konzept der „Liquid Democracy“, mit dem die Piraten-Partei die politische Willensbildung revolutionieren möchte, und das e-Democracy-Konzept der Bundesregierung. Ziel dieses Beitrags ist es, die theoretischen Hintergründe dieser Ansätze sowie die Möglichkeiten und Beschränkungen bei ihrer Umsetzung zu umreißen.

II. Open Government

Grundsätzlich gilt das Konzept des „Open Government“ als probates Mittel zur Erzeugung gesellschaftlicher Akzeptanz. Hierbei handelt es sich letztlich um einen bewährten Ansatz,[11] der in regelmäßigen Abständen als neues politisches Grundsatzprogramm wiederbelebt wird (inzwischen allerdings angereichert durch die technischen Kommunikationsmöglichkeiten des Internets) und dessen Grundbestandteile aus der Transparenz staatlichen Handelns und den Partizipationsmöglichkeiten der Bürger bei der Politikformulierung und Durchführung bestehen. Zuletzt war US-Präsident Obama mit seiner „Open Government Initiative“[12] im Wahlkampf erfolgreich, weshalb die deutsche Bundesregierung derzeit ebenfalls an einem entsprechenden Open-Government-Programm[13] arbeitet. Sowohl die US-Regierung als auch die deutsche Bundesregierung setzen dabei vornehmlich auf das Internet als Kommunikations- und Partizipationsplattform.

1. Obamas Open Government Initiative

An seinem ersten Tag im Amt, dem 21. Januar 2009, veröffentlichte Präsident Obama ein Memorandum mit dem Titel „Memorandum on Transparency and Open Government“.[14] In diesem Memorandum bekundete er seinen Willen, der öffentlichen Verwaltung während seiner Regierungszeit durch institutionelle Sicherungen zur Schaffung von Transpa-

11 *Parks, Wallace*: The Open Government Principle: Applying the Right to Know Under the Constitution, in: George Washington Law Review, Vol. 26, No. 1, 1957, S. 1-22.

12 Siehe zum Programm des Weißen Hauses: http://www.whitehouse.gov/open [4.11.2011].

13 Vgl. hierzu das Regierungsprogramm „Vernetzte und transparente Verwaltung“ der Bundesregierung vom 18.10.2010 (wie Fußn. 10).

14 *Obama, Barack*: Transparency and Open Government, Memorandum of January 21, 2009. Federal Register, Vol. 74 (2009), No. 15, S. 4685.

renz, Partizipation und eines neuartigen Zusammenwirkens zwischen staatlichen und privaten Akteuren einen besonderen Grad an Offenheit zu verleihen. Dieses Zusammenwirken soll seiner Vorstellung zufolge zugleich die Demokratie stärken und die Effizienz der öffentlichen Verwaltung erhöhen. Zur Umsetzung dieser Zielvorgaben legte er drei Grundsätze der Verwaltungstätigkeit fest:

1. „Government should be transparent": Die öffentliche Verwaltung soll unter Obamas Präsidentschaft Informationen über ihre Planungen und Entscheidungen schnellstmöglich der Öffentlichkeit zugänglich machen. Hierzu soll insbesondere eine verbesserte Nutzung des Internets durch den öffentlichen Sektor dienen.[15] Diese Transparenzschaffung soll nicht nur die Informationszugänge des Bürgers optimieren, sondern auch die Verantwortlichkeit der öffentlichen Verwaltung steigern.
2. „Government should be participatory": Die Effektivität der Verwaltung und die Qualität ihrer Entscheidungen soll durch Bürgerbeteiligung verbessert werden. Durch (teilweise noch zu entwickelnde) Formen und Foren der Bürgerbeteiligung soll den Bürgern stärker als bislang die Möglichkeit eröffnet werden, in Gesetzgebungs- und Planungsverfahren mitzuwirken.
3. „Government should be collaborative": Gesucht wird zudem nach neuen Formen des Zusammenwirkens staatlicher und privater Akteure. Die öffentliche Verwaltung soll diesbezüglich innovative Instrumente, Methoden und Systeme entwickeln, um die Kooperation staatlicher Ebenen wie mit Non-Profit-Organisationen sowie privaten Unternehmen und Einzelpersonen zu verbessern.

Ursprünglich zielte das Memorandum auf den Erlass einer „Open Government Directive" innerhalb von 120 Tagen ab; dieser ehrgeizige Zeitplan konnte jedoch nicht eingehalten werden. Zur Ausarbeitung der entsprechenden Vorschriften wurden die Bürger aufgefordert, ihre Vorstellungen, Ideen und Kommentare in den Prozess einzuspeisen.[16]

Am 8. Dezember 2009 wurde die „Open Government Directive"[17] veröffentlicht, sie weist alle Bundesministerien und Behörden an: (1.) so viel Informationen wie möglich online zur Verfügung zu stellen, (2.) die

15 *von Lucke, Jörn*: Transparenz 2.0 – Transparenz durch E-Government, Verwaltung & Management 15 (2009), S. 326-334.

16 *Holdren, John P.*: Executive Office of the President; Transparency and Open Government. Federal Register, Vol. 74 (2009), S. 23901-23902.

17 *Executive Office of the President – Office of Management and Budget*: M-10-06, December 8th 2009, online verfügbar unter: http://www.whitehouse.gov/omb/assets/memoranda_2010/m10-06.pdf [4.11.2011].

Qualität der öffentlich zugänglichen Informationen zu erhöhen, (3.) eine „Open Government"-Kultur zu institutionalisieren und (4.) die Rahmenbedingungen zur Umsetzung von „Open Government" einzurichten. Jede Bundeseinrichtung wird angewiesen, einen Plan zur Umsetzung dieser Anweisung vorzulegen und im Internet zu veröffentlichen. Dieser Plan soll folgende Erklärungen enthalten: wie (1.) die Transparenz der eigenen Arbeit gesteigert, (2.) die Öffentlichkeit in Entscheidungsprozesse eingebunden und (3.) die Zusammenarbeit von staatlichen und nichtstaatlichen Akteuren gesteigert werden soll.

2. Der Collaborative Government-Ansatz

Als theoretischer Hintergrund für die „Open Government Initiative" gilt der „Collaborative Governance"-Ansatz. Dieser Begriff bezeichnet ein in der angelsächsischen Rechts- und Verwaltungswissenschaft diskutiertes Konzept, das vorsieht, dass staatliche Akteure ihre Gestaltungsspielräume mit privaten Akteuren teilen, um gemeinschaftlich Politik zu entwickeln und zu implementieren. Der US-amerikanische Soziologe Carmen Sirianni, der den „Collaborative Governance Policy Cluster" für Obamas Wahlkampf organisierte, sieht „Collaborative Governance" als Instrument, um den Niedergang der politischen Beteiligung der US-Bevölkerung umzukehren.[18] Die drei Säulen „Transparency", „Participation" und „Collaboration" der „Open Government Initiative" sollen einen bereits vorhandenen Trend zur Aktivierung bürgerschaftlichen und privatwirtschaftlichen Engagements bei der Ausgestaltung der Staatstätigkeit in den USA verstärken. Das Konzept des „Open Government" soll jedoch zugleich über die bislang ergriffenen Maßnahmen hinausgehen. Die US-amerikanische Rechtswissenschaftlerin Lisa Blomgren Bingham sieht deshalb in der Verbindung der drei Säulen von „Open Government" die Grundlage für einen Paradigmenwechsel der Politikgestaltung und Umsetzung, da „top-down command and control bureaucracy and expert driven policy analysis" durch „Collaborative Governance" ersetzt werde.[19] Fraglich ist, ob die Wirklichkeit diesen Anforderungen standhält.

18 *Sirianni, Carmen*: Investing in Democracy: Engaging Citizens in Collaborative Governance, Washington, 2009, S. ix.

19 *Bingham, Lisa Blomgren*: The Open Government Initiative, SPEA Insights, January 2010, S. 1.

3. Open Government in der Praxis

Im ersten Fortschrittsbericht[20] des Weißen Hauses zur Umsetzung des Open-Government-Programms vom Dezember 2009 wurden dessen Ziele weiter konkretisiert. Ziel sei es,

- den Einfluss von Lobbyisten auf die Verwaltung zu verringern,
- die Transparenz der Staatsausgaben zu erhöhen und
- den Zugang zu Informationen von Bundesbehörden zu erleichtern.

Die zur Umsetzung unternommenen Maßnahmen lassen sich in folgende Bereiche unterteilen, für die jeweils Beispiele in Tabelle 1 angeführt werden.

Tabelle 1: Maßnahmen zur Umsetzung der Open Government Initiative

Informations-veröffentlichung	Informationssammlung	Kommunikation
Staatliche Informatio nen sollen in größt möglichem Umfang zeitnah bereitgestellt werden, um die Trans parenz des Staatshan delns zu erhöhen. Als Beispiele gelten: – die Veröffentlichung der Namen jedes Besuches eines Interessenvertreters im Weißen Haus, um die Transparenz von Lobbykontakten zu erhöhen, – die Veröffentlichung unterschiedlicher staatlicher In-	Informationen sollen auf unterschiedliche Weise so schnell wie möglich gesammelt und ausgewertet wer den: – Online-Wettbewerbe und Ausschreibungen sollen dazu beitragen, schnelle Lösungen für bestimmte Probleme zu finden, als Beispiel gilt die Seite „defensesolutions.gov“, auf der Firmen und Entwickler ihre Ideen zur Lösung von mi-	Der Bürger soll die Möglichkeit erhalten, mit staatlichen Ein richtungen zu kommu nizieren, und die Kom munikation innerhalb des Staats soll verbes sert werden: – Die Zugänglichkeitder Verwaltung soll durch die Möglichkeit des Web 2.0 in Form von Foren, Blogs und den dazugehörigen Kommentarfunktionen verbessert werden, um einen Dialog zwischen Verwal-

20 Vgl. *White House*: Open Government. A Progress Report to the American People, December 2009, abrufbar unter: http://www.whitehouse.gov/sites/default/files/microsites/ogi-progress-report-american-people.pdf [4.11.2011].

formationen zur Wirtschaftslage, Gesundheitsversorgung, Umweltbelastung und anderen Themenfeldern in maschinenlesbarer Form auf der Internetseite „data.gov", – die Veröffentlichung der aktuellen Staatsausgaben auf Seiten wie „recovery.gov" (bezogen auf die Stimulus-Pakete) und „usa spending.gov" (bezogen auf allgemeine Haushaltsausgaben).	litärischen Problemen einspeisenkönnen. – Expertennetzwerke sollen dazu dienen, Informationen zu bestimmten Problemen zu sammeln und auszuwerten, als Beispiel gilt das Expertennetzwerk „Aristotle" des Verteidigungsministeriums.	tung und Bürgern zu ermöglichen. Als Beispiel hierfür gilt die „Open for Questions"-Rubrik des Weißen Hauses.Innerhalb der Verwaltung sollen Wikis eingesetzt werden, um Informationen und Strategien auszutauschen. Als Beispiel hierfür gilt „wikified Field Manual" des Militärs, das genutzt wird, um Informationen über Einsatzgebiete, Strategien usw. auszutauschen.

Der aktuelle Fokus der Programmumsetzung liegt auf der Frage, wie das Verhältnis zwischen Informationsfreiheit und vertraulichen Dokumenten ausgestaltet werden soll, um so viele Informationen wie möglich zu veröffentlichen.[21]

Außerdem ist man dazu übergegangen, mit anderen Regierungen Kontakt aufzunehmen, um die Open Government Initiative in andere Staaten zu „exportieren"[22].

21 Vgl. *White House*: The Obama Administration's Commitment to Open Government. A Status Report, September 2011, abrufbar unter: http://www.whitehouse.gov/sites/default/files/opengov_report.pdf [4.11.2011].

22 Vgl. Zur „Exportfähigkeit" von Rechts- und Verwaltungsgrundsätzen *Seckelmann, Margrit*: „Good governance" – Importe und Re-Importe, in: Vanessa Duss/Nikolaus Linder/Katrin Kastl/Christina Börner/Fabienne Hirt/Felix Züsli (Hrsg.), Rechtstransfer in der Geschichte/Legal Transfer in History, München 2006, S. 108-134; *Risse, Thomas*: Regieren in „Räumen begrenzter Staatlichkeit". Zur *Reisefähigkeit* des Governance-Konzepts, in: Gunnar Folke Schuppert/Michael Zürn (Hrsg.), Governance in einer sich wandelnden Welt (= PVS Sonderheft 41), Wiesbaden 2008, S. 149-170.

Cary Coglianese merkt an, dass das Open-Goverment-Programm Erwartungen geweckt habe, die es nicht erfüllen kann.[23] Denn viele der Maßnahmen, die unter dem Label „Open Government" verkauft würden, unterschieden sich letztlich kaum von den klassischen Öffentlichkeitsarbeitsmaßnahmen der Vorgängerregierung, so dass sich beispielsweise die Transparenz der Staatsausgaben trotz der Einrichtung neuer Websites kaum erhöht habe.[24] Ronald J. Jr. Krotoszynski kritisiert, dass die Prozessorientierung von „Open Government" reale Ergebnisse zu sehr vernachlässige, weshalb es – wenn überhaupt – nur begrenzt zur tatsächlichen Verbesserung der eigentlichen Regierungsarbeit beitrage.[25]

Fraglich ist, ob es sich hierbei letztlich nur um eine neues technisches *labeling* handelt, das lediglich der Output-Legitimation dient. Denn ein offener Dialog mit den Bürgern ist sehr anspruchsvoll und bindet viele Ressourcen. Die Auswertung der eingespeisten Informationen erfordert Zeit, Personal und Expertise. Bislang scheint es noch nicht gelungen zu sein, einen realen Dialog zu etablieren, so dass sich ein Großteil der laufenden Open Government-Maßnahmen letztlich auf Informationsveröffentlichung und -präsentation beschränkt. Ob diese Offenheit einen tatsächlichen Nutzen für die Bürger entfaltet und die Legitimation der Regierungstätigkeit tatsächlich erhöht, erscheint zumindest als fragwürdig.

III. Liquid Democracy und e-Democracy

1. Was ist Liquid Democracy?

Das Konzept der"Liquid Democracy"[26] geht noch einen Schritt weiter und setzt auf eine stärkere Einbindung und die Vermischung von direkter und indirekter Demokratie. Das Konzept baut auf den technischen Möglichkeiten des Internets auf und ist der Legende nach in den Debatten englischsprachiger Online-Communities zu elektronischen Formen von gemeinsamer Entscheidungsfindung entstanden; bislang gibt es hierzu allerdings keine eindeutigen Quellenangaben. Das Konzept vermischt di-

23 *Coglianese, Cary*: The Transparency President? The Obama Administration and Open Government, In: Governance, Vol. 22 (2009), S. 529-544.

24 Ebenda, S. 540.

25 *Krotoszynski, Ronald J. Jr.*: Transparency, Accountability and Competency: An Essay on the Obama Administration, Google Government, and the Difficulties of Securing Effective Governance, in: University of Miami Law Review, Vol. 65 (2011), S. 449-482.

26 Vgl. hierzu: http://wiki.piratenpartei.de/Liquid_Democracy; http://wiki.liqd.net/Adhocracy [4.11.2011].

rekte und repräsentative Demokratieansätze, die zu einer größeren Legitimation der Willensbildung beitragen sollen.

Einen Ausgangspunkt für die damit verbundenen Überlegungen stellt das Ideal der attischen Demokratie dar, in der jeder Vollbürger abstimmungsberechtigt war und das gleiche Rederecht besaß.[27] Dieser Zustand lässt sich in modernen Staaten aufgrund der Größe der Bevölkerung, der Komplexität der entscheidungsbedürftigen Sachverhalte, der mangelnden Zeit der Wahlberechtigten und fehlender Expertise nicht mehr umsetzen, weshalb es zumindest in Abschichtungen realisiert werden soll. Jeder Bürger verfügt nach dem Modell der „Liquid Democracy" über eine Stimme, die er je nach abstimmungsbedürftigem Sachverhalt selber einsetzen oder an einen bestimmten Experten oder an eine Gruppe von Experten (bzw. Parteien) delegieren kann. Dadurch soll jeder und jede Wahlberechtigte in dem Umfang und auf die Weise mitbestimmen können, wie er oder sie dieses selber möchte und sich eine fundierte Meinungsbildung über politische Sachfragen zutraut. Er oder sie kann weiterhin Parteien seine bzw. ihre Stimme anvertrauen, aber eben auch selbst an der Politikproduktion mitwirken. Parlamentarische Abstimmungsprozesse sollen durch elektronische ersetzt werden, die die Durchführung und Auswertung übernehmen. Abbildung 1 verdeutlicht das Grundprinzip.

27 Zu entsprechenden gedanklichen Vorüberlegungen vgl. *Scholtz, Hanno*: Effiziente politische Aggregation, Opladen 2002.

Abbildung 1:Grundprinzip von Liquid Democracy

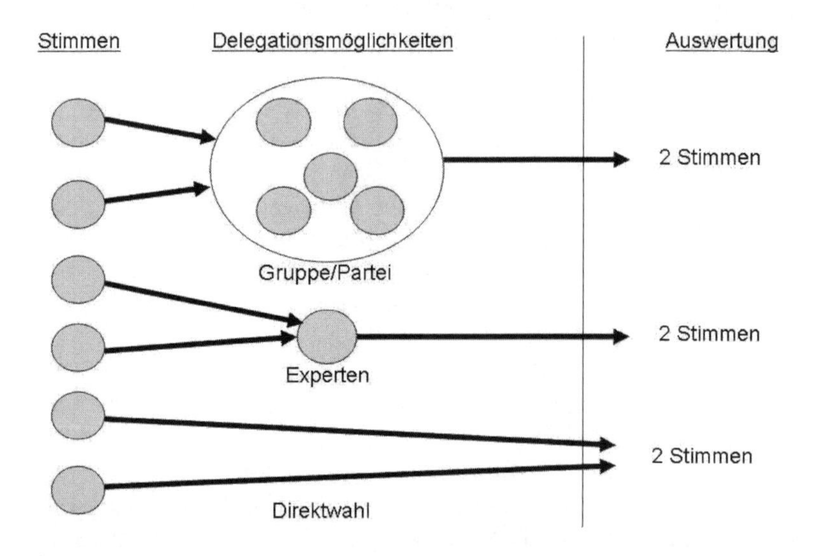

Die damit verbundene Grundannahme ist, dass sich im fairen und transparenten Abstimmungsprozess die so genannte „Schwarmintelligenz“[28] in der Netzöffentlichkeit durchsetzt, also eine gesamtgesellschaftlich akzeptierte Lösung gefunden wird und eine einseitige Beeinflussung des Abstimmungsprozesses durch eine bestimmte Interessengruppe ausgeschlossen werden kann.

Letztlich können für und gegen das Konzept der „Liquid Democracy“ die Argumente vorgebracht werden, die im Bezug auf direktdemokratische Verfahren und internetbasierte Partizipationsverfahren angeführt werden. Diese sind in Tabelle 2 dargestellt:[29]

28 *Kennedy, James/Eberhart, Russell C.* (unter Mitarbeit von *Shi, Yuhui*): Swarm intelligence. San Diego 2001; *Blum, Christian/Merkle, Daniel*: Swarm intelligence: introduction and applications, Heidelberg/Berlin u. a. 2008.

29 Vgl. hierzu u. a. *Seckelmann, Margrit*: e-Government: Chancen und Risiken für Bürgerinnen und Bürger, in: Hermann Hill/Utz Schliesky (Hrsg.), Herausforderung e-Government. E-Volution des Rechts- und Verwaltungssystems, Baden-Baden 2009, S. 285-303; *dies*: Die Optimierung des Informations- und Kommunikationsmanagements der öffentlichen Verwaltung – ein Baustein zu einer Qualitätsverbesserung staatlichen und kommunalen Handelns (*Good Governance*)?, in: Frank Bieler/Gunnar Schwarting, e-Government, Berlin 2007, S. 33-79; *Verhulst, Jos/Nijeboer, Arjen*: Direkte Demokratie. Fakten, Argumente, Erfahrungen, Mehr Demokratie e.V., Democracy International, Brüssel 2007; *Luch, Anika D./Schulz, Sönke E.*: E-Daseinsvorsorge – staatliche Schutzpflichten

Tabelle 2: Argumente für und gegen Liquid Democracy.

Pro	Contra
Schwarmintelligenz führt zu ausreichender Expertise und angemessener Berücksichtigung des Gemeinwohls.	Fehlende Kompetenz der Abstimmungsberechtigten, um in komplexen Entscheidungssituationen den Überblick zu behalten.
	Fehlen eines zielgerichteten Diskurses, der Informationsverarbeitung und Argumentation bedingt.
Mobilisierung von neuen Wählergruppen und direkte Anreize für Nichtwähler, sich an Abstimmungsprozessen zu beteiligten.	Ausschluss von Minderheiten, die nicht oder nur begrenzt an den Abstimmungsprozessen partizipieren können (Stichwort: *digital divide*).

Derzeit erscheint die Vereinbarkeit des Konzepts der „Liquid Democracy" mit verfassungsrechtlichen Grundsätzen als äußerst zweifelhaft. Die Bundesrepublik Deutschland ist, wie es der Politikwissenschaftler Manfred G. Schmidt ausdrückt, ein „parlamentarisches Regierungssystem der republikanischen Form – mit Parteiendominanz".[30] Nach Art. 21 Abs. 1 S. 1 GG wirken die Parteien bei der politischen Willensbildung des Volkes mit, was in der juristischen Literatur so verstanden wird, dass sich der Willensbildungsprozess vom Volk zum Parlament über die Parteien vollziehe.[31]

Zwar sind gemäß Art. 20 Abs. 2 S. 2 im Grundgesetz neben Wahlen auch Abstimmungen als mögliche Form genannt, in denen sich die Willensbildung des Volkes vollziehen kann. So finden sich – mit unterschiedlichen Quoren und ggf. unter Ausschluss bestimmter Sachthemen (namentlich finanzwirksamer Entscheidungen) – auf Landesebene in den jeweiligen Landesverfassungen und ihren Ausführungsgesetzen Bestim-

und Sozialstaatsprinzip im Lichte der „Virtualisierung" des Lebens, in: Hermann Hill/Utz Schliesky (Hrsg.), Herausforderung e-Government. E-Volution des Rechts- und Verwaltungssystems, Baden-Baden 2009, S. 305-335 und *Eifert, Martin*: Electronic Government. Das Recht der elektronischen Verwaltung. Baden-Baden 2006.

30 *Schmidt, Manfred G.*: Das Politische System Deutschlands, 2. Aufl., München 2011, S. 136.

31 Vgl. nur *Kunig, Philip*: Parteien, in: Josef Isensee/Paul Kirchhof (Hrsg.): Handbuch des Staatsrechts der Bundesrepublik Deutschland, Bd. II, 1. Auflage, Heidelberg 1987, S. 103-147, Rn. 48.

mungen über Volksbegehren und Volksentscheide. Demgegenüber sind auf Bundesebene ausdrücklich nur in Art. 29 GG Volksentscheid, Volksbegehren und Volksbefragung bezüglich der Maßnahmen zur Neugliederung des Bundesgebiets vorgesehen.

Die Zulässigkeit direktdemokratischer Elemente auf Bundesebene jenseits des Art. 29 GG ist Gegenstand einer intensiven Diskussion: Während die einen die Einführung direktdemokratischer Elemente auf Bundesebene fordern, warnen die anderen davor, dass das staatsorganisationsrechtliche Gefüge, wie es derzeit zwischen Bund und Ländern austariert ist, insbesondere das Verhältnis von Bundesregierung, Bundestag und Bundesrat, keinen Bestand mehr haben würde: Namentlich durch Einführung von Volksentscheiden auf Initiative der Bundesregierung bestehe die Gefahr, dass bei einer Gesetzgebung „zwischen Regierung und Volk" der Bundesrat, aber auch der Bundestag, seiner Kompetenzen beraubt werde.[32] Wie man dieses Argument auch beurteilen möge, sicher ist jedenfalls, dass auf Bundesebene Elemente direkter Demokratie die repräsentative Demokratie nicht gänzlich ersetzen können. So führt Ernst-Wolfgang Böckenförde zutreffend aus: „Wichtig ist hierbei, daß Volksentscheid und Volksbegehren in der Balancierungs- und Korrekturfunktion verbleiben. Versucht man hingegen, sie generell-global als eigentliches Regierungsprinzip oder Gegengewalt zu den repräsentativen Leitungsorganen zu installieren, um diese auf eine Ausführungs- und Vollzugsfunktion zu begrenzen, tritt entweder eine Paralysierung demokratischer Leistungsgewalt überhaupt ein, oder es findet ein Umschlag in der Weise statt, daß der globalen Entscheidungsgewalt des Volkssouveräns über die Okkupierung des Rechts der Fragestellung eine verkappte Leitungsgewalt gegenübertritt, die das Volk doch wieder zum Akklamationsorgan herabstuft."[33]

Gänzlich bedenklich ist die im Konzept der „Liquid Democracy" vorgesehene flexible Wahlmöglichkeit zwischen der Beauftragung eines Repräsentanten oder der unmittelbaren Ausübung des Stimmrechts (s. Abbildung 1). Die exakte Zurechenbarkeit der Begründung und Ausübung staatlicher Gewalt ist nicht nur eine Aussage des Demokratieprin-

32 Dezidiert für die Einführung sachunmittelbarer Demokratie auf Bundesebene: *Estel, Denise*: Bundesstaatsprinzip und direkte Demokratie im Grundgesetz, Baden-Baden 2006, so wohl auch *Schulze-Fielitz, Helmuth*: Schattenseiten des Grundgesetzes, in: Horst Dreier (Hrsg.), Macht und Ohnmacht des Grundgesetzes, Berlin 2009, S. 9-50; dagegen u. a. *Badura, Peter*: Die parlamentarische Demokratie, in: Josef Isensee/Paul Kirchhof (Hrsg.): Handbuch des Staatsrechts der Bundesrepublik Deutschland, Bd. II, 1. Auflage, Heidelberg 1987, S. 953-986, Rn. 34 ff.

33 *Böckenförde*: Demokratische Willensbildung und Repräsentation (wie Fußn. 3), Rn. 16.

zips (Art. 20 Abs. 2 i. V. m. Abs. 1 GG), sondern auch des u. a. in Art. 20 Abs. 3 GG vorausgesetzten Rechtsstaatsprinzips. Eine Verfassungsänderung zugunsten *flexibel handhabbarer* Wechselmöglichkeiten zwischen repräsentativen und direktdemokratischen Elementen im Sinne der „Liquid Democracy" würde daher wohl im Widerspruch sowohl zu dem von Art. 79 Abs. 3 GG geschützten Kernbereich des Demokratieprinzips stehen, der eine genaue Zurechenbarkeit der Art und Weise der Bildung des Volkswillens verlangt, als auch desjenigen des Rechtsstaatsprinzips, der eine genaue Zurechenbarkeit der Ausübung öffentlicher Gewalt zu einem der Staatsorgane erfordert.[34] Hinzu kommt, dass Art. 38 Abs. 1 GG in Frage steht, der eine repräsentative Demokratie mit Abgeordneten vorsieht, die nur ihrem Gewissen verpflichtet sind, und keinen Aufträgen und Weisungen unterliegen. Es bestünde zumindest die Möglichkeit, dass die sachbezogene Zuteilung bzw. der sachbezogene Entzug von Stimmen die Freiheit des Mandats gefährden könnte.

2. Zum Konzept der e-Democracy

Vom direktdemokratischen Konzept der „Liquid Democracy" zu unterscheiden ist das Konzept der „e-Democracy".[35] Hierunter werden sowohl die Möglichkeit der Schaffung von e-Petitionsmöglichkeiten[36] wie die Integration von e-Partizipations-[37] bzw. e-Konsultationsverfahren von Seiten der Bundesregierung oder des Deutschen Bundestags bei der Gesetzesvorbereitung bzw. -evaluation und schließlich die Integration von e-Willensbildungsverfahren in den Willensbildungsprozess vom Volk über die Parteien zum Deutschen Bundestag verstanden.

a) e-Voting und e-Participation

Für die erstgenannte Schaffung von e-Partizipationsmöglichkeiten kann der

34 Vgl. statt vieler *Herdegen, Matthias*: Informalisierung und Entparlamentarisierung als Gefährdungen der Verfassung?, VVDStRL 62 (2003), S. 7-36, 23.

35 *Kubicek, Herbert*: e-Participation, in: Bernd W. Wirtz (Hrsg.), E-Government. Grundlagen – Instrumente – Strategien, Wiesbaden 2010, S. 195-225, 198.

36 *Guckelberger, Annette*: Neue Erscheinungen des Petitionsrechts: E-Petitionen und öffentliche Petitionen, Die Öffentliche Verwaltung 2008, S. 85-94.

37 Zur „Telepartizipation" vgl. *Winkel, Olaf*: E-Government in Deutschland. Stand und Perspektiven in der Diskussion, Verwaltung und Management 12 (2006), S. 269-278.

E-Government-Aktionsplan der Bundesregierung von 2006 Pate stehen. Dieser sieht Folgendes vor: „Zur Steigerung der Nutzung des Internets im Sinne der europäischen Ziele zur Einbindung und Teilhabe aller – e-Partizipation und e-Inclusion – werden auch bedarfsgerecht elektronische Beteiligungsformen wie z. B. Foren ausgebaut“.[38] Im Jahre 2009 nannte die Deutsche Bundesregierung in einer Online-Beteiligung zur nationalen e-Government-Strategie die „partizipative Verwaltung“ als ein Ziel und versprach die Entwicklung eines partizipativen Entwicklungsprozesses für die Strategieentwicklung. [39]

Maßnahmen und tools (Beteiligungsformate)[40] des e-Government sollen im Zeichen der „e-Democracy“[41] der Transparenz und Rechenschaftslegung staatlicher Tätigkeit gegenüber der Öffentlichkeit dienen.[42] Möglichkeiten des e-Vo-ting[43] und der e-Participation, also der „internetgestützten“ Teilhabe von natürlichen und juristischen Personen an der Willensbildung und Entscheidungsfindung in Politik und Verwaltung“,[44] hingegen sollen im Zeichen des sogenannten „Mitmach-E-Government[s]“[45] im Rahmen der Möglichkeiten des Web 2.0 die Bindung der Bürger an den Staat durch eine intensivierte Einflussmöglichkeit auf staatliche Entscheidungen verstärken.

Die Möglichkeiten des Einsatzes von *e-voting* tools sind in der Bundesrepublik Deutschland allerdings äußerst beschränkt. Die Wahlcomputer-Entschei-dung des Bundesverfassungsgerichts stellt sehr hohe Anforderungen an den Einsatz von Wahlcomputern, welche sich aus den Wahlgrundsätzen des Art. 38 Abs. 1 S. 1 GG (allgemeine, unmittelbare, freie, geheime und gleiche Wahl) ergäben: So müssen beim Einsatz elektronischer Wahlgeräte die wesentlichen Schritte der Wahlhandlung und der Ergebnisermittlung vom Bürger zuverlässig und ohne besondere Sach-

38 *Bundesministerium des Innern*: e-Government 2.0. Das Programm des Bundes, Berlin 2006; S. 18, abrufbar unter: http://www.verwaltung-innovativ.de/SharedDocs/Pressemitteilungen/1070448__programm__e__government__2__0,templateId=raw,property=publicationFile.pdf/ 1070448 _programm_e_government_ 2_0.pdf [4.11.2011].

39 *Kubicek* (Fußn. 35), S. 203.

40 *Kubicek* (Fußn. 35), S. 204 ff.

41 *Kubicek* (Fußn. 35), S. 198.

42 *Rossen-Stadtfeld, Helge*: „Open Government“ – Transparenz und Rechenschaftslegung gegenüber der Öffentlichkeit als Impuls für staatliche Innovationen, in: Hill, Hermann/Schliesky, Utz (Hrsg.), Innovationen im und durch Recht. E-Volution des Rechts- und Verwaltungssystems II, Baden-Baden 2010, S. 225-247.

43 *Liptrott, Mark*: e-Voting: Same Pilots, Same Problems, Different Agendas, The Electronic Journal of e-Government 5 (2007), S. 205-212.

44 *Kubicek* (Fußn. 35), S. 197.

45 *Kubicek* (Fußn. 35), S. 203.

kenntnis überprüft werden können.[46] Die bisherigen Versuche zum Einsatz von Wahlcomputern scheinen diesen Anforderungen nicht Rechnung zu tragen.

b) Die internetgestützte Willensbildung innerhalb der Politischen Parteien

Die internetgestützten *tools* der Willensbildung innerhalb der Parteien werden derzeit nicht nur von den „Piraten", sondern auch von den etablierten Parteien (beispielsweise bei Programmdebatten) erprobt.[47] So schlug die Fraktion von Bündnis90/Die Grünen im Zusammenhang der Entscheidung des Bundesverfassungsgerichts zur Online-Durchsuchung[48]

46 BVerfG vom 3. März 2009 – 2 BvC 3/07 und 2 BvC 4/07, BVerfGE 123, 39; vgl. auch *Schiedermair, Stephanie*: Gefährden Wahlcomputer die Demokratie?, JZ 2007, S. 162-171.

47 Vgl. zum Beispiel http://liqd.net/schwerpunkte/anwendung/programmdebatte-der-spd/ [4.11.2011].

48 BVerfG vom 27. Februar 2008 – 1 BvR 370/07, 1 BvR 595/07 –, BVerfGE 120, S. 274 = NJW 2008, S. 822 = CR 2008, S. 307, dazu u. a. *Böckenförde, Thomas*: Auf dem Weg zur elektronischen Privatsphäre. Zugleich Besprechung von BVerfG, Urteil vom 27.2.2008 – „Online-Durchsuchung", JZ 2008, S. 925-939; *Britz, Gabriele*: Vertraulichkeit und Integrität informationstechnischer Systeme – Einige Fragen zu einem „neuen Grundrecht" –, DÖV 2008, S. 411-415; Bull, Hans Peter: Meilensteine auf dem Weg des Rechtsstaates – Die neuen Grundsatzentscheidungen des Bundesverfassungsgerichts zum Datenschutz im Bereich der inneren Sicherheit, in: Martin H. W. Möllers/Robert Chr. van Ooyen (Hrsg.), Jahrbuch öffentliche Sicherheit 2008/09, S. 317-331; *Eifert, Martin*: Informationelle Selbstbestimmung im Internet – Das BVerfG und die Online-Durchsuchungen, NVwZ 2008, S. 521-523: Gusy, Christoph: Gewährleistung der Vertraulichkeit und Integrität „informationstechnischer Systeme, DuD 2009, S. 33-41: Hirsch, Burkhard: Das Grundrecht auf Gewährleistung der Vertraulichkeit und Integrität informationstechnischer Systeme – Zugleich eine Anmerkung zu BVerfG, NJW 2008, 882, NJOZ 2008, 1907-1915; Hoeren, Thomas: Was ist das „Grundrecht auf Integrität und Vertraulichkeit informationstechnischer Systeme"?, MMR 2008, 365-366; Hoffmann-Riem, Wolfgang: Der grundrechtliche Schutz der Vertraulichkeit und Integrität eigengenutzter informationstechnischer Systeme, JZ 2008, S. 1009-1022; Hornung, Gerrit: Ein neues Grundrecht. Der verfassungsrechtliche Schutz der „Vertraulichkeit und Integrität informationstechnischer Systeme", CR 2008, S. 299-306; Kutscha, Martin: Mehr Schutz von Computerdaten durch ein neues Grundrecht?, NJW 2008, S. 1042-1044; Leisner, Walter: Das neue Kommunikationsgrundrecht" – Nicht Alibi für mehr, sondern Mahnung zu weniger staatlicher Überwachung, NJW 2008, S. 2902-2904; Lepsius, Oliver: Das Computer-Grundrecht: Herleitung – Funktion – Überzeugungskraft, in: Fredrik Roggan (Hrsg.), Online-Durchsuchungen. Rechtliche und tatsächliche Konsequenzen des BVerfG-Urteils vom 27. Februar 2008, Berlin 2008, S. 21-56; Petri, Thomas B.: Das Urteil des Bundesverfassungsgerichts zur „Online-Durchsuchung", DuD 2008, S. 443-448; Sachs, Michael/Krings, Thomas: Das neue „Grundrecht auf Gewährleistung der Vertraulichkeit und

vor, den Datenschutz ins Grundgesetz aufzunehmen.[49] Zum anderen beweisen die Umfrageergebnisse der Piratenpartei im November 2011, dass die Politisierung im Netz auch zu einer „offline-Politisierung“ in einer Parteiendemokratie führen kann.[50] Hierfür spricht auch die Rolle, die elektronische Plattformen wie YouTube und Facebook trotz aller staatlichen Ingerenzversuche im „Arabischen Frühling“ gespielt haben.[51] Es können sich also auch Synergieeffekte aus online- und offline-Politikproduktion ergeben und es besteht nicht zwingend ein Konkurrenz- oder Verdrängungsverhältnis zwischen diesen Sphären.

IV. Staatsbilder im Zeichen von „Open Government“, „Liquid“ und „e-Democracy“

Der Ruf nach größerer Transparenz staatlichen Handelns und verbesserten Partizipationsmöglichkeiten für den Bürger bei der Produktion von Politik ist den vorgestellten Konzepten gemein. Er steht im Einklang mit aktuellen Leitbildern und Konzepten zur Staatstätigkeit, wie dem „kooperativen Staat“[52], dem „Gewährleistungsstaat“[53] oder dem Ansatz „der

Integrität informationstechnischer Systeme“, JuS 2008, S. 481-486; Seckelmann, Margrit: Zum Persönlichkeitsrecht im Informationszeitalter – Die Entscheidung des Bundesverfassungsgerichts zur Online-Durchsuchung, in: Bernd Wirtz (Hrsg.), e-Government: Grundlagen, Instrumente, Strategien, Wiesbaden 2010, S. 77-92; Volkmann, Uwe: Anmerkung zu BVerfG, U. v. 27.2.2008 – 1 BvR 370/07 (Vorschriften im Verfassungsschutzgesetz NRW zur Online-Durchsuchung und zur Aufklärung des Internet nichtig), DVBl 2008, S. 590-593.

49 Hierzu *Künast, Renate*: „Meine Daten gehören mir“ – und der Datenschutz gehört ins Grundgesetz, ZRP 2008, S. 201-205, 203 f.; kritisch dazu *Bull, Hans Peter*: Informationelle Selbstbestimmung – Vision oder Illusion? – Datenschutz im Spannungsverhältnis von Freiheit und Sicherheit, Tübingen 2009, S. 119 ff.

50 Deutlich skeptischer *Seifert, Markus*: Blogs und YouTube als Graswurzeln des politischen Web 2.0, download unter: http://www.tu-ilmenau.de/fakmn/fileadmin/template/ifmk/fachgebiete/empk/Dokumente/PolKom/Aktuelles/Gummersbach.pdf [9.11.2011].

51 So schon zuvor *Priddat, Birger P.:* 2nd order democracy. Politikprozesse in der Wissensgesellschaft, in: Peter Collin/Thomas Horstmann (Hrsg.), Das Wissen des Staates. Geschichte, Theorie und Praxis, Baden-Baden 2004, S. 72-89.

52 Vgl. u. a. *Ritter*, *Ernst-Hasso*: Der kooperative Staat. Bemerkungen zum Verhältnis von Staat und Wirtschaft, AöR 104 (1979), S. 389-413; *ders:* Das Recht als Steuerungsmedium im kooperativen Staat, in: Dieter Grimm (Hrsg.), Wachsende Staatsaufgaben, sinkende Steuerungsfähigkeit des Rechts, Baden-Baden 1990, S. 69-112; zur Entwicklung der Diskussion vgl. auch *von Bogdandy, Arnim*: Gubernative Rechtsetzung. Eine Neubestimmung der Rechtsetzung des Regierungssystems unter dem Grundgesetz in gemeineuropäischer Dogmatik, Tübingen 2000; *Dose*, *Nicolai*: Trends und Herausforderungen der

selbstregulativen Netzwerkgesellschaft“[54]. Grundsätzlich geht es hierbei um die Frage, wie die Verantwortung für die Entwicklung, Durchführung und Kontrolle der Staatstätigkeit zwischen Parlament und Bürgern aufgeteilt werden soll, um eine angemessene Form der „Public e-Governance“[55] zu finden. Es bestehen zwar grundsätzlich keine Zweifel, dass eine solche Verantwortungsteilung erforderlich und wünschenswert ist, aber die Grenzziehung ist teilweise umstritten. Die dahinter stehende Debatte setzt letztlich auf der traditionsreichen Debatte zur direkten Demokratie auf und wird ergänzt durch Bedenken oder Hoffnungen im Bezug auf technische Verfahren und die Möglichkeiten des Web 2.0.

Eine Frage, die bislang kaum gestellt wird ist, ist diejenige, inwieweit Bürgerinnen und Bürger überhaupt von diesen neuen Angeboten Gebrauch machen und ob diese Angebote tatsächlich die Akzeptanz staatlichen Handelns steigern. Das e-Journal Spiegel Online konstatierte in einem September 2011 erschienenen Artikel, dass die Regierung am Bürgerdialog im Internet scheitere, weil kaum Interesse auf Bürgerseite bestehen würde.[56] Die ersten Versuche der Bundesregierung, das Internet als Legitimationsquelle nutzbar zu machen, zeigen, dass die reine Präsenz im Netz keine Wirkung entfaltet. Die Beispiele aus den USA zeigen, welche Herausforderungen, Kosten und Probleme bestehen, wenn man eine transparente und zugängliche Verwaltung im Web 2.0 schaffen möchte.

politischen Steuerungstheorie, in: Edgar Grande/Rainer Prätorius (Hrsg.), Politische Steuerung und neue Staatlichkeit, Baden-Baden 2003, S. 19-55.

53 *Hoffmann-Riem, Wolfgang*: Das Recht des Gewährleistungsstaates, in: Gunnar Folke Schuppert (Hrsg.), Der Gewährleistungsstaat – ein Leitbild auf dem Prüfstand, Baden-Baden 2005, S. 89-108, 89 f., unter Bezug auf *Eifert, Martin*: Grundversorgung mit Telekommunikationsleistungen im Gewährleistungsstaat, Baden-Baden 1998, S. 18 ff.; vgl. auch *Franzius, Claudio*: Gewährleistung im Recht, Grundlagen eines europäischen Regelungsmodells öffentlicher Dienstleistungen. Tübingen 2009; *ders.*: Der „Gewährleistungsstaat“ – ein neues Leitbild für den sich wandelnden Staat?, Der Staat 42 (2003), S. 493-517; *Knauff, Matthias*: Der Gewährleistungsstaat: Reform der Daseinsvorsorge: Eine rechtswissenschaftliche Untersuchung unter besonderer Berücksichtigung des ÖPNV, Berlin 2004.

54 *Ladeur, Karl-Heinz*: Der „Staat der Gesellschaft der Netzwerke“. Zur Notwendigkeit der Fortentwicklung des Paradigmas des „Gewährleistungsstaats“, Der Staat 42 (2009), S. 163-192.

55 *Seckelmann, Margrit*: Electronic Government oder (Public) e-Governance? – Rechtstheoretische Grundlagen des e-Government aus öffentlich-rechtlicher Sicht, in: Jürgen Taeger/Irini Vassilaki (Hrsg.), Rechtsinformatik und Informationsrecht im Spannungsfeld von Recht, Informatik und Ökonomie, Wissenschaftliches Forum Recht und Informatik, Edewecht 2009, S. 43-65.

56 Vgl. *Becker, Sven*: Teure Websites. Regierung scheitert am Bürgerdialog, Spiegel Online am 02.09.2011, abrufbar unter: http://www.spiegel.de/netzwelt/netzpolitik/0,1518,783532,00.html [4.11.11].

Die bisherigen Ergebnisse können allerdings kaum überzeugen. Insofern sollte man sich von den technischen Möglichkeiten nicht zu viel versprechen, da diese nicht automatisch gesellschaftspolitische Konflikte lösen. Halbherzige Maßnahmen zur Verbesserung der Legitimation staatlichen Handelns durch den Gang ins Internet können langfristig der Akzeptanz des Staates sogar schaden, wenn sie als bloßes „*window dressing*" daherkommen.

Man sollte sich in diesem Zusammenhang auch die Frage stellen, ob im Fall von „Stuttgart 21"[57] tatsächlich ein Transparenzproblem bzw. ein Demokratiedefizit vorlag. Schließlich geben Planungs- und Genehmigungsverfahren auch jetzt schon den Bürgern unterschiedliche Mitwirkungs- und Einspruchsmöglichkeiten an die Hand. Eine sog. „nachlaufende Mediation", wie sie bei der Schlichtung „Stuttgart 21" versucht wurde, ist, so Ulrich Ramsauer, anders als ein vorgeschaltetes Verfahren, etwa im Rahmen einer Öffentlichkeitsbeteiligung bei einer Umweltverträglichkeitsprüfung nach § 9 UVPG oder den Anhörungsmöglichkeiten im Planfeststellungsverfahren nach § 74 Abs. 4-7 VwVfG bei Großprojekten (die ggf. im Wege eines „mitlaufenden Mediationsverfahrens" mit einer von ihm so genannten „Data-Mediation" hinsichtlich der Sachverhaltsermittlung einer tatsächlich umstrittenen Entscheidung verbunden werden können), „nicht mehr zielführend, sondern allenfalls noch dazu geeignet, sich über ein Wiederaufgreifen eines an sich bereits abgeschlossenen Verfahrens klar zu werden".[58] Es ist in der Tat demokratietheoretisch äußerst fraglich, ob eine „mehr oder weniger breite interessierte Öffentlichkeit oder Interessengruppe das politische Mandat zurückfordern kann, wenn sie mit dessen Ausübung nicht einverstanden ist".[59] Wollte man diese Frage bejahen, hätte das grundlegende Auswirkungen für die – derzeit in der Diskussion befindlichen – „Ansprüche an die Erzielung von Legitimität, die mit dem Wandel der repräsentativen Demokratie, der Rolle politischer Parteien, der Bedeutung und Verwendungsweise von Medien und öffentlicher Kommunikation und [...] veränderten gesellschaftlichen Interessenstrukturen" verbunden sind.[60]

Die Möglichkeiten des Web 2.0 können, zumindest theoretisch, zu einer Verbesserung der Legitimation staatlichen Handelns beitragen, aber dieses geschieht nicht von selbst. Es ist mit teilweise erheblichem Ressourcenaufwand verbunden, wenn man einen Dialog zwischen Staat und

57 Vgl. hierzu die Nennungen in Fußn. 9.
58 *Ramsauer* (Fußn. 9), S. 1039.
59 *Schmehl* (Fußn. 9), S. 362.
60 *Schmehl* (Fußn. 9), S. 363.

Bürgerinnen und Bürgern führen möchte, der diesen Namen verdient. Dasselbe gilt für die Schaffung einer umfassenden Transparenz staatlicher Entscheidungsprozesse. Es wird sich erst in der Zukunft zeigen, ob die Bürgerinnen und Bürger diese Angebote tatsächlich in Anspruch nehmen wollen und werden. Deshalb sollte sich die Debatte um die technischen Möglichkeiten, die das Web 2.0 für den Staat und seine Verwaltung bieten, nicht von den realen Interessen und Bedürfnissen der Bürger entfernen. „Open government", „liquid democracy" und „e-Demokratie" bergen Potenziale zu einem verbesserten Dialog zwischen Staat und Bürgern im Sinne einer „Mitsprache 21".[61] Die Mitsprache von Bürgerinnen und Bürgern bei Entscheidungen öffentlicher Akteure setzt aber voraus, dass die Kommunikationsbeziehungen zwischen öffentlichen und gesellschaftlichen Akteuren nicht von einer Seite ‚gekündigt' werden. Allen technischen Entwicklungen zum Trotz hat die Maxime staatlichen Handelns stets zu lauten, dass der Staat und seine Kommunikationsangebote um der Bürgerinnen und Bürger willen da sind,[62] welche darüber entscheiden, inwieweit ein technisches Angebot oder eine neu eingeführte Mitsprachemöglichkeit tatsächlich eine verbesserte Akzeptanz und eine erhöhte Legitimation zu stiften vermögen.

61 So *Schmehl* (Fußn. 9), S. 347, für die Möglichkeiten, die sich aus Mediationsverfahren ergeben.

62 Entwurf des Verfassungskonvents von Herrenchiemsee, abgedruckt in: Bundestag und Bundesarchiv (Hrsg.), Der Parlamentarische Rat 1948-1949: Akten und Protokolle – Band 2 – Der Verfassungskonvent von Herrenchiemsee (bearbeitet von *Peter Bucher*), Boppard 1981.

Die Vermessung des virtuellen Raums – eine Zwischenbilanz

Hermann Hill

Immer wieder in der Geschichte wurden Räume neu definiert. Durch die Entdeckungen der Seefahrer wurde die „Weltkarte" immer wieder neu vermessen. Astronomen lehrten uns, unsere Position im „Weltraum" neu zu begreifen. Mit der Relativitätstheorie wurde das Raum-Zeit-Verhältnis neu definiert.

Heute bieten neue Medien die Möglichkeit, physische Lebensräume durch virtuelle Räume zu erweitern. Der virtuelle Raum hat Gesellschaft und Politik verändert – der Beitrag will diesen Veränderungen nachspüren. Dabei werden zunächst medientheoretische und raumsoziologische Aspekte einbezogen sowie die Kultur und (rechtliche) Ordnung des durch neue Medien erweiterten Raums untersucht. Abschließend wird auf Veränderungen im Staatsverständnis und im Staat-Bürger-Verhältnis eingegangen.

I. Renaissance des raumorientierten Denkens

In den Sozial-, Kultur- und Medienwissenschaften lässt sich auf breiter Front eine Renaissance des raumorientierten Denkens feststellen[1], die vor allem durch die Möglichkeiten neuer Technologien hervorgerufen wurde[2]. William Gibson verwandte in seinem Roman „Neuromancer" (1984) zum ersten Mal den Begriff „cyberspace" in Anlehnung an die von Norbert Wiener kreierte Wissenschaft der „Kybernetik"[3]. In der Medientheorie werden danach fünf Welten des Cyberspace unterschieden: eine Datenbank der Wirklichkeit, ein virtuellen Kommunikationsraum, ein geschlossener Simulationsraum, eine technisch-virtuelle Imprägnierung der

1 Stephan Günzel (Hrsg.), Topologie. Zur Raumbeschreibung in den Kultur- und Medienwissenschaften, 2007; Jörg Döring/Tristan Thielmann (Hrsg.), Spatial Turn. Das Raumparadigma in den Kultur- und Sozialwissenschaften, 2008; *Doris Bachmann-Medick*, Cultural Turns. Neuorientierung in den Kulturwissenschaften, 2. Aufl. 2007, S. 284 ff.

2 *Goedart Palm*, CyberMedienWirklichkeit. Virtuelle Welterschließungen, 2004, S. 96: „Die Renaissance des Raums"; *Regine Buschauer*, Mobile Räume. Medien- und diskursgeschichtliche Studien zur Tele-Kommunikation, 2010

3 *Palm* (Fn. 2), S. 98; vgl. noch *Florian Rötzer*, Lebenswelt Cyberspace, in: ders. (Hrsg.), Megamaschine Wissen, 1999, S. 7 f.

Realität sowie eine selbständige Schöpfung[4]. Das Internet kann man danach in Welt 2 ansiedeln, Computerspiele erreichen wohl in der Regel Stufe 3[5].

Häufig werden dabei neue Identitäten in „virtuellen Realitäten“ gesucht.[6], Bereits Traum- und Gedankenwelten weisen Merkmale des Virtuellen auf. Lässt man diese außer Betracht, werden Bilder und Schriften als erste Stufe einer vortechnischen, mental erzeugten Virtualität bezeichnet. Auf der zweiten Stufe befänden sich alle klassischen technischen Medien wie Radio, Kino, Fernsehen oder Telefon. Erst ab der dritten Stufe sei die computertechnische Virtualität erreicht[7].

Unter „virtueller Realität“ wird etwas verstanden, „das in Wirklichkeit nicht in der Form existiert, in der es zu existieren scheint, aber alle Funktionen und Wirkungen einer solchen Realität zeigt“. Der Gegenbegriff zu „virtuell“ sei deshalb nicht „real“, sondern „physisch“[8]. Virtualität sei die schöpferische Schnittstelle zwischen den Potenzen, dem Möglichen, Denkbaren, dem weiten Feld der Vorstellungen, Imaginationen und Konzepte auf der einen Seite und ihrer stofflichen Einlösung und konkreten Handlungspraxis auf der anderen. Oder zusammengefasst: Virtualität sei die Schnittstelle zwischen Vorstellen und Tun. In „Wirklichkeit“ lebten wir seit je auf einer dynamischen Schnittstelle[9].

Virtuelle Realitäten werden auch als medial erzeugte Sonderwirklichkeiten verstanden, in denen ein neuer gesellschaftlicher Erfahrungsraum entstehe[10]. Dies führe zu fließenden Übergängen, Verschränkungen oder

4 *Palm* (Fn. 2), S. 63 f.

5 Ausführlich *Mark Butler*, Would you like to play a game?, Die Kultur des Computerspielens, 2007; *Sabrina Erkeling*, Datenschutz in Online-Spielen und anderen virtuellen Welten, DuD 2011,116;weitergehend *Sven Stillich*, Second life. Wie virtuelle Welten unser Leben verändern, 2007; vgl. noch *Wolfgang Schulz*, Virtuelle Welten als Innovationsräume, in: Martin Eifert/Wolfgang Hoffmann-Riem (Hrsg.), Innovation, Recht und öffentliche Kommunikation, Innovation und Recht IV, 2011, S. 279 ff.

6 *Sherry Turkle*, Identität in virtueller Realität. Multi User Dungeons als Identity Workshops, in: Stefan Bollmann/Christiane Heibach (Hrsg.), Kursbuch Internet, 1996, S. 315; *Stefan Münker*, Was heißt eigentlich: „Virtuelle Realität“?, in: ders./Alexander Roesler (Hrsg.), Mythos Internet, 1997, S. 108

7 So *Stefan Schmitz*, Urbanität 2.0 – Zur Entwicklung des Städtischen im Zeitalter zunehmender Virtualität, Die alte Stadt 2/2010, 111 (113)

8 So *Rainer Funk*, Der entgrenzte Mensch, 2011, S. 95

9 So *Palm* (Fn. 2), S. 30, 18

10 *Werner Rammert*, Virtuelle Realitäten als medial erzeugte Sonderwirklichkeiten – Veränderungen der Kommunikation im Netz der Computer, in: Manfred Faßler (Hrsg.), Alle möglichen Welten, 1999, S. 33

gar Verdopplungen von Lebenswirklichkeiten[11]. Mit der Vielfalt elektronisch herstellbarer Raum-Zeit-Ordnungen veränderten sich die Möglichkeiten einer reflexiven Steuerung von Wahrnehmung und Kommunikation. Akteure müssten in vernetzten Systemen und Medienwelten lernen, eine Balance zu finden zwischen verschiedenen Formen der Erfahrung sowie die Beziehungen und Übergänge zwischen den Medien und Realitätsebenen praktisch meistern. Routinisierte und gewohnte Umgangsweisen mit Raum und Zeit gerieten unter den Druck der Legitimierung. Vernetzungstechniken erzeugten damit quasi einen Druck zur organisatorischen Reflexivität und zur analytisch-reflexiven Durchdringung von komplexen Arbeitsvorgängen[12]. Mit dem Wandel vom geographischen zum infographischen Raum[13] wachse das Beschreibungspotential für spezifische Räume und Praktiken, die uns dafür sensibilisierten, den Raum als ein individuell wie kulturell gestaltbares Konstrukt zu begreifen[14].

Diese relativistische Raumvorstellung, nach der Räume – in den Handlungsverlauf integriert – in Folge eines komplexen sozialen Prozesses entstehen und konstituiert werden, dominiert in der neueren Raumsoziologie[15]. Raum ist danach ein Modell von Zusammenhängen[16], ein Ensemble von Relationen[17], das durch Kommunikation entsteht. Die kommunikativen Beziehungen, die Menschen mit Hilfe von Medien untereinander pflegen, spannen den sozialen Raum auf[18] und verändern ihn zugleich.

11 *Heidemarie Hanekop*, Mobiles Internet und lokaler Raum, Die alte Stadt 2/2010, 135 (139, 141)

12 *Anne Gerhard*, Vernetzungstechniken und die Herausbildung reflexiver Raum-Zeit-Praktiken, in: Theodor M. Bardmann (Hrsg.), Zirkuläre Positionen 2. Die Konstruktion der Medien, 1998, S. 240 (243), teilweise *Ina Wagner* zitierend; vgl. auch *Wagner*, fließende Übergänge und Collagen. Ästhetische Produktion in elektronischen Terrains, in: Faßler (Fn. 10), s. 137 ff.

13 Begriff bei *Faßler*, Cyber-Moderne, 1999, S. 126

14 So *Daniela Ahrens*, Vom geographischen zum infographischen Raum, in: Bardmann (Fn. 12), S. 297 (301)

15 Vgl. vor allem *Martina Löw*, Raumsoziologie, 2001, S. 13; vgl. auch *Pierre Levy*, Die kollektive Intelligenz. Eine Anthropologie des Cyberspace, 1998, S. 148: „Die gelebten Räume sind relativistisch".

16 *Faßler*, Cybernetic Localism: Space, Reloaded, in: Döring/Thielmann (Fn. 1), S. 185 (192)

17 *Buschauer* (Fn. 2), S. 11, 17 unter Bezugnahme auf *Michael Foucault*

18 So *Gebhard Rusch*, Mediale Infrastrukturen, Die alte Stadt 2/2010, 163 (169); zu Raum als sozialem Konstrukt vgl. auch *Gabriele B. Christmann*, Kommunikative Raumkonstruktionen als (Proto-)Governance, in: Heiderose Kilper (Hrsg.), Governance und Raum, 2010, S. 27

Die ältere absolutistische Vorstellung des Raums als „materielles Substrat"[19], als „Behälter"[20], der a priori vorhanden ist und ausgefüllt wird, tritt demnach in den Hintergrund. Dagegen wird geltend gemacht, dass jede Produktion zu einem – und sei es auch noch so vorläufigen – Abschluss komme: zu dem der Raumproduktion. Wenn es demnach ein Produzieren von Raum gebe, gebe es auch das Produkt Raum. Zwar mögen Räume niemals ein für allemal fertig, statt und unveränderbar sein; aber Räume seien eben auch nicht permanent im Fluss und beliebig veränderbar. Insbesondere auf politischer Ebene des Nationalstaats sei die absolutistische, auf abgrenzbare Territorien ausgerichtete Raumvorstellung noch sehr wirkungsmächtig. Auch vor dem Hintergrund einer als Grenzauflösung interpretierten Globalisierung lasse sich ein verstärkter Bedarf an neuen Grenzziehungen beobachten, der sich in der Tendenz zur Abkapselung auch räumlich Ausdruck verschaffe[21].

Die Verfechter einer relationalen Raumperspektive neigten dazu, dem Raum zwar einige der ihm traditionell zugeschriebenen Charakteristika abzusprechen, indem sie ihn mit Charakteristika versehen würden, die traditionell der Zeit zugeschrieben würden. Räume sollten beispielsweise dynamisch, flüssig, usw. sein. Aber warum solle man Raum überhaupt in der einen oder anderen Weise festlegen? Nehme das dem Raum nicht gerade seine Möglichkeiten und seine Pluralität? Räume könnten sowohl offen als auch geschlossen sein, sie könnten sowohl statisch als auch dynamisch sein.[22]

Die Verknüpfung von Raum und Zeit durch Medien hat insbesondere Friedrich Kittler untersucht. Medien sind nach Kittler „Techniken, um durch Strategien der Verräumlichung die Ordnung dessen, was in der Zeit verläuft, manipulierbar zu machen"[23]. Gerade die modernen, portablen Medien haben zu einer Verzeitlichung von Raum (Mobilität, Beschleunigung) wie zu einer Verräumlichung von Zeit (Gleichzeitigkeit des Ungleichzeitigen in modernen Kommunikationsformen) geführt[24].Das mobi-

19 *Löw* (Fn. 15), S. 9

20 *Buschauer* (Fn. 2), S. 11

21 *Markus Schroer*, „Bringing space back in" – Zur Relevanz des Raums als soziologischer Kategorie, in: Döring/Thielmann (Fn. 1), . 125 (136 f.)

22 *Schroer* (Fn. 21), S. 137

23 *Vaios Karavas*, Grundrechtsschutz im Web 2.0: Ein Beitrag zur Verankerung des Grundrechtsschutzes in einer Epistemologie hybrider Assoziationen zwischen Mensch und Computer, in: Christoph Bieber, u.a. (Hrsg.), Soziale Netze in der digitalen Welt, 2009, S. 301 (305) unter Hinweis auf eine Analyse von *Sibylle Krämer*

24 Vgl. auch *Schroer* (Fn. 21), S. 143

le Internet schafft so neue raumzeitliche Strukturen[25] und neue Muster aktionsräumlichen Handelns[26], die der Erfassung, Bewertung und Ordnung bedürfen.

II. Raum-Kultur

Der durch die neuen Medien erweiterte Sozialraum führt zu einer neuen Form von Urbanität[27]. So wird darauf hingewiesen, dass es für das „urbane Reizklima" auf das Potential kommunikativer Gelegenheiten, Möglichkeit und Anforderungen ankomme. Die Großzahl kommunikativer Kontakte mit immer wieder wechselnden Kommunikationspartnern sei eine wichtige Bedingung dafür, dass jeder einzelne seine kommunikativen Kompetenzen – und damit sehr eng verbunden auch seine intellektuellen Potenziale – möglichst weit entwickeln bzw. ausschöpfen könne[28]. Die Breite und Dichte der Kommunikation sowie die Vielzahl der Perspektiven nimmt damit zu, Verbindungen zwischen Ideen, Tatsachen und Ereignissen können leichter hergestellt werden[29]. Die Nutzung des sozialen Raums wird insgesamt intensiver[30].

Dies zieht eine „Landflucht" aus dem realen Leben in die neuen Zentren der Kommunikation in den Netzen nach sich. Wer nicht im Netz ist, nimmt nicht am (neuen) Leben teil. Wer die kulturtechnischen Fähigkeiten, sich in Netzwerken zu bewegen und zu positionieren, nicht besitzt oder nicht erwirbt, verpasst nicht nur wesentliche Chancen, sondern ist für seine Mitmenschen in wesentlichen Kommunikationsarten nicht sichtbar. Dies hat zugleich Auswirkungen auf seine Identität und Reputation[31]. Für das Leben im neuen Sozialraum ist es daher von wesentlicher Bedeutung, wie Identität geformt bzw. gestärkt werden kann[32]. Als Impulsfaktoren für Präsenz und Aktivität im Netz werden genannt: Aner-

25 *Christian Stegbauer*, Raumzeitliche Struktur im Internet, Aus Politik und Zeitgeschichte 39/2008, S. 3

26 *Markus Hesse*, Raum und Zeit: neue Muster des aktionsräumlichen Handelns, Die alte Stadt 2/2010, 123

27 *Schmitz* (Fn. 7): „Urbanität 2.0"

28 *Rusch* (Fn. 18), S. 163

29 *Mihály Csíkszentmihályi*, Ich muss gestehen, ratlos zu sein, in: John Brockman (Hrsg.), Wie hat das Internet Ihr Denken verändert?, 2011, S. 497

30 *Hanekop* (Fn. 11), S. 140

31 *Sven Gábor Jánszky*, 2020. So leben wir in der Zukunft, 2009, S. 169

32 Zum Identitätsmanagement im Social Web vgl. etwa *Jan Schmidt*, Das neue Netz, 2009, S. 74 ff.

kenntnis und Status, Reziprozität, Gemeinschaft und Zugehörigkeit durch Vernetzung, Hemmschwellensenkung sowie Selbstdarstellung[33].

Auf der anderen Seite führt das neue Netzleben nicht nur zu Überforderung, Aufmerksamkeitsstörungen[34], Kontrollverlusten[35], Suchtverhalten oder Angriffen auf Identität und Integrität[36], sondern auch zu einer Veränderung der Denkkulturen[37] sowie Lebens- und Arbeitsweisen[38]. Das wird besonders deutlich, wenn man Teilnehmer an Sitzungen beobachtet, die mit gespaltener Aufmerksamkeit zwar physisch anwesend sind, aber geistig durch das gleichzeitige „Checken" ihrer Mails abwesend sind. Für die Zukunft werden Wahrnehmungs- und Urteilsfähigkeit, die Fähigkeit zur Interpretation, zum Einordnen und Sinngeben[39] zu den wichtigsten Kulturtugenden in den neuen Informations- und Kommunikationsräumen.

Die „Weltstadt", die im Internet entstanden ist, hat sich paradoxerweise zu einer Art „informationellem Dschungel" entwickelt[40]. So wird darauf hingewiesen, dass die mit Hilfe der elektronischen Medien heute möglichen Vernetzungstechniken nicht nur neue Räume des sozialen Miteinanders und neue Formen von Sozialität schaffen, sondern auch Möglichkeiten einer entgrenzten Kontaktaufnahme und eines permanenten informellen Verbundenseins[41]. Dieser „perpetual contact"[42] ersetze eine intensive Beziehungspflege. Dadurch, dass das Verbundensein an die Stelle des Gebundenseins trete, entstünden veränderte Beziehungsmuster und Nähe-Distanz-Modelle[43]. Das sog. „Connection paradox" betreffe auch die Arbeitswelt, indem die Beziehungen weniger tief, weni-

33 *Jan Dirk Roggenkamp*, Web 2.0 Plattformen im kommunalen E-Government, 2010, S. 39 ff.

34 *Rodney Brooks*, Durch Informationen ausgelöste Aufmerksamkeitsdefizitstörung, in: Brockman (Fn. 29), S. 484

35 *Peter Kruse*, Kontrollverlust als Voraussetzung für die digitale Teilhabe, in: Hubert Burda, u.a. (Hrsg.), 2020 – Gedanken zur Zukunft des Internets, 2010, S. 67 ff.

36 Zu „Cyberbulling" und „Cybermobbing" vgl. etwa *Stephan Eisel*, Internet und Demokratie, 2011, S. 127; *Sascha Adamek*, Die facebook-Falle, 2011, S. 36 ff.

37 *Frank Schirrmacher*, Payback, 2009; *Brockman* (Fn. 29); *Heiner Rindermann*, Warum das Internet unser Denken verändern wird, in: Burda, u.a. (Fn. 35), S. 51 ff.

38 *Nicholas Carr*, The Big Switch – Der große Wandel, 2009; *Bodo Hombach*, Über das Internet und die Entgrenzung kultureller und zeitlicher Lebensräume, in: Burda, u.a. (Fn. 35), S. 239 ff.

39 *Hill*, E-Kompetenzen, in: Bernhard Blanke, u.a. (Hrsg.), Handbuch zur Verwaltungsreform, 4. Aufl. 2011, S. 385 ff.; *Eisel* (Fn. 36), S. 162 f.

40 *Rusch* (Fn. 18), S. 167

41 *Funk* (Fn. 8), S. 72

42 *Hanekop* (Fn. 11), S. 141 unter Hinweis auf *Katz/Aakhus*

43 *Funk* (Fn. 8), S. 73

ger befriedigend und weniger unterstützend seien, was auch neue Anforderungen an die Führung stelle[44].

Schon der Klassiker der Medientheorie, Marshall McLuhan hat festgestellt, dass elektronische Medien die Tendenz hätten, alle gesellschaftlichen Einrichtungen in organische gegenseitige Abhängigkeit zu bringen. Einerseits werde die hierarchische Differenzierung von Zentrum und Peripherie, die aufgrund politischer, sozialer sowie geographischer Voraussetzungen den realen Raum präge, in einer Netzstruktur fragil. Andererseits dürfe man aus der Netzstruktur des Internets nicht auf seine Herrschaftsfreiheit schließen. Auch das Netz marginalisiere seine Bewohner, habe ex- und inklusive Funktionen. Auch im Internet bildeten sich neue Zentren und Peripherien und damit eine virtuelle Herrschaftsarchitektur. Zahlreiche Interaktionsformen in sog. „Communities“ in Online-Foren oder Mailing-Listen seien vom technischen Apriori, der Kodierung des Zutritts und der Funktionen, durch ihre Betreiber abhängig. So werde neue „digitale Macht“ ausgeübt. Mit neuen Freiheiten verbänden sich neue Unfreiheiten, auch das digitale Territorium lasse sich konturieren, abgrenzen und markieren[45].

Deshalb wird es immer wichtiger, die Folgen und Risiken des Lebens und sich Bewegens im neuen, durch elektronische Medien erweiterten Sozialraum überschauen und einschätzen zu können. Datenschützer fordern daher zu Recht einen Ausbau der Medienbildung und –erziehung in jedem Lebensalter. Die „Virtualität“ der Beziehung schließt weder Missbrauch noch Verletzungen aus, teilweise sind die Folgen, bedingt durch den Charakter der Medien, sogar weitreichender und dauerhafter[46]. Ordnung und Gestaltung der Kommunikation, Verhaltensregeln und (soziale) Kontrollmechanismen sind daher auch in der neuen Raumkultur unverzichtbar.

Bevor bei der Vermessung des virtuellen Raums neben der Topologie des Raums eine Axiologie (Wertesystem)[47] entwickelt werden kann, ist zunächst noch ein Blick auf charakteristische Konstruktionsprinzipien und Bewegungsmuster erforderlich. Tapscott/Williams nennen fünf Prinzipien für das „Age of networked Intelligence“: Collaboration, Openness,

44 *Nina Rosoff*, The Power of Paradox, 2011, S. 8

45 *Palm* (Fn. 2), S. 114 ff.; zu „Autonomie-Illusionen“ und „vermeintlicher Hierarchiefreiheit vgl.auch *Eisel* (Fn. 36), S. 66; vgl. noch Web-Kampf um die Zukunft. Wer beherrscht das Internet?, Der Spiegel 49/2011 vom 5.12. 2011, S. 70 ff.; *Holger Schmidt*, Endspiel um das Internet, FAZ vom 10. Dezember 2011, S. 13

46 Vgl. noch *John Palfrey/Urs Gasser*, Generation Internet, 2008; *Constanze Kurz/Frank Rieger*, Die Datenfresser, 2011

47 *Levy* (Fn. 15), S. 149

Sharing, Integrity, Interdependence[48]. Im Hinblick auf die enorme Dynamik der neuen Informations- und Kommunikationsräume erscheint daneben insbesondere eine Lern- und Entwicklungskomponente raumprägend, die über rein zeitliche Veränderungen hinausgeht und die die, vor allem durch technische und soziale Innovationen bedingte, Veränderbarkeit der relationalen Beziehungsgefüge zum Ausdruck bringt.

Emergenz (soziale Erzeugung und Entwicklung) folgt aus dem kommunikativen Wechsel- und Zusammenspiel kognitiv autonomer Subjekte[49]. Räume entstehen (durch Dialog), wachsen (historisch und in die Breite) und werden optimiert (etwa durch Wiki-Funktionen[50]). Gleichzeitig bilden sich Sandbänke und Landbrücken[51], wechselnde Strömungen und Zentren sowie liquide Netzwerke[52] und mobile Räume[53], die durch mobile Anwendungen (sog. Apps[54]) und wechselnde Nähe-Distanz-Verhältnisse begünstigt werden.

Individualisierung und Subjektivität stehen im Spannungsfeld mit „kollaborativer Verräumlichung" und Community-Bildung[55], die dialogisch-interaktive Formen[56] annimmt, aber auch zum Phänomen des „Gemeinsam einsam"[57] führen kann. Denken und Handeln werden teilweise reaktiv, impulshaftig, direkter und fokussierter, weniger kontemplativ, kontextualisierend oder abwägend, möglicherweise auch weniger nachhaltig[58]. Das Netz entfaltet seine Kraft als Echtzeit-Medium, was manche indes als „Echtzeittyrannei" empfinden[59]. So rufe „Always-on"

48 *Don Tapscott/Anthony D. Williams*, Macrowikinomics. Rebooting Business and the World, 2010, S. 22 f.

49 *Rusch* (Fn. 18), S. 167; vgl. auch *Stefan Münker*, Emergenz digitaler Öffentlichkeiten. Die Sozialen Medien im Web 2.0, 2009

50 *Roger Luethi/Margit Osterloh*, Wikipedia: Ein neues Produktionsmodell und seine rechtlichen Hürden, in: Eifert/Hoffmann-Riem (Fn. 5), S. 211 ff.

51 *Tim O`Reilly*, Sandbänke und Landbrücken, in: Brockman (Fn. 29), S. 522

52 *Steven Johnson*, Where Good Ideas Come From, 2010, S. 43 ff.

53 *Buschauer* (Fn. 2); *Hanekop* (Fn. 11), S. 140 ff.

54 *Christian Geiger*, Bürgerapps – mobile Government-Anwendungen für den Bürger 2.0, in: eGovernment-Kompendium 2011, S. 44; *Peter Adelskamp*, App am Rhein. Die Mobile Government-Strategie von Düsseldorf, Vitako Aktuell 3/2011, 10

55 Zu den Nachteilen einer „fragmentierten Echogesellschaft" und eines „radikalisierten Tunnelblicks" durch solche Communities vgl. *Eisel* (Fn. 36), S. 164 ff.; *Eli Pariser*, The Filter Bubble, 2011;

56 *Wolfgang Taube*, Interaktivität als mediale Aneignungsform, in: Stefan Selke/Ullrich Dittler (Hrsg.), Postmediale Wirklichkeiten, 2009, S. 185 ff.

57 *Carsten Görig*, Gemeinsam Einsam. Wie Facebook, Google & Co. unser Leben verändern, 2011

58 *Kevin Kelly*, Der Wachtraum, in: Brockman (Fn. 29), S. 54 (58 f.); *Csíkszentmihályi* (Fn. 29), S. 497

59 *Andreas Haderlein/Janine Seitz*, Die Netzgesellschaft. Schlüsseltrends des digitalen

teilweise auch Anti-Haltungen hervor und provoziere den produktiven Ausstieg aus dem Digitalen[60].

Andererseits wird darauf hingewiesen, dadurch dass das Internet adaptiven, komplexen Systeme ermögliche, in Abhängigkeit voneinander zu operieren, habe es die Art und Weise verändert, wie wir Entscheidungen treffen. Diese seien immer weniger das Werk einzelner Menschen, sondern eines miteinander verschränkten, adaptiven Netzwerks von Menschen und Maschinen[61]. Adaptives Verhalten erfordert indessen auch vielfach ein agiles Vorgehen, das durch „real time awareness" und „advanced analytics" begünstigt wird[62]. Insgesamt erfordert die neue Raumwirklichkeit vor allem ein aktiv-gestaltendes Handeln[63], das Kommunikation entwirft, dem neuen Raum ein Design verleiht und damit „Wirklichkeit" konstruiert[64].

Kennzeichnend für den neuen Raum ist eine Überlagerung und Verschiebung der Sphären des Privaten und des Öffentlichen[65]. Zwischen dem klassischen Schutz der Privatsphäre und den Vorstellungen des Gründers von Facebook, Mark Zuckerberg, liegen Welten[66], die indessen durch freiwillige Bewegungen der Raumnutzer sich annähern bzw. sogar überwunden werden. Raumgewinne stehen dabei Distanzverlusten gegenüber[67]. Die Inanspruchnahme der als hoch attraktiv und vielfach nützlich eingeschätzten Funktionen geschieht nicht unentgeltlich, die Gegenleistung besteht in der Preisgabe persönlicher Daten, die als Ware gehandelt werden, indessen nicht nur Wirtschaftsgut, sondern für viele auch Lebensmittel darstellen.

Das Wertesystem für den neuen Raum ist bisher noch unzureichend entwickelt, viel weniger allgemein oder mehrheitlich konsentiert. Gilt Transparenz vielen als höchstes Gut, werden zunehmend auch Nachteile

Wandels, 2011, s. 176 ff.; *Eisel* (Fn. 36), S. 202

60 *Haderlein/Seitz* (Fn. 59), S. 184 ff.

61 *W. Daniel Hillis*, Einleitung. Die Morgenröte der Vernetzung, in: Brockman (Fn. 29), S. 27 (29)

62 *Max J. Pucher*, The Elements of Adaptive Case Management, in: Keith D. Swenson, Mastering the Unpredictable, 2010, S. 89 (102)

63 Zum Internet als „Aktivitätsmedium" vgl. *Eisel* (Fn. 36), S. 41

64 Zu diesem Design-Ansatz vgl. bereits *Faßler* (Fn. 13), S. 21 ff., 33, 85

65 *Eisel* (Fn. 36), S. 86: „Verlorene Privatheit"

66 *Görig* (Fn. 57), S. 155: „Privatsphäre: Wir sind Daten"; *Adamek* (Fn. 36), S. 57: „Wir bezahlen mit unseren Daten"; *Thomas Wanhoff*, Wa(h)re Freunde, 2011, S. 44: „Warum Ihre Daten nicht mehr Ihnen gehören"

67 *Dirk Heckmann*, Öffentliche Privatheit – Der Schutz der Schwächeren im Internet, Kommunikation & Recht 2010, 770 (771); *Niko Härting/Jochen Schneider*, Das Dilemma der Netzpolitik, ZRP 2011, 233

absoluter Transparenz geltend gemacht[68]. (Netz-)Neutralität[69] steht ebenfalls auf dem Banner der Propheten des neuen Raums, scheint aber zunehmend durch wirtschaftliche Interessen gefährdet. Ob im Sinne eines virtuellen Nachbarschutzes ein allgemeines Gebot der Rücksichtnahme[70] im Sinne eines neuen „kategorischen Imperativs“ akzeptiert bzw. durchgesetzt werden kann, bleibt abzuwarten. So fragt sich, welche Rolle „der Staat“ bzw. staatliche Einflussnahmen in diesem neuen Raum spielen (können).

III. Raum-Regulierung

Bei der Planung und Ausgestaltung eines Hauses als umbauten Raum folgt der Architekt bestimmten Regeln, die ihm zwar gewisse gestalterische Freiheiten belassen, aber etwa Sicherheitsvorschriften nicht verletzen. Geht es um die Planung und Gestaltung einer Nachbarschaft als neuem öffentlichen Raum des realen Zusammenlebens ist das Spannungsfeld zwischen planerischen Interventionen und der Entfaltung von Eigendynamiken schon etwas komplizierter. Dennoch wird die planerische Vorstrukturierung und bedarfsorientierte Unterstützung der Nachbarschaft bei aller Bedeutung, die der eigendynamischen Entwicklung von Netzwerken beizumessen sei, als nahezu unverzichtbar angesehen. Es gehe dabei nicht um die Herstellung fertiger Zustände, sondern um die Schaffung von Rahmenbedingungen, die auch langfristig eigendynamische und zunehmend selbstregulative soziale Prozesse einer nachhaltigen Aneignung des lokalen Kontextes erlaubten. Nachbarschaft bedürfe gerade an komplexen innerstädtischen Standorten aktiver Planung, gezielter Impulssetzungen, Prozesse der wohnortbezogenen sozialen Mobilisierung und auch steuernder Eingriffe[71].

68 *Oliver Link*, „Nur eine Maschine ist transparent“. Und der Mensch braucht Geheimnisse. Sagt der Philosoph *Byung-Chul Han* im Interview, Brand Eins, Wirtschaftsmagazin 7/2011, S. 44

69 Michael Kloepfer (Hrsg.), Netzneutralität in der Informationsgesellschaft, 2011; *Axel Spies/Frederic Ufer*, Netzneutralität 2011. Wohin geht die Reise und wer stellt die Weichen?, MMR 2011,13; *Hubertus Gersdorf*, Netzneutralität: Juristische Analyse eines „heißen Eisens“, AfP 2011, 209; *Mario Martini*, Wie viel Gleicheit braucht das Internet? Netzneutralität als Stellschraube für die Zukunft des Internets, Verwaltungs-Archiv 102 (2011), 315

70 *Heckmann* (Fn. 67), S. 777

71 *Marcus Menzl*, Nachbarschaft in der Innenstadt – planerisches Wunschdenken oder realistische Perpektive?, in: Hill (Hrsg.), Bürgerbeteiligung, 2010, S. 133 (135, 148 f.)

Geht es dagegen um die Planung und Gestaltung von Informations- und Kommunikationsräumen, erscheint eine virtuelle Raumplanung[72] ungleich schwieriger. Ein Ordnungs- und Entwicklungssystem mit Zielen, Grundsätzen, Vorrangprinzipien und Abwägungsregeln kann weder im Vorhinein festgelegt noch nachträglich auferlegt werden, weil die Eigenart des Raums gänzlich andere Charaktereigenschaften aufweist. Eine „Vermessung" im Sinne einer kartographischen Fixierung, an die wiederum bestimmte Rechtsfolgen (Eigentumsrechte, Steuerzahlungspflichten, etc.) geknüpft sind, ist schon wegen der Dynamik der technischen Entwicklung, der Vielfalt der Kommunikationsbeziehungen und der Globalisierung des virtuellen Raums nicht möglich.

Weitere Eigenarten kommen hinzu: Zugangssperren können umgangen werden, Löschungen „im Grundbuch" sind nicht möglich, das Netz vergisst nichts[73]. Paradoxerweise wird gerade dadurch Innovation und Fortschritt verhindert, weil Entlernen und Vergessen nicht möglich sind[74]. Eine „zweite Chance" nach Verfehlungen bleibt aus, ebenso wie eine „zweite Meinung" bei dokumentierten Erkenntnissen nach medizinischen Untersuchungen schwieriger wird. Ein unbelasteter Neuanfang ist nicht möglich.

Insgesamt resultiert aus diesen Eigenarten zumindest ein verbreitetes Unbehagen, ebenso Unsicherheit und Misstrauen bei der Bewegung im Netz. Fraglich ist, wie Vertrauen in virtuellen Räumen wieder hergestellt werden kann[75].Für die Zukunft fordern manche schon ein neues, stabileres Internet, etwa mit der Forderung, Daten dort zu speichern, wo sie entstehen[76], oder einen Paradigmenwechsel bei der IT-Sicherheit durch Entnetzung statt Vernetzung[77].

72 *Utz Schliesky*, Raumbindung der Verwaltung in Zeiten des E-Government, in: Dieter Schimanke (Hrsg.), Verwaltung und Raum, 2010, S. 49 (60)

73 *Viktor Mayer-Schönberger*, Delete. Die Tugend des Vergessens in digitalen Zeiten, 2010; *Hannes Federrath, u.a.*, Grenzen des „digitalen Radiergummis", DuD 2011, 403; *Norbert Nolte*, Zum Recht auf Vergessen im Internet, ZRP 2011, 236

74 *Eisel* (Fn. 36), S. 87 f.

75 *Heckmann*, Vertrauen in virtuellen Räumen?, Kommunikation & Recht 2010, 1; *Volker Boehme-Neßler*, Vertrauen im Internet – Die Rolle des Rechts, MMR 2009, 439; *Sandro Gaycken*, Informationelle Selbstbestimmung und narrativistische Rezeption. Zur Konstruktion informationellen Vertrauens, DuD 2011, 346

76 *Thomas Fischermann/Götz Hamann*, Baut ein neues Internet! – Forderungen ans nächste Netz, Die Zeit vom 8. September 2011, S. 27, 29; ausführlich *dies.*, Zeitbombe Internet, 2011

77 *Sandro Gaycken/Michael Karger*, Entnetzung statt Vernetzung. Paradigmenwechsel bei der IT-Sicherheit, MMR 2011, 3; vgl. auch *Mayer-Schönberger*, Can We Reinvent the Internet?, Science, Vol. 325, 24.7.2009, S. 396 (397): „Overcoming connectedness"

Im Hinblick auf die Grundfunktionen des Staates (Freiheits- und Ausgleichsfunktion, Schutz- und Gewährleistungsfunktion, Angebots- und Innovationsfunktion[78]) ist zu fragen, inwieweit der Staat (mehr) Rechts-Sicherheit garantieren kann, ohne andererseits Rechts-Entfaltung sowie Kommunikation und Innovation zu behindern. Der ehemalige Bundesinnenminister Thomas de Maizière hat im Rahmen seiner Netzpolitik folgende netzpolitische Prinzipien vorgegeben:

1. Die Anwendung und Durchsetzung bestehenden Rechts haben Vorrang vor neuer Rechtsetzung
2. Selbstregulierung hat Vorrang vor neuer Rechtsetzung
3. Unsere Rechtsordnung muss entwicklungsoffen bleiben
4. Entwicklungen des nationalen und internationalen Rechts müssen Hand in Hand gehen[79]

Immer deutlicher wird indessen die Frage gestellt, ob dieses Regulierungskonzept angesichts der Gefahren, die insbesondere von sog. sozialen Netzwerken ausgehen, ausreicht[80]. Bundesdatenschutzgesetz und Telekommunikationsgesetz sind bisher noch kaum auf die Nutzung des neuen virtuellen Raums ausgerichtet[81]. Teilweise wird ein eigenes Netzgesetzbuch gefordert[82], oder über ein „Update" des Grundgesetzes[83], auch

78 So *Thomas de Maizière*, Das Internet als politische und gesellschaftliche Herausforderung, Die Politische Meinung, November 2010, S. 5 (8 f.); zu Anforderungen aus der Schutzfunktion des staatlichen Gesetzgebers vgl. noch *Ingo Richter*, Die Digitalisierung des Alltags, in: Veith Mehde, u.a. (Hrsg.), Staat, Verwaltung, Information, Festschrift für Hans Peter Bull, 2011, S. 1041 (1054)

79 *De Maizière* (Fn. 78), S. 6 ff.; vgl. auch die 14 Thesen des damaligen Bundesinnenministers zu den Grundlagen einer gemeinsamen Netzpolitik der Zukunft vom 22. Juni 2010, These 2; sowie: IT-Beauftragte der Bundesregierung fordert internationale Regeln für staatliches Verhalten im Cyberraum, Pressemitteilung vom 13.12.2011, www.initiatived21.de

80 Vgl. aber Pressemitteilung des BMI vom 2.11.2011: „Bundesinnenminister Dr. Friedrich gibt Startschuss für Entwicklung eines Kodex für soziale Netzwerke, www.bmi.bund.de; vgl. noch *Margarete Schulte-Harms*, Netz-Communities als Grundlage sozialer Innovationen und die Aufgabe des Rechts, in: Eifert/Hoffmann-Riem (Fn. 5), S. 191 ff.; *Alexander Roßnagel*, Persönlichkeitsentfaltung zwischen Eigenverantwortung, gesellschaftlicher Selbstregulierung und staatlicher Regulierung, in: Bieber, u.a. (Fn. 23), S. 271 ff.; *Hans Peter Bull*, Persönlichkeitsschutz im Internet: Reformeifer mit neuen Ansätzen, NVwZ 2011, 257

81 Vgl. Konferenz der Datenschutzbeauftragten des Bundes und der Länder (Hrsg.), Ein modernes Datenschutzrecht für das 21. Jahrhundert, Eckpunkte, 2010; *Peter Schaar*, Der Funktionswandel des Datenschutzes, in: Festschrift Bull (Fn. 78), S. 1057 ff.; *Kai von Lewinski*, Kodifikationsstrategien im Datenschutzrecht, oder: Wann ist der Zeitpunkt der Unkodifizierbarkeit erreicht?, in: Kloepfer (Hrsg.), Gesetzgebung als wissenschaftliche Herausforderung, Gedächtnisschrift für Thilo Brandner, 2011, S. 107 ff.

82 *Brigitte Zypries*, Warum wir ein NetGB brauchen – auch die digitale Gesellschaft braucht Regeln, Kommunikation & Recht 6/2010, S. 1

angesichts der Neuerfindung verschiedener Grundrechte durch das Bundesverfassungsgericht[84], diskutiert.

Bisherige Versuche der Behörden, ordnend oder regulierend auf das Internet oder soziale Netzwerke Einfluss zu nehmen, erschienen weitgehend ungeeignet[85]. Etwa Appelle oder Schreiben der Bundesverbraucherschutzministerin Ilse Aigner hatten nur begrenzte Wirkung , Nichtbeteiligungsgebote und Untersagungsverfügungen gegenüber der Beteiligung nachgeordneter Behörden an sozialen Netzwerken sind umstritten[86], Verhandlungen der Datenschutzbehörde mit europäischen Repräsentanten amerikanischer Großkonzerne kommen nur langsam in Gang. Allenfalls ernsthafte Maßnahmen der US-Verbraucherschutzbehörde scheinen die neuen Machthaber zu beeindrucken[87].

Immerhin bekennen führende Politiker „Ich beginne zu begreifen"[88] und lösen damit politische Debatten aus. Insbesondere der Erfolg der Piratenpartei hat die anderen Parteien aufgeschreckt und treibt sie an, sich mit dem Thema Netzpolitik näher zu beschäftigen. Währenddessen streiten Enquete-Kommissionen um den richtigen Weg[89].

Auch die Wissenschaft liefert bisher allenfalls vage Vorgaben. Als regulatorische Werkzeuge werden genannt[90]: Regulierung durch Gesetze, Regulierung durch Gerichte, Regulierung durch Technik (Code as Co-

83 *Susanne Baer*, Braucht das Grundgesetz ein Update? Demokratie im Internetzeitalter, Blätter für deutsche und internationale Politik 2011, 90

84 BVerfGE 65,1 (Informationelle Selbstbestimmung);BVerfGE 120, 274 (Gewährleistung der Vertraulichkeit und Integrität informationstechnischer Systeme); vgl. noch *Thomas Petri*, Wertewandel im Datenschutz und die Grundrechte, DuD 2010, 25; *Martin Kutscha*, Grundrechtlicher Persönlichkeitsschutz bei der Nutzung des Internet, DuD 2011, 461

85 Positiver *Bernd Holznagel*, Meinungsbildung im Internet, NordÖR 2011, 205 (210), der der Mobilisierung der Internetöffentlichkeit, etwa am Beispiel Google Street View, dann eine besondere Durchschlagskraft zumisst, wenn sie von den zuständigen staatlichen Stellen unterstützt wird

86 *Niko Härting*, Öffentlichkeitsarbeit einer Landesbehörde. Warum die „Facebook-Kampagne" des ULD verfassungswidrig ist, CR 2011,585

87 Vgl. etwa FAZ vom 1.12.2011, S. 16: Regierung drängt Facebook zu mehr Datenschutz

88 *Peter Altmaier*, Noch mehr Demokratie wagen, FAZ vom 15. 10. 2011, S. 35; vgl. auch *Volker Beck*, Netzanschluss ist Menschenrecht, FAZ vom 31. 10, 2011, S. 25; *Gerhart Baum*, Eine neue Dimension der Privatheit, FAZ vom 16. 11. 2011, S. 31

89 Bericht der Enquetekommission „Verantwortung in der digitalen Welt" des Landtags Rheinland-Pfalz, Drs. 15/5300 vom 19. 1. 2011; Zweiter Zwischenbericht der Enquetekommission „Internet und digitale Gesellschaft": Medienkompetenz, Deutscher Bundestag, Drs. 17/7286 vom 21. 10. 2011

90 *Thomas Hoeren/Gottfried Vossen*, Die Rolle des Rechts in einer durch das Web 2.0 dominierten Welt, DuD 2010, 463 (465)

de)[91], Selbst-Kontrolle und Selbst-Regulierung sowie Regulierung durch Beziehungen. Inwieweit das Recht mit „unscharfen“ Regelungen[92] operieren kann und soll, bleibt zu klären, ebenso ob ein bewegliches Kriteriensystem mit je-desto-Beziehungen einen funktionsgerechten Entwicklungsrahmen darstellt[93].

Teilweise wird vorgeschlagen ein „impersonales Recht“ der Medien zu entwickeln, das deren Prozesscharakter aufnehme und weder auf subjektive Rechte noch auf die objektiv rechtliche „Ausgestaltung“ der Kommunikationsordnung durch den Staat ziele. Ein entsprechendes „Kontroll-Regime“ für Netzwerke soll sich nicht auf die klassische Verhaltenssteuerung verlassen, sondern auf die Reflexivität von staatlichen Normen und gesellschaftlicher Selbstorganisation setzen und als einen „Adressaten“ nicht Individuen und Organisationen außerhalb ihres Kontextes sondern eher die sich in Prozessen agierenden „Knoten“ vorstellen. Rechtliche Interventionen sollten dann primär auf die Steigerung von Varietät durch Zufuhr neuer Möglichkeiten oder durch Auflösen von Selbstblockierungen in Netzen intendieren, nicht aber bestimmte Ziele verfolgen[94].

IV. Informationelle Staatsbestimmung und kommunikative Staatsentwicklung im erweiterten Raum

Fragt man danach, was die Erweiterung des physischen Raums durch virtuelle Räume und die damit einhergehende Kulturveränderung für die Idee und das Erscheinungsbild des Staates und sein Verhältnis zum Bürger zur Folge haben, so lohnt nochmals ein Blick auf medientheoretische Beobachtungen und Perspektiven. So schrieb Manfred Faßler schon 1999: „Raum ist also ′nicht da′. Er entsteht als ein dynamisches Wechselverhältnis von technisch-medialer Kapazität und menschlich-sinnlicher Kompetenz. Der infographische Raum ist keine Kopie oder Wiederho-

91 Vgl. noch *Roßnagel*, Das Gebot der Datenvermeidung und –sparsamkeit als Ansatz wirksamen technikbasierten Persönlichkeitsschutzes?, in: Eifert/Hoffmann-Riem (Fn. 5), S. 41 ff.; *Heckmann* (Fn. 67), S. 776: Vorbeugender Rechtsschutz durch Technikgestaltung

92 *Boehme-Neßler*, Auf dem Weg zum „unscharfen“ Verwaltungsrecht?, NVwZ 2007, 650

93 *Eifert*, Innovationsverantwortung im Recht, in: Eifert/Hoffmann-Riem (Fn. 5), S. 255 (275); zu der Regelungstechnik des „beweglichen Systems“ vgl. bereits *Hill*, Gesetzesgestaltung und Gesetzesanwendung im Leistungsrecht, VVDStRL 47 (1989), 172 (180 ff.)

94 *Karl-Heinz Ladeur*, Neue Medien brauchen neues Medienrecht! Zur Notwendigkeit einer Anpassung des Rechts an die Internetkommunikation, in: Bieber, u.a. (Fn. 23), S. 23 (48)

lung geographischer Räume. Es ist der elektronische Real-Raum, der als Arbeitsebene, als Spielfeld... entsteht, oder genauer: erzeugt wird."[95]

„Netztechnologien überspringen die geographischen Gewohnheiten und Orte...es ist die tiefgreifende Veränderung der Wahrnehmungsumgebungen, über die man Orientierung, kreativen Anstoß, Entlastung oder Anfragen, Eingrenzungen oder Behinderungen erfährt. Vielleicht geht es gar nicht um den wirklichen Ort, der gegenüber den Netztechnologien zu verlieren scheint, sondern um die medienevolutionäre Durchsetzung fluider, unfassbarer Umgebungen. Sie erzeugen einen massiven Druck in Richtung lernender Anpassung. Sie bewirken ebenso die Einsicht darein, dass weder lokale, soziale noch individuelle Identität jemals 'fertig' oder 'abschließbar' sind. Identitätschancen im informationellen Raum sind daraus verwiesen, diesen Raum als einen Kontext für Orientierung erst zu erzeugen."[96]

Und weiter heißt es: „Technologie, oder richtiger: technomediale Allianzen zwingen die Herkunftsgesellschaften der Aufklärung, der modernen Wissenschaften, der Nationalstaatlichkeit, den imperialen Gestus der Zivilisation abzustreifen und sich in die Netze von Fernanwesenheiten zu begeben, im Datenmeer zu 'navigieren', in infographischen Räumen die Kunst der Zusammenhänge, also der Kommunikation neu zu erfinden."[97]

Wenn also der neue, erweiterte (infographische) Raum Identitätschancen bietet, indem er durch seine Wahrnehmungsumgebung einen Kontext für Orientierung und Kommunikation erzeugt, geht es dabei nicht nur um eine informationelle Selbstbestimmung einzelner Personen, sondern auch um eine informationelle Staatsbestimmung und kommunikative Staatsentwicklung.

Der Staat, der bisher vor allem durch Staatssymbole, Staatsbauten, besondere Organe und ausdifferenzierte Organisations- und Regelsysteme (Institutionen) zum Ausdruck kam[98], wandelt und entwickelt sich im infographischen Raum hin zu liquiden Formen einer „offenen Staatskunst"[99]. Er konstituiert sich und entsteht jeweils neu durch informationelle Öffnung und Einbeziehung der Staatsbürgerinnen und Staatsbürger. Indem diese sich verabreden und treffen, gemeinsame Ziele suchen, einen

95 *Faßler* (Fn. 13), S. 126
96 *Faßler* (Fn. 13), S. 158
97 *Faßler* (Fn. 13), S. 198
98 Hill (Hrsg.), Staatskultur im Wandel, 2002
99 *Philipp Müller*, Offene Staatskunst: eine neue Logik gemeinschaftlichen Handelns, Blog-Beitrag vom 16.8. 2010, www.government2020.de

Interessenausgleich herbeiführen, Maßnahmen entwickeln etc. ereignet sich Staat.

Die „corporate architecture“ für diesen Staat im virtuellen Zeitalter muss noch entwickelt werden. Ebenso ist ein Kulturwandel bei Staatsbediensteten[100] und Staatsbürgern sowie in ihrem Verhältnis zueinander erforderlich. Erste Ansätze eines „open government“[101] gehen in diese Richtung. Dabei entstehen Plattformen für Staatskommunikation[102] als Organisation vielfältiger Dialoge und für die Organisation von gemeinschaftlichem Handeln.

So heißt es etwa in dem Beitrag „Government as a Platform" bei Tim O´Reilly: „In this model, government is a convener and an enabler rather than the first mover of civic action.“[103] T. Aaron Wachhaus umschreibt dies so „The key feature of a platform is that it provides a structured environment, but invites outside participants to undertake development within that environment."[104] Und Alexander Osterwalder und Yves Pigneur halten fest: „The platform creates value by facilitating interactions between the different groups."[105]

Im kommunalen Bereich werden solche Plattformen juristisch als virtuelle öffentliche Einrichtungen eingestuft. Sie müssten geeignet sein, eine ausreichende Anzahl von Nutzern dauerhaft zu binden. Hierzu sei es essentiell, dem Nutzer neben dem herkömmlichen E-Government-Transaktionsangebot alle Möglichkeiten der aktiven Beteiligung zu geben, die auch private Plattformen und hier insbesondere Social-Networking Plattformen bieten. So sei dem Nutzer die Möglichkeit der Schaffung einer Nutzeridentität zu geben. Es sei weiterhin eine Vernetzungsfunktion zur Kontaktaufnahme und –haltung vorzuhalten. An diese Grundfunktionen könnten sodann modulare Erweiterungen, wie zum Bei-

100 Vgl. auch Bremer Empfehlung zu Open Government Data, These 2 vom Januar 2011, innovative verwaltung 3/2011, S. 34

101 *Hill*, Open Government als Form der Bürgerbeteiligung, in: Kurt Beck/Jan Ziekow (Hrsg.), Mehr Bürgerbeteiligung wagen, 2011, S. 57; *ders.*; Integrierendes Staatshandeln. Brauchen wir einen neuen Politik- und Verwaltungsstil?, in: Utz Schliesky, u.a. (Hrsg.), Die Freiheit des Menschen in Kommune, Staat und Europa, Festschrift für Edzard Schmidt-Jortzig, 2011, S. 365 (376); *Timm Christian Janda*, Mehr Transparenz und Partizipation durch Open Government Data, Verwaltung und Management 2011, 227

102 *Hill*, Staatskommunikation, JZ 1993,330; ders. (Hrsg.), Staatskommunikation, 1993

103 *Tim O`Reilly*, Government as a Platform, in: Daniel Lathrop/Laurel Ruma (eds.), Open Government, 2010, s. 11 (13)

104 *T. Aaron Wachhaus*, Governance as a Framework to Support Informatics, The Public Sector Innovation Journal, Vol. 16 (1), 2011, article 5, S. 5, www.innovation.cc

105 *Alexander Osterwalder/Yves Pigneur*, Business Model Generation, 2010, S. 77; vgl. noch *Johnson* (Fn. 52), S. 175 ff.

spiel ein Stadtwiki, eine kommunale Diskussionsplattform mit E-Partizipationsmöglichkeiten oder Bürgerblog angeknüpft werden[106].

Im Idealfall entwickele sich eine entsprechend attraktive Plattform zu einer täglich genutzten Einrichtung vieler Bürger. Dies wirke sich positiv auf die Akzeptanz und Nutzung der integrierten E-Government-Transaktionsangebote aus. Der Effekt sei eine Steigerung von Effizienz und Bürgerfreundlichkeit. Insbesondere aber könne mit Hilfe einer integrierten E-Government-Plattform die Transformation des Bürgers vom lästigen Bittsteller zum mitproduzierenden und die kommunale Gemeinschaft sowohl politisch als auch gesellschaftlich mitgestaltenden Bürger vollzogen werden[107].

Diese Ideen und Ansätze stehen im Kontext der Entwicklung des Internets zum sog. Web 2.0, auch Mitmachweb genannt, bei dem der „user" zum „producer" wird[108]. In diesem „Internet der zweiten Generation" wurden vielfältige neue Geschäftsmodelle entwickelt[109]. Klassische Beteiligungsformen, wie Online-Konsultationen[110] oder Bürgerhaushalte[111], verfügen erst teilweise über charakteristische Merkmale des Web 2.0[112].

So ist etwa bei Bürgerhaushalten nach Web 2.0-Kriterien zu fragen: Wie integriert die Behörde den Bürger (interaction-orientation)? Kann der Bürger das Angebot auf seine Bedürfnisse zuschneiden (personalization)? Können die Bürger miteinander interagieren (social networking)?

106 *Jan Dirk Roggenkamp*, Web 2.0 Plattformen im kommunalen E-Government, 2010, S. 74; vgl. auch *Hill*, Selbstverwaltung neu denken, NordÖR 2011, 469 (471): Die Gemeinde als Plattform für öffentliche Angelegenheiten; *Giordano Koch et al*, Online Crowdsourcing in the Public Sector: How to Design Open Government Platforms, in: A.A.Ozok/P. Zaphiris (eds.), Online Communities, HCII2011, LNCS 6778, p. 203

107 *Roggenkamp* (Fn. 106), S. 74; vgl. auch *Tapscott/Williams* (Fn. 48), S. 259 ff: Creating Public Value: Government as a Platform for Social Achievement, S. 280 ff: The Rise of the Citizen Regulator; *Katja Hutter et al*, Why Citizens Engage in Open Government Platforms?, in: H.-U. Heiss et al, Informatik 2011. Informatik schafft Communities, Lecture Notes in Informatics (LNI), p. 223

108 *Hill*, Vom Aufbrechen und der Veränderung der Verwaltungsrechtsordnung – verwaltungswissenschaftliche Perspektiven, in: Hill/Schliesky (Hrsg.), Herausforderung e-Government, 2009, S. 349 (360)

109 *Bernd W. Wirtz/Sebastian Ullrich*, Geschäftsmodelle im Web 2.0 – Erscheinungsformen, Ausgestaltung und Erfolgsfaktoren, in: Josephine Hofmann/Andreas Meier (Hrsg.), Webbasierte Geschäftsmodelle, HMD 261, 2008, S. 20; *Osterwalder/Pigneur* (Fn. 105)

110 Bundesministerium des Innern, u.a. Hrsg.), Leitfaden Online-Konsultation, www.online-konsultation.de/leitfaden

111 *Jochen Franzke/Heinz Kleger*, Bürgerhaushalte. Chancen und Grenzen, 2010; kritisch zu Bürgerhaushalten *Eisel* (Fn. 36), S. 213 ff.

112 *Bernd W. Wirtz, u.a.*, Strategic Development of Business Models. Implications of the Web 2.0 for Creating Value on the Internet, Long Range Planning 43 (2010), 272

Wie kann der Bürger Vorschläge in die Plattform einbringen (user added value)?[113]

Eine wichtige Erscheinungsform des Web 2.0 sind die sog. „sozialen Medien“ wie Facebook, Wikipedia, Twitter, Google+ etc.[114], die eine Vervielfältigung der Kommunikationsbeziehungen ermöglichen und deren Beteiligungsquoten ständig zunehmen. Insoweit stellt sich die Frage, ob und wie sich staatliche Organe oder Behörden an diesen Netzwerken beteiligen sollen oder dürfen. Wenn man im Rahmen eines „responsive government“[115] Bürgeranliegen aufnehmen und zeitgerecht reagieren möchte, oder im Rahmen einer modernen Öffentlichkeitsarbeit dorthin gehen möchte, wo die Menschen sind und sich bewegen, nämlich in sozialen Netzwerken, kommt der Staat bzw. die Behördenleitung um die Entscheidung dieser Frage nicht herum[116].

Als drei Dimensionen einer „social media policy“ werden dabei genannt: Welche Ziele erreiche ich wie mit sozialen Medien (Strategie)? Was erlaube ich (Risikominderung für Mitarbeiter)? Wo setze ich Schranken (Risikominderung für Organisationen)?[117] Die größte Herausforderung für die Entwicklung sog. „social media guidelines“ sei es dabei, die hierarchischen Strukturen innerhalb der Verwaltung mit der Schnelllebigkeit der Kommunikation über soziale Medien zu vereinbaren. Jede externe Äußerung in der Behörde abzustimmen sei allein aus Kapazitäts- und Zeitgründen nicht möglich. Andererseits zeigten aber auch Beispiele aus der Privatwirtschaft, dass ein verspätetes Reagieren, z. B. auf kritische Blog- und Foreneinträge negative Auswirkungen haben könne, die sich bei rechtzeitigem Eingreifen in Form eines kompetenten Statements verhindern ließen[118].

Neben der Mitwirkung in sozialen Medien außerhalb der staatlichen Organisation stellt sich die Frage, inwieweit soziale Netzwerke bzw. Informationsverbünde zur Wissensweitergabe und zum Erfahrungsaus-

113 *Philipp Nitzsche/Adriano Pistoia*, Web 2.0 und E-Government: Eine Bestandsaufnahme kommunaler Bürgerhaushalte in Deutschland, in: Hill (Hrsg.), Verwaltungsmodernisierung 2010, 2010, S. 77 (84)

114 Thomas Schildhauer (Hrsg.), Social Media Handbuch, 2010

115 *Gerhard Hammerschmid*, „Responsive Government“ als neues Leitbild der Verwaltungsmodernisierung?, Public Governance, Herbst 2011, 19

116 Als instruktive Anleitung vgl. Freie und Hansestadt Hamburg, Finanzbehörde (Hrsg.), Social Media in der Hamburgischen Verwaltung. Hinweise, Rahmenbedingungen und Beispiele, 2011, www.hamburg.de

117 *Philipp S. Müller/Sönke E. Schulz*, Die drei Dimensionen von Social Media Policy, Blog-Beitrag vom 6. Oktober 2011, www. government2020.de

118 *Sönke E. Schulz/Christian Hoffmann*, Rechtssichere Grundlagen für den Einsatz von „Social Media“, innovative verwaltung 1-2/2011, 33 (34)

tausch innerhalb oder zwischen Verwaltungen, also im staatlichen Binnenraum, genutzt werden können[119]. Erfahrungen in Richtung eines „Enterprise 2.0“ aus der Privatwirtschaft[120] sowie erste Erfahrungen im öffentlichen Sektor haben gezeigt, dass die Kommunikation mit Hilfe der neuen Medien zu Verbesserungen im Rahmen des Qualitäts- und Prozeßmanagements führen kann[121].

V. Verwaltung im erweiterten Raum

Raumbezogenes Denken hat im klassischen Verwaltungshandeln schon immer eine große Rolle gespielt. Dies zeigen Begriffe wie Staatsgebiet, Raumplanung, örtliche Zuständigkeit, Territorialreform oder Europäischer Verwaltungsraum[122]. Im übertragenen Sinne schaffen Verwaltungen einen Begegnungs- und Kommunikationsraum durch die Interaktion mit den Bürgern und anderen Verwaltungen. Sie konstituieren sich immer wieder aufs Neue, indem Sachbearbeiter mit Klienten, Vorgesetzten und Experten Fälle diskutieren und entscheiden[123].

Neue Informations- und Kommunikationstechniken haben das Potential zur Transformation der Verwaltung[124]. So wurde e-Government definiert als Einsatz von Informations- und Kommunikationstechniken zur Gestaltung des Verwaltungsraums und der Verwaltungsaufgaben zum öffentlichen Nutzen. Dieser Verwaltungsraum hat sowohl physikalisch-geographische als auch elektronisch-virtuelle Dimensionen, die entspre-

119 *Burkhard Hermann*, Qualitätsentwicklung durch Lernpartnerschaften im Netz, in: Hill (Hrsg.), Wege zum Qualitätsmanagement, 2010,75 zum wikibasierten Wissensmanagement im Bürgerservice baden-württembergischer Großstädte; *Johannes Eschenbacher/Thomas Tropper*, Amtstafel 2.0 – das erste Social Network für Bedienstete aus Städten und Gemeinden, eGovernment Review (FH Kärnten), Juli 2011, S.26

120 Willms Buhse/Sören Stamer (Hrsg.), Die Kunst, loszulassen – Enterprise 2.0; 2008; *Frank Schönefeld*, Praxisleitfaden Enterprise 2.0, 2009; *Frank Roebers*, Web 2.0 im Unternehmen, 2010

121 *Hill*, Qualitätsmanagement im 21. Jahrhundert, DÖV 2008, 789 (793); vgl. auch *Gesine Braun*, Wissen schlägt Macht, Harvard Business Manager, November 2011, 50

122 Dieter Schimanke (Hrsg.), Verwaltung und Raum, 2010

123 *Peter Becker*, Sprachvollzug: Kommunikation und Verwaltung, in: ders. (Hrsg.), Sprachvollzug im Amt, 2011, S. 9 (23)

124 *Hill*, Transformation der Verwaltung durch E-Government, Deutsche Zeitschrift für Kommunalwissenschaften 2004/II, 17

chend ihrer wechselseitigen Bedingtheit und gemeinsamen, transformatorischen Weiterentwicklung ineinander greifen[125].

Tino Schuppan hat diesen Ansatz fortgeführt und erweitert und an verschiedenen Beispielen aufgezeigt, dass ein und dieselbe IT-Funktion sowohl territorialisierend als de-territorialisierend genutzt werden kann. Dies führe aus funktionaler Perspektive zu einer Rekonfiguration von Territorialität. Beide bedingten sich und stünden in einem Wechselverhältnis zueinander. Im Ergebnis werde die territoriale Organisation durch den virtuellen Raum abgelöst, der die verschiedenen Räume zusammen zu führen vermöge. Die eigentliche Funktion der territorialen Organisation verändere sich insofern, als sie weniger der Aufgabenausführung diene, sondern vielmehr der räumlichen Planung und Steuerung von Leistungen. So gesehen werde sie zur institutionellen Hülle, die für Sichtbarkeit, Sinngebung, Legitimation und Verantwortungssicherung im Territorium sorge[126].

Auch im neuen erweiterten Verwaltungsraum lassen sich indessen noch viele raumbezogene Metaphern finden. Daten werden in „clouds“ gelagert[127], „apps“ können vor Ort und überall abgerufen werden[128]. Kooperationsplattformen dienen als „regionale Wertschöpfungsnetze“ im Raum[129], Crowdsourcing[130], Schwarmintelligenz und open innovation[131] erweitern den Handlungs- und Möglichkeitsraum der Verwaltung.

Gleichwohl funktioniert der virtuelle Raum nur, wenn im physischen Raum leistungsfähige Breitbandverkabelungen[132] erfolgt oder Funkmasten aufgestellt sind. Leitungsnetze strukturieren den Verwaltungsraum

125 *Hill*, Vision 2013 – Anregungen für eine deutsche eGovernment-Strategie, in: Bundesministerium für Wirtschaft und Technologie (Hrsg.), Dritter nationaler IT-Gipfel, Arbeitsgruppe 3, Szenarien für die Zukunft, 2008, S. 54 (59)

126 *Tino Schuppan*, Die Territorialität der Verwaltung im E-Government-Zeitalter, in: Lena Hatzelhoffer, u.a. (Hrsg.), E-Government und Stadtentwicklung, 2010, S. 25 (36, 45)

127 Vgl:Projektgruppe Fachinitiative Cloud Computing, in: Bundesministerium für Wirtschaft und Technologie (Hrsg.), Sechster Nationaler IT-Gipfel, 2011, S. 70

128 Vgl. schon Nachweise in Fn. 54 sowie noch *Marion Marxer*, Generation App, GDI-Impuls2/2010, S. 16; zur Orientierung im Raum durch Mapping und App-ing vgl. *Detlef Gürtler*, Karten für das Datenmeer, GDI-Impuls 2/2011, S. 10

129 *Ralf Armbruster/Reinhard Jonas*, Kooperatives E-Government, in: Alcatel-Lucent Stiftung für Kommunikationsforschung, u.a. (Hrsg.), Praxis des E-Government in Baden-Württemberg, 2010, S. 234;

130 *Oliver Gassmann*, Crowdsourcing, 2010; *Haderlein/Seitz* (Fn. 59), S. 130

131 *Kathrin M. Möslein,u.a.*, Open Innovation in der Dienstleistungsgestaltung, WSI Mitteilungen 9/2011, 484

132 Vgl. Projektgruppen zur Breitbandversorgung, in: BMWi (Hrsg.), Sechster Nationaler IT-Gipfel, 2011, S. 56 ff.

vor, damit virtuelle Netzwerke entstehen können. Prozeßbibliotheken[133] schaffen die Grundlage für soziale Arbeitsräume, in denen mit Geschäftsprozessen Verbindungen und Neuverknüpfungen hergestellt werden. Der neue Personalausweis[134] wirkt dabei als Beschleuniger und aktiviert Kontaktbahnen zur Leistungserbringung.

Leistungskataloge und Wissensmanagementsysteme[135] machen Verwaltungen handlungs- und auskunftsfähig, etwa bei der Umsetzung der Europäischen Dienstleistungsrichtlinie oder der einheitlichen Behördenrufnummer D115[136]. Für die Zukunft bleibt zu untersuchen, inwieweit der durch neue Informationssysteme und open-data-Kataloge besser informierte Bürger auf eine Verwaltung trifft, die ihm über Befugniserteilungen und amtliche Beglaubigungen hinaus einen Mehrwert durch Beratung und Dialog sowie interaktive Weiterentwicklung von Dienstleistungen liefern kann. Dazu ist es erforderlich, den ständig wachsenden Daten- und Wissensraum besser zu strukturieren und zu analysieren[137] sowie das in Netzwerken verteilte Wissen zusammen zu führen[138].

Neue Medien schaffen durch ihre Raumwirkung, etwa im Hinblick auf die Möglichkeit einer kurzfristigen raumübergreifenden Abstimmung und Koordination, teilweise neue Verwaltungsprobleme[139], andererseits erleichtern sie dadurch auch die Zusammenarbeit zwischen Verwaltungen und mit den Bürgern. Dies wird etwa vor allem bei Information und Abstimmung in Krisensituationen deutlich, die in Echtzeit erfolgen kann.

133 www.prozessbibliothek.de

134 *Sönke E. Schulz*, Der neue „E-Personalausweis“ – elektronische Identitätsnachweise als Motor des E-Government, E-Commerce und des technikgestützten Identitätsmanagement?, CR 2009, 267

135 www.gk-leika.de; www.linie6plus.de

136 *Stefan Ulrich Pieper*, D 115 – „Ein Callcenter“ für die Verwaltung, in: Festschrift Bull (Fn. 78), S. 729 ff.; *Dirk Graudenz*, Die einheitliche Behördenrufnummer 115 als Katalysator für die Transformation der öffentlichen Verwaltung in Deutschland, ISPRAT Whitepaper, November 2011

137 *Hill*, Business Intelligence/Business analytics im öffentlichen Sektor, DÖV 2010, 789

138 *Christopher Koliba,u.a.*, Governance Informatics: Managing the Performance of Inter-Organizational Governance Networks, The Public Sector Innovation Journal, Volume 16 (1), 2011, article 3, www. innovation.cc

139 *Conrad Neumann*, Flashmobs, Smartmobs, Massenpartys, NVwZ 2011, 1171; *Christian Ernst*, Die öffentlich-rechtliche Behandlung von Flashmobs und die Zurechnung von Informationsflüssen, DÖV 2011,537; *Ilya Levin/Michael Schwarz*, Zum polizeirechtlichen Umgang mit sog. Facebook-Partys – „Ab geht die Party und die Party geht ab!“ … oder doch nicht?, DVBl 2012, 10

Neue Medien führen weiterhin auch zu bürokratiesparenden Verwaltungsoptionen beim Verwaltungszugang[140] und verringern dadurch einen subjektiv als belastend oder bürokratisch empfundenen Verwaltungsraum. So bietet der durch neue Medien erweiterte Verwaltungsraum für Verwaltungen und Bürger vielfältige Chancen, aber auch interessante Herausforderungen. Verwaltungswissenschaft und Verwaltungspraxis sollten diese gemeinsam angehen.

140 *Martin Brüggemeier/Klaus Lenk*, Verwaltungspolitische Leitlinien für den Bürokratieabbau im Verwaltungsvolzug durch E-Government, in: dies. (Hrsg.), Bürokratieabbau im Verwaltungsvollzug, 2011, S. 247 (248)

Autorenverzeichnis

Christian Bauer, M.A., Mag. rer. publ., Sektionsreferent am Deutschen Forschungsinstitut für öffentliche Verwaltung Speyer

Univ.-Prof. Dr. *Monika Böhm*, Inhaberin des Lehrstuhl für Öffentliches Recht an der Philipps Universität Marburg

Prof. Dr. Dr. *Volker Boehme-Neßler*, Hochschule für Technik und Wirtschaft Berlin

Univ.-Prof. Dr. *Pascale Cancik*, Inhaberin des Lehrstuhls für Öffentliches Recht, Geschichte des europäischen Rechts und Verwaltungswissenschaften

Univ.-Prof. Dr. *Hubertus Gersdorf*, Inhaber der Gerd Bucerius-Stiftungsprofessur für Kommunikationsrecht und Öffentliches Recht, Universität Rostock

Univ.-Prof. Dr. *Annette Guckelberger*, Inhaberin des Lehrstuhls für Öffentliches Recht an der Universität des Saarlandes, Saarbrücken

Univ.-Prof. Dr. *Hermann Hill*, Staatsminister a. D., Inhaber des Lehrstuhls für Verwaltungswissenschaft und öffentliches Recht an der Deutschen Hochschule für Verwaltungswissenschaften Speyer

Prof. Dr. *Anna-Bettina Kaiser*, LL.M (Cambridge), Juniorprofessur für Öffentliches Recht, Humboldt-Universität zu Berlin

Prof. Dr. *Martin Kment*, LL.M (Cambridge), Inhaber des Heussen-Stiftungslehrstuhls für Öffentliches Recht und Europarecht, Recht der erneuerbaren Energien sowie Umwelt- und Planungsrecht, EBS Law School, Wiesbaden

PD Dr. *Kai von Lewinski*, Humboldt-Universität zu Berlin

Prof. Dr. *Utz Schliesky*, Direktor des schleswig-holsteinischen Landtags und geschäftsführender Vorstand des Lorenz-von-Stein-Instituts an der Christian-Albrechts-Universität zu Kiel

Dr. *Sönke E. Schulz*, geschäftsführender wissenschaftlicher Mitarbeiter des Lorenz-von-Stein-Instituts für Verwaltungswissenschaften an der Christian-Albrechts-Universität zu Kiel

Dr. *Pascal Schumacher*, Akad. Rat, Institut für Informations-, Telekommunikations- und Medienrecht, Westfälische Wilhelms-Universität Münster

Dr. *Margrit Seckelmann*, M.A., Geschäftsführerin des Deutschen Forschungsinstitut für öffentliche Verwaltung Speyer

Univ.-Prof. Dr. *Indra Spiecker gen. Döhmann*, LL.M. (Georgetown Univ.), Inhaberin des Lehrstuhls für Öffentliches Recht, insb. Öffentliches Informations-, Datenschutz- und Telekommunikationsrecht und Leiterin des Instituts für Informations- und Wirtschaftsrecht am Karlsruher Institut für Technologie (KIT, vormals Universität Karlsruhe)

Univ.-Prof. Dr. *Heinrich Amadeus Wolff*, Inhaber des Lehrstuhls für Öffentliches Recht, insbesondere Staatsrecht und Verfassungsgeschichte